高等学校电子信息类专业"十二五"规划教材

光 网 络 技 术

张新社 于友成 等编著

西安电子科技大学出版社

内 容 简 介

本书结合光纤通信及光网络技术的最新发展状况,全面介绍了光网络技术的相关知识和技术。

全书共 9 章,首先介绍光网络技术在信息网络中的作用,光纤通信网络技术的概念和组成,及其新技术、关键技术、应用和发展趋势等。然后简单介绍光网络中的光纤、光器件和光系统,并重点引入高速光传输技术和几种主要的光网络技术:光传送网技术、光纤接入网技术、城域光网络技术、光交换机及智能光网络技术、全光网络技术等,同时对各种技术的应用,以及相关光网络的网管理论和技术也作了相应的介绍。

本书既可作为高等学校电子信息类专业中与光纤通信相关课程的教材,亦可作为从事光纤通信的科技人员和管理人员的技术参考资料。

★ 本书配有电子教案,需要者可与出版社联系,免费提供。

图书在版编目(CIP)数据

光网络技术/张新社等编著.
—西安:西安电子科技大学出版社,2012.5(2018.2重印)
高等学校电子信息类专业"十二五"规划教材
ISBN 978 - 7 - 5606 - 2770 - 0

Ⅰ. ① 光… Ⅱ. ① 张… Ⅲ. ① 光纤网—高等学校—教材 Ⅳ. ①TN929.11

中国版本图书馆 CIP 数据核字(2012)第 046062 号

策   划 云立实
责任编辑 云立实 曹 锦
出版发行 西安电子科技大学出版社(西安市太白南路 2 号)
电   话 (029)88242885 88201467   邮   编 710071
网   址 www.xduph.com电子邮箱 xdupfxb001@163.com
经   销 新华书店
印刷单位 陕西天意印务有限责任公司
版   次 2012 年 5 月第 1 版 2018 年 2 月第 2 次印刷
开   本 787 毫米×1092 毫米 1/16 印 张 20
字   数 470 千字
印   数 3001~5000 册
定   价 45.00 元

ISBN 978 - 7 - 5606 - 2770 - 0/TN

XDUP 3062001 - 2

前　　言

　　光网络是宽带通信网发展的必然趋势。目前，光网络正从高速、大容量的数据传输方式向智能化方向发展，这要求光网络更灵活、面向用户和成本更低。由于构成光网络的光纤频带宽、容量大，因此光网络技术使宽带通信网的实现成为可能，光网络技术的发展必将极大地支持宽带通信网的发展。通信的宽带化，宽带通信网的光纤化，是通信技术发展历史的、必然的趋势。本书系统地介绍了光网络技术的工作原理、系统组成和应用，具体包括光网络的组成、网络拓扑、光接入网技术、光传送网技术、光交换网技术和全光网络技术等。

　　全书共9章，第1章主要介绍光网络技术在信息网络中的作用，光纤通信网络技术的概念和组成，新技术及关键技术、应用及发展趋势；第2章回顾了光纤通信及光网络中用到的光纤、光有源及无源器件、光通信系统的组成及应用等；第3章主要讲解光纤通信的复用技术，重点介绍了密集波分复用光网络的原理、关键技术和特点、光放大器技术及高速光纤技术；第4章介绍光传送网的概念、特点、分层结构及OTN设备等；第5章主要介绍了光纤接入网的概念、参考模型、网络拓扑结构及相关技术，无源光接入网络的概念、关键器件、网络组成、拓扑结构、技术及应用，重点讲解了APON、EPON、GPON的工作原理；第6章介绍了城域光网络的概念、技术、网络结构及应用；第7章介绍了光电路交换(光空分交换、光波长交换、光时分交换、光码分交换)、光分组交换及全光交换等的原理和关键技术等；第8章介绍全光网络的原理、功能描述及拓扑结构、相关应用等；第9章主要介绍光网络管理系统的原理，包括网管的特点和管理通道开销的实现方案、分层的管理要求与功能、管理信息模型、组织模型、MIB库、CMIP管理协议以及管理网的系统结构等。

　　本书在编写过程中，结合了国内外光网络技术的最新研究成果和相关资料，力图对光网络技术的原理、关键技术及应用作一系统和全面的介绍，尽量减少繁杂的公式推导，用简练的文字、详实的图表、简明的网络结构图等对相关原理和技术进行深入浅出的讲解，以方便读者学习。

　　参与本书编写工作的有张新社、于友成、刘原华、江帆、战金龙和金蓉，其中张新社负责第1、2、7章的编写，于友成负责第4、9章的编写，刘原华负责第3章的编写，江帆负责第5章的编写，战金龙负责第7章和第5章中EPON和GPON部分内容的编写，金蓉负责第8章和第7章中ASON部分内容的编写。张新社和于友成负责全书的最后统稿工作。在本书编写过程中，编者参考了大量国内外光通信及光网络方面的相关科研成果、科技书籍及资料，已在参考文献中一一列出，在此表示非常诚挚的感谢。另外，也对为本书的编写工作提供过指导和帮助的同事和朋友表示感谢。

由于编者水平有限，书中不足之处在所难免，恳请广大读者批评指正。

作　者

2012 年 2 月于西安

目　　录

第 1 章 绪 论

☞ 本章主要介绍光纤通信及其网络的基本概念、主要技术、发展历程及未来发展的展望等，以期给读者一个关于光纤通信系统及网络技术的概况描述。

1.1 光纤通信的发展和应用

1.1.1 光纤通信的基本概念

光纤通信是指利用相干性和方向性极好的激光作为载波（也称光载波）来携带信息，并利用光导纤维（简称光纤）来进行传输的通信方式。

人们很早就提出了将需要传输的信息以某种方式调制在光载波上进行远距离传输的思想，但始终未能实现。这主要有两个原因：一是没有合适的光源，通常的自然光源及电光源的光谱很宽，且是非相干的，很难按无线电波的方式进行调制以实现通信；二是没有合适的传输媒质，光在大气中传播时受天气因素的影响极为严重，另外光信号在一般的介质材料中传播时的损耗极大。在 20 世纪 60 年代以前，即便在最好的光学玻璃中传播时，光信号的传输损耗也在 1000 dB/km 以上，显然在这样的介质中实现光信号的长距离传输是不现实的。

20 世纪 50 年代末 60 年代初，激光的出现为实现现代意义上的光纤通信提供了合适的光源。激光器是光谱线极窄、方向性极好的相干光源，可以对其进行类似于无线电波那样的调制。在各种类型的激光器中，半导体激光器因其体积小、寿命长且价格低廉等特点而成为实用的和商品化的通信光源。

20 世纪 70 年代初，低损耗光导纤维的问世为光通信提供了合适的传输媒质。1966 年，英籍华裔科学家高锟博士指出，只要将石英玻璃中金属离子的含量大幅度降低，即可通过适当的拉丝工艺制造出传输损耗低于 20 dB/km 的玻璃纤维，这样的玻璃纤维就可以用于长距离的信号传输。1970 年，美国康宁玻璃公司率先根据这种思路制造了世界上第一根低损耗光导纤维，其传输损耗低于 20 dB/km。此后，低损耗光导纤维的研究及制造技术取得了飞速的发展，到了 20 世纪 70 年代末，在 1310 nm 波长上，石英光纤的传输损耗已降至 0.4 dB/km；而在 1550 nm 波长上，传输损耗降至 0.2 dB/km 以下，这已接近了石英系光纤传输损耗的理论极限。

1.1.2 光纤通信的主要优点

由于光纤通信是利用光导纤维传输光信号来实现通信的，因此与其他的通信方式相比有着明显的优越性。光纤具有传输容量大、传输损耗小、重量轻、不怕电磁干扰等许多其他传输媒质所不具有的优点。

（1）传输容量大。光是频率极高的电磁波，以它作为信号的载运体就可传输具有极宽频谱的信号。例如，在光纤中传输的激光属于近红外线范围，其波长在 $0.75~\mu m \sim 2.5~\mu m$ 之间，频率约为 3×10^{14} Hz，若以其频率的 1/10 作为传输频带，则可传输约 10^{10} 个电话信号。因此光纤在其单位面积上具有极大的信号传输能力，即单位面积上的信息密度极高，所传输信息的容量极大。

光纤通信系统的传输容量取决于光纤特性、光源特性和调制特性。目前，光纤通信系统中使用的是以 SiO_2 为主要材料的光纤，而单模光纤有着极宽的频带宽度。例如，在光纤通信中适用的 1310 nm 波长段和 1550 nm 波长段，这两个传输低损耗区之间约有 200 nm 的宽度，在理论上可提供相当于 30 THz 的频段宽度。

光纤的色散特性是决定光纤通信系统带宽的因素之一。由于石英单模光纤在 $\lambda = 1310$ nm 或 $\lambda = 1550$ nm 处具有零色散特性，因此单模光纤都具有几十吉赫兹·千米的带宽。

在一根带状光缆中可以容纳几百根乃至几千根光纤，从而使通信线路的传输容量成百倍、千倍地增加。就单根光纤而言，采用波分复用技术或频分复用技术，或减小光源的光谱线宽度，或采用外调制方式等都是增加光纤通信系统传输容量的有效办法。

（2）传输损耗小，中继距离长。目前单模光纤在 1310 nm 波长的窗口损耗约为 0.35 dB/km，1550 nm 的窗口损耗约为 0.2 dB/km，而且在相当宽的频带内各频率的传输损耗几乎一样，因此用光纤比用同轴电缆或波导管达到的中继距离要长得多。例如，在波长为 1550 nm 的色散位移单模光纤通信系统中，若传输速率为 2.5 Gb/s，则中继距离可达 150 km；若传输速率为 10 Gb/s，则中继距离可达 100 km。若在该系统中采用了光纤放大器和色散补偿光纤，则其中继距离还可以再增加。

（3）泄漏小，保密性好。光信号在光纤中传输时，向外泄漏的光能量是很微弱的，难以被窃听，与无线通信和有线通信相比，具有较好的保密性，因此信息在光纤中传输是非常安全的。

（4）节省了大量的有色金属。通常制造电缆需要消耗大量的铜和铅等有色金属，以四管中同轴电缆为例，1 km 四管中同轴电缆约需 460 kg 的铜，而制造 1 km 的光纤，只需几十克的石英即可，而且制造光纤的石英（SiO_2）材料资源丰富，价格便宜。

（5）抗电磁干扰性能好。光纤由 SiO_2 材料制成，它不会受到各种电磁场的干扰，强电、雷击等也不会对光纤的传输性能产生影响，甚至在核辐射的环境中，光纤通信仍能正常进行。因此，光纤通信在电力输配、电气化铁路、雷击多发地区、核试验等环境中的应用就更能体现其优越性。

（6）重量轻，可挠性好，敷设方便。在传输同一信息量时，光缆的重量比其他通信电缆的重量要轻得多，每根光纤的直径很小，制成光缆后可充分地利用地下管道进行敷设。例如二次套塑的光纤，即使将它以几厘米的曲率半径弯曲也不会折断，在施工时就可以采用与电缆相同的敷设技术进行敷设。

总之，光纤通信不仅在技术上具有较大的优越性，而且在经济上亦具有巨大的竞争能力，因此在通信领域中将会发挥越来越重要的作用。

1.1.3　光纤通信的发展现状

20 世纪 70 年代以来，光纤通信已经取得了突飞猛进的发展。回顾光纤通信的发展历程，可以看到光纤通信在提高传输速率和增加通信容量上下了很大的功夫。目前，10 Gb/s 的光纤通信系统已经商用化，而 40 Gb/s 的光纤通信系统也即将投入使用。采用波分复用技术，即在一根光纤上同时传输多个光载波，可成倍地增加通信容量。另外，提高中继距离也是光纤通信研究的方向，其采用的技术主要是提高接收机的灵敏度和入纤光功率。提高接收机灵敏度的最有效的方法是采用相干光通信方式，而提高入纤光功率最有效的方法是采用半导体激光放大器或光纤放大器。展望未来，光纤通信系统仍将在超高速及超长距离无中继的传输上下功夫。

纵观光纤通信的发展过程，可以看到光纤通信的发展主要表现在以下几个方面：

（1）由单波长通道向多波长通道过渡。下一代光纤通信系统将普遍地采用波分复用 WDM 技术，使得系统传输的总容量提高到几百吉比特每秒及以上，而中继距离也达数百千米乃至数千千米。

（2）用户网络的光纤化。光纤通信的重要领域之一是实现电信网格的全光纤化，而实现通信网络的全光纤化所面临的困难是光纤用户网络，这使得光纤用户网络的研究成为近年来光纤通信领域中的研究热点。目前，由于光纤用户网络的成本较高，在价格上难以与电缆网络竞争，加之图像压缩技术的发展，电缆网络较窄的传输带宽还未成为其致命的弱点，因此在用户网络中电缆仍居于主要地位。随着光纤及光器件成本的降低以及用户对多种宽带业务需求的增长，光纤用户网络会取得突破性的进展，电信网络的全光纤化已为期不远了。

（3）光交换节点将取代电交换节点。由于采用波分复用技术使得传输速率得到了极大的提高，因此电交换节点的速率成了影响整个网络传输速率的瓶颈，电交换机将被光交换机所取代。所谓光交换是指对光纤传送的光信号直接进行交换。光交换是在光域中完成光交换功能的，而无需将光信号转换成电信号。由于输入信号和输出信号都是光信号，因而光交换有效地减少了信号的时延，增大了系统的吞吐量。

（4）相干光通信是未来的光纤通信方式。它与传统的强度调制-直接检测（IM - DD）系统相比，主要差别在于其接收机采用的是外差式接收或零差式接收，同时在接收机中增加了本振光源和光混频器，具有了混频增益的特性，从而使得系统的接收灵敏度极高，而且具有出色的波长选择性。这些优点使得相干光通信必将在波分复用系统，尤其是密集波分复用系统中发挥巨大的作用。相干光通信对光源的光谱宽度、光源的频率稳定性以及光的偏振（极化）特性，光纤的传输损耗、色散、偏振状态都提出了十分苛刻的要求，因而其目前尚未实用化。随着时间的推移，上述问题必将得到解决。在不久的将来，人们就可以像现在调节无线电接收机那样，通过调节光接收机的本振光源波长，从众多的信息通道中极为方便地调出所需的任何信息。

（5）孤子通信与全光系统。光脉冲在光纤中传输时，光纤的色散效应会导致光脉冲展宽，从而限制了传输速率和中继距离。而光纤的非线性作用恰好相反，它使脉冲在传输过程中变窄，并最终导致脉冲破裂，从而限制了入纤光功率。如果同时利用上述的两种作用，那么在一定条件下可以使光纤的非线性效应与色散效应相互抵消，从而保持光脉冲在传播过程中不变形而形成所谓的孤子。利用光孤子通信时，其传输速率可高达 1 Tb/s。将光孤子传输技术与光放大技术相结合即可抛弃传统的光—电—光再生中继方式，以实现超长距离、超高速的全光通信，而其实现的关键就在于光孤子的产生、光孤子的编码调制技术以及光放大技术。目前，虽然光孤子通信的真正实用化还有待时日，但是光孤子通信的诱人前景必将吸引各国的科学家、工程师不遗余力地去解决在其实用化过程中遇到的难题。可以预见，以光孤子通信为标志的全光通信时代必将到来。

1.1.4 光纤通信系统的构成

目前实用的光纤通信系统较多采用的是数字编码、强度调制-直接检测的通信系统（IM-DD 系统），这种系统的框图如图 1-1 所示。

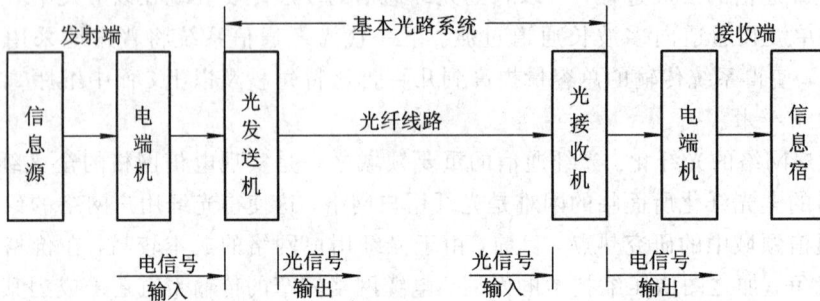

图 1-1 光纤通信系统的框图

图 1-1 所示的光纤通信系统是一个单方向传输的示意图，其反方向传输的结构也是相同的。在图 1-1 中，电端机即为复用设备（准同步复用或同步复用），其作用是对来自信息源的信号进行处理，如模/数变换、多路复用等。光发送机、光纤线路和光接收机构成了可作为独立的"光信道"单元的基本光路系统。如果给其配置适当的接口设备，那么就可以将其接入现有的数字通信系统（或模拟通信系统）或者有线通信系统（或无线通信系统）的发射端与接收端之间；此外，若配置适当的光器件，还可以组成传输能力更强、功能更完善的光纤通信系统。例如，在光纤线路中接入光纤放大器组成的光中继长途系统；配置波分复用器和解复用器组成的大容量波分复用系统；使用耦合器或光开关组成的无源光网络等。下面简要介绍基本光路系统的三个组成部分。

（1）光发送机。光发送机的作用是把输入的电信号转换成光信号，并将光信号最大限度地注入光纤线路。光发送机由光源、驱动器和调制器组成。光发送机的核心是光源，对光源的要求是其输出功率要足够大，调制速率要高，光谱线宽度和光束发散角要小，输出光功率和光波长要稳定，器件的寿命要长。目前，广泛使用的光源有半导体激光器（或称激光二极管，LD）和半导体发光二极管（LED）。普通的激光器光谱线宽度较宽，是多纵模激光器，在高速率调制下激光器的输出频谱较宽，从而限制了传输的码速和中继距离。因此，一种光谱线宽度很窄的单纵模分布反馈（DFB）激光器已经逐渐被广泛应用。

光发送机把电信号转换成光信号的过程是通过电信号对光源进行调制而实现的。光调制有直接调制和间接调制(也称外调制)两种。直接调制是利用电信号注入半导体激光器或发光二极管从而获得相应的光信号的,其输出功率的大小随信号电流的大小而变化,这种方式较简单且容易实现,但其调制速率会受到激光器特性的限制。外调制是把激光的产生和调制分开来进行的,在激光形成后再加载调制信号,是用独立的调制器对激光器输出的激光进行调制的。外调制方法在相干光通信中得到了应用。

(2) 光纤线路。光纤线路是光信号的传输媒质,可把来自发送机的光信号以尽可能小的衰减和脉冲展宽传送到接收机。对光纤的要求是其基本传输参数衰减和色散要尽可能地小,并要有一定的机械特性和环境特性,如工程中使用的光缆是由许多根光纤绞合在一起组成的。整个光纤线路由光纤、光纤接头和光纤连接器等组成。

目前光纤线路中使用的光纤均为石英光纤,在石英光纤的损耗-波长特性中有三个低损耗的波长区,即波长分别为 850 nm、1310 nm 和 1550 nm 的三个低损耗区,因此光纤通信系统的工作波长只能选择在这三个波长区,而激光器的发射波长、光检测器的响应波长都应与其一致。这三个低损耗区相对应的损耗分别小于 2 dB/km、0.4 dB/km 和 0.2 dB/km。

石英光纤有多模光纤和单模光纤两种,单模光纤的传输性能比多模光纤的好,因此在大容量、长距离的光纤传输系统中都采用单模光纤作为传输线路。针对不同要求的光纤通信系统,所使用的光纤类型有 G.651 光纤(多模光纤)、G.652 光纤(常规单模光纤)、G.653 光纤(色散位移光纤)、G.654 光纤(低损耗光纤)和 G.655 光纤(非零色散位移光纤)等。

(3) 光接收机。光接收机的功能是把由发送机发送的、经光纤线路传输后输出的已产生畸变和衰减的微弱光信号转换为电信号,并经放大、再生恢复为原来的电信号。光接收机由光检测器、放大器和相关电路组成。对光检测器的要求是其响应度要高、噪声要低、响应速度要快。目前广泛使用的光检测器有光电二极管(PIN)和雪崩光电二极管(APD)。

光接收机把光信号转换为电信号的过程是通过光检测器实现的。光检测器检测的方式有直接检测和外差检测两种。直接检测是由光检测器直接把光信号转换为电信号。外差检测是在接收机中设置一个本地振荡器和一个混频器,使本地振荡光和光纤输出的光进行混频产生差拍而输出中频信号,再由光检测器把中频信号转换成电信号。在外差检测方式中,对本地激光器的要求很高,要求光源是频率非常稳定、光谱线宽度很窄、相位和偏振方向可控制的单模激光器,其优点是接收灵敏度高。目前光纤通信系统中普遍采用强度调制-直接检测方式,而外差检测方式用在相干光纤通信中,虽然外调制-外差检测方式的技术较复杂,但其具有传输速率高、接收灵敏度高等优点,是一种有应用前途的通信方式。

衡量接收机质量的主要指标是接收灵敏度,它表示在一定误码率的条件下,接收机调整到最佳状态时接收微弱信号的能力。接收机的噪声是影响接收灵敏度的主要因素。

对于长距离传输的光纤传输系统,在传输途中还需要接入光中继器,其作用是将经过光纤长距离衰减和畸变后的微弱光信号放大和整形,并再生成具有一定强度的光信号继续送向前方,以保证良好的通信质量。以往光纤通信系统中的光中继器都是采用光—电—光信号的形式,即将接收到的光信号用光电检测器变换成电信号,经放大、整形、再生后再对光源进行调制才能将电信号变换成光信号重新发出,而不是直接把光信号放大。但随着光放大器(如掺铒光纤放大器)的开发以及技术日趋成熟,将光信号直接放大传输已成为可能,也就是说采用光放大器的全光中继和全光网络已为期不远了。

1.1.5　光纤通信系统的应用

光纤可以传输数字信号，也可以传输模拟信号，在通信网络、广播电视网络、计算机网络以及其他的数据传输系统中都得到了广泛的应用。

光纤通信系统的各种应用概括如下：

(1) 通信网络。通信网络主要用于遍及全球的电信网中语音和数据的通信，包括全球通信网（国家和国家间的光缆干线）、各国的公共电信网（如我国的国家一级干线、省级干线及县以下的支线和市话中继通信系统）、专用网（如电力、铁道、国防通信等的光缆系统）和特殊的通信网络（如石油、化工、煤矿等易燃易爆环境下使用的光缆通信系统）。

(2) 计算机网络中的局域网和广域网，如光纤以太网、路由器之间的高速传输链路等。

(3) 有线电视网络，如有线电视的干线和分配网；工业电视系统，如工厂、银行、商场、交通和公安部门的监控系统；自动控制系统的数据传输等。

(4) 综合业务的光纤接入网络。它分为有源接入网和无源接入网，可实现电话、数据、视频及多媒体业务的接入，还可提供各种各样的社区服务等。

1.2　光纤通信网络

1.2.1　光纤通信网络的基本概念

两个用户之间需要通信时，须利用通信系统来完成。也就是说，若让 A、B 两地的用户互相通信，则必须在他们之间建立一个通信系统。对于离散分布的 n 个用户，若要让其中任意两个用户能互相通信，最简单的方法是用通信系统把各用户分别一一连接起来，这就需要建立 $n(n-1)/2$ 个通信系统，从而形成了一个连接多个用户的网状结构，即通信网络，简称通信网，如图 1-2 所示。

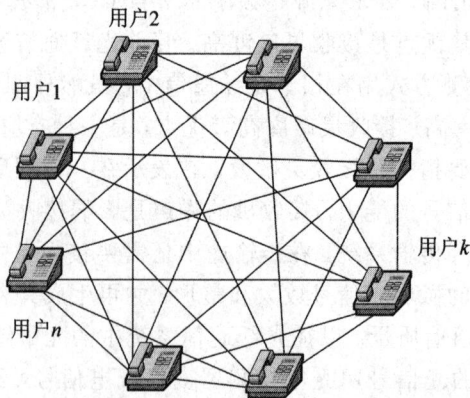

图 1-2　n 个用户相互通信无集中交换的网状结构

对于光纤通信网络，若从其所承载的通信业务来分，则有电话网、电报网、传真通信网、计算机数据网、图像通信网及有线电视网等；若按其所服务区域的范围来分，可分为长途骨干网、本地网以及用户接入网。

光纤通信网络实质上是由用户终端设备、传输设备、交换设备等硬件系统以及相应的信令系统、协议、标准、资费制度与质量标准等软件系统构成的，其主要组成部分介绍如下：

(1) 用户终端设备是以用户线路为传输信道的终端设备，也称为终端节点。

(2) 传输设备是为用户终端和业务网提供传输服务的电信终端，主要包括光收信机和发信机设备，PDH 准同步数字系列中的 PCM 复接设备，SDH 同步数字系列中的终端复用器等各种复用设备。

(3) 交换设备用于对用户群内各用户终端按需求提供相应的临时传输信道的连接，并控制传输信号的流量和流向，以达到共用电信设备、提高设备利用率的目的。例如，电话通信系统中的程控交换机，数据通信中的分组交换机，宽带通信系统中的 ATM(异步传输模式)交换机及全光通信系统中即将问世的光交换机等。

(4) 信令系统是光纤通信网络的神经系统。比如，电话要接通，就必须传递和交换必要的信令以完成各种呼叫处理、接续、控制与维护管理等功能。信令系统可使网络作为一个整体而正常运行，有效地完成任何用户之间的通信。

(5) 协议是光纤通信网中用户与用户及用户与网络资源之间完成通信或服务所必须遵循的原则和约定的共同"语言"。这种语言使通信网络能够合理地运行，可正确地控制。

(6) 标准是由权威机构所制定的规范。

1.2.2 光纤通信网络的发展历程

在 20 世纪 70 年代，随着低损耗石英光纤的研制，光纤的传输带宽不断地增加、光源和光/电检测的性能不断地改善，光纤通信系统已由起步逐渐地走向成熟。到了 1976 年，第一个传输速率为 44.7 Mb/s 的光纤通信系统在美国亚特兰大市进入了商业化运作。

20 世纪 80 年代是光纤通信迅速发展的时代。随着光纤通信从 0.85 μm 波段转向 1.3 μm 波段，由多模光纤转向单模光纤，各种传输速率的光纤通信系统在世界各地建立起来，光缆很快取代了电缆而成为电信网中重要的组成部分。

在 20 世纪 90 年代，随着人类信息化时代的到来，人们对通信的需求量迅猛增长。然而，由于受到电子信息处理的瓶颈限制，单信道速率要达到数 10 Gb/s 已经非常困难，因此光纤通信系统出现了负载能力接近饱和的情况。随着掺铒光纤放大器(EDFA)的发明，波分复用(WDM, Wavelength Division Multiplexing)技术在 90 年代中期以后逐渐成熟并进入商业化运作，并且采用多通道复用传输技术，使 WDM 为大容量光纤通信的发展奠定了基础。

光网络的发展不仅仅是简单的光纤传输链路，它是在光纤提供的大容量、长距离、高可靠性的传输媒质的基础上，利用光和电子控制技术实现多节点网络的互联和灵活调度。从光网络的发展历史来看，光网络可以分为三代：

第一代光网络以 SDH/SONET 为代表，它在历史上第一次实现了全球统一的光网络互联技术，规范了光接口，而且定义了对光信号质量的监控、故障定位和配置等重要网络管理功能。SDH/SONET 采用光传输系统和电子节点的组合，光技术用于实现大容量的信息传输，光信号在电子节点中转换为电信号，在电层上实现交换、选路和其他智能。由于该网络受到光/电/光信号转化效率的影响，因此为了提高光纤的传输带宽和网络的传输性能，使 WDM 光网络得到了发展。但是它在互联技术上并没有实现统一，网络的性能依然没有改善。

第二代光网络被认为是以 ITU－T 提出的光传送网（OTN, OPtical Transport Network）。OTN 是以波分复用技术为基础在光层组织网络的传送网，它是通过增加交换、选路和其他智能等功能而在光层上实现的，解决了传统的 WDM 光网络无波长/子波业务调度能力，以及组网能力弱和保护能力弱等问题。

第三代光网络被认为是全光网，它是指网络端到端用户节点之间数据传输交换的整个过程都是在光域内进行的，其间并没有光/电信号的转换。对于光信号网络是完全透明的，从而可充分利用光纤的潜力，进而提高网络的传输性能。然而全光交换技术和全光交叉技术的不成熟，以及全光组网技术未标准化，使得全光网的研究成为目前的一个研究热点。

1.2.3 光纤通信网络的技术特点

光纤通信技术已经渗透电信网络的接入网、本地网（接入中继网）和长途干线网（骨干网），由于其价格和用户所需带宽等原因，在短时间内要完全实现光纤接入到户还不现实。在这些典型的网络应用中，光纤只用来代替各类电缆，主要用作传输媒质连接业务的节点，即实现了节点之间链路传输的光信号格式化，而节点对信号的处理、队列和交换等还是采用电子技术。这类网络称为第一代光网络，即光电混合网。典型的第一代光网络有 SONET（同步光网络）和 SDH（同步数字体系），另外还有各类企业网如光纤分布数据接口（FDDI）等。

当网络中传输的数据速率越来越高时，采用电子技术处理交换节点的数据是相当困难的。考虑到节点处理的数据不仅有到达自身的，还有通过该节点到达其他节点的，如果到达其他节点的数据能在光域选路，那么采用电子技术处理的数据速率就下降了，其负担就小得多了，于是催生了第二代光网络的诞生。第二代光网络以在光域完成节点数据的选路与交换为标志，实现了节点处理数据的部分光化。第二代光网络中的代表技术包括波分复用（WDM）、光时分复用（OTDM）和光码分复用（OCDMA）等。下面简单介绍第二代光网络的主要特点。

1. 新型业务提供

为了更好地理解第二代光网络，了解它为用户提供的服务类型是很重要的。任一网络均可看成是由许多层构成的，且每一层应完成其相应的功能。第二代光网络可看成是一个光层，借助于低层（如物理层）为其高层（如 SDH 层、ATM 层、IP 层等）提供服务，服务类型包括：

（1）光通道服务。光通道是网络中任意两节点之间的连接，通过给其通道上的一个链路分配一个特定的波长来建立。

（2）虚电路服务。光层提供网络中两节点之间的电路连接，但其连接的带宽可以小于链路或波长上的总带宽。如用户需要传输速率为 1 Mb/s 的带宽连接，而网络链路可工作于 10 Gb/s，这时在网络中必须采用复用技术（如时分复用）来复用许多虚电路到单个波长上去。

（3）数据报业务。在网络中允许两个节点之间传送短的分组或消息，而无须建立希望连接的额外开销（如占用信息带宽）。

2. 信息的透明性

第二代光网络的主要特点之一是一旦光通道建立起来，其所提供的电路交换业务对传输数据是透明的，除了数据速率或带宽的最大值是规定的外，它对数据采用的格式是没有要求的，甚至可以是模拟信号。

第二代光网络的透明程度取决于其物理层的参数，如带宽和信噪比等。如果网络中信号从源节点到达其目的节点的通信过程全在光域，那么其透明程度最高，在这种情况下，模拟信号需要更高的光信噪比。然而在某些情况下，网络中两节点之间的信号不能一直在光域传输，其间需要中继，这意味着信号在传输中需由光域变换到电域，再反过来由电域变换到光域。在光通道上使用中继器降低了网络的透明程度。

3. 电分组与光分组交换

由于第一代光网络在实际通信网络中的保有量非常大，因此在快速发展第二代光网络的同时第一代光网络仍然处在继续开发之中，这意味着要进一步增加光纤中信息传输的容量以及提高电子交换开关的信息处理能力和端口的数目。尽管电子交换技术是最成熟且易于集成的，但是当传输速率增加到数十吉比特每秒乃至更高时，采用电子技术完成所有的信息交换和处理功能是相当困难的。另外，由于光交换和选路技术还不是非常成熟，在网络中光开关只能实现电路交换或交叉连接功能，还不能提供像电分组交换那样实现完全意义上的分组交换，因此第二代光网络从一开始就只能提供电路交换型的光通道业务。随着技术的不断改进，可以预见未来的分组交换网络提供越来越多的虚电路业务和数据报业务将会变成现实。

4. 光层

现在光层这一术语被普遍用来表示第二代 WDM 光网络层的功能，它能够为其光层的用户提供光通道，光层位于网络层，如 SDH 的下层；光通道代替了 SDH 网络节点之间的光纤。现存的 SDH 网络有许多功能，这些功能包括点到点的连接以及分插功能等。其中的分插功能意味着节点不但可以分出业务，而且可以让业务直接通过该节点，由于每个节点只能终结经过它们的业务总量的一小部分，因而这个功能是很重要的。另外，SDH 网络还包括交叉连接功能，它可以完成多业务流之间的交换，而且 SDH 网络还能在不中断业务的情况下处理设备和链路中出现的故障。

光层可以执行与 SDH 层相同的功能，它可以支持点到点 WDM 链路以及分插功能，即节点既可以分出某些波长的信号，也可以让某些波长的信号直接通过。

1.2.4 光纤通信网络的关键技术

基于下一代信息网络的现代服务体系（即 e-Service）的基本框架如图 1-3 所示，其中阴影所示部分就是以光网络为基础构建的，也就是说，信息技术必须依托于光网络。

这里所说的光网络，是指以光纤为传输媒介的通信网络。目前，信息传输系统有两大核心技术，即光纤通信和无线通信，特点是：光纤通信——极大带宽；无线通信——无处不在。光纤通信具有频带宽、容量大的特点。例如，单模光纤在 1200 nm～1600 nm 波长范

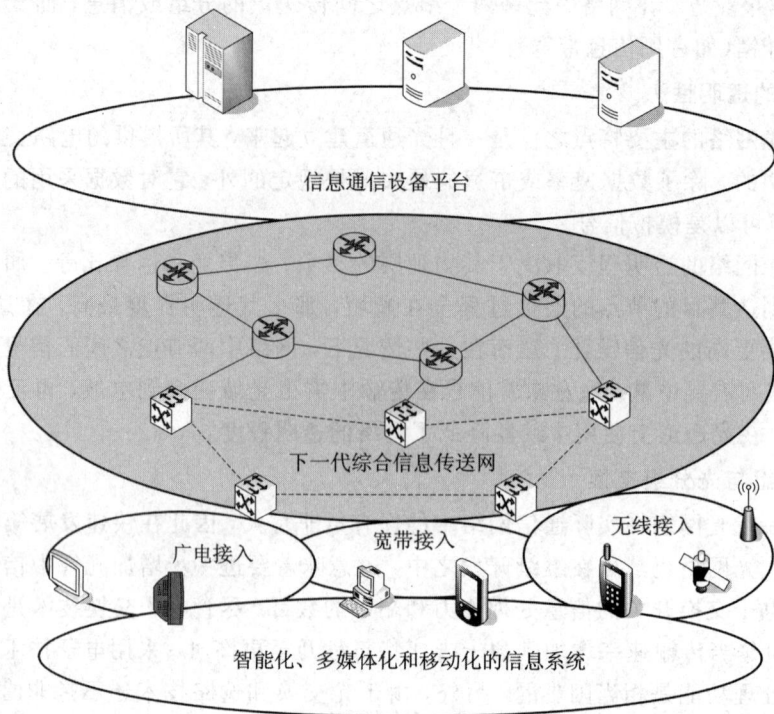

图 1 - 3　信息网络现代服务体系的基本框架

围内的衰耗很低，一般在 0.3 dB/km 左右，频带超过了 50 THz，这一频带宽度甚至超出了目前世界上所有通信技术所使用的频带的好几个数量级。在技术上，若最高频谱效率为 0.8 b/s·Hz^{-1}，则可安排 500 路传输速率为 40 Gb/s 的信息传输，光纤容量可达 20 Tb/s。因此，一根光缆（多纤）的总容量可达 Pb/s 数量级（1 P＝1000 T＝10^{15}）。所以说光纤是保证通信大容量扩展的最佳媒介。

　　光网络技术通常可分为光传输技术、光节点技术和光接入技术，它们之间既有交叉又有融合。下面我们阐述未来 5～10 年间光网络的发展趋势，以及影响光网络发展所涉及的各方面的相互间的关系。

1. 光传输技术

　　光传输技术解决了干线网所需容量的问题，而超大容量将成为下一代网络的基本特征。目前，主要、成熟的大容量的光传输技术是 DWDM（密集波分复用）。

　　1) DWDM 的技术趋势

　　目前，商用的 DWDM 系统已经实现 1600 Gb/s 容量（即 160 波且每波道速率 10 Gb/s）、3000 km 超长距离传输。DWDM 主要的技术发展趋势是：

　　(1) 扩展传输光纤的可用带宽。随着光纤制造技术的进步和激光源制造技术的发展，可用于光通信的波长带已经由最常用的 C 波带发展到 L 波带、S 波带乃至全波段。

　　(2) 压缩相邻光波长之间的间隔。大容量密集波分复用系统中相邻波长间的间隔在短短的几年时间内经历了从 200 GHz、100 GHz、50 GHz 至 25 GHz 的演变，并且每前进一步系统可容纳的波长数就会增加一倍。

(3) 单波长传输速率不断地提高。电时分复用的速率在不到 10 年的时间内从 155 Mb/s 发展到 10 Gb/s 乃至 40 Gb/s。

(4) 采用 ULH(超长距离)技术,延长无再生中继的距离。

2) 光城域网技术

城域网(MAN, Metro Access Networks)起源于计算机网,是作为计算机的局域传输互连的。随着数据业务的兴起,各类不同背景的运营公司将其发展为区域性多业务通信网,而其关键特征是公用多业务网。

城域网就是多业务传输平台(MSTP),以信息传输为主,但含有交换的成分,即含有节点技术,是传输技术与节点技术相融合的平台。MSTP 主要有三大类:第一类是以 SDH 为核心的 SDH - MSTP;第二类是以分组交换为核心的 Package - MSTP,主要指以太网;第三类是以 WDM 为基础的城域 WDM - MSTP。

(1) SDH - MSTP。SDH 技术是目前国家通信基础设施的核心技术,现网上运行的 SDH 设备占传输系统设备总量的 80% 以上,因此 SDH - MSTP 仍将在相当长的一段时间内占据着城域网建设主体的位置。其发展趋势是提供更丰富和更经济的多业务承载能力,已经实现的技术包括 VC(虚容器)级联和虚级联、链路容量调整方案(LCAS)和 GFP/LAPS/PPP 等标准封装协议。通过引入 VC 级联与虚级联以提高信息传输带宽分配的灵活性和使用效率;通过对 LCAS 的支持以实现虚级联承载业务时多径传输的保护能力和潜在的传输带宽动态调整的可能性;通过支持 GFP/LAPS/PPP 等标准封装协议以保证由不同厂家设备承载的以太网业务之间实现互联互通。同时具有更高级别的智能化 SDH 技术也是基于 SDH - MSTP 的一个重要的发展方向,从而实现带宽按需分配,进一步将客户层网络对带宽需求的变化和节点的带宽调整动作关联起来,逐步向 ASON(自动交换光网络)演进。

(2) Package - MSTP。基于分组的多业务传送技术是城域网从计算机网发展而来的本来方式,技术比较成熟(如简捷、高效),但受到的局限也比较明显(如安全、服务质量)。这种基于分组的多业务传送技术现发展为三种方式:改进的以太网技术、弹性分组环(RPR)技术和工作于 RPR 的 MAC 层之上的 MSR(多业务环)技术。改进的以太网技术的主要手段就是在以太网帧之外再加帧进行包装,新加的帧提供服务质量(QoS)保证。RPR 技术借鉴 SDH 的环路保护技术,适用于以数据业务为主、TDM(时分复用)业务为辅的网络,随着数据业务日益成为网络业务的主体,其应用范围也会逐渐扩大。MSR(城域网多业务环)技术不仅和 RPR 技术融合,而且通过支路(即业务,如以太网、FR(帧中继)、G.702 等)以及赋予支路不同的特性,提供了诸多电信级的功能。

(3) WDM - MSTP。WDM 系统在具有大容量特点的同时,还具有组网灵活、易扩展和易管理等优点。城域 WDM 系统包括城域 DWDM 和 CWDM(粗波分复用)。城域网 WDM 逐步演进为 OADM(光分插复用)光自愈环,最终引入 OXC(光交叉连接)互连大量的光自愈环形成光网状网结构,从而带来网状网结构的大量好处,引入 ASON 功能为实现动态分配和部署波长提供了端到端波长业务。CWDM 与 DWDM 在原理上完全相同,CWDM 是以扩大波长频率间隔和减少波长数量作为代价来降低成本的。

2. 光节点技术

1) 光交叉技术

现在 WDM 技术的研究方向主要有两个:一个是朝着更多波长以及单波长更高速率的

方向发展；另一个是朝着 WDM 联网方向发展。点到点的 DWDM 系统只提供了原始的带宽，而在竞争激烈的市场中，按需分配容量、个性化业务和成本低等是竞争的优势，因此业务提供者需要制定与此相适应的方案，并且提供灵活的交叉节点才能更好地满足对传输容量和带宽的巨大需求。具有全光交换能力的光交换节点，主要研究集中在 OXC 器件和 OADM 器件以及由这些器件构成的系统上，它可以在此基础上形成具有全光交换能力的产品。

2）光交换技术

光交换技术是指不经过任何光/电转换，在光域直接将输入光信号交换到不同的输出端。光交换技术可分成光路光交换类型和分组光交换类型，前者可利用 OADM 和 OXC 等设备来实现，而后者对光部件的性能要求更高。目前由于光逻辑器件的功能较简单，还不能完成控制部分复杂的逻辑处理功能，因此国际上现有的分组光交换单元还是由电信号来控制的，即所谓的电控光交换。随着光器件技术的发展，光交换技术的最终发展趋势将是光控光交换。

3）智能光网络技术

智能光网络是光网络的技术发展方向，通过研究智能化的光联网技术，可以解决面向未来互联网在光层上动态、灵活、高效的组网问题。其具体采用的就是 ASON 技术。现在所要研究的问题主要集中在多粒度光交换、动态波长选路与连接类型、接口单元（NNI、UNI）、业务适配与接入、自动资源发现、控制协议、接口与信令、链路监控与管理、组网与生存性、核心功能软件与网络管理系统等关键技术上。

3. 光纤接入技术

1）接受光接入网的充分条件

光接入技术的发展，与其成本（经济性）的关联非常密切。骨干网和城域网的传输设备和节点设备，其价格对用户是隐性的，而光接入技术的成本对用户是显性的、直接的。因此与干线网络技术相比，接入网技术的发展相对较慢。接入网的带宽基本停留在窄带水平，其根本原因是缺少两个充分条件，一个是能够吸引家庭用户且能够承受费用的实时宽带业务，另一个是对家庭用户来说，光纤接入的成本应与铜线接入的成本相当，甚至更低。现在采用的接入技术手段，如 xDSL（数字用户环路，Digital SubscriberLoop）系统、HFC（混合光纤同轴电缆，Hybrid Fiber Coaxial）系统、以太网接入系统和宽带无线接入系统，都是基于铜缆或微波频段的接入，受到传输媒质、无线频谱和技术体制的先天限制，这些接入方式不能从根本上解决用户对宽带接入的需求。一旦上述的两个充分条件中有一个满足了，则唯一能够从根本上彻底解决带宽需求的长远技术就是光纤接入网。

2）光纤通信的大同世界——FTTH

光纤接入技术已广泛应用到网络汇聚层，而应用到接入终端，即光纤到户（FTTH）是发展的目标。光纤接入技术可以分为有源光纤接入和无源光纤接入两类。有源光纤接入类似于铜线以太网的接入技术。无源光纤接入主要有采用 ATM 技术的 APON、采用以太网技术的 EPON 和采用 GFP 封装的 GPON，将它们统称为 xPON。FTTH 的发展是一个国家信息化程度和竞争力的体现，对光通信市场的带动有着不可低估的巨大的作用，也可以说 FTTH 的发展不仅是信息领域的进步，而且是国民经济领域和社会生活领域变革的前奏。

4. 光纤器件技术的发展

光纤网络体系是未来光通信的主流发展方向，光网络技术的发展在很大程度上取决于光纤器件技术的发展，而光纤器件技术本身的发展又取决于其成本（经济性）。光纤器件主要有：支持智能化的光可变换器件，包括可调谐光源、可调谐光滤波器、全光波长转换器、光可变衰减器等；支持全光网实现的平面光波技术；新一代的光电子材料——光子晶体及光子晶体光纤（PCF）。

1) 光可变换器件

波长可调谐光源可任意控制信道的波长，能够方便和准确地控制频道的间隔，其特性要求是可快速地调谐传输速率，且有较宽的调谐范围。它可实现传输速率的快速配置和波长的转换，可重构的 OADM 以及光开关、保护和恢复的功能，是智能光网络的催化剂。可调谐光滤波器主要有两个应用：一是作为光性能监测（OPM）的基础，只需要通过可调谐光滤波器将要处理的波长筛选出来即可监测；二是在可调 OADM 和 OXC 方面的应用，用可调谐光滤波器来取代波分复用器将要下载的波长筛选出来。全光波长转换器的波长转换将成为光网络节点中的一个基本功能，可进行透明的互操作，解决波长的争用，波长路由选定，以及在动态业务模式下较好地利用网络资源。尤其是对大容量、多节点的网状网，采用全光波长变换器可大大降低网络的阻塞率。光可变衰减器（VOA）阵列及可调光功率分配器还是下一代智能化光通信网络发展的关键器件，目前有基于各种新技术的光可变衰减器，这些新技术包括 MEMS（微型机电系统，Micro Electro-Mechanical System）技术、液晶技术、波导技术和聚合物材料光栅等。光可变衰减器阵列可以构成 DCE（Dynamic Channel Equalizer）、VMUX（VOA＋MUX（多路复用器））、OADM 等光器件的核心部件。

2) 平面光波导技术

平面光波导（PLC，Planar Lightwave Circuit）技术以其成本低、便于批量生产、稳定性好、易于集成等诸多特点，被认为是光通信产业的明日之星。PLC 技术可以为光网络提供光功率分配、光开关、光滤波等各种功能，为组建更为复杂的光网络提供了必要的条件。另外，PLC 技术为混合集成技术提供了可靠的平台，可以将诸如激光器、探测器、OEIC（光电集成）与各类无源 PLC 器件集成到一起，极大地降低了器件的成本，促进了 FTTH 的发展。同时混合集成技术的研究也必将为更高度的光电集成提供技术基础，从而在下一代的通信系统中扮演重要的角色。

3) 光子晶体

光子晶体可以制作全新原理的或以前所不能制作的高性能光学器件，在光纤通信中也有重要的用途，被认为是新一代的光电子材料。综合利用光子晶体的各种性能，可以制作光子晶体全反射镜、光子晶体无阈值激光器、光子晶体光波导、光偏振器、光开关、光放大器、光聚焦器等。目前就光子晶体的研究而言，更多的还是处在实验室制作阶段以及理论分析阶段，离实用还有一定的距离，其面临的最大问题就是制作难度太大。相对而言，一维光子晶体的制作工艺较简单，如偏振分离器/合成器（PBS/PBC）。在结合了液晶技术或磁光旋光器以后，纳米光学晶体可用来构成光开关、VOA、光循环器、Interleaver、光路由器等各种各样的光纤通信中的基本器件。

光子晶体光纤（PCF，Photonic Crystal Fiber）是在石英光纤上规则地排列空气孔，而光纤的纤芯由一个破坏包层周期性的缺陷态构成。从光纤的端面上看，存在周期性的二维光子晶体结构，并且在光纤的中心有缺陷态，光便可以沿着缺陷态在光纤中传输。光子晶体光纤作为下一代的传输光纤应具有：① 超低的损耗，计划目标为 0.05 dB/km，而现在的损耗为 1.72 dB/km；② 在很宽的频率范围内支持单模传输，并通过合理的设计可以支持任何波长光波的单模传输；③ 光子晶体光纤的纤芯面积大于传统光纤纤芯面积的 10 倍左右，这样就允许较高的入射光功率；④ 可灵活地设计色散和色散斜率，提供宽带色散补偿，可以把零色散波长的位置移到 1000 nm 以下。

1.2.5　光纤通信网络的发展趋势

　　光纤通信从一开始就是为传输基于电路交换的信息的，客户信号一般是 TDM（时分复用）的连续码流，如 PDH 和 SDH 等。随着计算机网络特别是互联网的发展，数据信息的传输量越来越大，客户信号中基于分组交换的具有随机性、突发性的分组信号码流的比例逐步增加，使得光纤通信网络所承载的数据信号的种类和数量也越来越多。

　　从现有的光同步数字体系（SDH）网迈向新一代全光网，这将是一个分阶段演化的过程，网络的构成和技术功能也在不断地变化，光网络的发展进程如图 1-4 所示。可以看出，光网络的发展进程是：采用 WDM 技术和光放大技术，进行点到点的通信扩容，实现光域上信息的全光传输；在光传输路径上设置光分插复用器（OADM），可实现本地光信号在光路上的上路和下路功能；传输链路采用波分复用技术，采用光分插复用器作为光节点进行组网，实现网络信息的光域传输；进而利用光交叉连接（OXC），使网络节点具有光交换功能，构成光传送网到自动交换光网络，最终形成基于全光传输和光分组交换的全光网络或光子网络，实现光域上的信息传输和交换。全光网络采用光层保护，并具有较好的存活性，可进行灵活的带宽分配、波长转换、波长路由和交换，实现光域上端到端的多粒度波长服务。

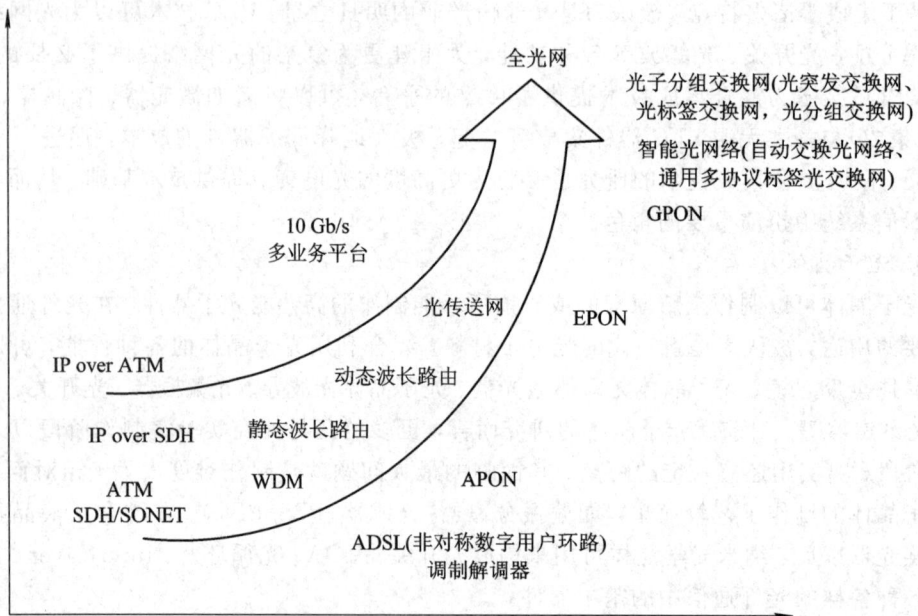

图 1-4　光网络的发展进程

　　基于上面对光纤通信关键技术的分析，我们认为光纤通信网络将在下面几个方面进一步发展：

　　1) 增加传输容量

　　目前，实用化的单通道信息传输速率已由 155 Mb/s 增加到 10 Gb/s 乃至 40 Gb/s，而 160×10 Gb/s 的密集波分复用 DWDM 系统也已投入商用。在实验室中，NEC 实现了 274×40 Gb/s 系统，阿尔卡特实现了 256×40 Gb/s 系统，西门子实现了 176×40 Gb/s 系统，而朗讯则将系统的总容量提升至约 20 Tb/s。从发展趋势来看，未来实现传输容量增加的主要技术手段仍然是 TDM＋WDM。

　　2) 超长距离传输

　　目前，实用化的传输距离已由 40 km 增加到 160 km。拉曼光纤放大器的出现，为进一步增大无中继距离创造了条件。在实验室中，无电中继的传输距离已从 600 km 增加到 4000 km。采用光孤子传输系统、色散管理、在线放大和超级前向纠错等技术，有望将系统的无电中继距离进一步延长。

　　3) 光传输与交换技术融合

　　实用化的点到点通信的 WDM 系统具有巨大的传输容量，但其灵活性和可靠性不够理想。采用光分插复用器(OADM)和光交叉连接设备(OXC)可实现光联网，再引入智能化分布式控制平面技术就可发展成自动交换光网络(ASON)。预计在未来 10 年内，采用 DXC(数字交叉连接)设备的网络将逐步采用 OXC 设备来组建光传输网。而智能化的控制平面可以实现光通道连接的动态建立和拆除，这样将会改变光传送网长期以来只能作为业务承载网的局面，从而形成兼具传输和交换技术的新型光网络。

　　4) 多业务承载

　　随着对光纤通信的需求，光纤传输的方式由骨干网逐步向城域网转移，逐渐地靠近业务节点。对于数据业务的用户，希望光纤通信既能提供传输功能，又能提供多种业务的接入功能，这就是目前已广泛使用的基于 SDH 的多业务传输平台。它可实现 TDM、ATM、Ethernet 及 FR、FDDI、FiberChannel、FICON 和 ESCON 等业务的接入处理和传输，提供统一网管的多业务的接入节点设备。基于 WDM 的 MSTP 是将 WDM 的每个波道分别用作各个业务的通道，用透明传输的方式支持各种业务的接入处理，如在 FE、GE 等端口中嵌入 Ethernet 2 层甚至 3 层交换功能等，使 WDM 系统不仅具有传输能力，而且具有业务提供能力。

　　5) 光接入网络

　　现有的接入网仍然是以双绞铜线为主要传输线的模拟系统，这成为制约全网进一步发展的瓶颈。双绞线上的 xDSL 系统、同轴电缆上的 HFC 系统及宽带无线接入系统只是一些过渡性的方案，唯一能够从根本上彻底解决这一瓶颈问题的技术手段是光纤接入网。通过把光纤引入千家万户，将使亿万用户的多媒体信息畅通无阻地进入信息高速公路。基于以太网的无源光接入网 EPON 和千兆比特无源光接入网 GPON 是目前主要的候选技术。

　　6) 光网络技术在软硬两个方面的发展

　　今后的 10 年，光网络技术仍然是以现在已有的技术为出发点的。光网络技术的发展体现在两个方面：在硬技术实现上是全光网，在软技术实现上是智能网。全光网的发展包括光纤放大器与光纤激光器、光纤光栅光子器件、光子回路、全光纤集成等，在这些方面技术的发展主要取决于光器件技术的发展。在具备了 WDM 能力之后,光传送网络第一次拥有了在光层直接交叉组网的能力,ASON 的核心就是自身具备智能性,第一次可在光网络中实现光信道建立的智能性,即 ASON 在不需要人为管理和控制的情况下,可以依据控制面的功能,按用户的请求来建立一条符合用户需求的光通道。这一前所未有的革命性的进步为光网络的发展带来了质的飞跃。

7) 21 世纪光纤通信的挑战

现行光网络系统都采用 IM‑DD(强度调制‑直接检测)模式,即利用了光子的强度特性,而光子的其他特性,如相位频率、相干性、以及量子特性等,却被这种单一的模式"埋没"了。显然,利用光子的其他特性开创实用技术来构建新的光子网络是我们在 21 世纪的所要面临挑战。为了全面利用光子作为信息载体的优越性,将要开拓的通信的新模式有相干光通信和量子光通信。相干光通信的主要优点体现在检测灵敏度方面,它的检测灵敏度比 IM‑DD 系统的高 30 dB 以上。但是,相干光通信仅仅是技术基础成熟还不能实用,它的发展有待于 PIC/PEIC(光子集成/光电子集成)技术的发展。量子光通信是利用光子量子特性的最理想的通信模式,目前它还处于技术基础的研究阶段。

光网络是宽带通信网的必然发展方向,它正在从高速大容量的信息传输向智能化的方向发展,这就要求光网络更灵活、面向用户和成本更低。光网络功能和性能的进步主要取决于所用的光电子器件,光电子器件的先进性、可靠性和经济性会直接影响系统设备乃至整个网络的生命力和市场竞争力。由于构成光网络的光纤频带宽、信息容量大,因此光网络技术使宽带通信网的实现成为可能,光网络技术的发展极大地支持了宽带通信网的发展。通信的宽带化、宽带通信网的光纤化是通信技术发展的必然趋势。

习题与思考题

1-1 光纤通信的主要优点是什么?

1-2 简述强度调制‑直接检测通信系统的基本组成,并说明各部分的组成和作用。

1-3 什么是光纤通信网络?

1-4 光纤通信网的技术特点是什么?

1-5 光纤通信网有哪些关键技术?

1-6 光纤通信网有哪些发展趋势?

第2章　光纤、光器件及光系统

☞光网络主要由光纤、光源、光检测器及相关的光无源器件等组成。本章主要介绍这些组成部分的工作原理、分类、特性指标及应用等。

2.1　光纤及光缆

2.1.1　光纤的结构及分类

1. 光纤的结构

光纤是光纤通信系统中的重要组成部件，是光信号传输的介质。光纤的结构取决于它的应用和传输特性，通信系统中使用的光纤一般为圆柱形。下面将介绍光纤通信系统中光纤的基本结构。

1) 光纤的基本结构

光纤通信系统中的光纤一般由纤芯、包层和涂覆层三个部分组成，如图2-1所示。

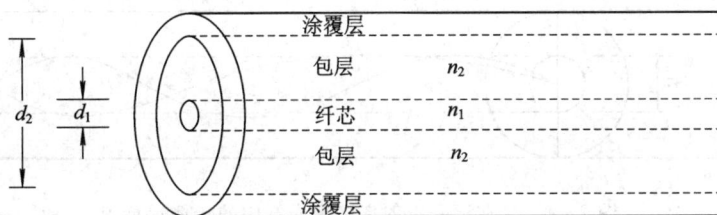

图 2-1　光纤的基本结构示意图

（1）纤芯。纤芯位于光纤的中心部位，直径 d_1 为 4 μm～50 μm，其中单模光纤的纤芯直径为 4 μm～10 μm，多模光纤的纤芯直径为 50 μm。纤芯的主要成分是高纯度 SiO_2，其中掺有极少量的掺杂剂（如 GeO_2，P_2O_5）。掺杂剂的作用是提高纤芯对光的折射率（n_1），以传输光信号。

（2）包层。包层位于纤芯的周围，直径 $d_2 = 125$ μm，其成分也是含有极少量掺杂剂的高纯度 SiO_2，而掺杂剂（如 B_2O_3）的作用是适当地降低包层对光的折射率（n_2），使其略低于纤芯的折射率，即 $n_1 > n_2$，这样光信号可封闭在纤芯中传输。

（3）涂覆层。光纤的最外层为涂覆层，包括一次涂覆层、缓冲层和二次涂覆层。其中一次涂覆层一般使用丙烯酸酯、有机硅或硅橡胶等材料；缓冲层一般为性能良好的填充油膏；二次涂覆层一般多用聚丙烯或尼龙等高聚物材料。涂覆的作用是保护光纤不受水汽侵蚀和机械擦伤，同时还可增加光纤的机械强度与可弯曲性，延长光纤的使用寿命。涂覆后的光纤其外径约为 1.5 mm，通常所说的光纤指的就是这种光纤。

2）光纤的折射率分布与光线的传播

在光纤中，光线的传播路径和光纤的纤芯及其包层折射率的分布有关。图 2-2 所示为两种典型光纤的折射率分布情况，其中一种称为阶跃折射率光纤；另一种称为渐变折射率光纤。

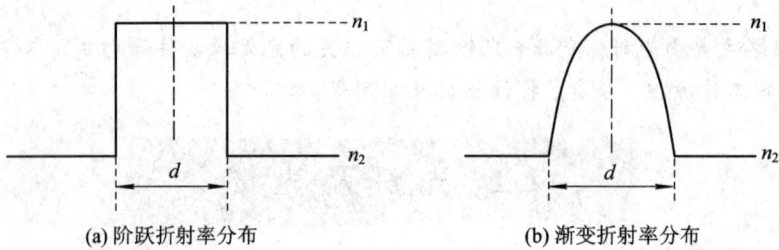

(a) 阶跃折射率分布　　　　　　　　(b) 渐变折射率分布

图 2-2　光纤的折射率分布

光在阶跃折射率光纤中和渐变折射率光纤中的传播轨迹分别如图 2-3 和图 2-4 所示。

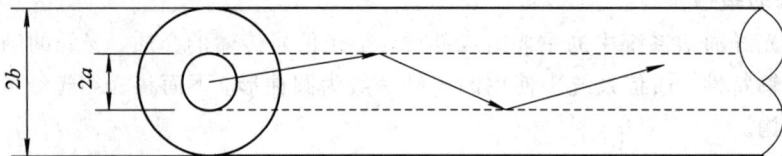

图 2-3　光在阶跃折射率多模光纤中的传播示意图

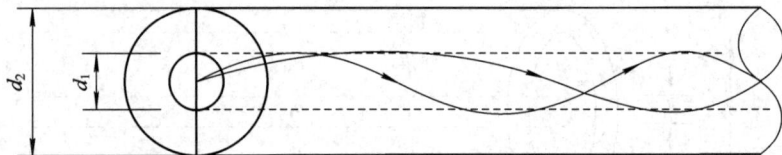

图 2-4　光在渐变折射率多模光纤中的传播示意图

从图 2-3 和图 2-4 中可见，光线在阶跃折射率多模光纤中的传播轨迹近似于折线，而在渐变折射率多模光纤中的传播轨迹近似于正弦曲线。

2. 光纤的分类

光纤有多种分类方式，若按光纤传输模的数量分类，则可将光纤分为多模光纤和单模光纤；若按光纤传输光信号波的波长分类，则可将光纤分为短波长光纤和长波长光纤；若按光纤套塑结构分类，则可分为紧套光纤和松套光纤。下面我们将分别进行介绍。

1）按传输模数分类

按传输模的数量不同可将光纤分为多模光纤和单模光纤。

传播模式的概念：当光在光纤中传播时，如果光纤纤芯的几何尺寸远大于光波波长时，那么光在光纤中会以几十种乃至几百种的传播模式进行传播，如图 2-5 所示，其中这些不同的光束称为模式。

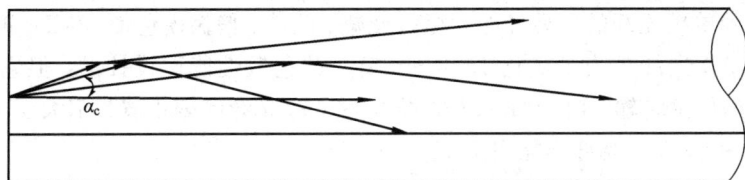

图 2-5　光在阶跃折射率光纤中的传播示意图

　　(1) 多模光纤。当光纤的几何尺寸(主要是纤芯直径 d_1)远大于光波波长(约 1 μm)时，在光纤传输的过程中会存在着几十种乃至几百种的传输模式，这样的光纤称为多模光纤，如图 2-4 和图 2-5 所示。

　　(2) 单模光纤。当光纤的几何尺寸(主要是纤芯直径 d_1)较小，且与光波波长处在同一数量级时，如纤芯直径 d_1 在 4 μm～10 μm 的范围内，这时，光纤只允许一种模式(基模)在其中传播，其余的高次模全部截止，这样的光纤称为单模光纤，如图 2-6 所示。

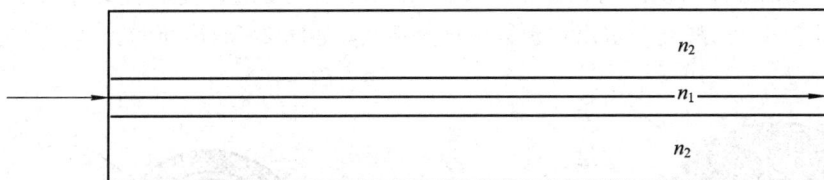

图 2-6　光在单模光纤中的传播示意图

　　由于单模光纤具有大容量长距离的传输特性，因此在光纤通信系统中得到广泛的应用。ITU-T 建议规范了四种单模光纤：G.652、G.653、G.654 和 G.655 光纤。

　　① G.652 光纤。G.652 光纤也称标准单模光纤(SMF)，是指色散零点(即色散为零的波长)在 1310 nm 附近的光纤。它的折射率分布如图 2-7 所示，其中图 2-7(a)表示的阶跃折射率设计称为匹配包层型，图 2-7(b)表示的阶跃折射率设计被称为凹陷包层型。

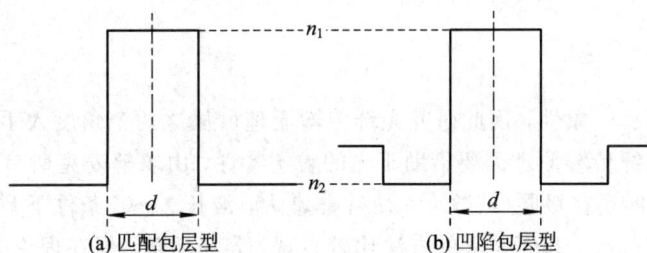

(a) 匹配包层型　　　　　　　　(b) 凹陷包层型

图 2-7　G.652 光纤的折射率

　　② G.653 光纤。G.653 光纤也称色散位移光纤(DSF)，是指色散零点在 1550 nm 附近的光纤。它相对于 G.652 光纤，其色散零点发生了移动，所以叫色散位移光纤。

　　③ G.654 光纤。G.654 光纤是截止波长移位的单模光纤，其设计重点是降低 1550 nm 的衰减，由于它的零色散点仍然在 1310 nm 附近，因而 1550 nm 窗口的色散较高。G.654 光纤主要应用于海底光纤通信。

　　④ G.655 光纤。由于 G.653 光纤的色散零点在 1550 nm 附近，因此 DWDM 系统在零色散波长处工作易引起四波混频效应。为了避免引起该效应，可将色散零点的位置从 1550 nm 附近移开一定的波长数，使色散零点不在 1550 nm 附近的 DWDM 工作波长的范围内。这种光纤就是非零色散位移光纤(NDSF)。

以上这四种单模光纤的主要性能指标是衰减、色散、偏振模色散(PMD)和模场直径 。

另外，G.653 光纤是为了优化 1550 nm 窗口的色散性能而设计的，但它也可以用于 1310 nm 窗口的信息传输。由于 G.654 光纤和 G.655 光纤的截止波长都大于 1310 nm，因此 G.654 光纤和 G.655 光纤不能用于 1310 nm 窗口。

2) 按传输波长分类

按传输信号的波长不同可将光纤分为短波长光纤和长波长光纤，其中短波长光纤的波长为 0.85 μm(0.8 μm～0.9 μm)；长波长光纤的波长为 1.3 μm～1.6 μm，主要有波长分别为 1.31 μm 和 1.55 μm 的两个窗口。

3) 按套塑结构分类

按套塑结构的不同可将光纤分为紧套光纤和松套光纤。

紧套光纤是在做了一次涂覆层的光纤上再紧紧地套上一层尼龙或聚乙烯等塑料套管，使光纤在套管内不能自由活动，如图 2-8(a)所示。而松套光纤是在光纤涂覆层外面再套上一层塑料套管，这样光纤可以在套管中自由活动，如图 2-8(b)所示。

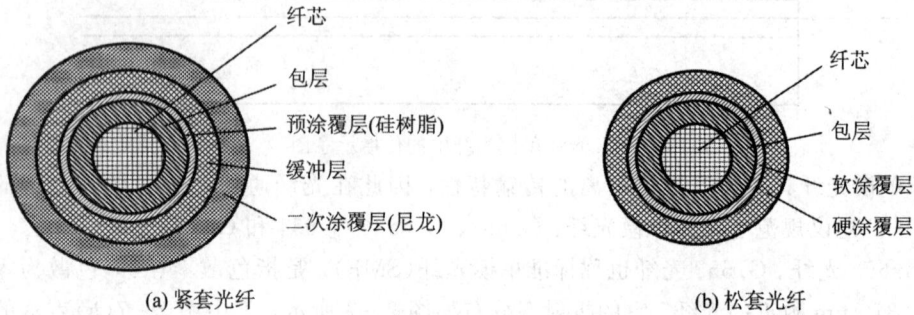

(a) 紧套光纤　　　　(b) 松套光纤

图 2-8　套塑光纤结构示意图

2.1.2　光纤传输原理

由于光具有波粒二象性，因此研究光纤传输原理可从这两个角度入手来进行研究。通常要详细地描述光纤传输原理需要借助于光的粒子特性，由求解麦克斯韦方程组导出的波动方程得到解答，但是在极限(波数 $k=2\pi/\lambda$ 非常大，波长 $\lambda\rightarrow0$)条件下，可以用几何光学的射线方程作近似分析。几何光学的方法比较直观，容易理解，但在理论上并不十分严格。不管是射线方程还是波动方程，其数学推演都比较复杂，我们只选取其中的主要部分和有用的结果进行介绍。

1. 几何光学方法

用几何光学方法分析光纤传输原理，我们关注的问题主要是光束在光纤中传播的空间分布和时间分布，并由此得到数值孔径和时间延迟的概念。

1) 突变型多模光纤

(1) 数值孔径。下面以突变型多模光纤的交轴(子午)光线为例来讨论光纤的传输条件。设纤芯和包层的折射率分别为 n_1 和 n_2，空气的折射率 $n_0=1$，纤芯中心轴线与 z 轴一致，如图 2-9 所示。光线在光纤端面以小角度 θ 从空气中入射到纤芯($n_0<n_1$)，折射角为 θ_1，折射后的光线在纤芯中沿直线方向传播，并在纤芯与包层交界面以角度 φ_1 入射到包层($n_1>n_2$)。

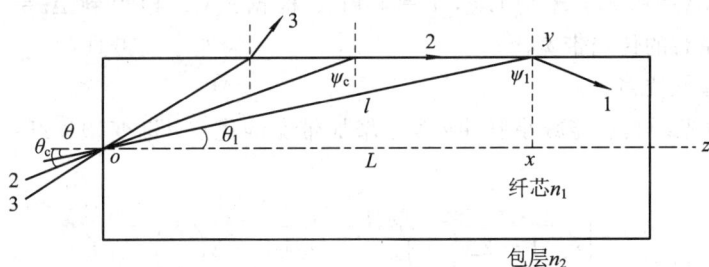

图 2 - 9　突变型多模光纤的光线传播原理

若改变入射角 θ，则不同的 θ 值对应的入射光线将在纤芯与包层的交界面发生反射或折射。根据全反射原理，存在一个临界角 θ_c，当 $\theta < \theta_c$ 时，其相对应的光线将在交界面发生全反射而返回纤芯，并以折线的形状向前传播，如图 2 - 9 中的光线 1 所示。根据斯奈尔(Snell)定律得到

$$n_0 \sin\theta = n_1 \sin\theta_1 = n_1 \cos\psi_1 \tag{2.1}$$

当 $\theta = \theta_c$ 时，其相对应的光线将以 ψ_c 入射到交界面，并沿交界面向前传播(折射角为 $90°$)，如图 2 - 9 中的光线 2 所示；当 $\theta > \theta_c$ 时，其相对应的光线将在交界面折射进入包层并逐渐消失，如图 2 - 9 中的光线 3 所示。由此可见，只有在半锥角为 $\theta \leqslant \theta_c$ 的圆锥内入射的光束才能在光纤中传播。

根据上述传播条件，定义临界角 θ_c 的正弦函数为**数值孔径**(Numerical Aperture，NA)，由定义和斯奈尔定律得到

$$\text{NA} = \sqrt{n_1^2 - n_2^2} \approx n_1 \sqrt{2\Delta} \tag{2.2}$$

其中，$\Delta = (n_1 - n_2)/n_1$ 为纤芯与包层间的相对折射率差。例如，设 $\Delta = 0.01$，$n_1 = 1.5$，可得到 $\text{NA} = 0.21$ 或 $\theta_c = 12.2°$。

数值孔径 NA 表示光纤接收和传输光的能力，NA(或 θ_c)的值越大，光纤接收光的能力就越强，从光源到光纤的耦合效率也就越高。对于无损耗光纤，在临界角 θ_c 内的入射光都能在光纤中传输。NA 的值越大，纤芯对光能量的束缚就越强，光纤抗弯曲的性能就越好。

但是 NA 的值越大，经光纤传输后产生的信号畸变就越大，从而限制了信息的传输容量，所以要根据实际的使用场合来选择适当的 NA 值。

(2) 时间延迟。现在我们来观察光线在光纤中的传播时间。在图 2 - 9 中，入射角为 θ 的光线在长度为 $L(ox)$ 的光纤中传输，所经历的路程为 $l(oy)$，在 θ 的值很小的条件下，其传播时间(即时间延迟)为

$$\tau = \frac{n_1 l}{c} = \frac{n_1 l}{c}\sec\theta_1 \approx \frac{n_1 L}{c}\left(1 + \frac{\theta_1^2}{2}\right) \tag{2.3}$$

其中，c 为真空中的光速。在光纤中分别以最大入射角($\theta = \theta_c$)和最小入射角($\theta = 0$)入射的光线之间的时间延迟差近似为

$$\Delta\tau = \frac{L}{2n_1 c}\theta_c^2 = \frac{L}{2n_1 c}(\text{NA})^2 \approx \frac{n_1 L}{c}\Delta \tag{2.4}$$

这种时间延迟差在时域中产生脉冲展宽，或称为信号畸变。由此可见，突变型多模光纤的信号畸变是由以不同的入射角进入光纤的光线经光纤传输后，其时间延迟不同而产生

的。设光纤中 NA $=0.20$，$n_1=1.5$，$L=1$ km，根据式（2.4）得到 $\Delta\tau=44$ ns，相当于 10 MHz·km 左右的传输带宽。

2）渐变型多模光纤

渐变型多模光纤具有能减小脉冲展宽、增加带宽的优点。渐变型光纤折射率分布的普遍公式为

$$n(r)=\begin{cases} n_1\left[1-2\Delta\left(\dfrac{r}{a}\right)^g\right]^{\frac{1}{2}}\approx n_1\left[1-\Delta\left(\dfrac{r}{a}\right)^g\right] & r\leqslant a \\ n_1(1-\Delta)=n_2 & r>a \end{cases} \tag{2.5}$$

其中，n_1 和 n_2 分别为纤芯中心和包层的折射率；r 和 a 分别为径向坐标和纤芯半径；$\Delta=(n_1-n_2)/n_1$ 为相对折射率差；g 为折射率分布指数。在 $g\to\infty$，$(r/a)\to0$ 的极限条件下，式（2.5）表示突变型多模光纤的折射率分布。在 $g=2$ 时，$n(r)$ 按平方律（抛物线）变化，表示常规渐变型多模光纤的折射率分布。在具有这种分布的光纤中，以不同入射角入射的光线会聚在中心轴线的一点上，因而其脉冲展宽减小。

（1）数值孔径。由于渐变型多模光纤折射率分布是径向坐标 r 的函数，纤芯中各点数值孔径又不相同，因此要定义局部数值孔径 $\text{NA}(r)$ 和最大数值孔径 $\text{NA}_{\max}$，它们分别为

$$\text{NA}(r)=\sqrt{n^2(r)-n_2^2} \tag{2.6}$$

$$\text{NA}_{\max}=\sqrt{n_1^2-n_2^2} \tag{2.7}$$

（2）渐变型多模光纤的光线传播轨迹。用几何光学的方法分析渐变型多模光纤中光线的传播需要求解射线方程。射线方程的一般形式为

$$\frac{\mathrm{d}}{\mathrm{d}s}\left(n\frac{\mathrm{d}\boldsymbol{\rho}}{\mathrm{d}s}\right)=\nabla n \tag{2.8}$$

其中，$\boldsymbol{\rho}$ 为特定光线的位置矢量；s 为以某一固定参考点为起点的光线长度。选用圆柱坐标 (r,φ,z)，把渐变型多模光纤的子午面 $(r-z)$ 示于图 2-10。

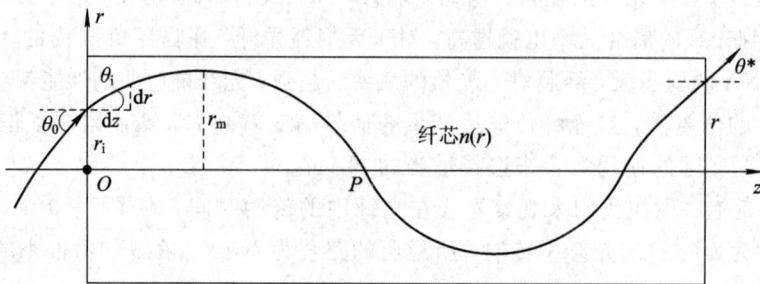

图 2-10　渐变型多模光纤的光线传播原理

由式（2.5）可知，一般光纤的相对折射率差都很小，光线和中心轴线 z 的夹角也很小，即 $\sin\theta\approx\theta$。由于折射率分布具有圆对称性和沿轴线的均匀性，因此 n 与 φ 和 z 无关，式（2.8）可简化为

$$\frac{\mathrm{d}}{\mathrm{d}s}\left(n\frac{\mathrm{d}r}{\mathrm{d}z}\right)=n\frac{\mathrm{d}^2r}{\mathrm{d}z^2}=\frac{\mathrm{d}n}{\mathrm{d}r} \tag{2.9}$$

把式（2.5）和 $g=2$ 代入式（2.8）得到

$$\frac{\mathrm{d}^2 r}{\mathrm{d}z^2} = \frac{-2\Delta r}{a^2 \left[1 - \Delta\left(\frac{r}{a}\right)^2\right]} \approx \frac{-2\Delta r}{a^2}$$

解这个二阶微分方程得到光线的轨迹为

$$r(z) = C_1 \sin(Az) + C_2 \cos(Az) \tag{2.10}$$

其中，$A = \sqrt{2\Delta}/a$；C_1 和 C_2 是待定常数，由边界条件确定。设光线以角度 θ_0 从特定点 $(z=0, r=r_i)$ 入射到光纤中，并在任意点 (z, r) 以角度 θ^* 从光纤中射出，由式(2.10)及其微分得到

$$C_2 = r(z=0) = r_i, \quad C_1 = \frac{1}{A}\frac{\mathrm{d}r}{\mathrm{d}z}(z=0) \tag{2.11}$$

由图 2-10 的入射光得到 $\dfrac{\mathrm{d}r}{\mathrm{d}z} = \tan\theta_i \approx \theta_i \approx \dfrac{\theta_0}{n(r)} \approx \dfrac{\theta_0}{n(0)}$，把这个近似关系式代入式 (2.11)得到

$$c_1 = \frac{\theta_0}{An(r)} c_2 = r_i$$

把 C_1 和 C_2 代入式(2.10)得到

$$r(z) = r_i \cos(Az) + \frac{\theta_0}{An(r)} \sin(Az) \tag{2.12a}$$

由射出光线得到 $\dfrac{\mathrm{d}r}{\mathrm{d}z} = \tan\theta \approx \theta \approx \dfrac{\theta^*}{n(r)}$，将这个近似关系式和对式(2.10)求微分得到

$$\theta^* = -An(r)r_i \sin(Az) + \theta_0 \cos(Az) \tag{2.12b}$$

取 $n(r) \approx n(0)$，由式(2.12)得到光线轨迹的普遍公式为

$$\begin{bmatrix} r \\ \theta^* \end{bmatrix} = \begin{bmatrix} \cos(Az) & \dfrac{1}{An(0)}\sin(Az) \\ -An(0)\sin(Az) & \cos(Az) \end{bmatrix} \begin{bmatrix} r_i \\ \theta_0 \end{bmatrix} \tag{2.13}$$

这个公式就是自聚焦透镜的理论依据。自聚焦效应为方便观察光线的传播轨迹，把光线的入射点移到中心轴线($z=0$, $r_i=0$)上，由式(2.12)和式(2.13)得到

$$r = \frac{\theta}{An(0)} \sin(Az) \tag{2.14}$$

$$\theta^* = \theta_0 \cos(Az) \tag{2.15}$$

由此可见，渐变型多模光纤的光线轨迹是传输距离 z 的正弦函数。对于确定的光纤，其幅度的大小取决于入射角 θ_0，其周期 $\Lambda = \dfrac{2\pi}{A} = \dfrac{2\pi a}{\sqrt{2\Delta}}$ 取决于光纤的结构参数(a, Δ)，而与入射角 θ_0 无关。这说明不同的入射角相对应的光线，虽然经历的路程不同，但是最终都会聚在点 P 上，如图 2-10 所示，这种现象称为自聚焦(Self Focusing)效应。

（3）渐变型多模光纤的时延特性。渐变型多模光纤具有自聚焦效应，不仅不同入射角相对应的光线会聚在同一点上，而且这些光线的时间延迟也近似相等。这是因为光线的传播速度 $v(r) = c/n(r)$(c 为光速)，入射角度大的光线经历的路程较长，但大部分光线的路程远离中心轴线，$n(r)$ 的值较小，且传播速度较快，因而补偿了较长的光线路程。入射角度小的光线情况正相反，其路程较短，但速度较慢，所以这些光线的时间延迟近似相等。

在图 2-10 中，设在光线传播轨迹上任意点 (z, r) 的速度为 $v(r)$，其径向分量为

$$\frac{\mathrm{d}r}{\mathrm{d}t} = v(r)\,\sin\theta \qquad (2.16)$$

那么光线从 O 点到 P 点的时间延迟为

$$\tau = 2\int \mathrm{d}t = 2\int_0^{r_\mathrm{m}} \frac{\mathrm{d}r}{v(r)\sin\theta} \qquad (2.17)$$

由图 2-10 可以得到 $n(0)\cos\theta_0 = n(r)\cos\theta = n(r_\mathrm{m})\cos0$，又 $v(r) = \dfrac{c}{n(r)}$，利用这些条件，再把式(2.5)代入式(2.17)得到

$$\tau = \frac{2an(0)}{c\sqrt{2\Delta}}\int_0^{r_\mathrm{m}} \frac{1-2\Delta\frac{r^2}{a^2}}{\sqrt{r_\mathrm{m}^2 - r^2}}\,\mathrm{d}r = \frac{a\pi n(0)}{c\sqrt{2\Delta}}\left(1-\Delta\frac{r_\mathrm{m}^2}{a^2}\right) \qquad (2.18)$$

与突变型多模光纤的处理相似，对于渐变型多模光纤可取 $\theta_0 = \theta_\mathrm{c}\,(r_\mathrm{m} = a)$ 和 $\theta_0 = 0$ $(r_\mathrm{m} = 0)$ 的时间延迟差为 $\Delta\tau$，由式(2.18)得到

$$\Delta\tau = \frac{a\pi n(0)}{c\sqrt{2\Delta}}\Delta \qquad (2.19)$$

设 $a = 25\ \mu\mathrm{m}$，$n(0) = 1.5$，$\Delta = 0.01$，由式(2.19)计算得到的 $\Delta\tau \approx 0.03\ \mathrm{ps}$。

2. 光纤传输的波动理论

虽然用几何光学的方法对光线在光纤中的传播可以提供直观的图像，但是对光纤的传输特性只能提供近似的结果。光波是电磁波，只有通过求解由麦克斯韦方程组导出的波动方程分析电磁场分布(传输模式)的性质，才能更准确地获得光纤的传输特性。

1) 波动方程和电磁场表达式

设光纤没有损耗，折射率 n 的变化很小，在光纤中传播的是角频率为 ω 的单色光，电磁场与时间 t 的关系为 $\mathrm{e}^{\mathrm{j}\omega t}$，则标量波动方程为

$$\nabla^2 E + \left(\frac{n\omega}{c}\right)^2 E = 0 \qquad (2.20)$$

$$\nabla^2 H + \left(\frac{n\omega}{c}\right)^2 H = 0 \qquad (2.21)$$

其中，E 和 H 分别为电场和磁场在直角坐标中的任一分量；c 为光速。选用圆柱坐标 (r, φ, z)，使 z 轴与光纤中心轴线一致，如图 2-11 所示。将式(2.20)在圆柱坐标中展开，得到电场的 z 分量 E_z 的波动方程为

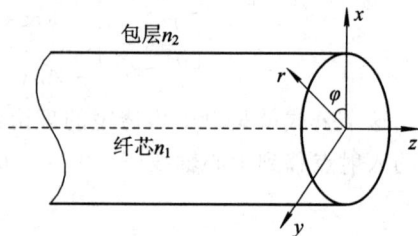

图 2-11 光纤中的圆柱坐标

$$\frac{\partial^2 E_z}{\partial r^2} + \frac{1}{r}\frac{\partial E_z}{\partial r} + \frac{1}{r^2}\frac{\partial^2 E_z}{\partial \varphi^2} + \frac{\partial^2 E_z}{\partial Z^2} + \left(\frac{n\omega}{c}\right)^2 E_z = 0 \qquad (2.22)$$

磁场分量 H_z 的方程式和式(2.22)完全相同，不再将其列出。解方程式(2.22)，求出 E_z 和 H_z，再通过麦克斯韦方程组求出其他电磁场分量，就得到任意位置的电场和磁场。

把 $E_z(r, \varphi, z)$ 分解为 $E_z(r)$、$E_z(\varphi)$ 和 $E_z(z)$，设光沿光纤轴向(z 轴)传输，其传输常数为 β，则 $E_z(z)$ 应为 $\mathrm{e}^{-\mathrm{j}\beta z}$。由于光纤的圆对称性，因此 $E_z(\varphi)$ 应为方位角 φ 的周期函数，并设为 $\mathrm{e}^{\mathrm{j}\upsilon\varphi}$，其中 υ 为整数。现在只有 $E_z(r)$ 为未知函数，利用这些表达式，电场 z 分量可以写成

$$E_z(r, \varphi, z) = E_z(r)\mathrm{e}^{\mathrm{j}(\upsilon\varphi - \beta z)} \qquad (2.23)$$

把式(2.23)代入式(2.22)得到

$$\frac{d^2 E_z(r)}{dr^2} + \frac{1}{r} \frac{dE_z(r)}{dr} + \left(n^2 k^2 - \beta^2 - \frac{v^2}{r^2}\right) E_z(r) = 0 \qquad (2.24)$$

其中，$k = \frac{2\pi}{\lambda} = \frac{2\pi f}{c} = \frac{\omega}{c}$，$\lambda$ 和 f 分别为光的波长和频率。这样就把分析光纤中的电磁场分布，归结为求解贝塞尔(Bessel)方程式(2.24)。

设纤芯($0 \leqslant r \leqslant a$)的折射率 $n(r) = n_1$，包层($r \geqslant a$)的折射率 $n(r) = n_2$，实际上突变型多模光纤和常规单模光纤都满足这个条件。为求解方程式(2.21)，需要引入无量纲参数 u、w 和 V，其中：

$$w^2 = a^2(\beta^2 - n_2^2 k^2)$$
$$V^2 = u^2 + w^2 = a^2 k^2 (n_1^2 - n_2^2)$$

利用这些参数，可以把式(2.24)分解为以下两个贝塞尔微分方程：

$$\frac{d^2 E_z(r)}{dr^2} + \frac{1}{r} \frac{dE_z(r)}{dr} + \left(\frac{u^2}{a^2} - \frac{v^2}{r^2}\right) E_z(r) = 0 \qquad (0 \leqslant r \leqslant a) \qquad (2.25a)$$

$$\frac{d^2 E_z(r)}{dr^2} + \frac{1}{r} \frac{dE_z(r)}{dr} + \left(\frac{w^2}{a^2} - \frac{v^2}{r^2}\right) E_z(r) = 0 \qquad (r \geqslant a) \qquad (2.25b)$$

因为光能量要在纤芯($0 \leqslant r \leqslant a$)中传输，所以在 $r=0$ 处电磁场应为有限实数；在包层($r \geqslant a$)内光能量沿径向 r 迅速衰减，当 $r \to \infty$ 时，电磁场应消逝为 0。

根据上述这些特点，式(2.25a)的解应取 v 阶贝塞尔函数 $J_v(ur/a)$，而式(2.25b)的解应取 v 阶修正的贝塞尔函数 $K_v(wr/a)$。因此，在纤芯和包层中的电场 $E_z(r, \varphi, z)$ 和磁场 $H_z(r, \varphi, z)$ 的表达式为

$$E_z(r, \theta, z) = e^{-j\beta_z z} \frac{jA}{2k_0 a} \begin{cases} \frac{u}{n_1} \frac{J_{m+1}\left(\frac{u}{a}r\right)}{J_m(u)} \cos(m+1)\theta + \frac{u}{n_1} \frac{J_{m-1}\left(\frac{u}{a}r\right)}{J_m(u)} \cos(m-1)\theta & r \leqslant a \\ \frac{\omega}{n_2} \frac{K_{m+1}\left(\frac{u}{a}r\right)}{K_m(u)} \cos(m+1)\theta - \frac{\omega}{n_2} \frac{K_{m-1}\left(\frac{\omega}{a}r\right)}{K_m(\omega)} \cos(m-1)\theta & r \geqslant a \end{cases}$$

$$(2.26)$$

$$H_z(r, \theta, z) = e^{-j\beta_z z} \frac{-jA}{2k_0 a z_0} \begin{cases} u \frac{J_{m+1}\left(\frac{u}{a}r\right)}{J_m(u)} \sin(m+1)\theta - u \frac{J_{m-1}\left(\frac{u}{a}r\right)}{J_m(u)} \sin(m-1)\theta & r \leqslant a \\ \omega \frac{K_{m+1}\left(\frac{\omega}{a}r\right)}{K_m(\omega)} \sin(m+1)\theta + \omega \frac{K_{m-1}\left(\frac{\omega}{a}r\right)}{K_m(\omega)} \sin(m-1)\theta & r \geqslant a \end{cases}$$

$$(2.27)$$

其中，$k_0 = 2\pi/\lambda = 2\pi f/c = \omega/c$，$\lambda$ 和 f 分别为光的波长和频率；$z_0 = (\mu/\varepsilon)^{1/2}$ 为电磁阻抗，μ 为介质的磁导率，ε 为介质的介电常数；A 为待定常数，由激励条件确定。

$J_v(u)$ 和 $K_v(w)$ 的波形如图 2-12 所示，其中 $J_v(u)$ 的波形类似于振幅衰减的正弦曲线，$K_v(w)$ 的波形类似于衰减的指数曲线。式(2.24)表明，光纤传输模式的电磁场分布和性质取决于特征参数 u、w 和 β 的值，其中 u 和 w 决定了纤芯和包层横向(r)电磁场的分布，称为横向传输常数；β 决定了纵向(z)电磁场的分布和传输性质，所以称为(纵向)传输常数。

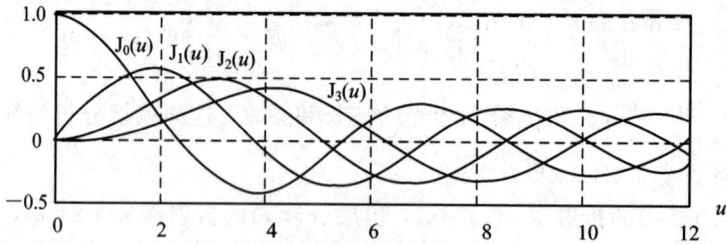

(a) 贝赛尔函数

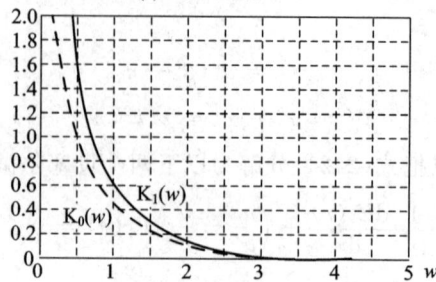

(b) 修正的贝赛尔函数

图 2-12 贝赛尔函数和修正的贝赛尔函数波形图

2）本征方程

基于上述电磁场分布方程式，并且考虑到贝塞尔函数的特点，电磁波在光纤纤芯和包层间的边界条件，以及适当的假设，我们就可以得到光纤在电磁场分析下的特征方程式，从而得到相关的结果。通常波动方程式和特征方程式的精确求解都非常繁杂，一般需要进行简化。大多数通信光纤的纤芯与包层的相对折射率差 Δ 都很小（如 $\Delta < 0.01$），因此有 $n_1 \approx n_2 \approx n$ 和 $\beta = nk$ 的近似条件，这种光纤称为弱导光纤。对于弱导光纤，β 满足的本征方程式可以简化为

$$\frac{u J_{v \pm 1}(u)}{J_v(u)} = \pm \frac{w K_{v \pm 1}(w)}{K_v(w)} \tag{2.28}$$

3）LP_{mn} 模的截止条件

我们首先引入一个有用的参量——归一化频率，其定义为

$$V^2 = u^2 + w^2 = a^2 k_0^2 (n_1^2 - n_2^2) \tag{2.29}$$

可以证明，在 $w = w_c = 0$ 时，$V_c = u_c$，分别称为归一化截止频率和归一化截止相位常数。显然，在截止条件下得到的特征函数的解 u_c 就是所对应模式的截止条件 V_c，特征方程式(2.28)的右端此时为 0，于是有

$$\frac{u_c J_{m-1}(u_c)}{J_m(u_c)} = 0$$

当 u_c 不为 0 时，有

$$J_{m-1}(u_c) = 0 \tag{2.30}$$

这就是截止情况下的特征方程式，由式(2.30)可以解出 u_c 的值来确定截止条件。u_c 是 $m-1$ 阶贝塞尔函数的根。

当 $m = 0$ 时，$J_{-1}(u_c) = J_1(u_c) = 0$，可解出 $u_c = \mu_{1, n-1} = 0$, $3.831\ 71$, $7.015\ 59$, $\cdots$，而 $\mu_{1, n-1}$ 是一阶贝塞尔函数的第 $n-1$ 个根，其中 $n = 1, 2, 3, \cdots$。显然，LP_{01} 模的截止频率为 0，LP_{02} 模的截止频率为 $3.831\ 71$，这意味着当归一化频率 V 小于 $3.831\ 71$ 时，LP_{02}

模是不能在光纤中传输的，而 LP_{01} 模却总是可以在光纤中传输。

当 $m\neq0$ 时，$J_{m-1}(u_c)=0$，可解出 $u_c=\mu_{m-1}$，n，它是 $m-1$ 阶贝塞尔函数的第 n 个根，其中 $n=1，2，3，\cdots$。对于 $m=1$，$u_c=\mu_0$，$n=2.404\,83$，$5.520\,08$，$8.653\,73$，$\cdots$。表 2 - 1 列出了截止时低阶 LP_{mn} 模的 u_c 值。

表 2 - 1　截止时低阶 LP_{mn} 模的 u_c 值

n ＼ m	0	1	2
1	0	2.404 83	3.831 71
2	3.831 71	5.520 08	7.015 59
3	7.015 59	8.653 73	10.173 47

根据前面的分析，当光纤的归一化频率小于 LP_{11} 模的截止频率时，光纤中将只有 LP_{01} 模能够运行，我们将

$$V < V_c = 2.404\,83 \tag{2.31}$$

称为光纤的单模传输条件。因为光纤归一化频率是工作波长和折射率分布的函数，所以当光纤参数确定后，只有工作波长大于某一特定波长时，光纤才能实现单模传输，我们称这个特定波长为光纤的截止波长，表示为

$$\lambda_c = \frac{2\pi a}{V_c}\sqrt{n_1^2 - n_2^2} = \frac{2\pi a}{2.404\,83}\sqrt{n_1^2 - n_2^2} \tag{2.32}$$

4）LP_{mn} 模远离截止时的解及其物理意义

从上面对模式截止条件的分析可以看出，在光纤中随着归一化频率 V 的增大，它所截止的模式的阶数也相应增加，即传播的模式增加。现在我们将分析另一种极端情况：远离截止时的情况。随着光纤归一化频率的增加，导波的径向归一化衰减常数 w 越来越大，这意味着导波在包层中径向的衰减加快，导波能量向光纤纤芯中集中。当 V 和 w 足够大时，除靠近 V 的几个高阶模外，导波能量基本上都集中在光纤纤芯之中，我们把这种状态称为远离截止的情况。

用分析截止情况同样的方法，我们可得到远离截止时的特征方程式并简化为

$$J_m(u) = 0 \tag{2.33}$$

可见远离截止时的特征值是 m 阶贝塞尔函数的根 $u_{mn}(n=1，2，3，\cdots)$。表 2 - 2 中列出远离截止时 LP_{mn} 模的 u 值。

表 2 - 2　远离截止时 LP_{mn} 模的 u 值

n ＼ m	0	1	2
1	2.404 83	3.831 71	5.135 63
2	5.520 08	7.015 59	8.417 24
3	8.653 73	10.173 47	11.619 84

综上所述，LP_{mn} 模的 u 值在截止时为 $m-1$ 阶贝塞尔函数的第 n 个根，在远离截止时为 m 阶贝塞尔函数的第 n 个根，在一般情况下该值应在这两者之间变化。

2.1.3　光纤传输特性

1. 光纤的几何特性

光纤的几何特性包括芯直径、包层直径、纤芯/包层同心度、不圆度和光纤翘曲度等。

1) 芯直径

芯直径主要是对多模光纤要求的。ITU－T 规定，多模光纤的芯直径为 50 μm±3 μm。

2) 包层直径

包层直径指光纤的外径。ITU－T 规定，多模光纤及单模光纤的包层直径均为 125 μm±3 μm。目前，光纤生产制造商已将光纤外径的规格从 125.0 μm±3 μm 提高到 125.0 μm±1 μm。

3) 纤芯/包层同心度

纤芯/包层同心度是指纤芯在光纤内所处的中心程度。ITU－T 规定，纤芯/包层同心度误差不大于 6%（单模光纤纤芯/包层同心度小于 1.0 μm）。目前，光纤制造商已将纤芯/包层同心度从不大于 0.8 μm 的规格提高到不大于 0.5 μm 的规格。

4) 不圆度

不圆度包括芯径的不圆度和包层的不圆度。ITU－T 规定，芯径不圆度不大于 6%，包层不圆度（包括单模）小于 2%。

5) 光纤翘曲度

光纤翘曲度是指在特定长度的光纤上测量到的弯曲度，可用曲率半径来表示弯曲度。翘曲度（即曲率半径）数值越大，意味着光纤越直。

注：纤芯/包层同心度对接续损耗的影响最大，翘曲度对其的影响次之。

2. 光纤的光学特性

光纤的光学特性有折射率分布、最大理论数值孔径、模场直径及截止波长等。

1) 折射率分布

光纤折射率的分布可用下式表示：

$$n_2 = n_1 \left[1 - 2\Delta \left(\frac{r}{a} \right)^d \right]^{1/2} \tag{2.34}$$

其中，n_1 为纤芯折射率；n_2 为包层折射率；a 为芯半径；r 为离开纤芯中心的径向距离；Δ 为相对折射率差，$\Delta = (n_1 - n_2)/n_1$。

多模光纤的折射率分布决定光纤的带宽和连接损耗，单模光纤的折射率分布决定工作波长的选择。

2) 最大理论数值孔径

最大理论数值孔径的定义为

$$NA_{max} = (n_1^2 - n_2^2)^{1/2} \tag{2.35}$$

其中，n_1 为阶跃光纤均匀纤芯的折射率（梯度光纤为纤芯中心的最大折射率）；n_2 为均匀包层的折射率。

光纤的数值孔径（NA）与光源的耦合效率、光纤损耗、弯曲的敏感性以及带宽都有着密切的关系，数值孔径大则容易耦合，微弯敏感小则带宽较窄。

3）模场直径和有效面积

模场直径（MFD）是指描述单模光纤中光能集中程度的参量。有效面积与模场直径的物理意义相同，通过模场直径可以利用圆面积计算公式求出有效面积。

模场直径越小，通过光纤横截面的能量密度就越大。当通过光纤的能量密度过大时，会引起光纤的非线性效应，造成光纤通信系统的光信噪比降低而影响系统的性能。因此，对于传输光纤而言，模场直径（或有效面积）越大越好。图 2－13 所示为模场直径示意图。

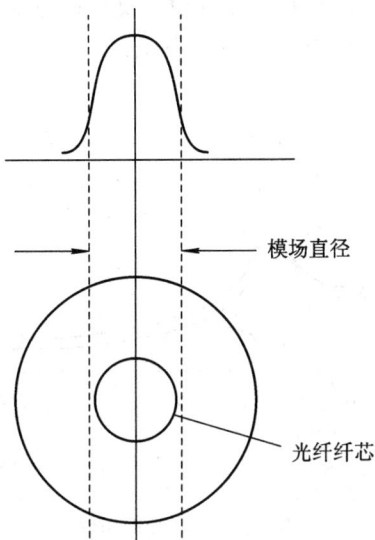

图 2－13　模场直径示意图

4）截止波长

理论上的截止波长是单模光纤中光信号能以单模方式传播的最小波长。截止波长条件可以保证在最短的光缆长度上以单模方式传输，并且可以抑制高次模的产生或可以将产生的高次模噪声功率代价减小到完全可以忽略的地步。

注：几何特性、光学特性影响光纤的连接质量，但施工不会使它们发生变化，而传输特性正好相反，它不影响施工，但施工对传输特性将产生直接的影响。

3. 光纤的传输特性

光纤的传输特性主要是指光纤的损耗特性和色散特性。

1）光纤的损耗特性

光波在光纤中传输时，随着传输距离的增加，光功率的强度逐渐减弱，光纤对光波产生衰减作用，称为光纤的损耗（或衰减）。

光纤的损耗限制了光信号的传播距离。光纤的损耗主要取决于吸收损耗、散射损耗、弯曲损耗这三种损耗。

（1）吸收损耗。光纤的吸收损耗是由制造光纤的材料本身造成的损耗，包括紫外吸收、红外吸收和杂质吸收。

（2）散射损耗。由于光纤材料的不均匀而使光信号向四面八方散射所引起的损耗称为瑞利散射损耗。

在光纤的制造中，其结构上的缺陷会引起与波长无关的散射损耗。

（3）弯曲损耗。光纤的弯曲会引起辐射损耗。在实际应用中，有两种弯曲：一种是曲率半径比光纤直径大得多的弯曲；另一种是微弯曲。

（4）衰减系数。光纤的衰减系数是指光在单位长度的光纤中传输时的衰耗量，单位一般用 dB/km 表示。它是描述光纤损耗的主要参数，决定光纤衰减系数的损耗主要是吸收损耗和散射损耗，弯曲损耗对光纤衰减系数的影响不大。

在单模光纤中有两个低损耗区域，分别在 1310 nm 和 1550 nm 附近，即通常所说的 1310 nm 窗口和 1550 nm 窗口，而 1550 nm 窗口又可以分为 C-band（1525 nm～1562 nm）和 L-band（1565 nm～1610 nm），如图 2-14 所示。

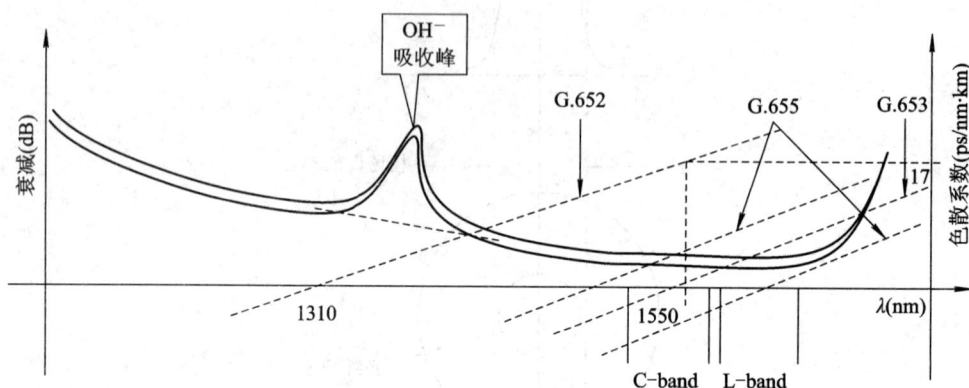

图 2-14　光纤的特性

2）光纤的色散特性

光脉冲中的不同频率或模式在光纤中的群速度也不同，这些频率成分和模式到达光纤终端有先有后，使得光脉冲展宽，这就是光纤的色散，如图 2-15 所示。色散一般用时延差来表示，所谓时延差，是指不同频率的信号成分传输同样的距离所需要的时间之差。

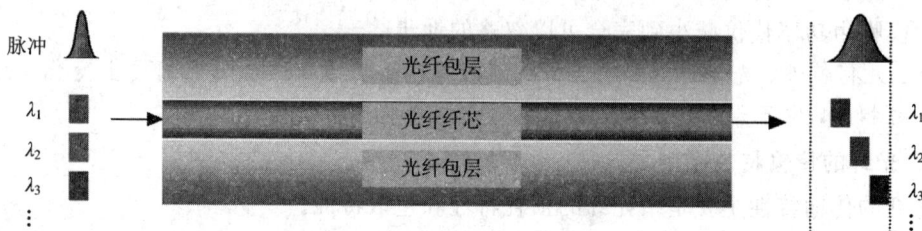

图 2-15　色散引起的脉冲展宽示意图

光纤的色散可分为模式色散、色度色散、偏振模色散。

（1）模式色散。多模光纤中不同模式的光束有不同的群速度。在传输过程中，由不同模式光束的时间延迟不同而产生的色散称为模式色散。

（2）色度色散。光源中的不同频率（或波长）成分具有不同的群速度。在光信号的传输过程中，由不同频率光束的时间延迟不同而产生的色散称为色度色散。色度色散包括材料色散和波导色散。

① 材料色散。光纤材料折射率随光信号频率的变化而不同，光信号不同频率的成分所对应的群速度也不相同，由此引起的色散称为材料色散。

② 波导色散。由光纤波导结构引起的色散称为波导色散。波导色散的大小可以和材料色散相比拟，如普通单模光纤在波长为 1.31 μm 处的这两个值基本上可相互抵消。

注：模式色散主要存在于多模光纤之中，单模光纤中无模式色散，只有材料色散和波导色散。光信号的波长在 1.31 μm 附近的色散接近 0。

色散系数就是在单位波长间隔内光波长信号通过单位长度的光纤所产生的时延差，用 D 表示，其单位是 ps/(nm · km)。

（3）偏振模色散。由光信号的两个正交偏振态在光纤中有不同的传播速度而引起的色散称偏振模色散（PMD），如图 2 - 16 所示。

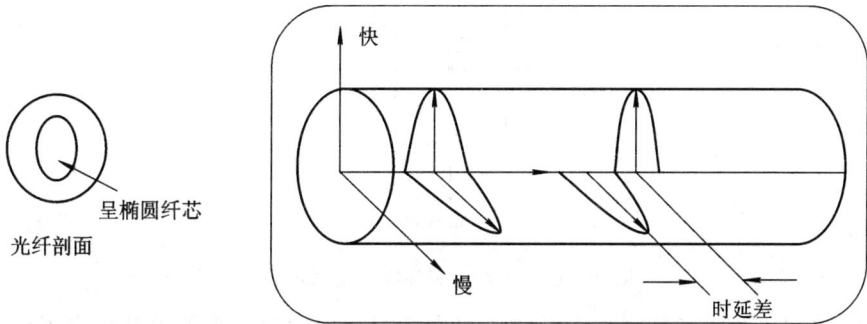

图 2 - 16   偏振模色散示意图

3）码间干扰

色散将导致码间干扰（ISI），由于光信号在传输中各波长成分到达的时间先后不一致，因而使得光脉冲加长了 $T + \Delta T$，这就叫做脉冲展宽，如图 2 - 17 所示。脉冲展宽将使前后光脉冲发生重叠而形成码间干扰，码间干扰将引起误码，从而限制了传输的码速率和传输距离。

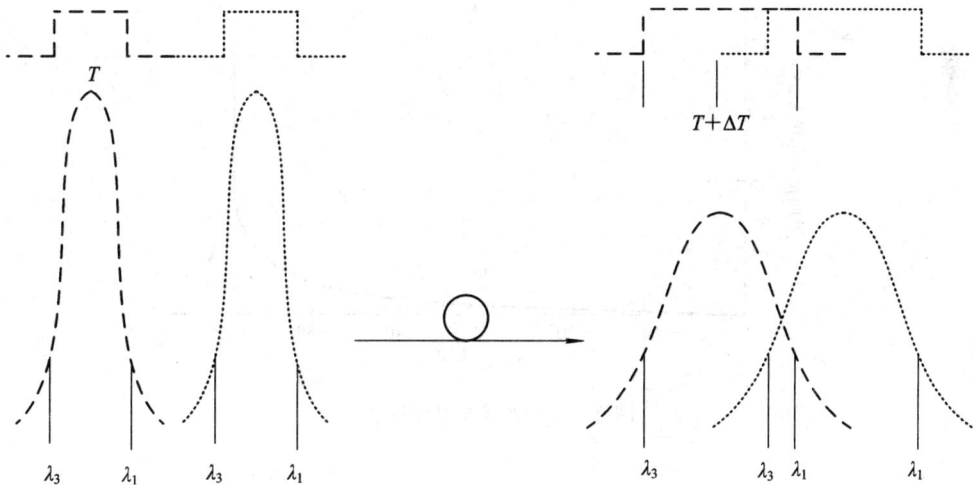

图 2 - 17   码间干扰示意图

4. 光纤的机械特性

光纤的机械特性主要包括耐侧压力、抗拉强度、弯曲以及扭绞性能等，而使用者最关心的是抗拉强度。

光纤的抗拉强度在很大程度上反映了光纤的制造工艺水平。影响光纤抗拉强度的主要因素是光纤制造材料和制造工艺，包括：① 预制棒的质量；② 拉丝炉的加温质量和环境污染；③ 涂覆技术对质量的影响；④ 机械损伤。

存在气泡和杂物的光纤会在一定的张力作用下发生断裂，如图 2-18 所示。

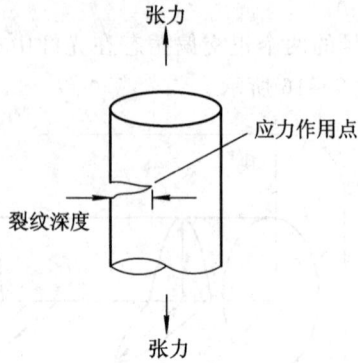

图 2-18 光纤断裂和应力关系示意图

习惯上将光纤的寿命称为使用寿命。当光纤损耗加大致使系统的开通出现困难时，称其已达到了使用寿命。从机械性能上讲，光纤的寿命是指其断裂寿命。

一般来说，二氧化硅包层光纤的机械可靠性已经得到广泛的认可。为了提高光纤的机械可靠性，在光纤的外包层中掺入二氧化钛可增加网络的寿命。

5. 光纤的温度特性

光纤的温度特性是指在高温和低温条件下对光纤损耗的影响。光纤低温特性曲线如图 2-19 所示。

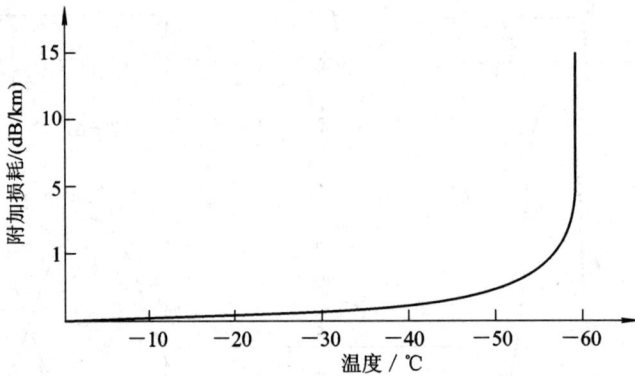

图 2-19 光纤低温特性曲线

2.1.4 光缆的结构及分类

1. 光缆的结构

光缆由缆芯、护层和加强芯组成。

（1）缆芯。缆芯由光纤的芯数决定，可分为单芯型和多芯型两种。

（2）护层。护层主要是对已成缆的光纤芯线起保护作用的，以避免受外界机械力作用以及环境等因素的影响而损坏。护层可分为内护层（多用聚乙烯或聚氯乙烯等）和外护层（多用铝带和聚乙烯组成的 LAP 外护套加钢丝铠装等）。

（3）加强芯。加强芯主要承受敷设安装时所加的外力。

2．各种典型结构的光缆

1）层绞式结构光缆

层绞式结构光缆是指把经过套塑的光纤绕在加强芯周围绞合而构成的光缆。层绞式结构光缆类似于传统的电缆结构，故又称为古典光缆。

目前，在市话中继和长途线路上采用的几种层绞式结构光缆的示意图（截面）如图2-20 和图 2-21 所示。

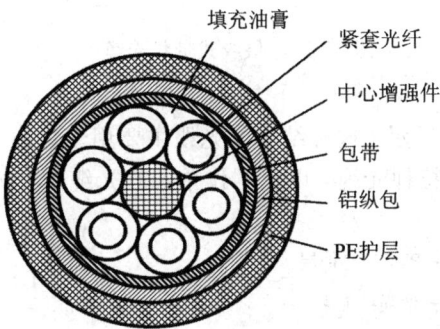

图 2-20　6 芯紧套层绞式光缆

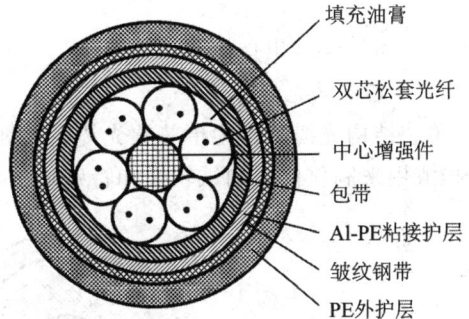

图 2-21　12 芯松套层绞式直埋光缆

2）骨架式结构光缆

骨架式结构光缆是指把紧套光纤或一次涂覆光纤放入加强芯周围的螺旋形塑料骨架凹槽内而构成的光缆。

骨架式结构光缆有中心增加螺旋型、正反螺旋型和分散增强基本单元型三种，图2-22(b)所示为中心增加螺旋型结构。目前，我国采用的骨架式结构光缆都是如图 2-22所示的结构。

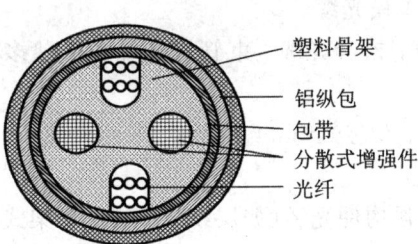

(a) 管道和架空光缆

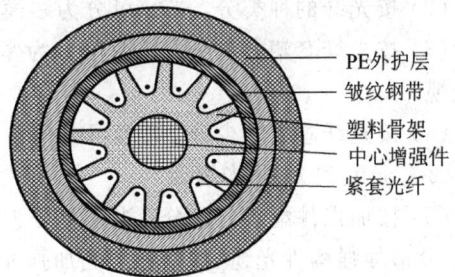

(b) 直埋光缆

图 2-22　12 芯骨架式结构光缆

3）带状结构光缆

可以把带状光纤单元放入大套管中形成中心束管式结构，也可以把带状光纤单元放入凹槽或松套管内形成骨架式或层绞式结构，分别如图 2-23 和图 2-24 所示。

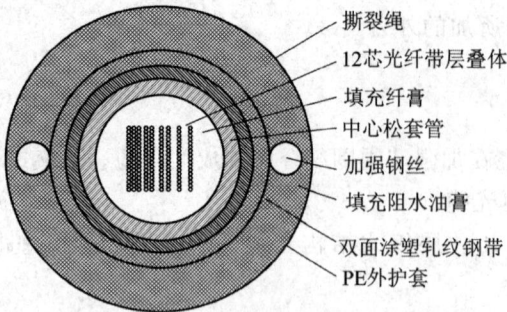

图 2-23　中心束管式带状光缆　　　　图 2-24　层绞式带状光缆

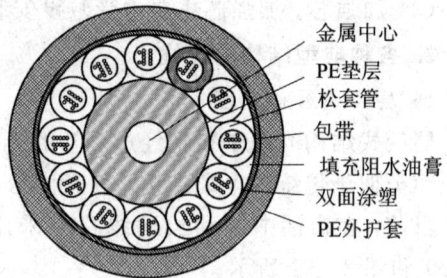

4）单芯结构光缆

单芯结构光缆简称为单芯软光缆，如图 2-25 所示。这种结构的光缆主要用于局内（或站内）或用来制作仪表测试软线和特殊通信场所的特种光缆，以及制作单芯软光缆的光纤。

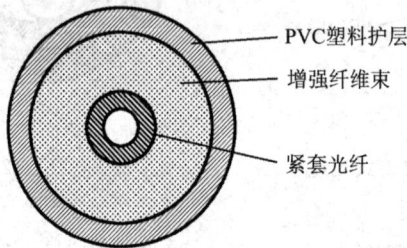

图 2-25　单芯软光缆

3. 光缆的种类

（1）按传输性能、距离和用途分，光缆可分为市话光缆、长途光缆、海底光缆和用户光缆。

（2）按光纤的种类分，光缆可分为多模光缆、单模光缆。

（3）按光纤套塑方法分，光缆可分为紧套光缆、松套光缆、束管式光缆和带状多芯单元光缆。

（4）按光纤芯数多少分，光缆可分为单芯光缆、双芯光缆、4 芯光缆、6 芯光缆、8 芯光缆、12 芯光缆和 24 芯光缆等。

（5）按加强件配置方法分，光缆可分为中心加强构件光缆（如层绞式光缆、骨架式光缆等）、分散加强构件光缆（如束管两侧加强光缆和扁平光缆）、护层加强构件光缆（如束管钢丝铠装光缆）和 PE 外护层加一定数量的细钢丝的 PE 细钢丝综合外护层光缆。

（6）按敷设方式分，光缆可分为管道光缆、直埋光缆、架空光缆和水底光缆。

（7）按护层材料性质分，光缆可分为聚乙烯护层普通光缆、聚氯乙烯护层阻燃光缆和尼龙防蚁防鼠光缆。

（8）按传输导体和介质状况分，光缆可分为无金属光缆、普通光缆和综合光缆。

（9）按结构方式分，光缆可分为扁平结构光缆、层绞式结构光缆、骨架式结构光缆、铠装结构光缆（包括单层和双层铠装）和高密度用户光缆等。

4. 光缆的标识

1）光缆的分类

目前通信用光缆可分为：

（1）室（野）外光缆：用于室外直埋、管道、槽道、隧道、架空及水下敷设的光缆。

（2）软光缆：具有优良的曲挠性能的可移动光缆。

（3）室（局）内光缆：适用于室内布放的光缆。

（4）设备内光缆：用于设备内布放的光缆。

（5）海底光缆：用于跨海洋敷设的光缆。

（6）特种光缆：除上述几类之外，作为特殊用途的光缆。

2）光缆型号的标识

光缆型号的标识是由它的型式代号和规格代号构成的，中间用一短横线分开。光缆型式由五部分构成，如图 2-26 所示。

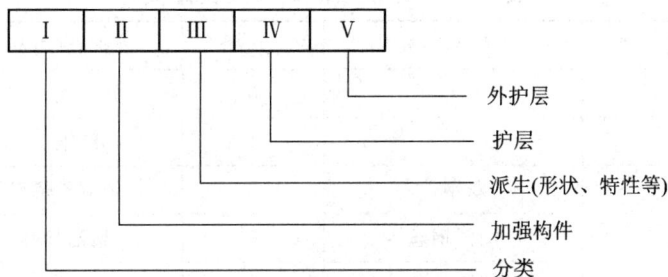

图 2-26　光缆型式的组成部分

在图 2-26 中：

· Ⅰ表示分类代号，其意义如下：

GY——通信用室（野）外光缆；

GR——通信用软光缆；

GJ——通信用室（局）内光缆；

GS——通信用设备内光缆；

GH——通信用海底光缆；

GT——通信用特殊光缆。

· Ⅱ表示加强构件代号，其意义如下：

无符号——金属加强构件；

F——非金属加强构件；

G——金属重型加强构件；

H——非金属重型加强构件。

· Ⅲ表示派生特征代号，其意义如下：

D——光纤带状结构；

G——骨架槽结构；

B——扁平式结构；

Z——自承式结构；

T——填充式结构。

· Ⅳ表示护层代号，其意义如下：

Y——聚乙烯护层；

V——聚氯乙烯护层；

U——聚氨酯护层；

A——铝-聚乙烯粘结护层；

L——铝护套；

G——钢护套；

Q——铅护套；

S——钢-铝-聚乙烯综合护套。

· Ⅴ表示外护层代号。外护层是指铠装层及铠装外边的外护层。外护层的代号及其意义如表2-3所示。

表2-3 外护层的代号及其意义

代 号	铠装层（方式）	代 号	外护层（材料）
0	无	0	无
1	—	1	纤维层
2	双钢带	2	聚氯乙烯套
3	细圆钢丝	3	聚乙烯套
4	粗圆钢丝	—	—
5	单钢带皱纹纵包	—	—

光缆规格由五部分的七项内容组成，如图2-27所示。

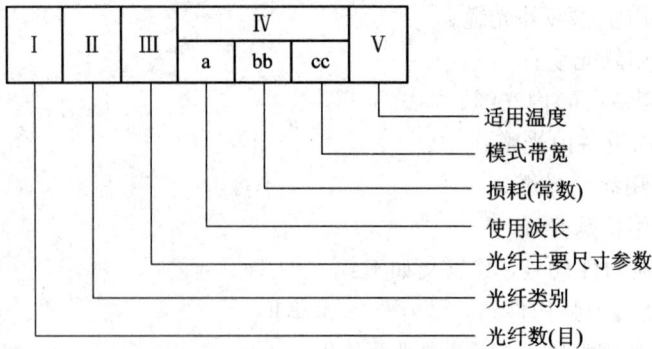

图2-27 光缆规格的组成部分

在图2-27中：

· Ⅰ表示光纤数目，用1、2、…表示光缆内光纤的实际数目。

· Ⅱ表示光纤类别的代号，其意义如下：

J——二氧化硅系多模渐变型光纤；

T——二氧化硅系多模突变型光纤；

Z——二氧化硅系多模准突变型光纤；

D——二氧化硅系单模光纤；

X——二氧化硅纤芯塑料包层光纤；

S——塑料光纤。

· Ⅲ表示光纤的主要尺寸参数，用阿拉伯数(含小数)且以 μm 为单位来表示多模光纤的芯径和包层直径，以及单模光纤的模场直径和包层直径。

· Ⅳ表示光纤传输特性的代号由 a、bb 和 cc 三组数字代号构成，其中：

a 表示使用波长的代号，其数字代号规定如下：

1——波长在 0.85 μm 区域；

2——波长在 1.31 μm 区域；

3——波长在 1.55 μm 区域。

注意：同一光缆适用于两种及其以上波长，并且在具有不同的传输特性时，应同时列出各波长上的规格代号，并用“/”划开。

bb 表示损耗常数的代号，用两位数字来表示，它们依次为光缆中光纤损耗常数值(dB/km)的个位和十位数字。

cc 表示模式带宽的代号，用两位数字来表示，它们依次为光缆中光纤模式带宽分类数值(MHz·km)的千位和百位数字。在单模光纤中无此项。

· Ⅴ表示适用温度代号，其意义如下：

A——适用于−40℃～+40℃；

B——适用于−30℃～+50℃；

C——适用于−20℃～+60℃；

D——适用于−5℃～+60℃。

2.2　光　源　器　件

2.2.1　发光原理

1. 原子的能级

激光的产生与光源内部原子的结构和运动状态密切相关。原子由原子核和绕原子核旋转的核外电子组成。近代物理实验证明，原子中的电子只能以一定的量子状态存在，即只能在特定的轨道上运动，电子的能量不能为任意值，只能是具有一系列的不连续的分立值。我们把这种电子、原子、分子等微观粒子的能量不连续的分立的内能称为粒子的能级。粒子处于最低能级时称为基态；处于比基态高的能级时称为激发态。

在通常情况下，大多数的粒子处于基态，只有少数粒子被激发至高能级，且能级越高，处于该能级的粒子数越少。在热平衡条件下，各能级上的粒子数分布满足玻尔兹曼统计分布，即

$$\frac{N_2}{N_1} = \mathrm{e}^{-(E_2 - E_1)/k_0 T} \qquad (2.36)$$

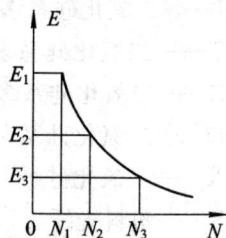

图 2-28　玻尔兹曼分布曲线

其中，N_1、N_2 为处于能级 E_1、E_2 上的粒子数；$k_0 = 1.381 \times 10^{-23}$ J/K，为玻尔兹曼常数；T 为绝对温度。图 2-28 所示为玻尔兹曼分布曲线。

2. 光与物质的相互作用

研究指出，光与物质间存在以下三种相互作用关系：

1）自发辐射

在没有外界激发的情况下，处于高能级 E_2 上的粒子因不稳定而将自发地向低能级 E_1 跃迁，发射出能量为 hf 的光子，f 为光子的频率，有

$$f = \frac{E_2 - E_1}{h} \qquad (2.37)$$

其中，$h = 6.625 \times 10^{-34}$ J·s 为普朗克常数。这种发光过程称为自发辐射，如图 2-29(a) 所示。

对于处在高能级 E_2 上的粒子来说，它们各自独立地、随机地分别跃迁到低能级 E_1 上，发射出一个一个的光子，这些光子的能量相同，但彼此间没有关系，且具有不同的相位及偏振方向，因此自发辐射发出的光是非相干光。

2）受激吸收

在外来光子的作用下，处在低能级上的粒子吸收光子的能量跃迁到较高能级上的过程称为受激吸收，如图 2-29(b) 所示。处在低能级 E_1 上的粒子在一个频率为 $f = (E_2 - E_1)/h$ 的外来光子的作用下，吸收光子的能量跃迁到能级 E_2 上去。

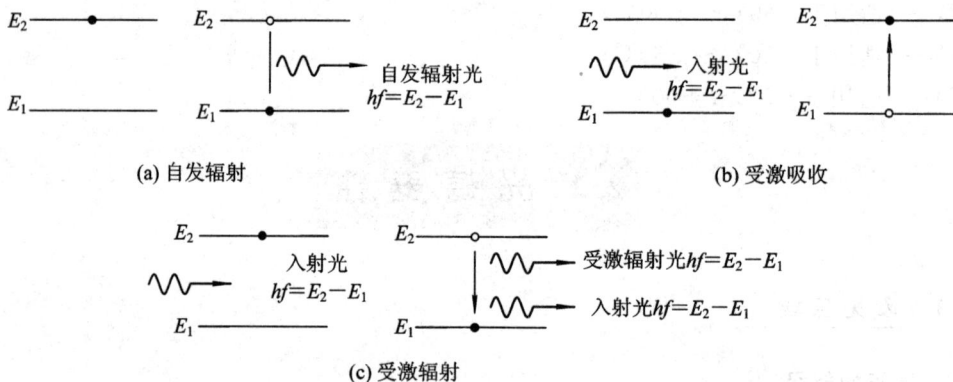

(a) 自发辐射　　　　　　　　　　　　　　　　(b) 受激吸收

(c) 受激辐射

图 2-29　自发辐射、受激吸收和受激辐射示意图

3）受激辐射

处在高能级 E_2 上的粒子，在受到频率为 $f = (E_2 - E_1)/h$ 的光子作用下，受激跃迁到低能级 E_1 上并发出频率为 f 的光子的过程称为受激辐射，如图 2-29(c) 所示。受激辐射的过程不是自发的，而是受到外来入射光子的激发引起的，并且受激辐射所发射的光子具有与入射光子相同的能量、频率以及相同的相位、偏振方向、传播方向等，这种光子称为全同光子。因此受激辐射产生的光是相干光。

3. 粒子数的反转分布及光放大

通常情况下(即热平衡条件下),处于低能级的粒子数较高能级的粒子数要多,称为粒子数的正常分布。粒子在各能级之间的分布符合费米统计规律:

$$f(E) = \frac{1}{1 + e^{(E-E_f)kT}}$$ (2.38)

其中,$f(E)$ 是能量为 E 的能级被粒子占据的概率,称为费米分布函数;E_f 为费米能级,与物质的特性有关,不一定是一个为粒子占据的实际能级,只是一个表明粒子占据能级状况的标志。当能级 $E<E_f$、$f(E)>0.5$ 时,说明这种能级被粒子占据的概率大于 50%;当能级 $E>E_f$、$f(E)<0.5$ 时,说明这种能级被粒子占据的概率小于 50%。也就是说,低于费米能级的能级被粒子占据的概率大,高于费米能级的能级被粒子占据的概率小。

在外界能量作用下,处于低能级的粒子将不断地被激发到高能级上去,从而使高能级上的粒子数大于低能级上的粒子数,这种分布状态称为粒子数的反转分布。在外界入射光的激发下,高能级上的粒子产生大量的全同光子,以实现对入射光的放大作用。

我们把处于粒子数反转分布的物质称为激活物质或增益物质。这种物质可以是固体、液体或气体,还可以是半导体材料。把利用光激励、放电激励或化学激励等方法达到粒子数反转分布的方法称为泵浦或抽运。

4. 激光器的一般工作原理

激光器(Laser,Light Amplification by Simulated Emission of Radiation)是具有极好单色性、方向性和光强的一种光源。世界上第一台激光器是 1960 年美国人梅曼发明的红宝石激光器。实现一个激光器必须满足的三个基本条件是:

(1) 需要有合适的工作物质(发光介质),具有合适的能级分布,可以产生合适波长的光辐射;

(2) 需要可以实现工作物质粒子数反转分布的激励能源——泵浦源;

(3) 需要可以进行方向和频率选择的光学谐振腔。

如图 2-30 激光器构成原理示意图所示,将反射率为 100% 的全反射镜与反射率为 $90\%\sim95\%$ 的部分反射镜平行放置在工作物质的两端以构成谐振腔。谐振腔中的工作物质在泵浦源的作用下,处在粒子数反转分布状态,自发辐射产生的光子因受激辐射而不断放大,产生的光子在谐振腔中经过反射镜多次反射后,在谐振腔中沿非轴线方向的光子很快逸出了腔外,而沿轴线方向的光子往复传输不断地被放大,且方向性、增益不断改善,最后从反射镜输出即为激光。

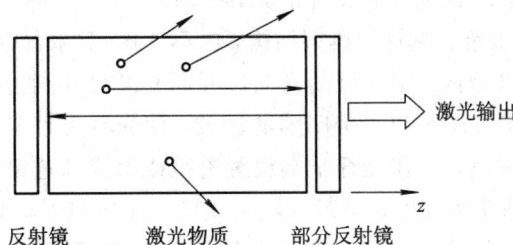

图 2-30　激光器构成原理示意图

激光器除了满足上述三个基本条件，要产生激光还必须满足阈值条件及相位条件。在激光器的工作过程中，光在谐振腔内传播，除了增益介质的光放大作用外，还存在工作物质的吸收、介质不均匀引起的散射、反射镜的非理想性引起的透射及散射等损耗，所以只有光波在谐振腔内往复一次的放大增益大于各种损耗引起的衰减时，激光器才能建立稳定的激光输出，其阈值条件（临界条件）为

$$\gamma_{th} = \alpha + \frac{1}{2L}\ln\frac{r_1}{r_2} \tag{2.39}$$

其中，γ_{th} 为实现稳定激光输出所必需的最小增益，称为阈值增益系数；α 为谐振腔内工作物质的损耗系数；L 为谐振腔腔长；r_1、r_2 分别为两个反射镜的反射率。

由于在谐振腔中光波是在两块反射镜之间往复传输的，这时只有满足特定相位关系的光波才能得到彼此的加强，因此这种条件称为相位条件，即

$$f_q = \frac{cq}{2nL} \tag{2.40}$$

式中，f_q 为光波的频率；n 为工作介质的折射率；c 为光速；$q=1,2,\cdots$。由式（2.40）可以看出，激光器中振荡光的频率只能取某些分立值，不同 q 的一系列取值对应于沿谐振腔轴向一系列不同的电磁场分布状态，其一种分布就是一个激光器的纵模。相邻两纵模之间的频率之差为

$$\Delta f = \frac{c}{2nL} \tag{2.41}$$

称为纵模间隔，它与谐振腔长及工作物质有关。

激光振荡也可以出现在垂直于腔轴线的方向上，这是平面波偏离轴向传输时产生的横向电磁场分布，称为横模。

自从 1960 年激光器问世以来，人们已经研制出了各种固体、气体以及半导体激光器等。由于半导体激光器具有体积小、重量轻、寿命长，以及调制方便、调制速度高等优点，因此在光纤通信等方面得到了广泛的应用。

2.2.2 LED 光源

1. 发光二极管的结构

根据发光二极管的发光面与 PN 结的结平面是平行的还是垂直的可将其分为面发光二极管和边发光二极管两种结构，如图 2-31 所示。这两种结构都可以用同质结制造，也可以用异质结制造，只不过在实际中多采用异质结结构。

图 2-31(a) 即为面发光二极管的典型结构，由 N-P-P 双异质结构成。这种 LED 的发射面积限定在一个小区域内，该区域的横向尺寸与光纤尺寸相近。利用腐蚀的方法在衬底材料中正对有源区的地方腐蚀出一个凹陷的区域，使光纤可以与发射面靠近，同时，在凹陷的区域内注入环氧树脂，并在光纤末端放置透镜或形成球透镜，以提高光纤的接收效率。面发光二极管输出的功率较大，一般在注入 100 mA 电流时，其输出功率就可达几个毫瓦，但光发散角度大，水平方向和垂直方向的发散角都可达到 120°，与光纤的耦合效率低。

图 2-31(b)为边发光二极管，也采用双异质结结构。利用 SiO_2 掩膜技术，在 P 面形成垂直于端面的条形接触电极(约 40 μm~50 μm)，从而限定了有源区的宽度；同时，增加光波导层，进一步提高光的限定能力，把有源区产生的光辐射导向发光面，以提高与光纤的耦合效率。其有源区一端镀高反射膜，另一端镀增透膜，以实现单向出光。在垂直于结平面的方向，发散角约为 $30°$，具有比面发光二极管高的输出耦合效率。

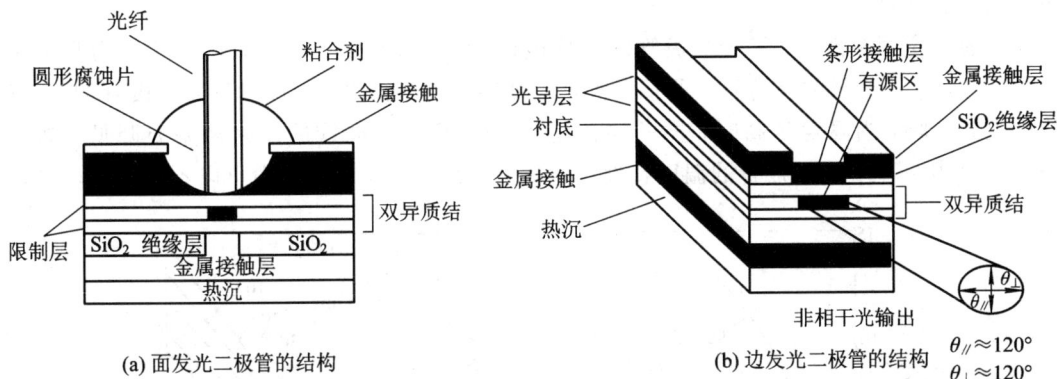

(a) 面发光二极管的结构

(b) 边发光二极管的结构

$\theta_{//} \approx 120°$
$\theta_{\perp} \approx 120°$

图 2-31 发光二极管的结构

2. 发光二极管的工作特性

发光二极管作为光纤通信系统中所用的光源，我们所关注的发光二极管的特性包括光谱特性、P-I 特性、发光效率、调制特性等。

1) 光谱特性

由于发光二极管是自发辐射发光，并且没有谐振腔实现对波长的选择，因此发光谱线较宽，半最大值处的全宽度(FWHM)$\Delta\lambda = 1.8kT(\lambda^2/ch)$(nm)，并随着辐射波长 λ 的增加而按 λ^2 增加。一般短波长 GaAlAs-GaAs 发光二极管的谱线宽度约为 10 nm~50 nm，长波长 InGaAsP-InP 发光二极管的谱线宽度约为 50 nm~120 nm。

如图 2.32(a)为一典型 1.3 μm LED 的输出谱线。发光二极管的谱线宽度(简称线宽)反映了有源区材料的导带与价带内的载流子分布，并随着有源区掺杂浓度的增加而增加。面发光二极管一般是重掺杂，而边发光二极管为轻掺杂，因此面发光二极管的线宽就较宽，而且重掺杂时，发射波长还会向长波长方向移动。同时，温度的变化会使发光二极管的线宽加宽，载流子的能量分布变化也会引起线宽的变化，如图 2-32(b)和(c)所示。

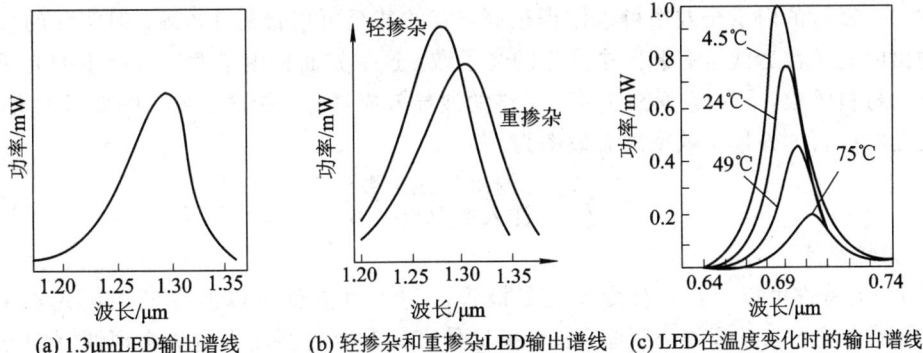

(a) 1.3μmLED输出谱线　　(b) 轻掺杂和重掺杂LED输出谱线　　(c) LED在温度变化时的输出谱线

图 2-32 发光二极管的输出谱线特性

2）P-I 特性

发光二极管的 P-I 特性是指输出的光功率随注入电流的变化关系，P-I 特性曲线如图 2-33(a)所示。当注入电流较小时，P-I 特性曲线的线性度非常好；但当注入电流比较大时，由于 PN 结的发热，发光效率降低，出现了饱和现象。在同样的注入电流下，面发光二极管的输出功率要比边发光二极管的大 2.5～3 倍，这是因为边发光二极管受到更多的吸收和界面复合的影响。

在通常应用条件下，发光二极管的工作电流为 50 mA～150 mA，输出功率为几个毫瓦，但因为其与光纤的耦合效率很低，所以入纤功率要小得多。温度对发光二极管的 P-I 特性也有影响，当温度升高时，同一注入电流下的发光二极管的发射功率要降低，如图 2-33(b) 所示。发光二极管的温度特性相对较好，在实际应用中一般可以不加温度控制。

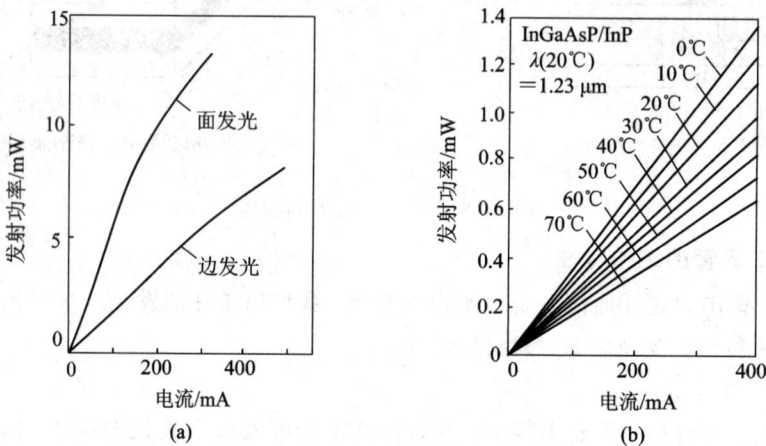

图 2-33　发光二极管的 P-I 特性及温度特性

3）发光效率

发光效率是描述发光二极管电光能量转换的重要参量，分为内量子效率和外量子效率。发光二极管是靠注入有源区的电子与空穴的复合辐射发光的，但是并非所有的注入电子与空穴都能够产生辐射复合，发射光子也存在非辐射复合，每种复合的概率取决于其材料及结构。内量子效率代表有源区内产生光子数与注入的电子-空穴对数之比，即

$$\eta_1 = \frac{单位时间内产生的光子数}{单位时间内注入的电子-空穴对数} \tag{2.42}$$

发光二极管的内量子效率可以做得很高，有的甚至可以接近 100%，但实际的发光二极管输出的光子数远低于有源区中产生的光子数，这一方面是由于发光区产生的光子被其他部分的材料吸收，另一方面是由于 PN 结的波导效应，光子能逸出界面的数目大大减少，因此发光二极管的外量子效率即总效率为

$$\eta_2 = \frac{输出的光子数}{注入的总电子数} \tag{2.43}$$

4）调制特性

从 P-I 特性可以看出，改变发光二极管的注入电流就可以改变其输出光功率，图 2-34 所示为发光二极管的调制原理图。把这种直接改变光源注入电流实现调制的方式称为直接调制或内调制。需要注意的是，在图示的模拟调制中，首先要给发光二极管直流偏

置,以防止当信号为负时,可能会因反偏而造成的损坏。显然,对于模拟调制 P-I 关系的非线性会使调制信号产生失真,必要时可以利用线性补偿电路来进行改善。

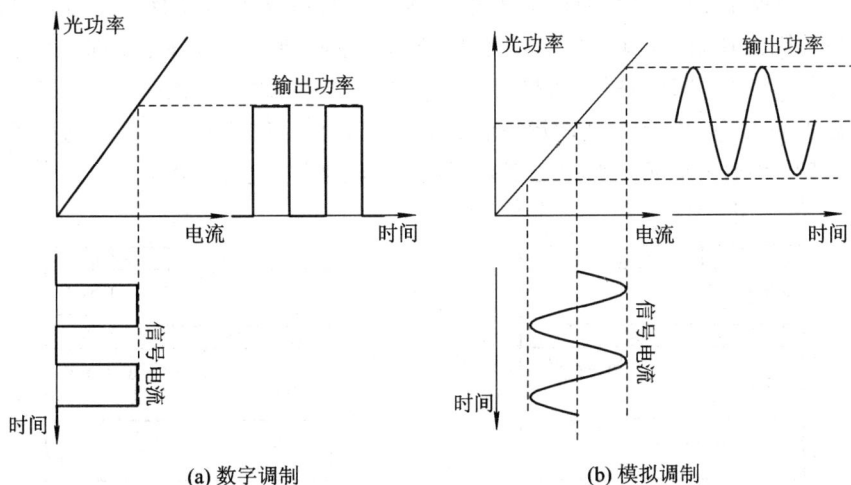

(a) 数字调制　　　　　　　　　　　　　(b) 模拟调制

图 2-34　发光二极管的调制原理图

由于 PN 结的结电容以及杂散电容的存在,因此使得发光二极管的调制特性随着调制的频率提高而变化。发光二极管的频率响应可表示为

$$H(f) = \frac{P(f)}{P(0)} = \frac{1}{\sqrt{1 + 2\pi f \tau}} \quad (2.44)$$

其中,f 为调制频率;$P(f)$ 为对应于调制频率 f 的输出光功率;τ 为载流子的寿命。如图 2-35 所示,随着调制频率的提高,光功率输出要下降。定义发光二极管的截止频率 $f_{\mathrm{c}} = \dfrac{1}{2\pi\tau}$,则 $H(f) = $

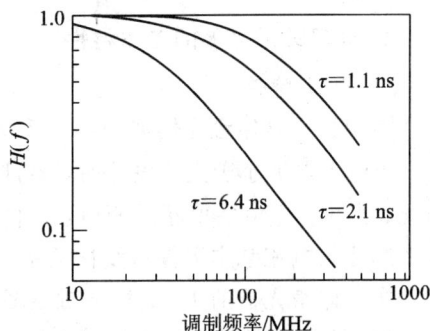

图 2-35　发光二极管的调制响应

$\dfrac{1}{\sqrt{2}}$。载流子的寿命与掺杂浓度、注入电流密度及有源区厚度有关。显然,要提高截止频率以增加调制带宽,就要尽可能地缩短载流子的寿命,可以通过有源区重掺杂以及高注入等方法来改进。

2.2.3　半导体激光器

1. 半导体激光器的结构

半导体激光器同发光二极管一样,也采用双异质结结构,所不同的是半导体激光器纵向的两个端面是晶体的解理面,相互平行且垂直于结平面,一个端面镀反射膜,另一个端面输出,构成了激光器的 FP 谐振腔。同时,它采用条形结构,使有源区光场不仅在垂直于结平面方向受到限制,并且在平行于结平面的水平方向也有波导效应,使光子及载流子局限在一个较窄及较薄的条形区域内,以提高光子及载流子的浓度。我们把这种条形有源区的激光器称为条形激光器,它与光纤耦合的效率较高。

条形激光器主要有两种结构：增益导引条形和折射率导引条形。图 2-36(a)所示为增益导引条形半导体激光器的结构。利用 Zn 扩散和氧化物隔离等技术在条形有源区两边形成高阻层，这样只有在条形有源区内有电流流过且具有光增益特性，条形区以外损耗较大，光信号被限制在条形区域内。这种利用增益分布限制光子的激光器称为增益导引条形半导体激光器。图 2-36(b)所示为折射率导引条形半导体激光器的结构，其条形有源区两侧为具有较低折射率的材料，从而形成光波导效应，实现对光子的约束。这种激光器具有输出功率稳定、线性特性好、调制速率高等优点，但制作工艺较为复杂。

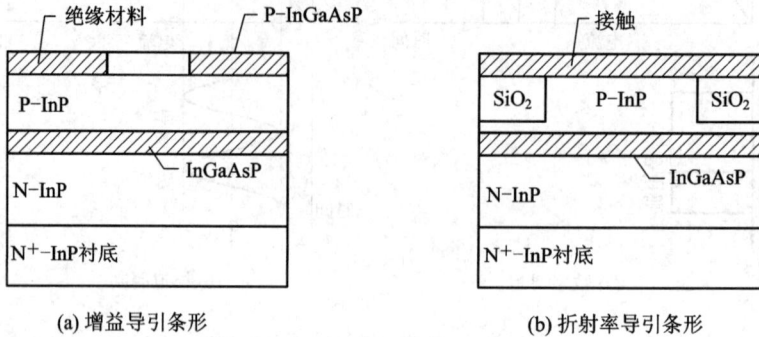

图 2-36 半导体激光器的横截面结构

2. 半导体激光器的工作特性

1) P-I 特性

典型的半导体激光器如图 2-37 所示。从图上可以看出，半导体激光器存在阈值电流 I_{th}。当注入电流小于阈值电流时，器件发出微弱的自发辐射光，类似于发光二极管的发光情况；当注入电流的值超过阈值，器件进入受激辐射状态时，光功率输出迅速增加，输出功率与注入电流基本上保持线性关系。

半导体激光器的 P-I 特性对温度很敏感，图 2-38 给出了不同温度下 P-I 特性的变化情况。由图可见，随着温度的升高，阈值电流增大，发光功率降低。阈值电流与温度的关系可以表示为

$$I_{th}(T) = I_0 e^{\frac{T}{T_0}} \tag{2.45}$$

其中，T 为器件的绝对温度；T_0 为激光器的特征温度；I_0 为常数。

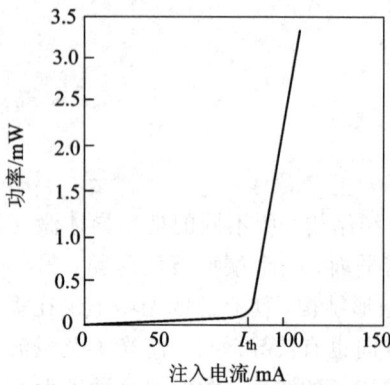

图 2-37 半导体激光器 P-I 曲线　　图 2-38 半导体激光器 P-I 曲线随温度的变化

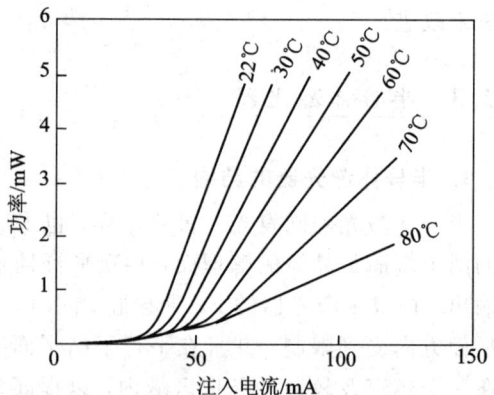

为解决半导体激光器温度敏感的问题，可以在驱动电路中进行温度补偿，或是采用制冷器来保持器件的温度稳定。通常将半导体激光器与热敏电阻、半导体制冷器等封装在一起构成组件，热敏电阻用来检测器件温度以及控制制冷器，实现闭环负反馈自动恒温控制。

2）光谱特性

半导体激光器的光谱特性主要由其纵模决定。图 2-39 所示为多纵模半导体激光器的典型谱线，其中 λ_p 为具有最大辐射功率的纵模的峰值所对应的波长，称为峰值波长；$\Delta\lambda$ 为光谱辐射带宽，包括发射功率不小于峰值波长功率 50% 的所有波长，也称半高全宽光谱宽度；$\Delta\lambda_L$ 是一个纵模中光谱辐射功率为其最大值一半的谱线两点间的波长间隔。

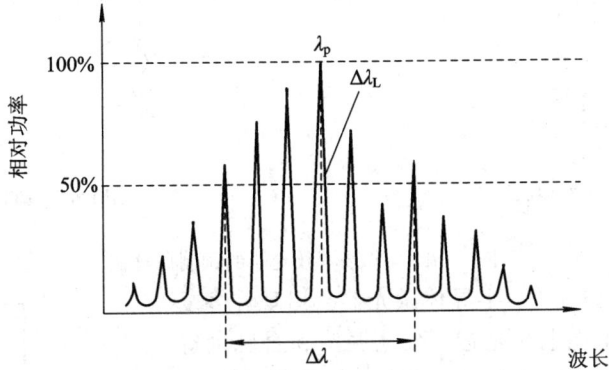

图 2-39　半导体激光器的光谱

定义边模抑制比 SMSR 为主模功率 $P_{主}$ 与最强边模功率 $P_{边}$ 之比，它是半导体激光器频谱纯度的一种度量。

$$SMSR = 10 \lg \frac{P_{主}}{P_{边}} \tag{2.46}$$

与发光二极管的谱线特性相比，半导体激光器的发光谱线较为复杂，它会随着工作条件的变化而发生变化。当注入电流低于阈值电流时，激光器发出的是荧光，光谱较宽；当电流增大到阈值电流时，光谱突然变窄，强度增强，出现激光；当注入电流进一步增大，主模的增益增加，而边模的增益减小，振荡模式减少，最后会出现单纵模，如图 2-40 所示。

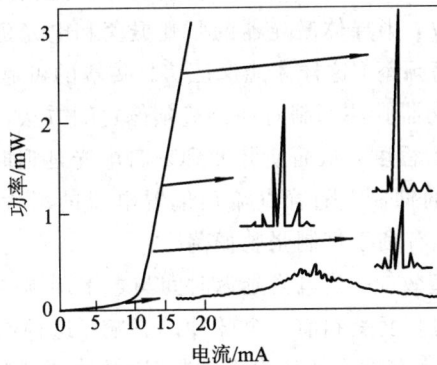

图 2-40　半导体激光器输出谱线与注入电流之间的变化

3）调制特性

图 2-41 所示为半导体激光器直接调制的原理图。与发光二极管的调制不同的是，由于存在阈值电流，因此在实际的调制电路中，为提高其响应速度及不失真，需要进行直流偏置处理。

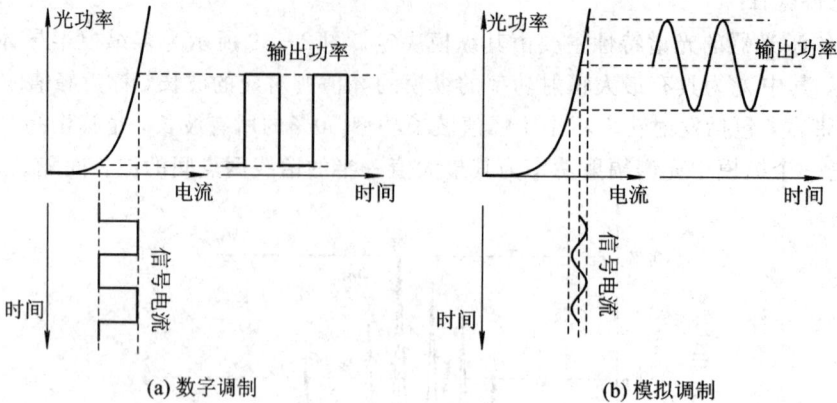

(a) 数字调制　　　　　　　　　　　(b) 模拟调制

图 2-41　半导体激光器的调制原理图

在高速调制的情况下，半导体激光器会出现许多复杂的动态性质，如出现电光延迟、张弛振荡和自脉动等现象，这些特性会影响系统的传输速率和通信质量。

（1）电光延迟和张弛振荡现象。半导体激光器在高速脉冲调制下，输出光脉冲的瞬态响应波形如图 2-42 所示，输出光脉冲和注入电流脉冲之间存在一个时间延迟，称为电光延迟时间，一般为纳秒量级。当电流脉冲注入激光器后，输出光脉冲表现出衰减式的振荡，称为张弛振荡。张弛振荡的频率一般为几百兆赫兹到 2 GHz

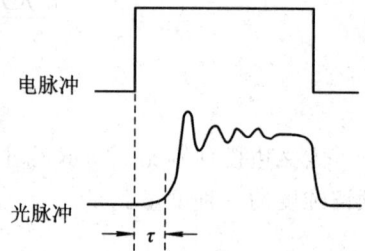

图 2-42　光脉冲的电光延迟和张弛振荡示意图

的量级。这些特性与激光器有源区的电子自发复合寿命和谐振腔内光子寿命以及注入电流初始偏置量有关。

当信号的调制频率接近张弛振荡频率时，将会使输出光信号的波形严重失真，势必会增加接收机的误码率，所以，半导体激光器的张弛振荡和电光延迟的存在限制了信号的调制频率，它应低于张弛振荡频率，这样才能保证信息传输的可靠性。

可以通过在半导体激光器脉冲调制时加直流预偏置的方法，在脉冲到来之前将有源区内的电子密度提高到一定的程度，从而使脉冲到来时电光延迟时间大大减小，而且张弛振荡现象可以得到一定程度的抑制。随着直流预偏置电流的增大，电光延迟时间会逐渐减小，增加直流预偏置电流也有利于抑制张弛振荡。

电光延迟还会产生码型效应。当电光延迟时间与数字调制的码元持续时间为相同数量级时，会使后一个光脉冲的幅度受到前一个脉冲的影响，这种影响现象称为码型效应，如图 2-43(a)和(b)所示。考虑在两个接连出现的"1"码脉冲调制时，第一个脉冲过后存储在有源区的电子以指数的形式衰减，如果调制速率很高，脉冲间隔小于其衰减周期，那么就会使第二个脉冲到来之时，前一个电流脉冲注入的电子并没有完全复合消失，此时有源区电子密度较高，因此电光延迟时间短，输出光脉冲幅度和宽度就会增大。

码型效应的特点是在脉冲序列中较长的连"0"码后出现的"1"码，其脉冲明显变小，而且连"0"码数目越多，调制速率越高，这种效应越明显。消除码型效应最简单的方法就是增加直流偏置电流。当激光器偏置电流在阈值附近时，脉冲持续时间和脉冲过后有源区内电子密度变化不大，使得电子存储的时间大大减小，码型效应就可得到抑制。另外，还可以采用在每一个正脉冲后跟一个负脉冲的双脉冲信号进行调制的方法，如图 2-43(c)所示，用正脉冲产生光脉冲，用负脉冲来消除有源区内的存储电子。但负脉冲的幅度不能过大，以免激光器 PN 结被反向击穿。

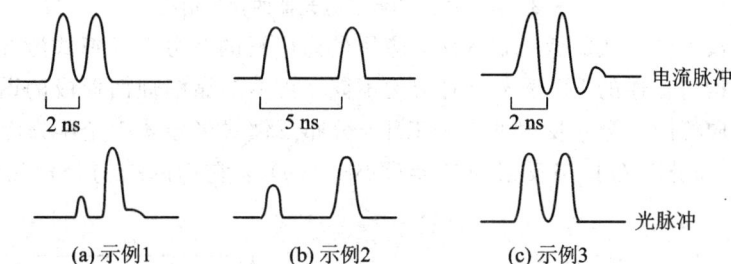

图 2-43 码型效应示例

（2）自脉动现象。某些激光器在脉冲调制甚至直流电流驱动下，输出的光脉冲出现持续等幅的振荡，振荡频率在几百兆赫兹到 2 GHz，如图 2-44 所示，我们把这种脉冲波形的畸变称为自脉动现象。和张弛振荡一样，它对激光器的高速脉冲调制性能也能产生影响。自脉动现象的出现是激光器在某些注入

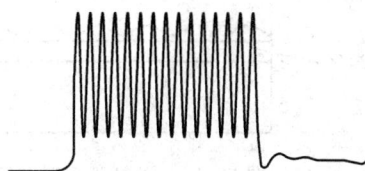

图 2-44 输出光脉冲的自脉动

电流情况下发生的，它的出现及振荡频率与外加调制速率无关，仅与注入的总电流有关。自脉动现象产生的机理很复杂，主要是由于激光器内部存在非线性增益而造成的，往往和激光器 P-I 特性的非线性有关。

2.2.4 新型激光器

在光纤通信中，为了降低光纤色散，希望光源的线宽尽可能地窄，因此要求激光器工作在单纵模状态。从前面半导体激光器的输出谱线随注入电流变化的特性可以看出，当注入工作电流高于阈值电流时，随着输出光功率的增加，半导体激光器就能够进入单纵模工作状态。但这只是在直流情况下，而在实际应用中，因为进行直接调制会使激光器的注入电流不断地变化，所以有源区载流子的浓度也随之发生变化，导致折射率和谐振条件发生变化。随着调制频率的提高和调制深度的加大，会使主模的强度下降，邻近边模的强度增强，单纵模分裂为多纵模，而且线宽也相应地增大，因此调制速率越高，调制深度越大，谱线展宽得越多。

图 2-45 所示为激光器在不同的调制速率和调制深度时的输出光谱，这种类型的器件不能满足在高速通信系统中单纵模工作时的要求。在高速调制下仍然可以工作在单纵模状态的半导体激光器称为动态单纵模激光器。

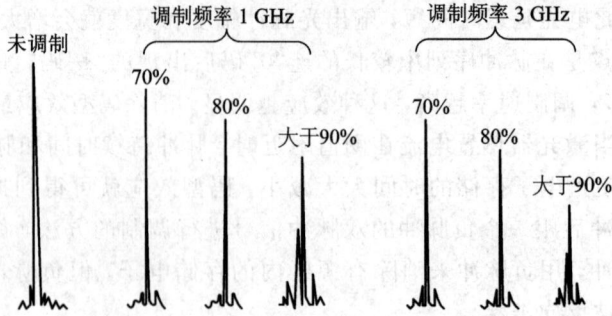

图 2-45　高速调制时激光器的输出谱线

实现单纵模工作方式的激光器很多,应用最为广泛的是分布反馈式激光器。分布反馈式激光器的结构与普通的 FP 激光器的结构不同,它不是靠解理面形成的谐振腔工作,而是依赖于沿纵向等间隔分布反射的光栅工作。分布反馈式半导体激光器分为分布反馈激光器(DFB-LD)和分布布拉格反射激光器(DBR-LD),它们的结构分别如图 2-46 和图 2-47 所示。

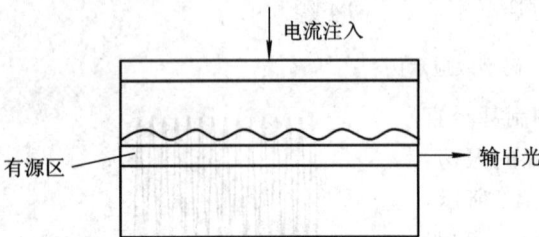

图 2-46　DFB 激光器的结构

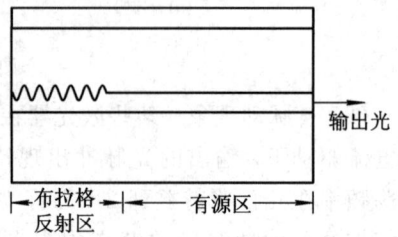

图 2-47　DBR 激光器的结构

分布反馈式激光器具有以下优点:

(1) 单纵模振荡。利用光栅实现选频,可以很容易地实现单纵模。

(2) 谱线窄,波长稳定性好。由于光栅的作用,因此使分布反馈式激光器的谱线宽度窄到几个吉赫兹,并且改善了波长的稳定性。

(3) 动态谱线好。在高速调制时分布反馈式激光器的谱线有所展宽,但比 FP 激光器的动态谱线展宽小一个数量级,同时其仍然保持单纵模特性。

(4) 线性度好。

2.3　光 检 测 器

2.3.1　光检测器原理

半导体光检测器是利用半导体材料内部的光电效应制成的。如图 2-48 所示,当光入射在 PN 结时,如果光子的能量大于半导体的禁带宽度(带隙)E_g,那么就会激发受激吸收,使价带的电子吸收光子能量后跃迁到导带,在导带出现光生电子,而在价带中出现光生空穴,形成光生电子-空穴对。这种由入射光照射而在半导体材料内产生光生载流子的现象称为半导体的光电效应。

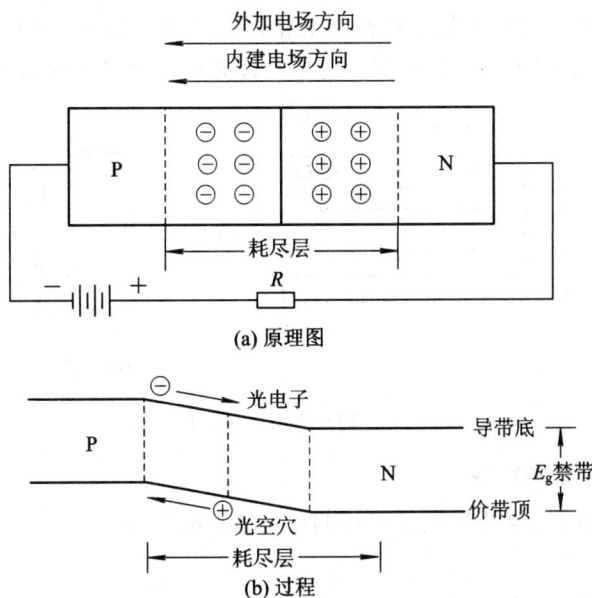

图 2-48　半导体材料的光电效应

PN 结的光电效应：光电二极管(PD)是一个工作在反向偏压下的 PN 结二极管，由光电二极管作成的光检测器的核心是 PN 结的光电效应。当 PN 结上加反向偏压时，外加电场方向与 PN 结的内建电场方向一致，势垒加强，在 PN 结界面附近的载流子基本上耗尽而形成耗尽区(层)。当光束入射到 PN 结上，且光子能量 h_v 大于半导体材料的带隙 E_g 时，价带上的电子吸收光子能量后跃迁到导带上，形成一个电子-空穴对。在耗尽区(层)中，电子在内建电场的作用下向 N 区漂移，而空穴向 P 区漂移，如果 PN 结的外电路构成回路，就会形成光电流，当入射光功率变化时，光电流也随之发生线性变化，从而把光信号转换成电信号。当入射光子能量小于 E_g 时，不论入射光有多强，光电效应也不会发生，即产生光电效应必须满足

$$h_v > E_g$$

即存在

$$\lambda_c = \frac{hc}{E_g} \tag{2.47}$$

其中，λ_c 为产生光电效应的入射光的最大波长，称为截止波长。以 Si 为材料的光电二极管的 $\lambda_c = 1.06\ \mu m$，以 Ge 为材料的光电二极管的 $\lambda_c = 1.60\ \mu m$。

利用 PN 结的光电效应可以制造出简单的 PN 结光电二极管，但这种光电二极管的结构简单，无法降低暗电流和提高响应度，其稳定度也比较差，不适合做光纤通信的检测器。

2.3.2　PIN 光电二极管

1. PIN 光电二极管的结构

如图 2-49 所示，PIN 光电二极管是指在掺杂浓度很高的 P 型和 N 型半导体之间生成一层掺杂极低的本征材料，称为 Ⅰ 层。在外加反向偏置电压的作用下，Ⅰ 层中可形成很宽的耗尽层，由于 Ⅰ 层吸收系数很小，入射光可以很容易地进入材料内部并被充分吸收而产

生大量的电子-空穴对，因此大幅度提高了光电转换效率。另外，I 层两侧的 P 层和 N 层很薄，使得光生载流子的漂移时间很短，这样大大提高了该器件的响应速度。

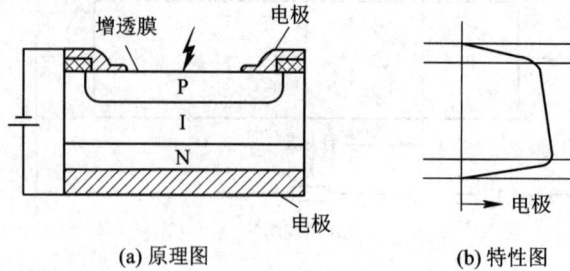

(a) 原理图　　　　　　　　　(b) 特性图

图 2-49　PIN 光电二极管的结构

2. PIN 光电二极管的特性

PIN 光电二极管的主要特性包括波长响应范围、响应度、量子效率、响应速度及噪声特性等。

1) 波长响应范围

由式(2.47)可知，不同的半导体材料存在着上限(最大)波长即截止波长。当入射光的波长远远小于截止波长时，光电转换效率会大大降低，因此，半导体光电检测器只可以对一定波长范围的光信号进行有效的光电转换，这一波长范围就是波长响应范围。由于半导体材料吸收的光在材料中按指数率衰减，因此经过长度为 d 的材料的光功率为

$$P(d) = P(0)e^{\alpha d} \tag{2.48}$$

其中，α 是材料对光的吸收系数，其单位为长度单位的倒数。称 $1/\alpha$ 为光的穿透深度。半导体材料的吸收系数 α 与波长有关，半导体材料的吸收作用随波长的减小而迅速增强，即 α 随波长的减小而变大。图 2-50 为光纤通信中用作光检测器的几种材料的吸收系数随波长的变化情况。

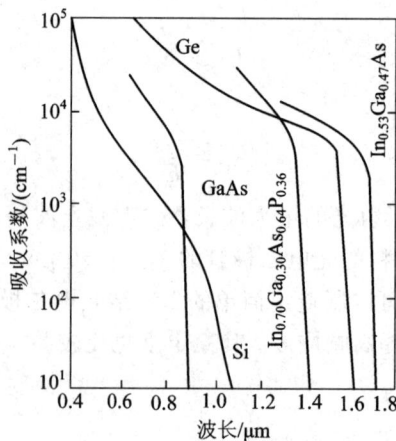

图 2-50　几种导体材料吸收参数的变化

从图 2-50 中可以看出，当波长很短时，材料的吸收系数很大，光在半导体材料的表层即被吸收殆尽。因为在表层产生的光生载流子要扩散到耗尽层才能产生光生电流，而在表层为零电场扩散区，使得扩散速度很慢，在光生载流子还没有到达耗尽层时就大量地被

复合了，所以光电转换效率在波长很短时会大大下降。

　　综上所述，检测某波长的光时要选择合适的材料作成的光检测器。首先，材料的带隙决定了截止波长要大于被检测的光波波长，否则材料对光透明，不能进行光电转换。其次，材料的吸收系数不能太大，以免降低光电转换效率。Si - PIN 光电二极管的波长响应范围为 $0.5~\mu m \sim 1~\mu m$，Ge - PIN 和 InGaAs - PIN 光电二极管的波长响应范围约为 $1~\mu m \sim 1.7~\mu m$。

　　2）响应度

　　响应度是描述光检测器能量转换效率的一个参量。它定义为

$$R = \frac{I_p}{I_{in}} \tag{2.49}$$

其中，P_{in} 为入射到光电二极管上的光功率；I_p 为所产生的光电流。响应度的单位为 A/W。

　　3）量子效率

　　量子效率表示入射光子转换为光电子的效率。它定义为单位时间内产生的光电子数与入射光子数之比，即

$$\eta = \frac{光电转换产生的有效电子-空穴对数}{入射光子数} = \frac{I_p/e}{P_{in}/hf} = R\frac{hf}{e} \tag{2.50}$$

其中，e 为电子电荷，其值为 1.6×10^{-19} C。所以有

$$R = \frac{\eta e}{hf} \approx \frac{\eta\lambda}{1.24} \tag{2.51}$$

其中，λ 的单位取 μm。可见，光检测器的响应度随波长的增大而增大。图 2 - 51 所示为 PIN 光电二极管的响应度、量子效率与波长的关系。可以看出，响应度和量子效率随着波长的变化而变化。

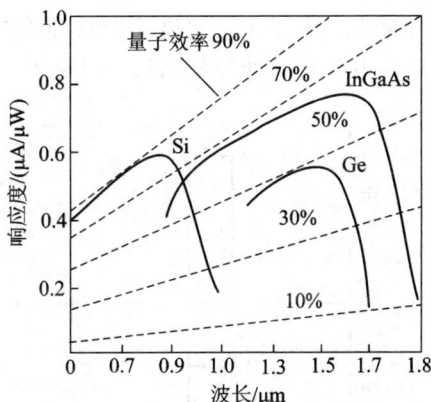

图 2 - 51　PIN 光电二极管的响应度、量子效率与波长的关系

　　为了提高量子效率，就必须减少入射表面的反射率，使入射光子尽可能多地进入 PN 结，同时要减少光子在表面层被吸收的可能性，增加耗尽区的宽度，使光子在耗尽区内被充分吸收。

　　4）响应速度

　　响应速度是光检测器的重要参数之一，通常用响应时间（上升时间和下降时间）来表示。在接收机中使用光电二极管时通常由偏置电路与放大器相连，这样检测器的响应特性必然与外电路相关。

图 2-52 所示为检测器电路及其等效电路，其中：C_d、R_s、R_L 分别为检测器的结电容、串联电阻、负载电阻，C_A、R_A 分别为放大器的输入电容和电阻。

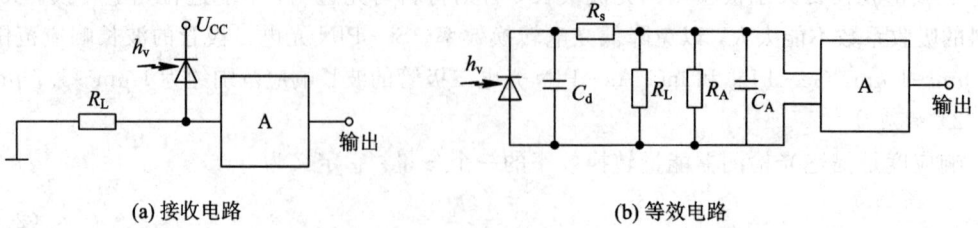

(a) 接收电路　　　　　　　　　　　　　　(b) 等效电路

图 2-52　光电二极管电路

影响响应速度的主要因素有：

（1）检测器及其负载的 RC 时间常数。要提高响应速度，就要降低整个电路的时间常数。从检测器本身来看，就要尽可能地降低结电容 C_d 的值。

$$C_d = \frac{\varepsilon A}{W} \tag{2.52}$$

其中，ε 为材料的介电常数；A 为结面积；W 为耗尽区的厚度。

（2）载流子漂移通过耗尽区的渡越时间。光电二极管的响应速度主要受到耗尽区内的载流子在电场作用下的漂移通过所需时间（即渡越时间）的限制。漂移运动的速度与电场强度有关，电场强度较低时，漂移速度正比于电场强度，而当电场强度达到某一值后，漂移速度就不再变化。

（3）耗尽区外产生的载流子扩散引起的延迟。耗尽区外产生的载流子一部分复合，另一部分扩散到耗尽区而被电路吸收。由于扩散速度比漂移速度慢得多，因此，这部分载流子会带来附加时延，会使输出的电信号脉冲拖尾加长，如图 2-53 所示。

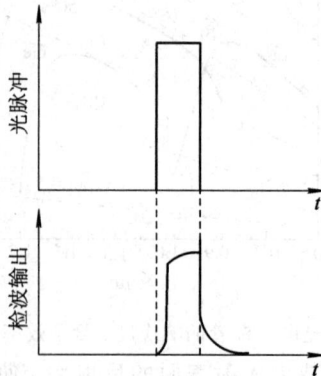

图 2-53　光脉冲及电流脉冲波形

5）噪声特性

光电二极管的噪声包括量子噪声、暗电流噪声、漏电流噪声以及负载电阻的热噪声，除负载电阻的热噪声以外，其他的都为散弹噪声。散弹噪声是由带电粒子产生和运动的随机性而引起的一种具有均匀频谱的白噪声。

量子噪声是由光电子产生和收集的统计特性造成的，与平均光电流 I_p 成正比。来自噪声电流的均方值可表示为

$$\langle i_{s}^{2} \rangle = 2eI_{p}\Delta f \tag{2.53}$$

其中，Δf 为噪声的带宽。

暗电流噪声是指当没有入射光时流过器件偏置电路的电流，它是由 PN 结内热效应产生的电子-空穴对形成的，是 PIN 的主要噪声源。暗电流的均方值可表示为

$$\langle i_{d}^{2} \rangle = 2eI_{d}\Delta f \tag{2.54}$$

其中，I_{d} 为暗电流的平均值。当偏置电压增大时，暗电流随之增大，暗电流还会随着器件温度的升高而增加。暗电流的大小与光电二极管的结面积成正比，故常用单位面积上的暗电流即暗电流密度来衡量。图 2-54 给出了几种光电检测器常用材料的暗电流密度与偏置电压的关系。

另外，光电二极管中还有表面漏电流。表面漏电流是由于器件表面物理特性的不完善，如表面缺陷、不清洁和加有偏置电压而引起的。漏电流的均方值可表示为

$$\langle i_{L}^{2} \rangle = 2eI_{L}\Delta f \tag{2.55}$$

其中，I_{L} 为漏电流的平均值。

漏电流和暗电流一样，都只能通过合理的设计、良好的结构以及严格的工艺来降低。

任何电阻都具有热噪声，只要温度高于绝对零度，电阻中大量的电子就会在热激励下作无规则运动，由此在电阻上形成无规则弱电流，造成电阻的热噪声。均方热噪声电流为

$$\langle i_{T}^{2} \rangle = \frac{4kT\Delta f}{R} \tag{2.56}$$

其中，R 为等效电阻；T 为绝对温度；k 为玻尔兹曼常数。因此，光电二极管的总均方噪声电流为

$$\langle i^{2} \rangle = 2e(I_{p} + I_{d} + I_{L})\Delta f + \frac{4kT\Delta f}{R} \tag{2.57}$$

量子噪声不同于热噪声，它伴随着信号的产生而产生，随着信号的增大而增大。当没有入射光时，信号消失，量子噪声也同时消失。

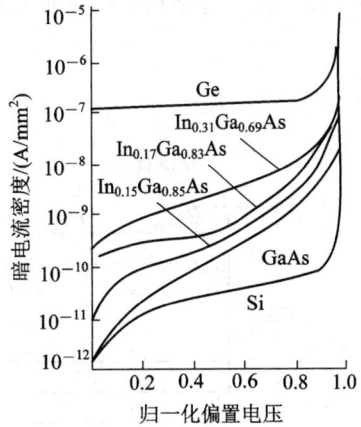

图 2-54 暗电流密度与偏置电压的关系

2.3.3 APD 雪崩光电二极管

1. 雪崩光电二极管的结构

当耗尽区中的电场强度达到足够高时，入射光产生的电子或空穴将不断地被加速而获得很高的能量，这些高能量的电子和空穴在运动过程中与晶格碰撞，使晶体中的原子电离，激发出新的电子-空穴对。这些碰撞电离产生的电子和空穴在场中也被加速，也可以电离其他的原子。

经过多次电离后，载流子迅速增加而形成雪崩倍增效应。APD 就是利用雪崩倍增效应使光电流得到倍增的高灵敏度的检测器。

图 2-55 所示为一种被称为拉通型 APD(RAPD)的结构，其中 π 层为低掺杂区(接近本征态)，而且很宽，当偏压加大到一定程度后，耗尽区将被拉通到 π 层，一直抵达 P⁺ 层。这是一种全耗尽型结构，具有光电转换效率高、响应速度快和附加噪声低等优点。

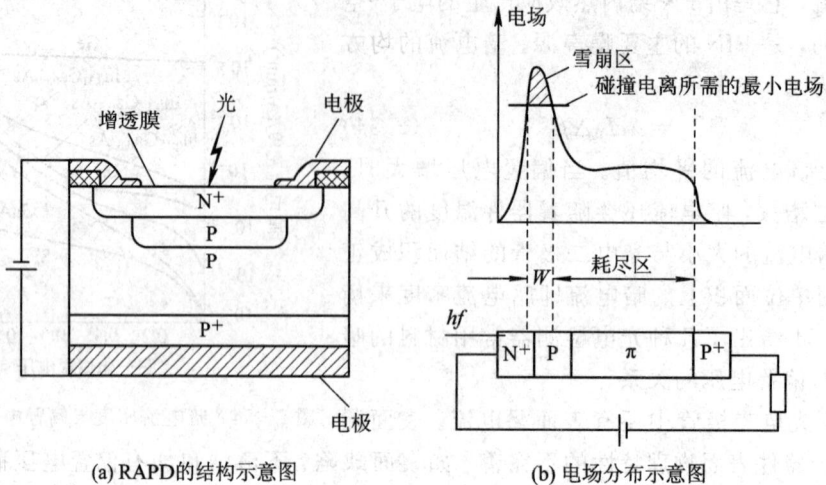

(a) RAPD的结构示意图　　(b) 电场分布示意图

图 2-55　拉通型 APD(RAPD)的结构图

2. 雪崩光电二极管的特性

与 PIN 相比，雪崩光电二极管的主要特性也包括波长响应范围、量子效率、响应度、响应速度等。除此之外，由于 APD 中雪崩倍增效应的存在，因此 APD 的特性还包括雪崩倍增特性、倍增噪声、温度特性等。

1) 倍增因子

定义倍增因子 g 为 APD 的输出光电流 I_o 和一次光生电流 I_p 的比值：

$$g = \frac{I_o}{I_p} \tag{2.58}$$

g 的值随反向偏压、波长和温度的变化而变化。显然，APD 的响应度比 PIN 的增加了 g 倍，目前 APD 的 g 值已达到几十甚至上百。

2) 噪声特性

APD 中的噪声除了量子噪声、暗电流噪声、漏电流噪声之外，还有附加的倍增噪声。雪崩倍增效应不仅对信号电流有放大作用，而且对噪声电流也有放大作用，同时雪崩效应产生的载流子也是随机的，所以会引入新的噪声成分。用附加噪声因子 F(大于 1)可描述雪崩效应的随机性所引起的噪声增加的倍数，通常附加噪声因子可表示为

$$F = g^x \tag{2.59}$$

其中，x 称为附加噪声指数，反映了不同材料的 APD 的附加噪声的大小。对于 Si，x 为 $0.3\sim0.5$；对于 Ge，x 为 $0.6\sim1.0$；对于 InGaAsP，x 为 $0.5\sim0.7$。

APD 中的表面漏电流不倍增，热噪声与 PIN 的特性相同。量子噪声为

$$\langle i_s^2 \rangle = 2eI_p fg^2 F \tag{2.60}$$

暗电流噪声为

$$\langle i_d^2 \rangle = 2eI_d fg^2 F \tag{2.61}$$

3) 温度特性

当温度变化时，原子的热运动状态会发生变化，从而引起电子和空穴电离系数的变化，使得 APD 的增益也随之变化。随着温度的升高，倍增增益会下降。为保持有稳定的增益，需要在温度变化的情况下进行温度补偿。

2.4　无源光器件

2.4.1　光纤连接器

光纤活动连接器是连接两根光纤或光缆使其成为光通路并且可以重复装拆的活接头，常被用于光源与光纤、光纤与光纤以及光纤与探测器之间的连接。在光纤通信系统、光信息处理系统以及光学仪器仪表中，光纤活动连接器的使用非常广泛，因此实用的光纤连接器必须具备损耗低、可靠性高、便于操作、重复性和互换性好以及体积小、重量轻、价格低廉等优点，还要能承受机械振动和冲击，并且适应一定的温度和湿度环境条件。另外，光纤活动连接器在装拆时还需要有防止杂质污染的保护措施。

光纤活动连接器的种类和式样繁多，可分为单芯型和多芯型，单芯型光纤活动连接器用于单根光纤之间的连接，而多芯型光纤活动连接器用于多根光纤之间的连接。对于单芯型的光纤活动连接器，其结构可分为调心型和非调心型，所谓调心型是指光纤活动连接器的内部装有调心机构，它可调整光纤纤芯的位置，使之达到最佳耦合。而非调心型光纤活动连接器的内部没有调心机构，它是靠光纤活动连接器结构组件之间的精密配合来达到最佳耦合的，常用的非调心型结构有套管结构、双锥结构、V 形槽结构、微透镜结构以及自聚焦透镜结构等。若按连接方式又可将其分为对接耦合式和透镜耦合式。各种光纤活动连接器的基本结构和特点列于表 2-4 中。

光纤活动连接器也有多模和单模之分，单模光纤之间的连接需采用单模光纤活动连接器，多模光纤之间的连接需采用多模光纤活动连接器。单模光纤的模场直径约为 $10~\mu m$，为了减少损耗，被光纤活动连接器连接的两根光纤的同轴度须小于 $1~\mu m$。可见，对光纤活动连接器的加工精度要求很高，需要超精细加工技术，包括机械切削加工和光学冷加工工艺技术来加以保证。常用的套筒结构主要由两部分组成，一是套筒，二是插针。套筒和插针都是精密的机械结构和光学结构，它们精密地配合在一起确保了光纤间的对准，使绝大部分的光能够从一根光纤传递到另一根。插针是连接器中的关键部件，其作用是将光纤固定在其中保护起来，并使套筒中的光纤对准。插针的结构有三棒或四棒结构等，但不管何种插针结构，都应使光纤外径与插针管内径匹配且不留间隙。插针的端面设计有各种形状，如平面式(FC 型)、球面式(PC 型)、8°斜面式(APC)和超级球面式(UPC)。一般来说，为了减少插入损耗，光纤端面之间的距离要很小，为减少其端面上的菲涅尔反射，在端面上都镀有光学增透膜层。上述连接器的插针和套筒可用不锈钢、硬质合金制作，也可用陶瓷材料制作。相比之下陶瓷材料比合金材料较为优越，这是因为陶瓷材料具有极好的温度稳定性，线膨胀系数也很小，且其值与石英光纤的线膨胀系数接近，容易吻合。此外，实验证明用陶瓷材料的插针和套筒制作的活动连接器的插拔次数在几千甚至上万次，也就是说其使用寿命很长。

表 2-4 光纤活动连接器

种类		图示	说明
单芯型	调芯型	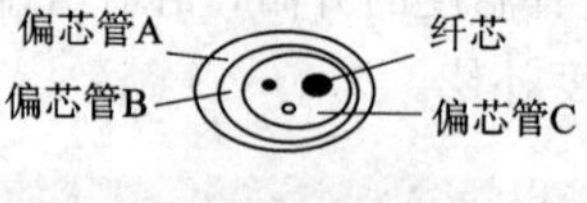 偏芯管A 纤芯 偏芯管B 偏芯管C	(1) 内装调芯机构; (2) 把固定在偏心管C上的光纤纤芯与偏心管B组合旋转,使它与偏心管A外周的中心O重合
		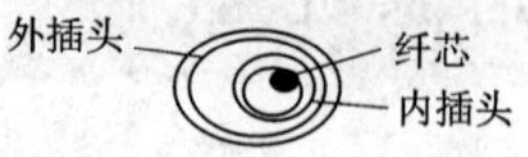 外插头 纤芯 内插头	(1) 外装调芯机构; (2) 将光纤纤芯与外插头的中心重合之后固定内插头
	非调芯型	 套筒 插针 光纤 光纤	(1) 柱形管筒结构; (2) 加工精度要求高; (3) 不易对准
		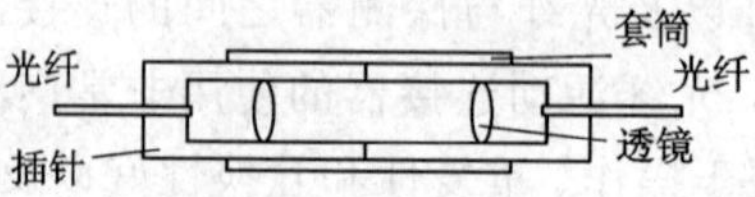 套筒 光纤 光纤 插针 透镜	(1) 透镜型套筒结构; (2) 加工精度要求不高; (3) 易对准
		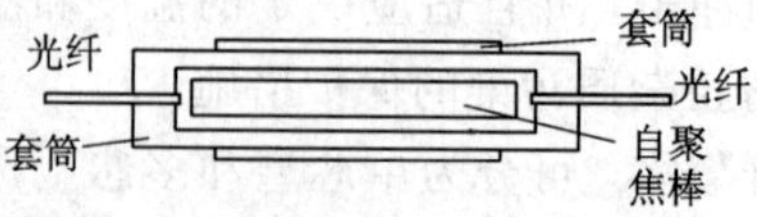 套筒 光纤 光纤 套筒 自聚焦棒	(1) 自聚焦棒型套筒结构; (2) 加工精度要求不高; (3) 易对准
		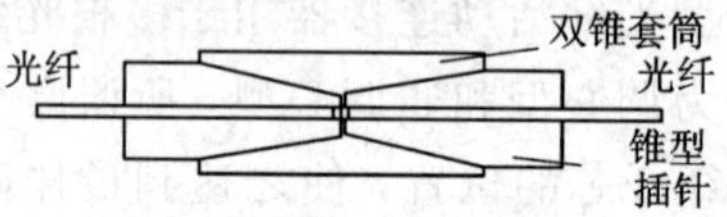 双锥套筒 光纤 光纤 锥型插针	(1) 锥型套筒结构; (2) 加工精度要求高; (3) 不易对准
		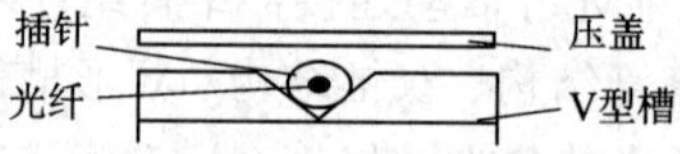 插针 压盖 光纤 V型槽	(1) V型槽结构; (2) 加工精度要求高; (3) 不易对准
多芯型		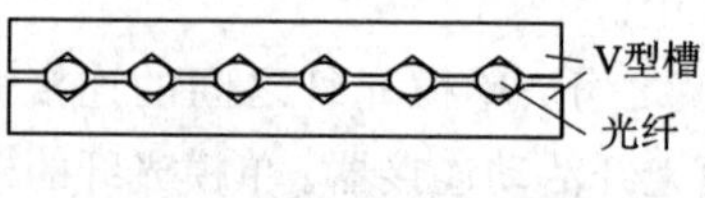 V型槽 光纤	(1) V型槽结构; (2) 加工精度要求高; (3) 不易对准

光纤活动连接器的主要性能指标如下:

(1) 插入损耗。插入损耗是指因接入光纤活动连接器而给光信号带来的附加损耗,一般在 0.5 dB 以下。

(2) 重复性。重复性即光纤活动连接器每次插拔后其损耗的变化范围,一般应小于 ±0.1 dB。

(3) 互换性。互换器是指同一种连接器不同插针替换时损耗的变化范围,一般应小于 ±0.1 dB。

(4) 插拔次数。插拔次数是指连接器具有上述的损耗参数范围内插拔的次数,一般应在千次以上。

(5) 回波损耗。回波损耗是指对来自于光纤耦合面的反射光的损耗,一般应大于 45 dB。

(6) 工作温度。在工作温度范围内(一般在 $-25℃ \sim +70℃$ 范围内),连接器的损耗变化量应在±0.2 dB 范围内。

光纤连接时产生的损耗主要来自制造技术和光纤本身的不完善。光纤的横向错位、角度倾斜、端面间隙、端面形状、端面光洁度以及纤芯直径、数值孔径、折射率分布的差异和光纤的椭圆度、偏心度等都会影响其连接质量，其中轴心错位和间隙造成的损耗影响最大，如图 2-56 所示。

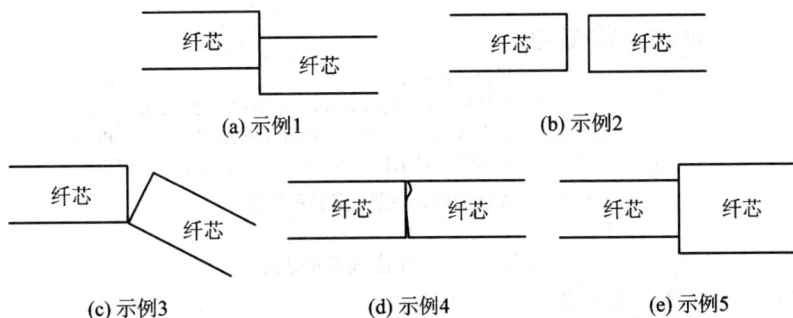

(a) 示例1   (b) 示例2

(c) 示例3   (d) 示例4   (e) 示例5

图 2-56 影响光纤连接质量的几种因素示例

在众多的光纤活动连接器中，使用最广泛的是非调心型对接耦合式光纤活动连接器。表 2-5、表 2-6 介绍了几种典型的国产单模光纤活动连接器和多模光纤活动连接器的主要性能指标。

表 2-5 单模光纤活动连接器性能指标

器件型号	FC/PC	FC/UPC	FC/APC	SC/PC	SC/UPC	SC/APC	ST/PC	ST/UPC	ST/APC
插入损耗/dB	不大于 0.3								
最大插入损耗/dB	不大于 0.5								
重复性/dB	不大于 0.1								
互换性/dB	不大于 0.2								
回波损耗/dB	不小于 45	不小于 50	不小于 60	不小于 45	不小于 50	不小于 60	不小于 45	不小于 50	不小于 60
拔插次数/次	大于 1000								
工作温度/℃	−40～+80			−25～+70			−40～+80		
光纤类型	Corning SMF^{TM} 28, 9/125 μm								

表 2-6 多模光纤活动连接器性能指标

器件型号	FC/PC	SC/PC	ST/PC
插入损耗/dB	不大于 0.2		
最大插入损耗/dB	不大于 0.3		
重复性/dB	不大于 0.1		
互换性/dB	不大于 0.2		
拔插次数/次	大于 1000		
工作温度/℃	−40～+80	−15～+70	−40～+80
光纤类型	Corning MM, 50/125 μm		

在实际应用中，光纤连接器多采用图 2 - 57 所示的表示方式。指定一个光纤连接器必须确定光纤的模式类型（是单模还是多模）、接头的类型、连接器所连光纤的长度以及光纤外径的尺寸。例如，OFC — S — FC/PC — 30 — 10 表示单模光纤活动连接器，FC/PC 型接头，光纤的外直径为 3 mm 及长度为 10 m；OFC — M — FC/PC — 09 — 05 表示多模光纤活动连接器，FC/PC 型接头，光纤的外直径为 0.9 mm 及长度为 5 m。

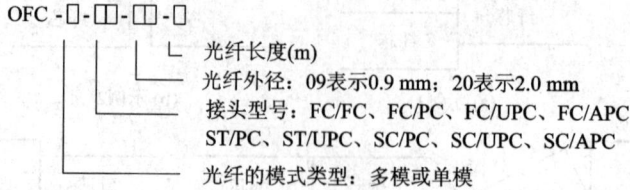

```
OFC -□-□□-□□-□
          └ 光纤长度(m)
       光纤外径: 09表示0.9 mm; 20表示2.0 mm
       接头型号: FC/FC、FC/PC、FC/UPC、FC/APC
       ST/PC、ST/UPC、SC/PC、SC/UPC、SC/APC
       光纤的模式类型: 多模或单模
```

图 2 - 57　光纤连接器的表示

以上所述各种符号的表示如下：

（1）光纤端面为平面型的连接器（FC 和 APC 型）。这种连接器也可用××/FC 和××/APC 表示，其中 FC 表示内部光纤的端面是平面形，APC 表示内部光纤是 8°倾斜平面形。它具有结构简单、操作方便、制造容易的优点，其缺点是插入损耗大，FC 的回波损耗小，对沾污较敏感。而××表示其外部连接方式，当××为 FC 时，表示套管为金属件，固定方式是卡口螺旋式；当××为 SC 时，表示外部连接方式是插拔耦合式，外壳是矩形，操作十分方便，适合于大量接头的连接。

（2）光纤端面为凸球面形的连接器（PC 和 UPC 型）。这种连接器也可用××/PC、××/UPC 表示，其中 PC 表示内部光纤端面为凸球面形物理端面，UPC 表示内部光纤端面为超级凸球面形。它们的结构复杂，不易制造，但其插入损耗小，回波损耗大，对沾污不敏感，另外其外部连接与 FC 型相同。

（3）多芯光纤连接器。由于这种连接器利用了透镜的聚焦和准直作用，光纤之间的光耦合比较容易，因而对其进行机械加工的要求可以放宽。

2.4.2　光纤耦合器

光纤耦合器是一种能使传输中的光信号在特殊结构的耦合区发生耦合，并进行再分配的器件。在耦合的过程中，信号的频谱成分没有发生变化，变化的只是信号的光功率。光纤耦合器从端口的形式上划分，包括 X 型（2×2）耦合器、Y 型（1×2）耦合器、星型（$N \times N$，$N > 2$）耦合器、树型（1×N，$N > 2$）耦合器等。

光纤耦合器可以从传输线路中提取出一定的功率，来实现对线路的监控，也可以用于光纤 CATV、光纤用户网、无源光网络（PON）、光纤传感等领域，实现信号的组合与分配。从分光和耦合的原理上看，光分路耦合器大体上可分为两种类型：一类是采用光学分束原理的光分路耦合器；另一类是利用消逝场耦合原理的光分路耦合器。表 2 - 7 列出了这两类光分路耦合器的几种结构示意图。

为了与纤芯较细的光纤耦合，采用光学分束技术的光分路耦合器一般都含有微型聚光和分光光学器件。微型聚光光学器件起聚光和耦合的作用，其主要是微透镜、微透镜阵列和自聚焦棒。

表 2-7　光分路耦合器

种类		图示	说明
光学分束型	微透镜耦合型	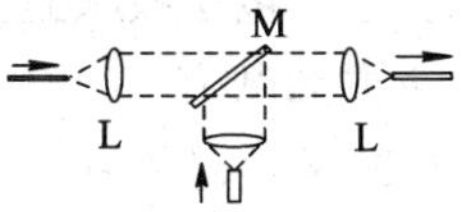	L为微透镜，M为半透半反平面镜，将输入端和输出端互换即为光分路器
		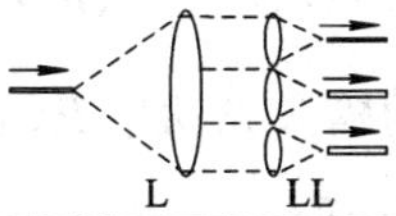	LL为透镜阵列，如3×3阵列，它可以将一束平行光按强度分为9束
	自聚焦棒耦合型	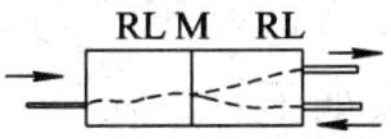	RL为λ/4自聚焦透镜，它可以将处于输入端面上的点光源变换成输出端面上的平行光输出，反之可以将平行光变换为点光源。可直接在RL的端面上镀膜形成M
		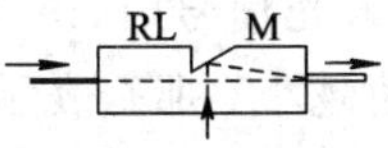	RL为λ/2自聚焦透镜，直接在RL侧面上开槽镀膜形成M
	复合型	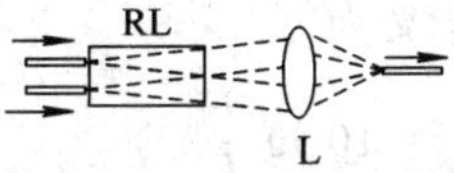	RL和L的复合型
消逝场耦合型	熔锥型	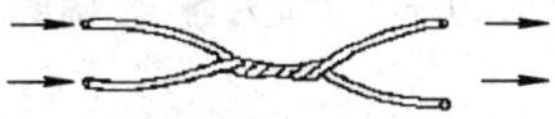	用两根光纤熔融拉制的X型光分路耦合器
		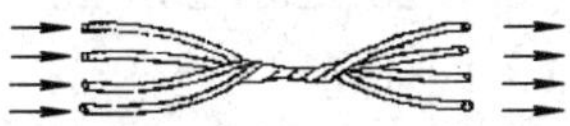	用4根光纤熔融拉制的星型光分路耦合器，最多可熔融100根光纤
	波导型	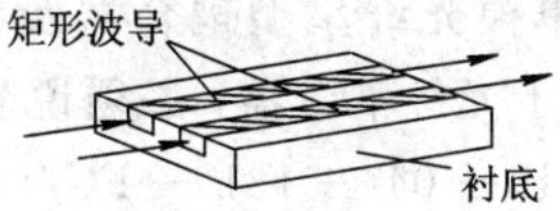	采用平面波导光刻制作，性能优良
	应力型	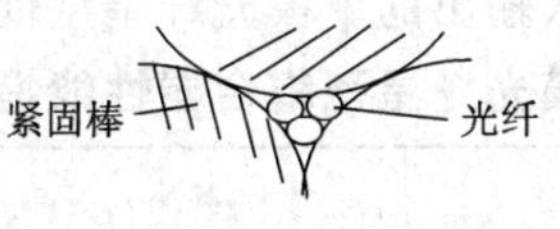	用紧固棒挤压3根光纤，使其产生应力，从而提高了耦合力

　　微型分光光学器件起分光和合光的作用，其主要是镀有半透半反光光学膜层的分光镜或是直接在表面上镀光学膜的聚光光学器件。采用消逝场耦合的光分路耦合器一般都含有重叠在一起的两根或多根光波导，光能通过两个纤芯之间的电磁场重叠从一根光纤传输到另一根光纤。因为光纤消逝场是一个按指数规律衰减的场，所以两芯光纤的纤芯必须靠得很近，这样才有利于耦合效率的提高。由于光纤的尺寸很小，不易与光学元件耦合，因此实用化的光分路耦合器大都是利用消逝场原理制成的。

　　在表2-7中所列的采用熔融拉制法制造的光纤星型耦合器是一种重要的器件，它是将两根或多根裸光纤，在高温熔融状态下拧绞成麻花状并向两边拉伸而制成的，其中间腰部细而两头发散，故称为双锥体。它的工作原理是：在双锥体的前半部，随着光纤逐渐变细，原来在光纤中传播的芯模逐渐变成包层模并向前传播，在双锥区光信号发生了光耦合。而在双锥体后半部分，随着光纤逐渐变粗，包层模又逐渐转换为芯模，使光功率按比例分配到各个光纤中。光纤星型耦合器的主要参数有：

（1）插入损耗。它是耦合器总的功率衰减量，定义为

$$IL = -10 \lg\left(\sum_{i=1}^{n} \frac{P_{oi}}{P_{im}}\right) (\text{dB}) \qquad (m=1,2,\cdots) \qquad (2.62)$$

其中，P_{oi} 为对应于输入端第 m 根光纤中的输入光功率 P_{im} 时，输出端第 i 根光纤的输出光功率；n 为光纤星型耦合器输出端的光纤根数。

（2）均匀性。它是表示耦合器输出各端口的功率与功率平均值的最大偏差。若该偏差越小，则表明光功率的分配越均匀。其定义如下：

$$\Delta P = 10 \lg \frac{P_{o\,max}}{P_{o\,min}} (\text{dB}) \qquad (2.63)$$

其中，$P_{o\,max}$ 为对应于输入端某根光纤中输入光信号时，n 个输出端中最大的输出光功率；$P_{o\,min}$ 为最小的输出光功率。如果均匀性的值越小，那么表示输出端的分配越均匀。

（3）方向性。它是表示在输入端主光纤传输方向与任一根非主光纤非传输方向上的功率比。方向性常用光隔离度来表示，它定义为

$$S = 10 \lg \frac{P_{ib}}{P_{im}} \qquad (2.64)$$

其中，P_{im} 为输入端第 m 根光纤的输入光功率；P_{ib} 为输入端除第 m 根光纤之外任意第 b 根光纤的后向传输光功率。

（4）分光比。它定义为耦合器各输出端口的输出功率的比值，具体应用中常用相对输出总功率的百分比来表示，如 50∶50、80∶20、25∶25∶25∶25 等，或用各端口之间输出功率之比来表示，如 1∶1、4∶1、1∶1∶1∶1 等。

除此之外，光纤星型耦合器的参数还有偏振相关损耗、偏振模色散等。

表 2-8 和表 2-9 给出了某公司单模光纤星型耦合器及树型耦合器的性能指标，图 2-58 给出了相应的产品表示形式。对于光纤耦合器，必须说明其输入/输出端口数目、工作波长、连接器类型等，例如，SSC — B — 04 — 131 — FC/PC 表示 B 级、4×4 端口、工作波长为 1310 nm、FC/PC 连接器输入输出的单模光纤星型耦合器。

表 2-8　单模光纤星型耦合器性能指标

参　数　品种 等级	4×4 A	4×4 B	8×8 A	8×8 B	16×16 A	16×16 B
工作波长/nm	1310 或 1550					
工作带宽/nm	±20					
附加损耗/dB	0.3	0.5	0.5	0.7	0.7	1.0
均匀性/dB	±0.6	±1.0	±1.0	±1.8	±2.0	±2.5
方向性/dB	大于 60					
工作温度/℃	−40~+85					

表 2-9　单模光纤树型耦合器性能指标

品种 参　数　等级	1×4		1×8		1×16	
	A	B	A	B	A	B
工作波长/nm	1310 或 1550					
工作带宽/nm	±20					
附加损耗/dB	0.3	0.5	0.5	0.7	0.7	1.0
均匀性/dB	±0.6	±1.0	±1.0	±1.8	±2.0	±2.5
方向性/dB	大于 60					
工作温度/℃	-40～+85					

SSC -□-□□-□-□□-□
　　　　　　　　└ 分光比：用户特殊要求说明(可缺省)
　　　　　　　　── 输入/输出形式：B表示0.9mm SMF-28标准光纤 1m长；C表示3mm缆1m长
　　　　　　　　　　FC/PC、FC/UPC、FC/APC、SC/PC、ST/PC
　　　　　　　　── 工作波长：131表示1310nm, 155表示1550nm.
　　　　　　　　── 品种：02表示2×2, 04表示4×4, 08表示8×8, 16表示16×16
　　　　　　　　── 等级：A,B

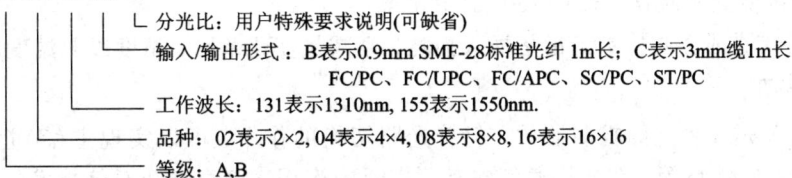

图 2-58　光纤耦合器的表示

2.4.3　光衰减器与光开关

1. 光衰减器

光衰减器是用来稳定地、准确地减小信号光功率的无源器件，是光功率调节所不可缺少的器件。实用的光衰减器衰减光功率的工作机理主要有三种，如表 2-10 所示。

表 2-10　光 衰 减 器

种类	图示	说明
耦合型光衰减器		L_1、L_2 为微透镜，其轴向偏离为 d，通过改变 d 来改变衰减
反射型衰减器		RL 为 1/4 自聚焦透镜，它可以将输入端面的点光源发出的光变换成输出端面上的平行光，反之则可将平行光变换成点光源输出。M 为镀了部分透射膜的平面镜
吸收型光衰减器		A 为吸收片，其不同位置上的衰减量不同，旋转 A 可以改变衰减量

（1）耦合型光衰减器。它是通过输入、输出光束对准偏差的控制来改变光耦合量的大小，从而达到改变衰减量的目的。

（2）反射型光衰减器。它是在玻璃基片上镀反射膜作为衰减片，光透过衰减片时主要是反射和透射，并由膜层厚度的不同来改变反射量的大小，从而达到改变衰减量的目的。为了避免反射光的再入射影响衰减器性能的稳定，光线不能垂直入射到衰减片上，须将两块衰减片按一定倾斜角对称地排列为八字形。

（3）吸收型光衰减器。它是采用光学吸收材料制成的衰减片，对光的作用主要是吸收和透射，其反射量却很小，因而光线可垂直入射到衰减片上，从而可简化其结构和工艺，使器件的体积和重量变得较小。

光衰减器按其衰减量的变化情况可分为三种类型：固定式衰减器，即衰减量一定；步进可变式衰减器，即阶跃式可变，如 5 步进式的衰减器，每步为 10 dB，即 10 dB×5 衰减器；连续可变式衰减器，如 0～60 dB 衰减器。

光衰减器的主要技术指标是插入损耗、衰减量变化范围、精度以及温度的影响。

2. 光开关

光开关是一种光路控制器件，起着光路切换的作用，可以实现主/备光路切换以及光纤、光器件的测试等，在光纤通信中有着广泛的应用。随着光纤通信技术的发展和密集波分复用技术的应用，全光网将成为未来光纤通信系统的发展方向。光开关的这种光路切换功能可以用来实现光交换，实现全光层次的路由选择、波长选择、光交叉连接、自愈保护等功能，光开关已成为构建新一代全光网络的关键器件。

光开关的主要性能参数包括：

（1）交换矩阵的大小。光开关交换矩阵的大小反映了光开关的交换能力。光开关处于网络中不同的位置，对其交换矩阵大小的要求也不同。随着通信业务需求的急剧增长，光开关的交换能力也需要大大提高，如在骨干网上要有超过 1000×1000 的交换容量。对于大交换容量的光开关，可以用较多的小容量光开关叠加而成。

（2）交换速度。交换速度是衡量光开关性能的重要指标。交换速度有两个重要的量级，当从一个端口到另一个端口的交换时间达到几个毫秒时，对因故障而重新选择路由的时间已经足够了。如对 SDH/SONET 来说，因故障而重新选路时，50 ms 的交换时间使其上层几乎感觉不到。当交换时间达到纳秒量级时，可以支持准互联网的分组交换，这对于实现光互联网是十分重要的。

（3）损耗。当光信号通过光开关时，将伴随着能量的损耗，包括插入损耗、回波损耗等。光开关损耗产生的原因主要有两个：光纤和光开关端口耦合时的损耗与光开关自身材料对光信号产生的损耗。一般来说，自由空间交换的光开关的损耗低于波导交换的光开关，如液晶光开关和 MEMS 光开关的损耗较低，大约为 1 dB～2 dB，而铌酸锂和固体光开关的损耗较大，大约为 4 dB。损耗特性可影响光开关的级联，限制了光开关的扩容能力。

（4）消光比。消光比是描述光开关导通与非导通状态通光能力差别的主要指标，即两个端口处于导通和非导通状态时的插入损耗之差。

（5）交换粒度。根据不同的光网络业务需求的不同，对交换的需求和光域内使用的交换粒度也有所不同。交换粒度可分为三类：波长交换、波长组交换和光纤交换。交换粒度反映了光开关交换业务的灵活性，这对于考虑网络的各种业务需求、网络保护和恢复具有重要意义。

（6）升级能力。基于不同的原理和技术的光开关，其升级能力也不同。一些技术允许运营商根据需要随时增加光开关的容量，很多开关结构可以容易地升级为 8×8 或 32×32，但却不能升级到成百或上千的端口，因此只能用于构建 OADM 或城域网的 OXC，而不适用于骨干网上。

（7）可靠性。光开关要具有良好的稳定性和可靠性，在某些极端情况下，光开关可能需要完成几千或几万次的频繁动作。而在有些情况（如保护倒换）下光开关倒换的次数可能很少，此时，维持光开关的状态是更主要的因素，如喷墨气泡光开关，如何保持其气泡的状态是需要考虑的问题。

很多因素会影响光开关的性能，如光开关之间的串扰、隔离度、消光比等。当光开关进行级联时，这些参数将会影响网络的性能。光开关要对速率和业务类型保持透明。实现光开关的方法有很多，各有特点，适用于不同的场合。依据不同的光开关原理，光开关可分为机械光开关、热光开关、电光开关和声光开关。依据光开关交换介质的不同，光开关可分为自由空间交换光开关和波导交换光开关。

目前，常用的光开关有 MEMS 光开关、喷墨气泡光开关、热光效应光开关、液晶光开关、全息光开关、声光开关、液体光栅光开关、SOA 光开关等。

2.4.4　光隔离器与光环路器

1. 光隔离器

光隔离器是一种只允许光沿一个方向通过而在相反方向阻挡光通过的光无源器件。它的作用是防止光路中由于各种原因产生的后向传输光对光源以及光路系统产生的不良影响。例如，在半导体激光源和光传输系统之间安装一个光隔离器，可以在很大程度上减少反射光对光源的光谱输出功率稳定性产生的不良影响。在高速直接调制和直接检测的光纤通信系统中，后向传输光会产生附加噪声，使系统的性能劣化，这也需要用光隔离器来消除。在光纤放大器中的掺杂光纤的两端装上光隔离器，可以提高光纤放大器的工作稳定性，如果没有它，那么后向反射光将进入信号源（激光器）中，引起信号源的剧烈波动。在相干光长距离光纤通信系统中，每隔一段距离安装一个光隔离器，可以减少受激布里渊散射引起的功率损失。因此，光隔离器在光纤通信系统、光信息处理系统、光纤传感系统以及精密光学测量系统中具有重要的作用。

光隔离器主要是利用磁光晶体的法拉第效应。法拉第效应是法拉第在 1845 年首先观察到不具有旋光性的材料在磁场作用下使通过该物质的光的偏振方向发生旋转，也称磁致旋光效应。沿磁场方向传输的偏振光，其偏振方向旋转角度 θ 和磁场强度 B 与材料长度 L 的乘积成比例，有

$$\theta = VBL \tag{2.65}$$

其中，V 为材料的特性常数，称为维尔德（Verdet）常数。偏振方向的旋转只与磁场强度的方向有关，而与光传播的方向无关。

1) 偏振相关型光隔离器

偏振相关型光隔离器主要由起偏器、检偏器和旋光器三部分组成，如图 2-59 所示。起偏器可从入射到自身上的偏振混乱的光中选出与自身透光轴方向一致的线偏振光。检偏器是相对于起偏器来说的，其构造和作用与起偏器相同。旋光器由旋光性晶体材料和产生强度适当磁场的装置构成，借助磁光效应（法拉第效应），使晶体的偏振面发生一定程度的旋转。在图 2-59 中，产生适当强度磁场的装置是通电流的线圈，此外，还可用永久磁铁等方法来产生磁场。

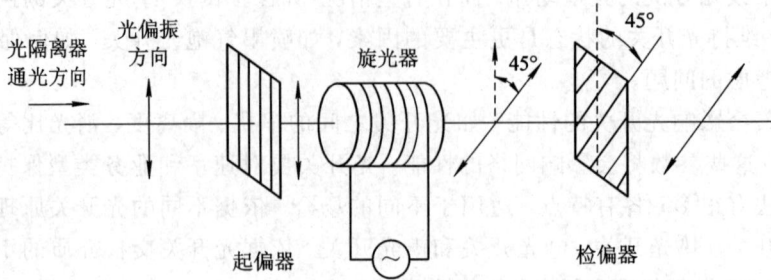

图 2-59 偏振相关型光隔离器结构示意图

在光隔离器的结构中，起偏器与检偏器的透光轴之间呈 45°的夹角，旋光器在加电时可使通过的光的偏振方向发生 45°的旋转（如图 2-59 中逆光方向看逆时针旋转了 45°）。当平行于纸面的偏振光按光隔离器通光方向入射时，由于该光与起偏器透光轴的方向一致，因此会全部通过；经过旋光器后，其光轴旋转了 45°，恰好与检偏器透光轴的方向相同，也全部通过。因此，在光隔离器通光方向传输的光可以得到低损耗传输。

反之，逆光隔离器通光方向入射的光能够到达旋光器的只是与检偏器光轴一致的那一部分光，该部分光经过旋光器后偏振方向发生了 45°的旋转，变成水平线偏振光，正好与透光轴垂直，被起偏器阻止而不能够通过。因此，在逆光隔离器通光方向上传输的光可以获得高损耗传输。

2) 偏振无关型光隔离器

由于光纤通信中光波的偏振态是随机变化的，因此需采用偏振无关型光隔离器。

Wedge 型偏振无关型光隔离器如图 2-60 所示，其中 P_1 与 P_2 是以光轴夹角为 45°放置的楔型双折射晶体，FR 是 45°的非互易磁致法拉第旋光器。来自输入光纤的入射光被光纤准直器耦合为准直平行光，通过 P_1 后光束被分为两束具有不同的折射方向与偏振方向的线性偏振光，当它们经过 45°法拉第旋转器时，由 P_1 出射的 o 光和 e 光的振动面各自向同一个方向旋转 45°夹角，所以 o 光和 e 光通过 P_2 后又被折射到一起，合成为两束间距很小的平行光，并被准直透镜耦合到输出光纤里。根据上述这个过程可以看出，来自输入光纤的光信号被高效地传送给输出光纤而几乎不依赖于输入光的偏振状态；但是，由于法拉第效应的非互易性，当光束反向传输时，到达 P_1 斜面上的光与正向传输时的对应的偏振方向相互旋转了 90°，相当于经过一个渥拉斯顿棱镜，出射的两束偏振光线被 P_1 进一步分开了一个较大的角度，被斜面透镜偏折而不能耦合进入输入光纤，从而达到了反向隔离的目的。

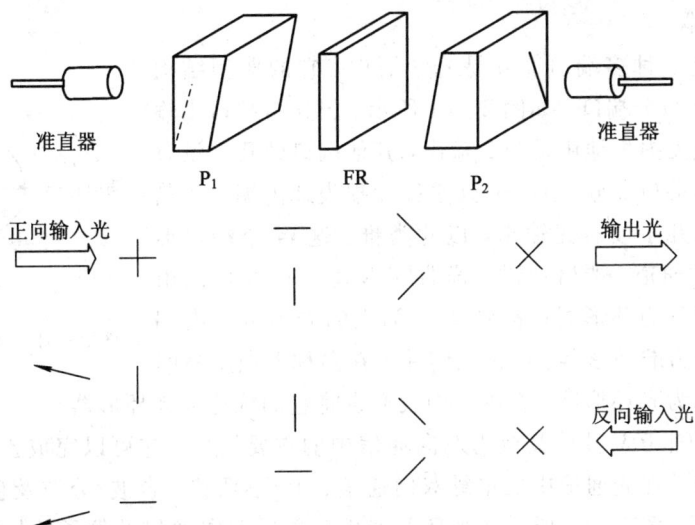

图 2-60 偏振无关型光隔离器示意图

3) 光隔离器的主要技术指标

(1) 插入损耗。插入损耗是指在光隔离器通光方向上传输的光信号由于引入光隔离器而产生的附加损耗。如果输入的光信号功率为 P_i，经过光隔离器后的功率为 P_o，则插入损耗 IL 为

$$IL = -10 \lg \frac{P_o}{P_i} \quad (\text{dB}) \tag{2.66}$$

显然，IL 的值越小越好。光隔离器的插入损耗来源于偏振器、法拉第旋转器等各组成部分的插入损耗。

(2) 回波损耗。回波损耗是指由于构成光隔离器的各元件、光纤以及空气折射率失配引起的反射造成的对入射光信号的衰减。回波损耗

$$RL = -10 \lg \frac{P_r}{P_i} \tag{2.67}$$

其中，P_i 为正向输入光隔离器的光信号功率；P_r 为返回输入端口的光功率。

(3) 隔离度。隔离度是指在逆光隔离器通光方向上传输的光信号由于引入光隔离器而产生的损耗。有

$$I_{so} = -10 \lg \frac{P_o'}{P_i'} \quad (\text{dB}) \tag{2.68}$$

其中，P_i' 为反向输入光隔离器的光信号功率；P_o' 为反向通过光隔离器的光功率。显然，隔离度的值越大越好。

(4) 偏振相关损耗。偏振相关损耗(PDL)是指输入光偏振态发生变化而其他参数不变时，器件插入损耗的最大变化量。它是衡量器件插入损耗受偏振态影响程度的指标。

(5) 偏振模色散。偏振模色散(PMD)是指通过器件的信号光不同偏振态之间的相位延迟。

一般情况下，光通信系统对光隔离器的主要技术指标的要求为：插入损耗不大于 1.0 dB，隔离度不小于 35 dB，回波损耗不小于 50 dB，偏振相关损耗不大于 0.2 dB，偏振模色散不大于 0.2 ps。

2. 光环形器

光环形器是一种多端口非互易光学器件，它的典型结构
有 $N(N$ 不小于 3) 个端口，如图 2-61 所示。当光由端口 1 输
入时，它几乎毫无损失地由端口 2 输出，其他端口处几乎没有
光输出；当光由端口 2 输入时，它几乎毫无损失地由端口 3 输
出，其他端口处几乎没有光输出，以此类推。这 N 个端口形
成了一个连续的通道。严格地讲，若端口 N 输入的光可以由
端口 1 输出，则称为环形器；若端口 N 输入的光不可以由端
口 1 输出，则称为准环形器。通常人们并不在名称上做严格的

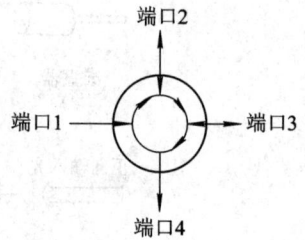

图 2-61　光环形器示意图

区分，一般都称为光环形器，在本书中我们也将它们统称为光环形器。

光环形器的非互易性使其成为双向通信中的重要器件，它可以完成正/反向传输的分
离任务。光环形器在光通信中的单纤双向通信、上/下话路、合波/分波及色散补偿等领域
都有广泛的应用。图 2-62 所示为光环形器用于单纤双向通信的例子，在该环形器中，光
由端口 2 到端口 3 的过程中光束偏振态和位置均发生了变换，由端口 2 输入的光经一系列
变换后合成为一束光由端口 3 输出。

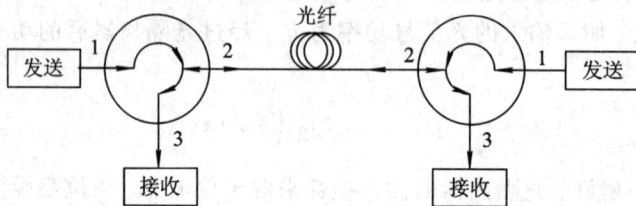

图 2-62　光环形器用于单纤双向通信示意图

光环形器的技术指标包括插入损耗、隔离度、串音、偏振相关损耗、偏振模色散及回
波损耗等。光环形器的插入损耗、隔离度、偏振相关损耗、偏振模色散的定义与光隔离器
的基本相同，只不过对环形器而言，均指具体的两个相邻端口之间的指标，如端口 1、2 之
间的或端口 2、3 之间的插入损耗、PDL、PMD 等。光环形器的串音是指两个不相邻端口之
间在理论上不能接收到光信号，但在实际中由于种种原因而接收到的功率以 dB 表示的相
对值，如在端口 1 输入光信号时，在端口 3 接收到的功率相对于输入功率的 dB 值。

2.4.5　光纤光栅

1. 光纤光栅的定义

光纤光栅是利用石英光纤的紫外光敏特性将光波导结构直接制作在光纤上形成的光纤
波导器件。根据特定的光栅结构，光纤光栅可以作成滤波器、反射器、色散补偿器等。利用
光纤光栅可以制成满足各种光纤通信要求的有源和无源器件。由于光纤光栅器件易于与光
纤连接，对偏振不敏感(适应光纤中光偏振态的随机变化)，因此，在光纤通信中与其他光
波导器件相比光纤光栅器件有着明显的优势。

2. 光纤光栅的应用

由于光纤光栅与光纤传输介质有良好的兼容性，因此在光纤通信及光纤传感领域有着

广泛的潜在应用价值。

　　1) 色散补偿

　　掺铒光纤放大器的研制成功和商业化使未来传输网的扩容将主要依赖于 $1.55~\mu m$ 波段的波分复用通信，而目前通信网中有大量的 G.652 光纤，在波长为 1550 nm 的色散值为 17 ps/(nm·km)，因而未来通信网的扩容必须解决色散补偿问题。

　　一个有效的解决方法是应用啁啾光纤光栅进行色散补偿。其基本原理是：在线性啁啾光栅中，光栅的间距不相等，不同频率的光的反射位置不同，短的波长 λ_s 在近端反射，长的波长 λ_l 在远端反射，从而有不同的时延，即出现色散(如图 2-63 所示)。根据啁啾系数的符号可以产生正色散或负色散，而且简单的将光栅滤波器反过来使用就可以改变色散的符号，这样就可以对经过光纤系统传输的被展宽的脉冲进行色散补偿，恢复脉冲原有形状(如图 2-64 所示)。

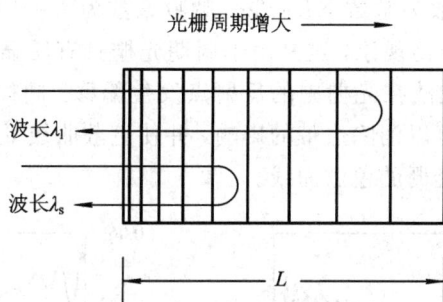

图 2-63　光纤光栅中的色散

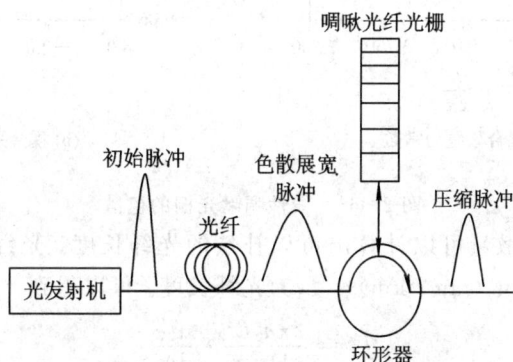

图 2-64　光纤光栅用于通信系统的色散补偿

　　根据啁啾光栅的耦合方程，线性啁啾光栅的反射系数的相移 φ 是光频的函数，即有 $R=|R|e^{j\varphi}$。由于光栅长度很短(典型值为几个厘米)，材料色散和波导色散都很小，可以忽略不计，因此光纤光栅的色散为

$$\frac{\partial^2\varphi}{\partial\omega^2}=\frac{n_0^2L^2}{c^2}\frac{\partial^2\varphi}{\partial\Delta^2}\qquad(2.69)$$

其中，n_0 为中心频率时的折射率；$\Delta=\delta_\beta L$，称为归一化失调量。

　　利用数值方法可以计算啁啾系数 F 和耦合系数 K 取不同的值时的反射率和色散值，在讨论计算结果之前，先对色散值进行估算。对于给定的失调量 Δ，入射光反射点的位

置为

$$\tau(\Delta) = \frac{2L\Delta}{F} \qquad (2.70)$$

反射出的光的时延为两倍的从入射点到反射点的距离除以群速,有

$$\tau(\Delta) = \frac{2n_0}{c}\left(\frac{2L\Delta}{F} + \frac{L}{2}\right) \qquad (2.71)$$

色散与时延 τ 有关系

$$\frac{\partial^2 \varphi}{\partial \omega^2} = \frac{\lambda^2 \partial \tau}{2\pi c \partial \lambda} \qquad (2.72)$$

根据 $\lambda = 2\pi n_0/\beta$,可以得到

$$\frac{\partial^2 \varphi}{\partial \Delta^2} = \frac{4}{F}$$

图 2-65(a)是耦合系数为常数 $KL = 2\pi$,啁啾系数为 $F = 40\pi$ 的啁啾光栅色散随 Δ 变化的情况,可以看出存在振荡现象,这是由于周期光栅具有明显的边带,也会发生模式耦合,使在一定失调量下的光波在光栅中的反射点发生偏移。同样,利用变迹的方法,沿耦合区域逐渐改变耦合系数可以消除边带的影响,并使色散曲线平坦化。图 2-65(b)所示为使用高斯变迹函数的啁啾光栅的色散曲线。

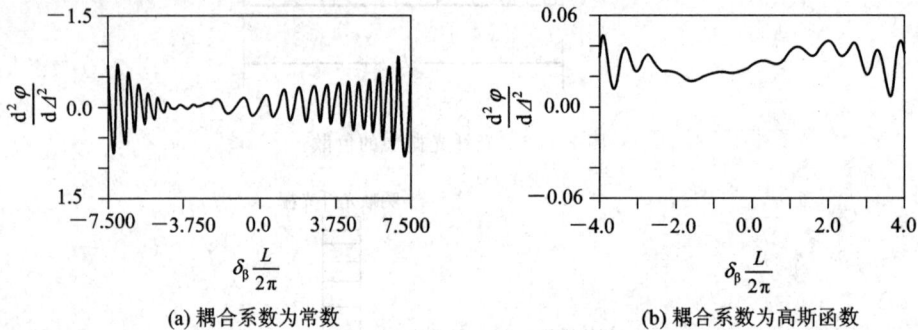

(a) 耦合系数为常数   (b) 耦合系数为高斯函数

图 2-65 线性啁啾光栅的色散

根据光纤光栅的色散量可以计算出可以补偿的光纤长度。光纤的色散为 DL_f,其中,D 为光纤的色散系数(pm/(nm·km)),L_f 为光纤长度。可以得到

$$L_f = \frac{2\pi n_0^2 L^2}{D\lambda^2 c} \cdot \frac{\mathrm{d}^2 \varphi}{\mathrm{d}\Delta^2} \qquad (2.73)$$

可以看出,光纤光栅滤波器可以补偿的光纤长度与其长度的平方成正比。

2) EDFA 的增益平坦

EDFA 的增益谱线具有不平坦性,在波长为 1530 nm 和 1560 nm 处分别有两个增益峰,而且有用的增益带宽只有几十纳米,因此必须对其增益进行均衡,把增益的尖峰压平,使其在较宽的频谱范围内是平坦的,从而使波分复用系统中的各个工作波长处的功率差异不超出接收器的动态范围。

利用光纤光栅可以实现对 EDFA 的增益均衡,具体方法是利用紫外写入的闪耀光栅,选择合适的闪耀角、周期等光栅参数,使光纤放大器的增益峰减小,即达到了增益均衡。由于闪耀光栅中存在着后向反射,因此更倾向于利用长周期光纤光栅来进行增益平坦,通

过选择适当的光栅周期，使得长周期光栅将一定波长的光耦合至包层而迅速将其损耗，而且不存在反射，可较好地用于 EDFA 的增益平坦。

3）多波长分插复用器

由光纤光栅和环形器构成的多波长分插复用器如图 2-66 所示。

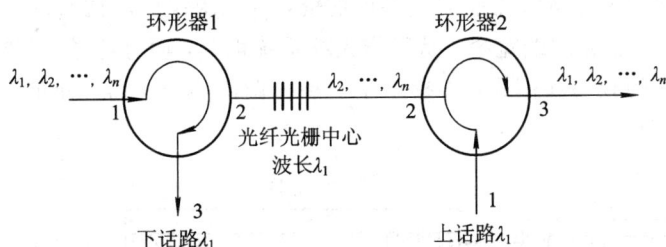

图 2-66　光纤光栅和环形器构成的多波长分插复用器

在图 2-66 中，多路波长信号 $\lambda_1, \lambda_2, \cdots, \lambda_n$ 进入环形器 1 的端口 1，从其端口 2 输出，经过中心波长为 λ_1 的光纤光栅，波长为 λ_1 的信号被反射回去，进入环形器 1 的端口 2，从环形器 1 的端口 3 输出，即从多波长信号中的下话路 λ_1 输出。类似的，上话路信号 λ_1 从环形器 2 的端口 1 输入，从其端口 2 输出，被光纤光栅反射回来又进入环形器 2 的端口 2，从而与其他波长的信号一起从环行器 2 的端口 3 输出，实现上话路。

利用光纤光栅也可以构造全光纤的多波长分插复用器，如图 2-67 所示。图中虚线的左边部分是由一个 3 dB 耦合器和两个完全相同的光纤光栅组成的 Michelson 干涉仪，在虚线的右边连同第二个 3 dB 耦合器构成一个 Mach-Zehnder 干涉仪。

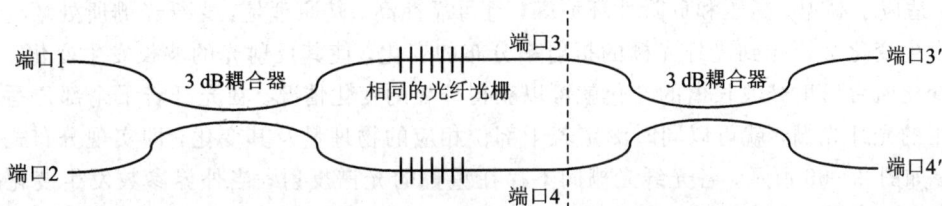

图 2-67　光纤光栅构成的多波长分插复用器

当多波长信号 $P(\lambda_1, \lambda_2, \cdots, \lambda_B, \cdots, \lambda_n)$ 进入端口 1 后经耦合器分成强度相等的两路信号，分别入射到两个光纤光栅上，其中波长为 λ_B 的信号被光纤光栅反射回输入端。调整两臂之间的光程差，可使从端口 1 来的信号除 λ_B 外，全部从端口 4 输出，如果由端口 3 输入 λ_B 信号，那么经由两个光栅反射后，同端口 1 来的信号合并在一起从端口 4 输出。在端口 1 入射的两部分信号通过光栅重新合并后，出现在端口 4′，端口 3′ 达到无光功率出现，而波长为 λ_B 的信号在端口 2 出现，余下的出现在端口 4′，从而实现了分波。如果在端口 1 输入 $P(\lambda_B)$ 信号，在端口 3′ 输入 $P(\lambda_1, \lambda_2, \cdots, \lambda_n)$ 信号，那么复用信号 $P(\lambda_1, \lambda_2, \cdots, \lambda_B, \cdots, \lambda_n)$ 就会出现在端口 2 上。

4）光纤激光器

光纤激光器是人们很早就提出的一种适合于通信应用的激光器，长期以来由于无法解决谐振腔问题而难以实现。光纤光栅的出现为光纤激光器的制造提供了解决办法，利用光纤光栅带通滤波器的反射性，可以构成光纤激光器所需的谐振腔，实现光纤激光器。光纤激光器的构成如图2-68(a)所示，它的优点是光纤光栅的兼容性、输出稳定性和光谱纯度要比半导体激光器的好，有可能取代半导体激光器，同时还具有较高的光输出功率、极窄的线宽和较宽的调谐范围。

5) 分布反馈式(DBF)激光器

将光纤光栅作为半导体激光器的外腔反射镜，可以制作性能优异的分布反馈式(DBF)激光器，它不仅输出激光的线宽窄，易于与光纤系统耦合，而且通过对光栅加纵向拉伸力，可以控制输出激光的频率和模式，即提供了一种可调谐的激光器。分布反馈式激光器的构成如图2-68(b)所示。

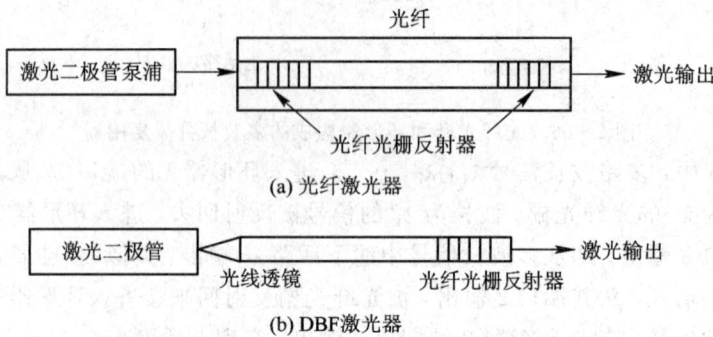

(a) 光纤激光器

(b) DBF激光器

图2-68 光纤光栅用于激光器

6) 光纤光栅传感器

光纤光栅可以用于应力、应变或温度等物理量的传感测量，具有较高的灵敏度和测量范围，适应于高温、高压和危险性环境等，且可靠性高。其原理是，光纤光栅所处环境的物理量发生变化会影响到光纤光栅的折射率分布的变化，使其反射光的波长发生变化，通过测量变化前后反射光波长值的变化就可以获得外界的变化情况。在光纤若干个部位写入不同栅距的光纤光栅，就可以同时测定若干部位相应的物理量及其变化，即实现分布式光纤传感。如图2-69所示，各光纤光栅间不存在重叠的光谱反射，当外界参数发生变化时会引起光栅的反射波长的漂移，通过检测这种漂移就可以获得外界参数的变化情况。

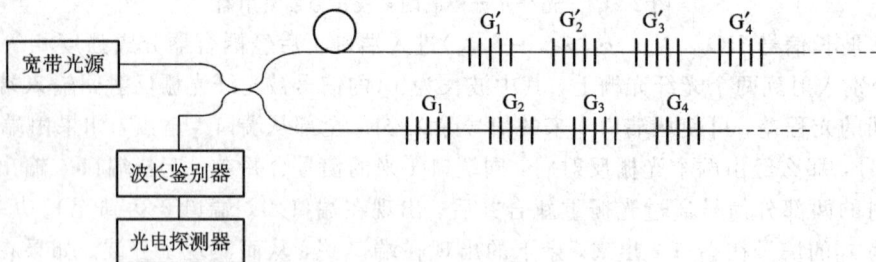

图2-69 分布式光纤光栅传感器结构示意图

由于光纤光栅特殊的结构和传输特性，因此光纤光栅技术在色散补偿、滤波器、激光器和光纤传感等领域得到了广泛应用。随着光纤光栅技术的不断发展，光纤光栅将会在光纤通信及光纤传感方面起到愈来愈重要的作用，具有广泛的应用前景。

2.4.6　光波分复用器件及光放大器

1. 光波分复用器件

光波分复用器件是波分复用通信系统的核心光学器件。光波分复用技术是指在一根光纤中传输多个波长信号从而提高传输容量的一种技术。光波分复用器件包含光分波器和光合波器，它的作用是将多个波长不一的信号光融入一根光纤或者将融合在一根光纤中的多个波长不一的信号光分路。

从原理上看，光分波器和光合波器是相同的。由光的互易性原理可知，只要将光分波器的输出端和输入端反过来就是光合波器。光波分复用/解复用器主要有光栅型、干涉滤波片型、阵列光波导型和熔锥型四种基本形式。

光波分复用器件的性能指标主要有波长隔离度和插入损耗。插入损耗与其他无源器件的一样是指系统引入光波分复用器件后产生的附加损耗，目前国产熔锥型器件的插入损耗可以做到 1 dB 以下。波长隔离度(或叫信道隔离度)是指某一信道的信号光耦合到另一个信道的大小，其定义为各信道最大的串扰系数。对于单工系统，远端串扰系数定义为

$$A_{f1} = 10 \lg \frac{P_2'}{N_1'}, \quad A_{f2} = 10 \lg \frac{P_1'}{N_2'} \tag{2.74}$$

近端串扰系数定义为

$$A_{n1} = 10 \lg \frac{P_2}{N_1}, \quad A_{f2} = 10 \lg \frac{P_1}{N_2} \tag{2.75}$$

在以上的定义中，$P_1(\lambda_1)$、$P_2(\lambda_2)$ 分别为两个信道的输入光功率，$P_1'(\lambda_1)$、$P_2'(\lambda_2)$ 分别为两个信道的输出光功率，$N_1'(\lambda_2)$、$N_2'(\lambda_1)$ 分别为两信道输出端的串扰光功率，$N_1(\lambda_2)$、$N_2(\lambda_1)$ 分别为两个信道输入端的串扰光功率，这些参数分别标注在图 2-70 和图 2-71 中。目前国产器件的波长隔离度可以做到 40 dB 以上。

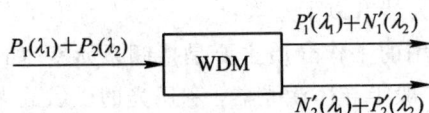

图 2-70　远端隔离度定义　　　　　图 2-71　近端隔离度定义

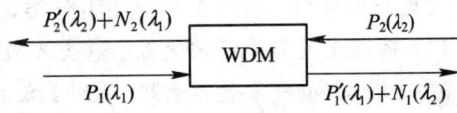

另外，还有其他一些形式的波分复用器，例如，用星型耦合器(功率分配器)和光滤波器也可实现合分波功能，但这种器件的插入损耗大；用光环形器和光纤光栅也可实现合分波功能，如图 2-72 所示，但这种器件的成本高。

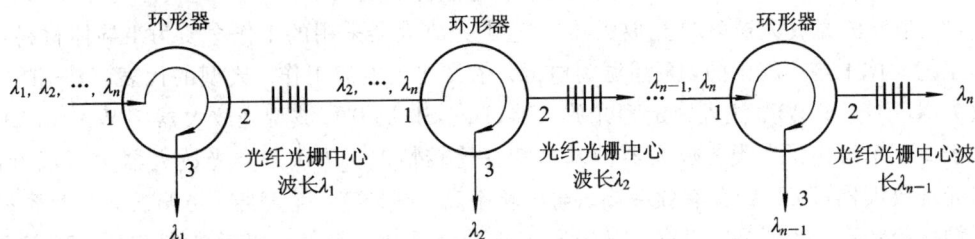

图 2-72　光纤光栅和光环形器构成的波分复用器

2. 光放大器

光信号在光纤中传输时,由于存在各种损耗,因此光信号的功率会下降。当传输的距离很长时,就需要在传输线路上加中继器,将衰弱的光信号放大,这样才能达到远距离传输的目的。传统的中继器采用光—电—光的转换方式对光信号进行放大,但它的价格昂贵,设备复杂,且可靠性不高,不适应于 DWDM 光纤通信系统。为此,在光通信的发展初期人们就开始探索直接进行光—光放大的途径,试图研制其替换设备——光放大器。

光放大器是采用光的各种受激放大机理制作的直接对光信号进行放大的设备。从本质上看光放大器就是一种激光器,因此,在半导体激光器研究的基础上首先研究的是半导体光放大器,之后随着光纤技术的发展及对光纤中非线性现象认识的深入,又开展了非光纤线性光放大器的研究。对掺稀土元素的光纤放大器的研究起步相对最晚,但发展最快,目前该放大器已商品化。光放大器的基本原理如图 2-73 所示。

图 2-73　光放大器原理图

光放大器主要由放大工作介质和泵浦源组成。工作时,工作介质先从泵浦源中吸收足够的能量储存在自身,当输入信号光经过工作介质时两者将发生受激作用,输入光信号从工作介质中获得能量形成放大了的输出信号光,而工作介质中储存的能量也发生损失。紧接着,工作介质又从泵浦源中吸收能量,这样的过程不断重复,使源源不断的输入信号光的放大得以继续下去。由此我们可以看出,输入信号光间接地吸收了泵浦源的能量而得以放大。工作介质起能量的传递作用,它把泵浦形式的能量转化成信号光的形式。

1) 光放大器分类

一般来说,选用不同类型的工作介质时,配套的泵浦源及泵浦形式也不同,形成的光放大器的性能参数也不同。目前,常用的放大工作介质主要是掺稀土元素光纤、半导体材料和常规石英光纤。若从工作介质上分类,则光放大器有以下三类:

(1) 掺稀土元素光纤放大器。这类光放大器采用的工作介质主要是掺镧系元素(如铒、钕、镨)的玻璃(硅和氯化锆玻璃)光纤,泵浦源为一般半导体激光器,利用光的受激放大原理对信号光进行放大。典型的代表有 $1.55~\mu m$ 掺铒光纤放大器(EDFA)和 $1.33~\mu m$ 掺镨光纤放大器(PDFA)。

(2) 非线性光学光纤放大器。这类光放大器采用的工作介质是常规石英光纤,泵浦源为高功率的连续或脉冲固体激光器,利用光的受激喇曼放大、受激布里渊放大和四波混频的原理对信号光进行放大。典型的代表有 SRS 光纤放大器。

(3) 半导体光放大器(LD 光放大器)。这类光放大器采用的工作介质为半导体材料,其制作工艺大体上与 LD 相同,泵浦源为电源,依靠注入电流工作。典型的代表有法-泊罗型光放大器(FD-SLA)、注入锁定型光放大器(IL-SLA)和行波型光放大器(TW-SLA)。

表 2-11 给出了三类光放大器的基本特性比较情况。从这三类光放大器中可以看出,掺铒光纤放大器(EDFA)具有效率高、输出功率高、频带宽、噪声低、与偏振无关及容易与光纤耦合等特点。特别是,EDFA 已经实用化和商品化,所以在以后的章节中,我们主要讨论 EDFA。

表 2 - 11　三类光放大器的比较

	EDFA	TW - LD	SRSA
工作原理	粒子数反转	粒子数反转	利用常规光纤 SRS 效应
泵浦方式	光	电	光
泵浦功率/(W/m)	0.0016	数百	2×10^5
工作长度/m	几至数十	0.3×10^{-3}	几千
小信号增益/dB	可达 50	25~35	可达 50
输出光功率/dBm	可达 50(以上)	可达 10	可达 20
频带宽度/GHz	10^3	10^3	10^3
噪声特性	好	差	好
与传输光纤耦合	容易	很难	容易
与光波的偏振关系	无	有(很大)	无
稳定性	好	差	较好

2）EDFA 的原理及结构

（1）基本原理。在石英光纤或氟化物光纤中适量掺入三价的铒（Er）金属元素，就形成 EDFA 的工作介质——掺铒光纤。掺铒光纤与泵浦光、信号光相互作用机理如图 2-74 所示，掺铒光纤荧光谱如图 2-75 所示，EDFA 的输出光谱如图 2-76 所示，EDFA 的增益与泵浦光功率的关系如图 2-77 所示。

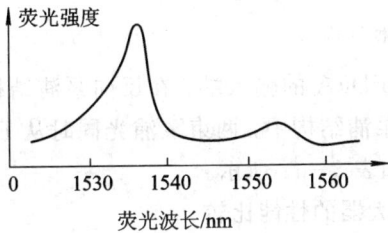

图 2-74　Er^{3+} 与泵浦光、信号光作用机理

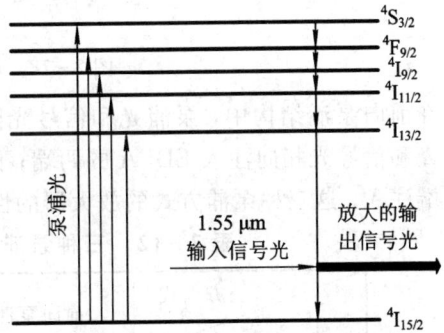

图 2-75　掺铒光纤荧光谱

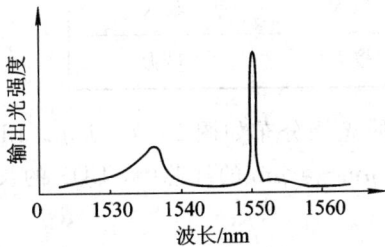

图 2-76　EDFA 的输出光谱

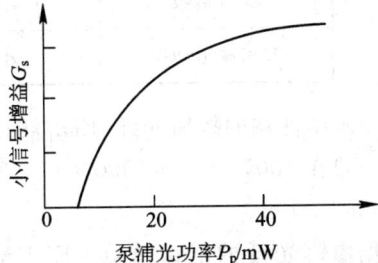

图 2-77　EDFA 的增益与泵浦光功率的关系

（2）EDFA 的结构。EDFA 的结构由于采用的泵浦方式不同而有三种形式，如图 2 - 78（a）、（b）和（c）所示，其中图（a）为前向泵浦结构，图（b）为后向泵浦结构，图（c）为双向泵浦结构。光隔离器的作用是提高 EDFA 的工作稳定性，如果没有它，那么后向反射光将进入信号源（激光器）中，引起信号源的剧烈波动。波分复用器件（WDM）的作用是把不同波长的泵浦光和信号光融入掺铒光纤（EDF）中。光滤波器的作用是从泵浦光和信号光的混合光中滤出信号光。

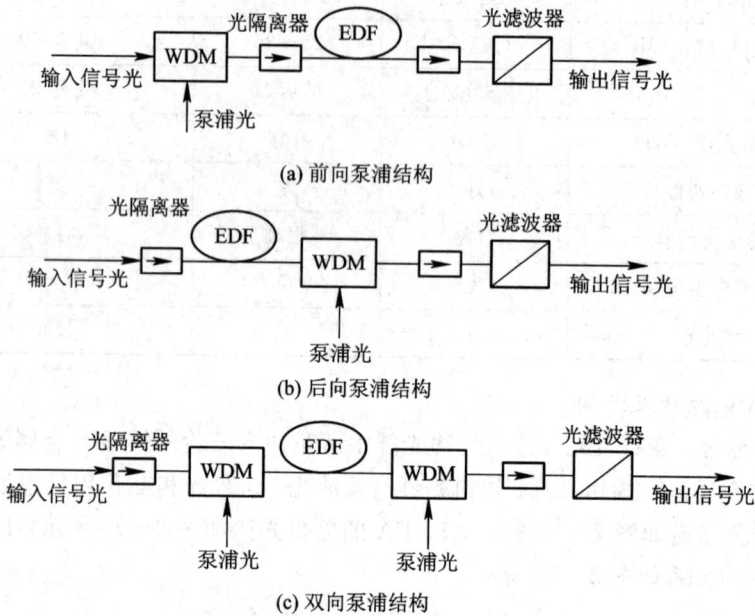

(a) 前向泵浦结构

(b) 后向泵浦结构

(c) 双向泵浦结构

图 2 - 78　EDFA 的三种结构

在前向泵浦结构中，泵浦光和信号光同向注入 EDFA 的输入端；在反向泵浦结构中，泵浦光和信号光相向注入 EDFA 的两端；而在双向泵浦结构中，两束泵浦光同时从 EDFA 的两端注入。这三种泵浦方式的放大器的性能比较如表 2 - 12 所示。

表 2 - 12　三种泵浦方式的放大器的性能比较

方式 性能	前向泵浦	后向泵浦	双向泵浦
转换效率	低	较高	最高
噪声指数	小	最大	较大
饱和输出功率	小	较大	最大

EDFA 中使用的掺铒光纤（EDF）的结构和其中的光场分布如图 2 - 79 所示。EDF 的铒浓度一般在 $100 \times 10^{-6} \sim 1000 \times 10^{-6}$ 间，集中在 2 μm～4 μm 的纤芯中，EDF 的长度一般在 10 m～30 m。

根据掺铒光纤的能级特点，EDFA 的泵浦波长有 1.48 μm、0.98 μm、0.807 μm、0.655 μm 及 0.514 μm，选用哪个波长取决于泵浦波长的泵浦效率和光源是否容易获取。

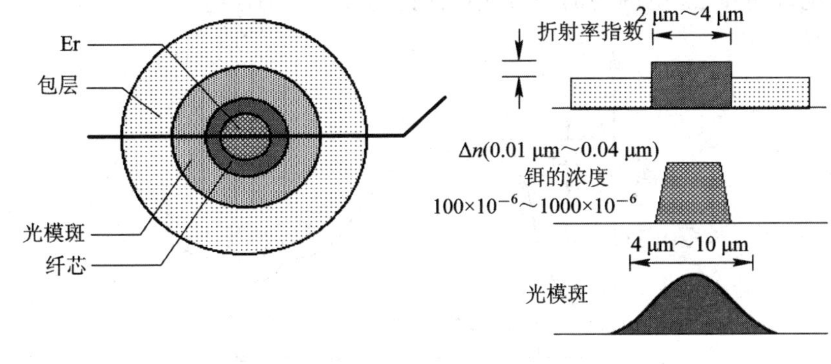

(a) EDF几何尺寸　　　　　　　　　**(b) 输出光斑**

图 2-79　掺铒光纤的结构及其光场分布

所谓泵浦效率是指放大器增益与泵浦功率之比，泵浦效率高说明泵浦光功率的转换效率高。在这些泵浦波长中，波长为 0.98 μm 的泵浦效率最高，其次是波长为 1.48 μm 的。由于波长为 1.48 μm 的大功率泵浦源最先研制成功，因此早期的 EDFA 产品普遍使用 1.48 μm 泵浦源。目前，0.98 μm 泵浦源也已研制成功，并且在新的 EDFA 产品中逐步取代 1.48 μm 泵浦源。

3）光放大器的性能参数

（1）光放大器的增益 G 与饱和输出功率 P_{sat}。光放大器的增益 G 定义为输出信号光功率 P_{out} 与输入信号光功率 P_{in} 之比的分贝数，即

$$G = 10 \lg \frac{P_{out}}{P_{in}} \tag{2.76}$$

在理想的光放大器中，不管输入功率有多大，光信号都能按同一比例被放大，而实际的光放大器并非如此，如图 2-80 中光放大器的输入-输出曲线所示。输入功率较小时，光放大器的增益为一常数 G_s（G_s 称为小信号增益），随着输入光功率的增加，光放大器的增益反而减小，如图 2-81 所示，我们把这种现象称为光放大器的增益饱和现象。增益 G_s —3 dB 称为 3 dB 饱和增益。光放大器的最大输出功率常用 3 dB 饱和输出功率 P_{sat} 来表示，其中 P_{sat} 定义为 3 dB 饱和增益所对应的输出信号光功率。

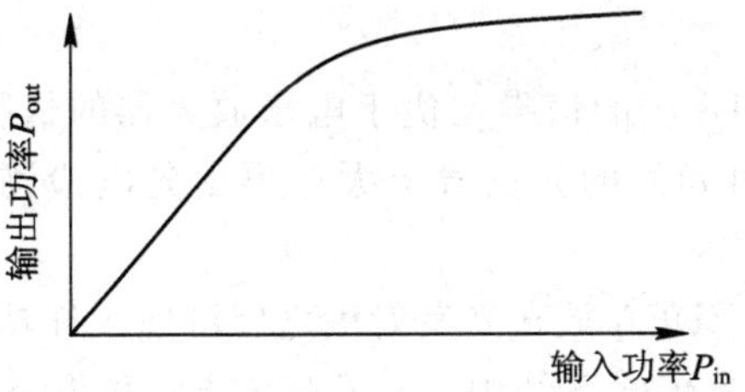

图 2-80　EDFA 输入-输出曲线 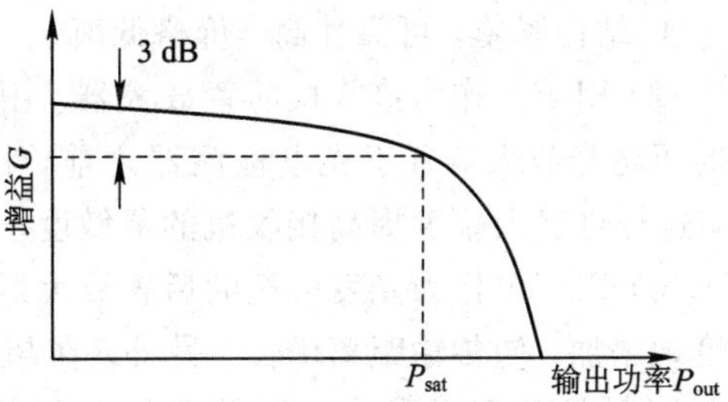　　　　　图 2-81　EDFA 的增益饱和特性曲线

（2）光放大器的增益谱。光放大器的增益谱是指光放大器能有效地放大光信号的光频率范围（或光波长范围）。图 2-82 所示为 EDFA 的小信号增益谱。定义光放大器的 3 dB 谱宽为增益 $G_{s\,max}$ —3 dB 对应的两个光波长之差 $\Delta\lambda$。商用 EDFA 的 $\Delta\lambda$ 为 2 nm～40 nm，图

2-82 的情况表明在 $\Delta\lambda$ 范围内的信号光可保证约 23 dB 的增益。

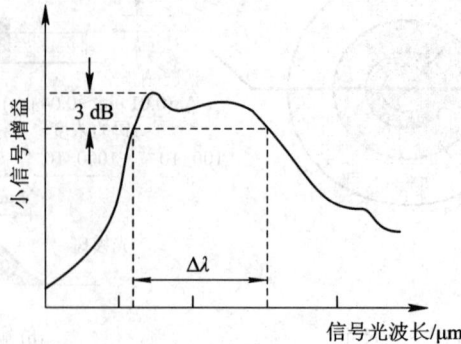

图 2-82　EDFA 的增益谱

（3）噪声指数。光放大器的噪声指数 NF 定义为输入信噪比 $(S/N)_\text{in}$ 和输出信噪比 $(S/N)_\text{out}$ 的商的分贝数，即

$$\text{NF} = 10\lg\frac{(S/N)_\text{in}}{(S/N)_\text{out}} \tag{2.77}$$

不同种类光放大器的噪声指数 NF 的值不同，EDFA 的 NF 值较小，已接近量子极限 3 dB。最后需要说明的是，光放大器的增益 G、饱和输出功率 P_sat 以及噪声指数 NF 还与泵浦的性能有关。泵浦强度增大，它们也增大；泵浦强度减小，它们也减小。

4）光放大器的应用

EDFA 的研制成功可以说是光通信领域里的一场革命，大大提高了通信系统的传输能力，降低了系统成本。在光纤通信系统中，凡是需要放大信号光功率的地方，原则上都可以使用光放大器。光放大器的主要应用如下：

（1）EDFA 作为线路中继器。同传统的光/电中继器相比，EDFA 作中继器具有以下特点：

① 可用作数字系统和模拟系统的中继器。如果线路上已采用 EDFA 作中继器，那么由数字信号改为传输模拟信号时，EDFA 线路设备可不必改变。

② 可传输不同的码速。在系统增容时，EDFA 线路设备可不必改变。

③ 增益频谱宽。可同时放大多信道中的光信号，适用于波分复用通信。

④ 结构紧凑，可靠性高，价格低廉。

（2）EDFA 作为接收机前置放大器。由于 EDFA 的信噪比优于电子放大器的信噪比，因此可将光放大器置于光电检测器之前，将来自光纤的光信号放大后再由光电检测器检测，这样可以大幅度提高接收机的灵敏度。

（3）EDFA 作为光发射机的后置放大器。将 EDFA 放在光发射机之后可使入纤功率大幅度地增加，使传输距离增长。另外，在超高速光传输系统中，为了避免半导体激光器直接调制引起的啁啾噪声，常采用外调制器，这将引起附加的插入损耗及耦合损耗。将 EDFA 放在光发射机之后可以补偿这些损耗，改善发射机的性能。

（4）EDFA 作为光无源器件的补偿放大器。一般来说，由于光无源器件的插入损耗及耦合损耗都较大，因而限制了光无源器件功能的发挥，影响了它们的使用。采用光放大器可从根本上改变这种状况。

5）光波分复用传输系统使用的光纤放大器

为了扩大通信线路的传输容量，人们很早就提出了光波分复用的思想，即在一根光纤上同时传输多路信号，但只有在 EDFA 真正实用化的今天，1550 nm 波段的密集光波分复用（DWDM）传输系统才成为现实。采用 EDFA 的 DWDM 系统可以大幅度降低线路及中继器的成本，进而降低信息的传输成本。目前，基准速率为 2.5 Gb/s～10 Gb/s 的 4～32 个波分信道的波分复用传输系统已达到实用水平，并已成功地应用于商用线路，而 DWDM 试验系统的信息传输速率已达 2.6 Tb/s。下面介绍 DWDM 对光纤放大器的特性要求。

（1）用于 WDM 的光纤放大器的特性。为了确保 WDM 系统的传输质量，WDM 系统中使用的光纤放大器应具有足够的带宽、平坦的增益、低噪声系数和高输出功率。特别是增益平坦度，这是 WDM 传输系统对 EDFA 的一个特殊要求。另外，应用于 WDM 系统的光放大器较之单信道系统中的光纤放大器要求有更宽的带宽。

① 用于 WDM 的光纤放大器的增益带宽。石英光纤具有两个低损耗窗口，位于波长分别为 1310 nm 和 1550 nm 处。目前成熟的光放大器仅有适应于 1550 nm 波段的，因此，1550 nm 波段的波分复用通信系统的发展最为迅速，应用技术也最为成熟。据 ITU - T 的相关文件建议：波分复用波长范围取为 1528.77 nm～1560.61 nm，最小信道间隔为 100 GHz。普通的 EDFA 的增益谱范围为 1530 nm～1565 nm，虽稍有差别但基本满足这一要求，可容纳 30 个左右的信道。尽管如此，光纤巨大的带宽资源仍然没有被充分地利用，可见对光纤放大器的研究还有许多工作要做。

② 光纤放大器的带内增益平坦度。EDFA 增益带内的增益平坦度是指在增益带宽内最大增益与最小增益之差。ITU - T 建议：测试时让输入光功率在 -28 dBm～-19 dBm 的范围内变化，对于每一个输入信号光功率在 1548 nm～1561 nm 光波长的范围内，都可测出对应的最大增益与最小增益之差 ΔG_F，如图 2 - 83 所示。当输入光功率取遍 -28 dBm～-19 dBm 范围内的值时，最大的差值 $\max(\Delta G_F)$ 为 EDFA 增益带内的增益平坦度 G_F，即

$$\Delta G_F = G_{max} - G_{min} \quad (dB) \tag{2.78}$$

$$G_F = \max(\Delta G_F) \quad (dB) \tag{2.79}$$

其中，G_{max} 和 G_{min} 分别表示在某一输入信号光功率条件下测出的 EDFA 增益谱在 1548 nm～1561 nm 光波长范围内的最大增益和最小增益。

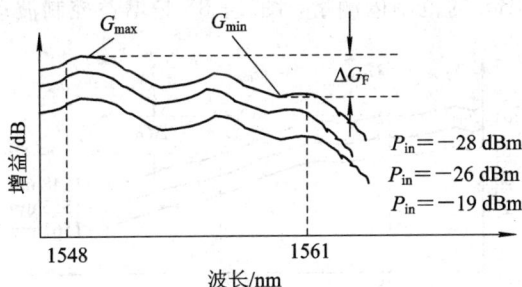

图 2 - 83　增益平坦度的定义

显然，在 DWDM 系统中，G_F 的值越小越好，否则各信道的增益值大小不一，特别是在多个 EDFA 串联后，这种增益差值会产生积累，以致在信号光到达接收端时，增益较高的波长信道可能使光接收机的输入过载，而增益较小的波长信道会因信噪比达不到要求而

使整个系统不能正常工作。

③ 动态增益斜率和动态增益变化。根据 ITU – T 建议:动态增益斜率 DGT 定义为

$$DGT = \frac{G'(\lambda) - G(\lambda)}{G'(\lambda_0) - G(\lambda_0)} \quad (dB/dB) \qquad (2.80)$$

其中,λ_0是参考波长;λ是测量时的采样波长;G是标称增益;G'是不同输入光功率下的增益。动态增益变化 DGV 定义为

$$DGV = \frac{DGT_{max}}{DGT_{min}} \quad (dB/dB) \qquad (2.81)$$

采样光信号在波长为 1548 nm~1561 nm 的范围内变化,图 2 - 84 是动态增益斜率定义的示意图。根据定义可以看到,动态增益斜率是表示不同波长信道的增益随输入信号光功率变化而产生的动态变化的差异,因而 DGT 的值和 DGV 的值越接近 1(0 dB)越好。

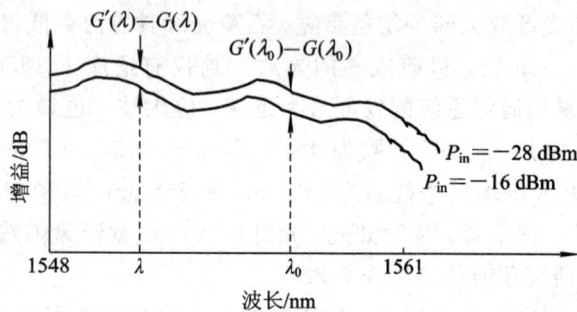

图 2 - 84　动态增益斜率的定义

④ 增益控制波动和增益锁定。根据动态增益的控制要求,我们定义增益控制波动指标 GCR 为

$$\Delta G_F = G_{max} - G_{min} \quad (dB) \qquad (2.82)$$
$$GCR = \max(\Delta G_F) \qquad (2.83)$$

其中,ΔG_F是采样光信号在一个波长下测量的增益平坦度,测量时,光信号的波长范围覆盖为 1548 nm~1561 nm;G_{max}是在输入光功率范围内的最大增益;G_{min}是在输入光功率范围内的最小增益。GCR 在波长为 1548 nm~1561 nm 范围内测量,取样光信号在输入光功率为 -28 dBm~-16 dBm 的范围内测量,图 2 - 85 是增益控制波动定义的示意图。

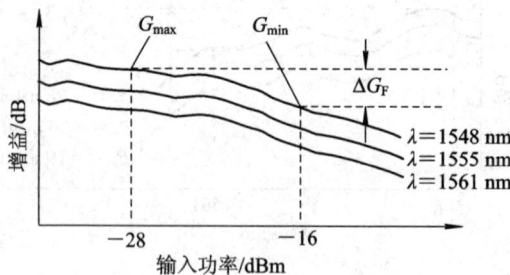

图 2 - 85　增益控制波动的定义

根据上述增益控制波动的定义,由于 ΔG_F 是在一个波长下测量的增益平坦度(与其他信道的输入光功率变化的关系),即表示任一波长信道在系统中其他波长信道的输入功率

变化时，其增益的稳定程度，因此，$GCR = \max(\Delta G_F)$ 的值越小越好，一般应小于 1 dB，按目前 EDFA 的技术水平，GCR 已经可以做到 0.5 dB 以下。要想做到这一点，EDFA 的内部就应有增益锁定功能，否则，如果 WDM 系统中有一个信道或几个信道的输入功率发生变化甚至输入中断时，那么剩下的信道增益亦即输出功率会产生跃变，EDFA 泵浦功率会在剩余的信道中重新分配，以致引起线路阻塞。所以增益锁定技术是对每一单个信道而言的，用于波分复用系统的 EDFA 必须具备增益锁定功能。然而要想从根本上解决增益锁定问题，只有研制用于 WDM 的增益锁定 EDFA 光放大器。

⑤ 光纤放大器的噪声系数和饱和输出功率。从本质上讲，DWDM＋EDFA 光纤传输系统是一个模拟传输系统，系统的信号传输质量取决于信号经传输后的信噪比（每一信道的信噪比应不小于 18 dB），因而 EDFA 自身的噪声系数是一个重要指标（一般要求为 5 dB 以下）。EDFA 的噪声系数主要取决于 EDFA 的自发辐射噪声（ASE）、内部各部件（如隔离器、波分复用器等）的插入损耗、耦合效率、泵浦功率等因素。从降低 WDM＋EDFA 系统的造价和管理方便起见，在线路媒介衰减系数确定的情况下，希望每一个 EDFA 均能达到尽可能大的跨距，这就需要 EDFA 有足够可以利用的饱和输出功率和低噪声系数。这种可能实现的最大跨距是与 EDFA 的噪声系数 NF 与饱和输出功率的大小有关的。原则上讲，EDFA 的噪声系数的值越小，饱和输出功率的值越大。当然，这里还要考虑一些其他因素，例如光纤的非线性效应（包括四波混频），因此对注入光纤线路的最大功率要有所限制，以确保其低于有害非线性效应的门限值。也就是说，要防止输出功率过大而引起的非线性效应，从而不致于使光纤的非线性效应造成过大的传输损伤。

允许注入光纤线路的最大功率，亦即 EDFA 输出的最大功率的限制主要取决于激光器的安全等级。激光器的谱线越窄，产生光纤非线性效应的光功率阈值越低。假设激光器的安全等级为 3 A，则允许注入光纤线路的最大功率为 17 dBm，那么用该数值和具体某一 DWDM 系统的信道数，可计算出每一信道允许的最大输出光功率。总之，EDFA 的噪声系数、最大的可利用的输出功率、光纤非线性损伤阈值、线路衰减系数等一系列技术参数，都是 EDFA 所能达到的跨距必须考虑的综合因素。

（2）用于 WDM 的光纤放大器的改进。在用于 DWDM 的光纤放大器的诸特性中，对带内增益平坦度的要求很高，但普通 EDFA 的带内增益平坦度约为 10 dB 左右，远超出了 1 dB 的要求。为了克服这一问题，人们采用了许多方法，下面介绍几种方法。

① 选用 EDFA 的平坦区域。EDFA 在波长为 1547 nm～1560 nm 的光谱范围内具有较为平坦的增益，因此，在这一波段容易实现增益均衡的要求。目前实用的 DWDM 传输系统大多工作在这一范围内。

② 采用增益均衡和增益斜率补偿技术。在 EDFA 中连接一段掺钕光纤，由于掺钕光纤的损耗斜率是掺铒光纤的倒数，因此增益斜率就可以获得补偿。

③ 利用光滤波器抑制 EDFA 增益不平坦。采用与增益谱相反的滤波谱特性的光滤波器来抑制 EDFA 增益不平坦。

④ 采用掺铝 EDFA。普通 EDFA 的带内增益平坦度的不良特性是由掺铒光纤 EDF 的特性所决定的，要改变这种不良特性，就需要对掺铒光纤 EDF 的组成成分进行改造，有一种方法是在其中掺铝元素，掺铝的 EDF 光纤在 1554 nm～1558 nm 的波长范围内存在一个比 EDF 光纤好得多的增益平坦区。除此以外，高浓度掺铝 EDF 光纤还可以改变光纤放大

器的输入输出特性，以提高饱和输出功率。

⑤ 采用掺铒氟化物玻璃光纤。前述的掺杂光纤的基质材料一般为熔融石英玻璃。在氟化物玻璃中掺入杂质离子后制成的光纤称为掺杂氟化物光纤，它也可以用来制造光纤放大器。氟化物掺铒光纤放大器（F-EDFA）在 1530 nm～1560 nm 波段的增益平坦度远优于石英 EDFA，其增益平坦度已达 1.5 dB，具有巨大的应用潜力。

2.5 光 通 信 系 统

2.5.1 光纤通信系统的组成

图 2-86 所示为光纤通信系统的组成模型。信息源把用户信息转换为原始电信号，这种信号称为基带信号。电发射机把基带信号转换为适合信道传输的信号，这个转换如果需要调制，则其输出信号称为已调信号。对于数字电话传输，电话机把语音转换为频率范围为 0.3 kHz～3.4 kHz 的模拟基带信号，电发射机把这种模拟信号转换为数字信号，并把多路数字信号组合在一起。目前模/数转换普遍采用脉冲编码调制（PCM）方式，这种方式是通过对模拟信号进行抽样、量化和编码而实现的。一路语音转换成传输速率为 64 kb/s 的数字信号，再用数字复接器把 24 路或 30 路 PCM 信号组合成 1.544 Mb/s 或 2.048 Mb/s 的一次群甚至高次群的数字系列，然后输入光发射机。同样也可将 SDH 信号输入到光发射机，在光纤中传输。对于模拟电视传输，则用摄像机把图像转换为 6 MHz 的模拟基带信号，直接输入光发射机。

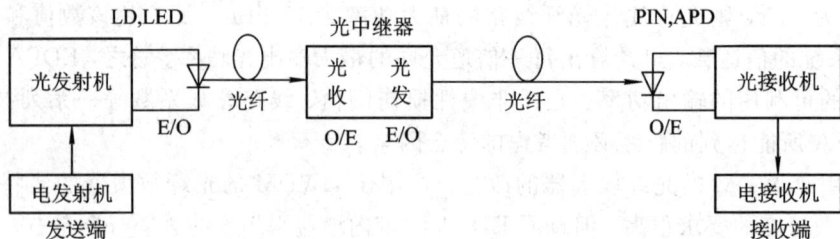

图 2-86 光纤通信系统组成模型

为提高传输质量，通常把这种模拟基带信号转换为频率调制（FM）、脉冲频率调制（PFM）或脉冲宽度调制（PWM）信号，再把这种已调信号输入光发射机。还可以采用频分复用（FDM）技术，用来自不同信息源的视频模拟基带信号（或数字基带信号）分别调制指定的不同频率的射频（RF）电波，然后把多个这种带有信息的 RF 信号组合成多路宽带信号，最后输入光发射机，由光载波进行传输。在这个过程中，受调制的 RF 电波称为副载波，这种采用频分复用的多路电视传输技术，称为副载波复用（SCM）。

不管是数字系统还是模拟系统，输入到光发射机且带有信息的电信号，都通过调制转换为光信号。光载波经过光纤线路传输到接收端，再由光接收机把光信号转换为电信号。电接收机的功能和电发射机的功能相反，它把接收的电信号转换为基带信号，最后由信息宿来恢复用户信息。

在整个通信系统中，在光发射机之前和光接收机之后的电信号段，光纤通信所用的技术和设备与电缆通信的相同，不同的只是由光发射机、光纤线路和光接收机所组成的基本光纤传输系统代替了电缆传输系统。

2.5.2 光发射机

光发射机的功能是把输入电信号转换为光信号，并用耦合技术把光信号最大限度地注入光纤线路。光发射机由光源、驱动器和调制器组成，光源是光发射机的核心。光发射机的性能基本上取决于光源的特性，对光源的要求是输出光功率足够大，调制频率足够高，谱线宽度和光束发散角尽可能地小，输出功率和波长稳定，器件寿命长。目前广泛使用的光源有半导体发光二极管(LED)、半导体激光二极管(LD，或称激光器)，以及谱线宽度很小的动态单纵模分布反馈(DFB)激光器。有些场合也使用固体激光器，例如大功率的掺钕钇铝石榴石(Nd：YAG)激光器。

光发射机把电信号转换为光信号的过程(常简称为电/光或 E/O 转换)，是通过电信号对光的调制而实现的，目前有直接调制和间接调制(或称外调制)两种调制方案，如图 2-87 所示。直接调制是用电信号直接调制半导体激光器或发光二极管的驱动电流，使输出光随电信号变化而实现的。这种方案技术简单，成本较低，容易实现，但调制速率受激光器频率特性的限制。外调制是把激光的产生和调制分开，用独立的调制器调制激光器的输出光而实现的。目前有多种调制器可供选择，最常用的是电光调制器。这种调制器是利用电信号改变电光晶体的折射率，使通过调制器的光参数随电信号变化而实现调制的。外调制的优点是调制速率高，缺点是技术复杂，成本较高，因此只有在大容量的波分复用和相干光通信系统中使用。

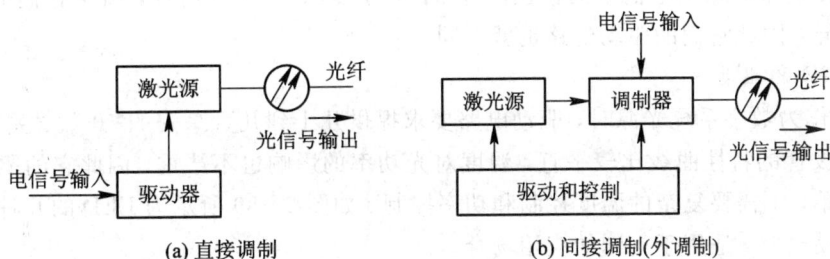

(a) 直接调制　　　　　　　　(b) 间接调制(外调制)

图 2-87 两种调制方案

对光参数的调制，原理上可以是光强(功率)、幅度、频率或相位的调制，但实际上目前大多数的光纤通信系统都采用直接光强调制。因为对幅度、频率或相位调制时，需要的幅度和频率非常稳定，相位和偏振方向可以控制，谱线宽度很窄的单模激光源，并采用外调制方案，所以这些调制方式只在新技术系统中使用。

下面我们重点介绍一下光纤数字发射机系统。

数字光发射机的基本组成包括光源、输入电信号的接口电路、光源的驱动电路以及光源的控制、保护电路等，其结构图如图 2-88 所示。要传输的电信号通过光发射机的接口部分进入光发射机，实现信号幅度、阻抗的匹配，并进行适当的码型变换，以适应光发射机的要求。例如，PDH 的一次群、二次群和三次群 PCM 复接设备输出码型为 HDB$_3$ 码，进入光发射机时需要变换为 NRZ 码，以便于光纤中光信号的传输。关于码型变换将在后面具体介绍。

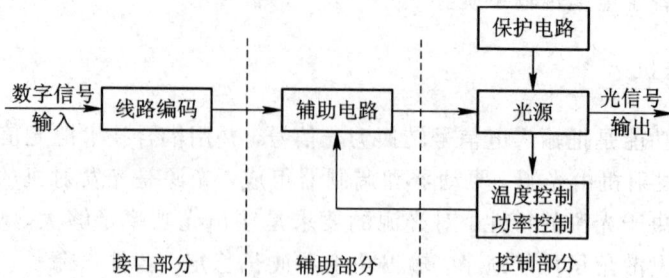

图 2-88　数字光发射机结构图

光源的驱动电路是光发射机的主要部分，对于目前的通信系统，它将输入的电脉冲信号通过电流强度的调制方式来调制半导体光源发射光脉冲信号。为保证光发射机正常、可靠地工作，需要对半导体光源的功率、温度等工作状态进行控制，而且为了防止在各种异常情况下器件的损坏，还需要相应的保护控制。

1. 光源的驱动

光源的驱动就是根据输入的电信号产生相应的光信号的过程。根据器件、调制方式、输入信号类型的不同，都会有不同的驱动方式。

前面已经介绍过半导体光源有内调制、外调制两种调制方式。实际的光纤通信系统中主要采用直接改变光源注入电流的内调制方式，使发出光信号的强度随输入电信号的变化而变化。这种内调制的驱动就是使光源的注入电流随着输入信号的变化而变化，从而使光源发出的光携带有输入电信号的特性。当然，对于 LED 与 LD 而言，由于它们的 P-I 特性存在差异，因此它们的驱动电路也就不同。

1）LED 的驱动

LED 作为数字系统光源时，驱动电路要求提供几十到几百毫安的"开"、"关"电流。由于发光二极管的特性曲线比较平直，温度对光功率的影响也不严重，因此它的驱动电路一般比较简单，不需要复杂的温度控制和功率控制。如图 2-89 所示为 LED 的几种典型的数字调制驱动电路，适用于不同的应用场合。

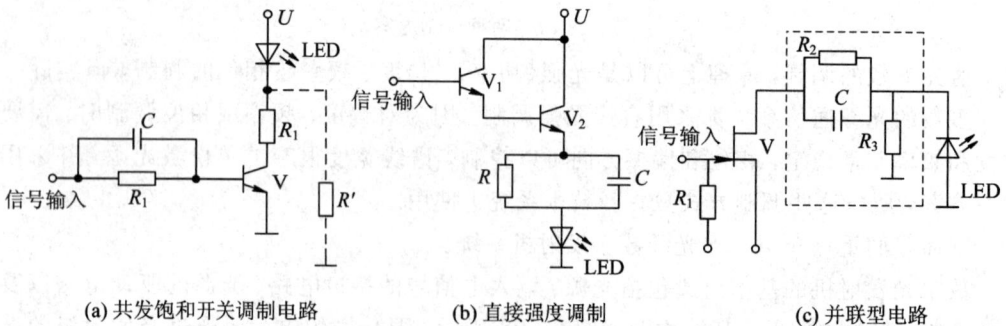

(a) 共发饱和开关调制电路　　　　(b) 直接强度调制　　　　(c) 并联型电路

图 2-89　LED 数字调制电路

2）LD 的驱动

与 LED 相比，LD 的驱动要复杂得多，尤其在高速调制系统中，驱动条件的选择、调制电路的形式和工艺、激光器的控制等都对调制性能至关重要。

偏置电流的选择直接影响 LD 的高速调制特性，选择直流预偏置电流时应考虑：

（1）增大直流预偏置电流使其逼近阈值，可以减小电/光延迟时间，抑制张驰振荡。

（2）当激光器偏置电流在阈值附近时，较小的调制脉冲电流就能得到足够的输出光脉冲，这样可以大大减小码型效应。

（3）加大直流偏置电流，使激光器在发送"0"和发送"1"时的光功率之比（即消光比）增大，从而影响接收机的灵敏度。

因此，偏置电流的选择要兼顾电/光延迟时间、张驰振荡、码型效应以及消光比等各种因素，根据器件的性能和系统的具体要求适当选择。调制电流幅度的选择应根据激光器的 P - I 特性曲线，既要有足够的输出光脉冲幅度，又要考虑光源的负担，还要避免出现自脉动现象。

图 2 - 90 所示为已应用在传输速率为 44.7 Mb/s 的光发射机的 LD 驱动电路。

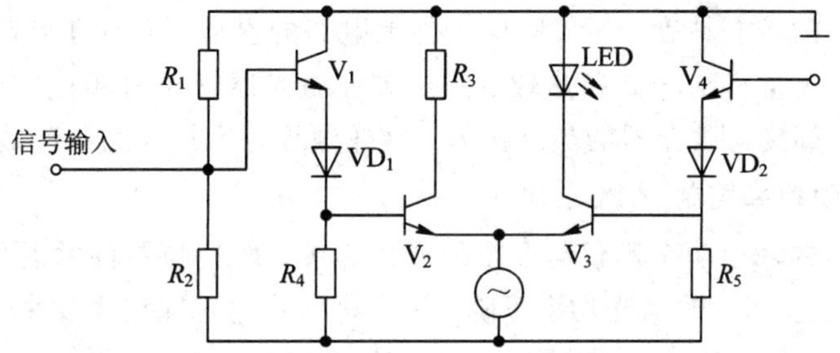

图 2 - 90　LD 驱动电路

2. 光源的自动温度控制（ATC）

随着温度的变化，半导体光源的特性会发生变化。特别是 LD，随着温度的升高，会出现阈值电流增加、发光功率降低以及发射波长向长波长移动等。在实际使用当中，必须对这些影响进行控制，以保证器件稳定和可靠的工作状态。

温度控制电路由微型制冷器、热敏元件及控制电路组成，自动温度控制方框图如图 2 - 91 所示。热敏元件监测激光器的结温，与设定的基准温度相比较，根据温度差异的情况，驱动制冷器的控制电路改变制冷效果，从而使激光器在恒定的温度下工作。目前微型制冷器多采用利用半导体材料的珀尔帖效应制成的半导体制冷器。珀尔帖效应是指当直流电流通过 P 型和 N 型两种半导体组成的电偶时，可以使一端吸热而使另一端放热的一种现象。

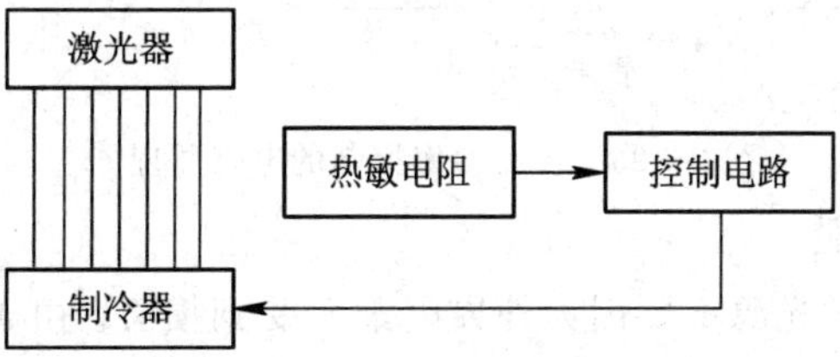

图 2 - 91　自动温度控制方框图

图 2-92 所示为常用的自动温度控制的电路原理图。热敏电阻 R_T 接在电桥的一个臂上，在设定的温度下，电桥应刚好处在制冷器中没有电流通过的状态，而当温度升高时，制冷器开始工作。热敏电阻具有负温度系数，电桥状态的变化会自动控制制冷量的大小，从而维持激光器的结温不高于设定的温度。

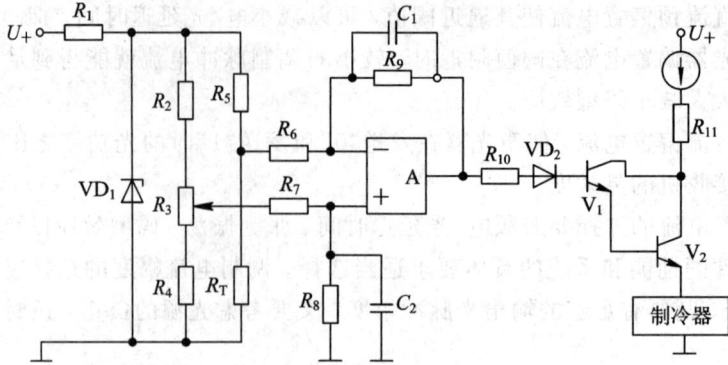

图 2-92 自动温度控制的电路原理图

温度控制电路的控制精度，不仅取决于外围电路的设计，而且还受激光器封装方式与技术的影响。现在通常将制冷器和热敏电阻封装在激光器管壳内部，热敏电阻直接探测结区的温度，制冷器直接与激光器的热沉接触，这样做具有比较高的制冷效率和控制精度。

3. 光源的自动功率控制（APC）

半导体激光器的输出功率不仅与温度的变化有关，而且与器件的老化有关。随着器件的老化，LD 的阈值上升，输出光功率下降。为了进一步稳定输出光功率，除了采取温度控制措施外，一般还采取自动功率控制。

图 2-93 所示为一个自动功率控制的电路原理图。从 LD 背向输出的光功率，经 PD 检测器检测以及运算放大器 A_1 放大后，送到比较器 A_3 的反相输入端。同时，输入信号的参考电压和直流参考电压经 A_2 比较放大后，送到 A_3 的同相输入端。A_3 和 V_3 组成直流恒流源以调节 LD 的偏流，使输出光功率稳定。

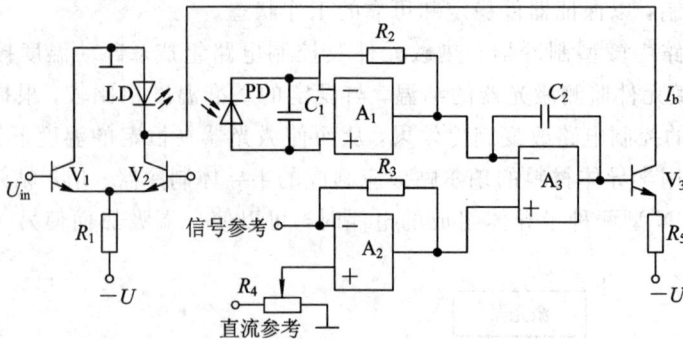

图 2-93 自动功率控制的电路原理图

4. 光源的保护和告警

光源的保护是指保护光源不要因为外界因素而受到损害。由于光源特别是 LD 是易损器件，要求温度、电流必须在一定的范围内才能正常工作，否则会降低器件的寿命甚至损坏器件，因此必须对其采取保护措施。光源的保护包括两个方面：温度和电流。上面介绍的自动温度控制实际上也是温度保护。

电流保护包括电流接通时的保护、工作过程中的过流保护以及反向冲击电流保护等。

（1）电流接通时的保护。电流接通时的保护是为了防止在系统开机接通电源的瞬间，由于电路因素引起的冲击电流可能对 LD 造成的损坏。实际系统中 LD 的驱动部分与其他电路是共用一个电源的，因此光源的偏置电流必须缓慢地增加，以起到保护作用。

（2）工作过程中的过流保护。工作过程中过流保护的方法很多，基本思想是利用反馈控制使通过光源的电流不超过某一限定值，从而起到保护的作用。

（3）反向冲击电流保护。为防止光源受到反向冲击电流或电压的破坏，一般在光源上并联一个肖特基二极管，这样当反向冲击电流或电压出现时，肖特基二极管迅速导通，就可以实现对光源的保护。

完整的光发射机除了上述各种控制、保护之外，还应包括告警电路，在系统出现故障或工作不正常时及时发送告警信号，提醒设备维护人员及时进行相应的处理。常见的告警包括无光告警、寿命告警、温度告警等。

当光源发光面积小于纤芯面积时，可在光源与光纤之间放置透镜，使更多的发散光线会聚进入光纤来提高耦合效率。图 2-94 所示为面发光二极管与光纤的透镜耦合，其中图 2-94(a)中光纤端部制成球透镜，图 2-94(b)中采用截头透镜，图 2-94(c)采用集成微透镜。采用这种透镜耦合后，其耦合效率可以达到 10% 左右。

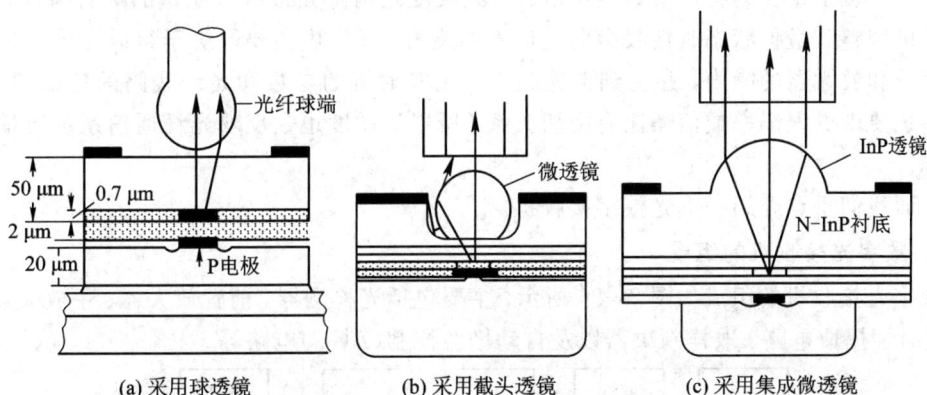

图 2-94　面发光二极管与光纤的透镜耦合

对于发散光束非对称的边发光二极管和半导体激光器可以利用圆柱透镜的方法来提高耦合效率，如图 2-95(a)和(b)所示。或者利用大数值孔径的自聚焦透镜(GRIN)，其耦合效率可以提高到 60%，甚至更高。单模光纤和半导体激光器的耦合可以采用如图 2-95(c)所示的自聚焦透镜，或者在光纤端面用电弧放电形成半球透镜的方法。

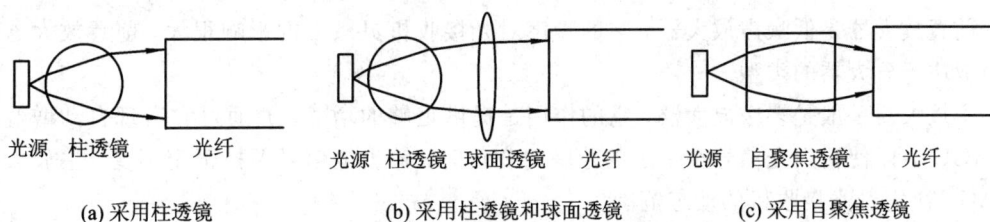

图 2-95　光源与光纤的透镜耦合

2.5.3 光接收机

光接收机的功能是把从光纤线路输出、产生畸变和衰减的微弱光信号转换为电信号，并经放大和处理后恢复成发射前的电信号。光接收机由光检测器、放大器和相关电路组成。光检测器是光接收机的核心，对光检测器的要求是响应度高、噪声低和响应速度快。目前广泛使用的光检测器有两种类型：在半导体 PN 结中加入本征层的 PIN 光电二极管（PIN - PD）和雪崩光电二极管（APD）。

光接收机把光信号转换为电信号的过程（常简称为光/电或 O/E 转换），是通过光检测器的检测实现的。检测方式有直接检测和外差检测两种。直接检测是用检测器直接把光信号转换为电信号。这种检测方式设备简单，经济实用，是当前光纤通信系统普遍采用的方式。外差检测需要设置一个本地振荡器和一个光混频器，使本地振荡光和光纤输出的信号光在混频器中产生差拍而输出中频光信号，再由光检测器把中频光信号转换为电信号。实现外差检测方式的难点是需要频率非常稳定，相位和偏振方向是可控制的，谱线宽度很窄的单模激光源。其优点是有很高的接收灵敏度。

目前，实用的光纤通信系统普遍采用直接调制——直接检测方式。外调制——外差检测方式虽然技术复杂，但是其传输速率和接收灵敏度都很高，是很有发展前途的通信方式。

光接收机最重要的特性参数是灵敏度。灵敏度是衡量光接收机质量的综合指标，它反映接收机调整到最佳状态时接收微弱光信号的能力。灵敏度主要取决于组成光接收机的光电二极管和放大器的噪声，并受到传输速率、光发射机的参数和光纤线路的色散的影响，还与系统要求的误码率或信噪比有密切关系。所以灵敏度也是反映光纤通信系统质量的重要指标。

下面我们重点介绍一下光数字接收机。

1. 数字光接收机的组成

数字光接收机的组成如图 2 - 96 所示，主要包括光检测器、前置放大器、主放大器、均衡器、时钟提取电路、取样判决器以及自动增益控制（AGC）电路等。

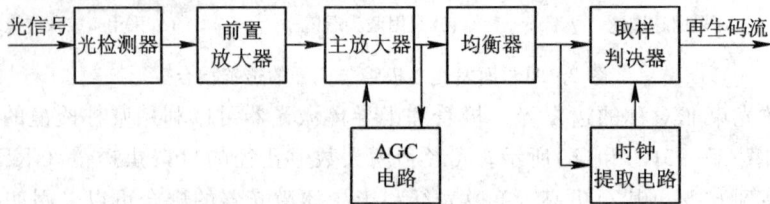

图 2 - 96　数字光接收机组成框图

前置放大器是低噪声放大器，它的噪声对光接收机灵敏度的影响很大，前置放大器的噪声取决于放大器的类型。

主放大器一般是多级放大器，它的作用是提供足够的增益，并通过它实现自动增益控制（AGC），以使输入光信号在一定的范围内变化时，输出电信号保持恒定不变。主放大器和 AGC 决定着光接收机的动态范围。

均衡器的目的是对经光纤传输、光/电转换和放大后已产生畸变（失真）的电信号进行补偿，使输出信号的波形适合于判决（一般用具有升余弦谱的码元脉冲波形），以消除码间干扰，减小误码率。

再生电路包括取样判决器和时钟提取电路，它的功能是从放大器输出的信号与噪声混合的波形中提取码元时钟，并逐个对码元波形进行取样判决，以得到原发送的码流。

数字光接收机的主要指标有灵敏度、误码率和信噪比。灵敏度是指在给定误码率条件下能够检测到的最小信号光功率，通常用 dBm 表示。它表示接收机检测微弱信号的能力。接收机的动态范围是指接收机可以正常工作时输入信号的变化范围。这些指标与光检测器和放大电路的结构类型、系统的传输速率等有关。

2．数字光接收机的噪声

1）数字光接收机的噪声源

在数字光接收机中，影响接收机灵敏度的主要因素是信号检测和放大系统中的各种噪声，这些噪声的分布如图 2 - 97 所示，可分为散弹噪声和热噪声两大类。散弹噪声包括光检测器的量子噪声、暗电流噪声、漏电流噪声和 APD 倍增噪声；热噪声包括负载电阻上的热噪声和放大电路中产生的噪声。具体的噪声均方值表示形式类似于 PIN 噪声特性中的表示形式。

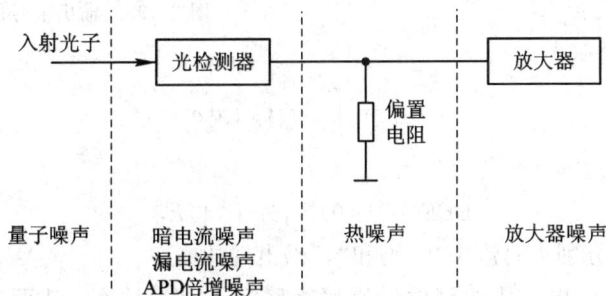

图 2 - 97　数字光接收机的噪声及其分布

2）数字光接收机噪声特性的分析方法

噪声是一种随机过程，应采取随机过程的分析方法，用概率密度函数和概率分布函数来表示随机过程的统计特性。

数字光接收机可以等效为图 2 - 98 所示的等效电路，其中 $i_s(t)$ 为入射光产生的光电流，C_{PN} 为检测器结电容，C_s 为杂散电容，R_L 为偏置电路电阻，i_d 为检测器的噪声电流，i_L 为偏置电阻的热噪声电流，R_a 和 C_a 分别为前置放大器的输入电阻和输入电容，i_a 和 e_a 分别为前置放大器的噪声电流和电压源，$A_1(\omega)$、$A_2(\omega)$、$E(\omega)$ 和 $F(\omega)$ 分别为前置放大器、主放大器、均衡器和滤波器的响应函数。对于这样的线性网络，可以获得在各种噪声影响下的系统输出的统计平均特性。

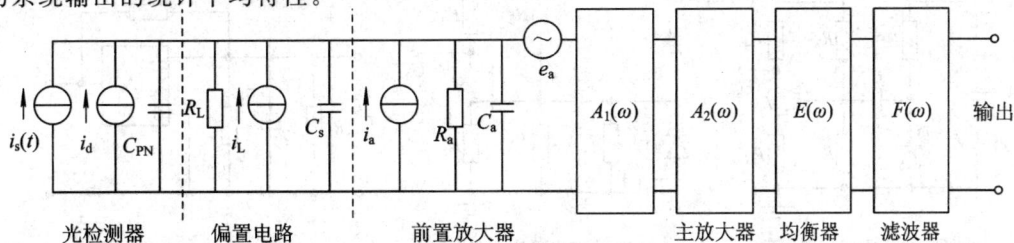

图 2 - 98　数字光接收机等效电路

在确定了系统的噪声特性后，就可以进行灵敏度的计算。

3. 数字光接收机的灵敏度

灵敏度是数字光接收机最重要的性能指标，影响灵敏度的主要因素是光检测器和前置放大器的噪声特性。

由于噪声的存在，使数字光接收机放大器输出的信号成为一个随机变量，经过判决、再生后，有可能出现将原来的"1"码误判为"0"码或"0"码误判为"1"码的情况，即出现误码。如图 2-99 所示，其中 U_0 和 U_1 分别为"0"码和"1"码的平均电平值，D 为判决电平值。

若已知"1"码和"0"码取值的概率密度函数分别为 $f_0(x)$ 和 $f_1(x)$，则"0"码误判为"1"码的概率为

$$E_{01} = \int_D^\infty f_0(x) \, \mathrm{d}x \qquad (2.84)$$

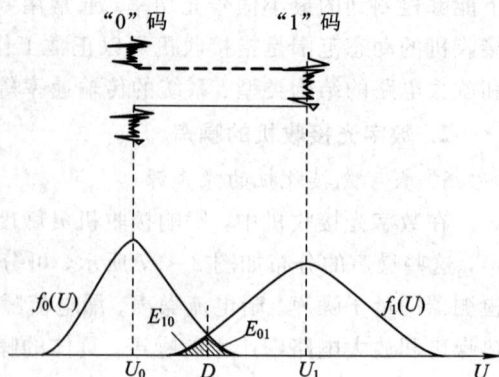

图 2-99　输出信号的概率密度函数

"1"码误判为"0"码的概率为

$$E_{10} = \int_{-\infty}^D f_1(x) \, \mathrm{d}x \qquad (2.85)$$

则总误码率 BER 为

$$\mathrm{BER} = P(0)E_{01} + P(1)E_{10} \qquad (2.86)$$

其中，$P(0)$ 和 $P(1)$ 分别为码流中"0"码和"1"码出现的概率。

以此为基础，可以根据要达到的误码率来确定入射光功率，从而确定光接收机的灵敏度。

数字光接收机的噪声特性和灵敏度因系统所用器件和电路的不同而不同，其计算过程十分繁杂，具体的计算过程和最后结果可参阅有关书籍。

4. 数字光接收机的前置放大器电路

由于前置放大器的噪声特性是影响光接收机灵敏度的主要因素之一，因此前置放大器必须有良好的噪声特性，同时还必须考虑带宽特性。综合起来，有三类前置放大器电路，即低阻抗前置放大器电路、高阻抗前置放大器电路和互阻抗前置放大器电路，其基本电路如图 2-100 所示。

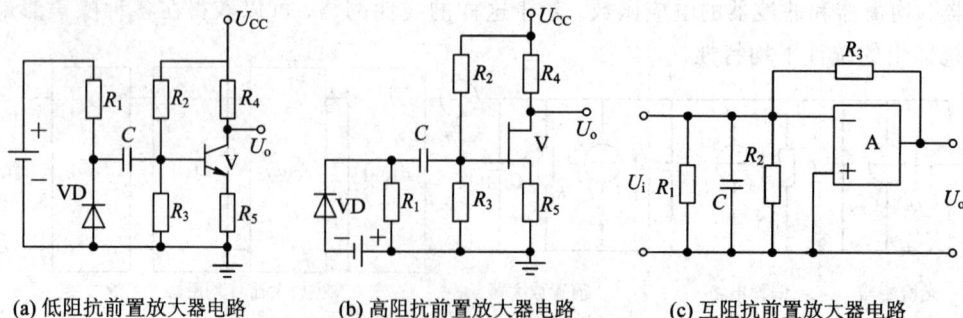

(a) 低阻抗前置放大器电路　　(b) 高阻抗前置放大器电路　　(c) 互阻抗前置放大器电路

图 2-100　数字光接收机的前置放大电路

5. 光接收机的动态范围和自动增益控制

在实际系统中，光接收机输入光脉冲信号的功率由于通信距离的不同、线路衰减随温度以及发送光功率的变化而发生不同程度的变化，因此，光接收机应保证在不同的输入条件下都可以正常工作。这种光接收机能适应的输入光功率的变化范围称为动态范围，一般都要大于 15 dB。

同时，经过光接收机放大器输出的信号，还需要定时再生出满足特定电平要求的数字脉冲信号，所以要求光接收机在不同的输入光功率信号下，经过放大器自动增益控制，使输出信号的幅度恒定不变。即大的光信号功率输入时，减小其放大器的增益，反之增大放大器的增益，使输出的信号达到恒定，以利于后续电路的处理。

显然，数字光接收机的灵敏度越高，其所需的增益越大。因为数字光接收机放大器是小信号放大器，所以其放大器的增益是相当大的，而这种放大器的大增益是通过多级放大器来实现的。

自动增益控制电路原理框图如图 2-101 所示。数字光接收机的放大均衡输出经峰值检波后送入运算放大器，其输出分别控制 APD 的偏置电压和主放大器的增益可调部位，从而形成一个负反馈控制环路，自动地改变数字光接收机放大器的增益，以达到始终保持其输出信号幅度不变的程度。其中对 APD 的控制是调整它的倍增因子，它是与主放大器的增益同步变化的，在主放大器为最大增益状态工作时，APD 则以最佳倍增因子的状态工作，相反则以小于其最佳倍增因子的状态工作。

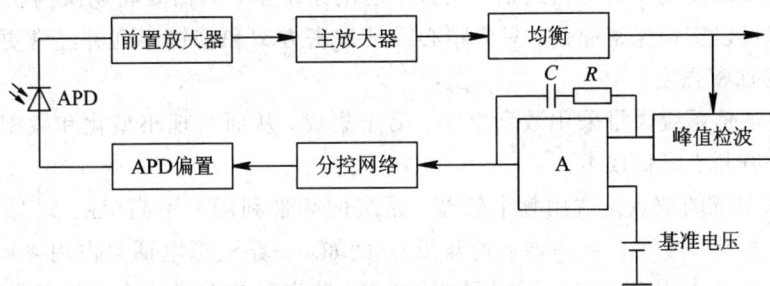

图 2-101　自动增益控制电路原理框图

自动增益控制范围主要受前置放大器的限制，这是因为前置放大器的增益是不可变的。由于主放大器的增益变化范围是比较大的，因此它的增益可以变小直到成为一个衰减器。

对于采用 PIN 光检测器的数字光接收机放大器，其自动增益控制只对主放大器起作用。

2.5.4　光纤通信系统及特性

光纤通信系统是以光信号作为信息载体，以光纤作为传输媒介的现代通信系统。光纤通信系统可根据不同的分类方法进行分类，如按光纤可将光纤通信系统分为单模光纤通信系统和多模光纤通信系统；也可按采用的技术分，还可按不同的应用场合进行分类等。通常我们是按照系统中光信号是数字量还是模拟量进行分类的，可将光纤通信系统分为数字光纤通信系统和模拟光纤通信系统。下面我们就以这种分类方法来分别介绍数字光纤通信系统和模拟光纤通信系统的概念和相关技术。

1. 数字光纤通信系统

数字光纤通信系统比模拟光纤通信系统具有更多的优点，也更能适应社会对通信能力和通信质量越来越高的要求。数字通信系统是用参数取值离散的信号（如脉冲的有和无、电平的高和低等）代表信息，强调的是信号和信息之间的一一对应关系；而模拟通信系统则是用参数取值连续的信号代表信息，强调的是变换过程中信号和信息之间的线性关系。这些基本特征决定着两种通信方式的优缺点和不同时期的发展趋势。20 世纪 70 年代光纤通信的应用和 80 年代计算机的普及，为数字通信的发展创造了极其有利的条件。目前虽然有数字通信欲代替模拟通信的趋势，但是模拟通信仍然有着重要的应用。

1）数字通信系统的优点

（1）抗干扰能力强，传输质量好。在模拟通信系统中，噪声叠加在信号上，两者很难分开，放大时噪声和信号一起放大，不能改善因传输而劣化的信噪比。数字光纤通信采用二进制信号，信息不包含在脉冲波形中，而由脉冲的"有"和"无"表示。因此，一般的噪声不影响传输质量，只有在抽样和判决过程中，当噪声超过一定阈值时才产生误码率。

（2）可以用再生中继，传输距离长。数字通信系统可以用不同方式再生传输信号，消除传输过程中的噪声积累，恢复原信号，延长传输距离。

（3）适用各种业务的传输，灵活性大。在数字通信系统中，语音、图像等各种信息都变换为二进制数字信号，可以把传输技术和交换技术结合起来，有利于实现综合业务。

（4）容易实现高强度的保密通信。在数字通信系统中，只需要将明文与密钥序列逐位模 2 相加，就可以实现保密通信。只要精心设计加密方案和密钥序列并经常更换密钥，便可达到很高的保密强度。

（5）数字通信系统大量采用数字电路，易于集成，从而实现小型化和微型化，增强设备的可靠性，有利于降低成本。

数字通信系统的缺点是占用频带较宽，系统的频带利用率不高（**注**：这里没有考虑语音、视频压缩编码和多元制数字调制的作用）。例如，一路模拟电话只占用 4 kHz 的带宽，而一路数字电话要占用 20 kHz～64 kHz 的带宽。数字通信系统的许多优点是以牺牲频带为代价得到的，然而光纤通信的频带很宽，完全能够克服数字通信的缺点。因而对于电话的传输，数字光纤通信系统是最佳的选择，如图 2－102 和图 2－103 所示。

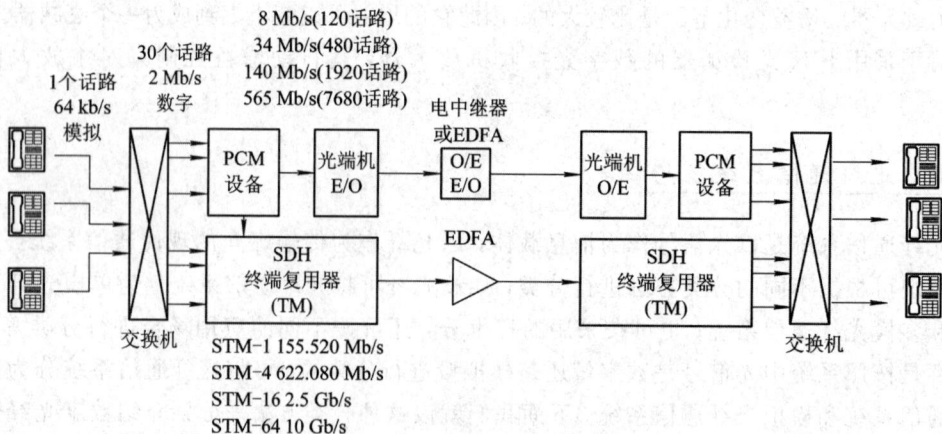

图 2－102　数字光纤通信系统

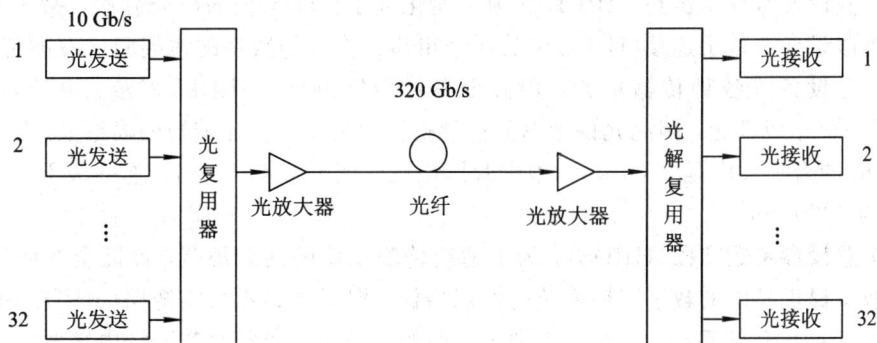

图 2-103　32×STM-64 DWDM 光纤通信系统

2）数字光纤系统模型结构及性能指标

目前，光纤通信系统主要是数字系统，因此光纤传输系统的各种性能指标应满足数字传输系统的要求。而数字信号在传输中也会遇到各种各样的干扰，因此考察光纤通信系统总的传输性能时，要分析各部分设备的性能及各传输段的性能，以便在各指标累加之后，能保证系统的全程性能指标。

为此，对全程通信网的性能指标要作一个合理的分配，首先要确定一个合适的传输模型。ITU-T 提出了"系统参考模型"的概念，并规定了系统参考模型的性能参数和指标，光纤通信系统的性能指标就应遵循该规定。

系统参考模型有三种假设形式：假设参考数字连接（HRX），假设参考数字链路（HRDL）及假设参考数字段（HRDS）。

（1）假设参考数字连接（HRX）。假设参考数字连接是针对通信系统的总的性能和指标分配而找出的通信距离最长、结构最复杂、传输质量预计最差的连接。如果这种连接能满足通信系统的性能指标要求，那么通信距离较短，结构较简单的通信连接肯定能保证传输质量。因而引入了假设参考连接模型，它是通信网中从用户至用户，包括参与变换与传输的各个部分（如用户线、终端设备、交换机、传输系统等）。ITU-T 建议的一个标准最长 HRX 全长为 27 500 km，包含 14 个假设参考数字链路和 13 个数字交换点。实际上经常实现的数字连接都比标准最长 HRX 要短。假设参考数字连接的具体组成如图 2-104 所示。

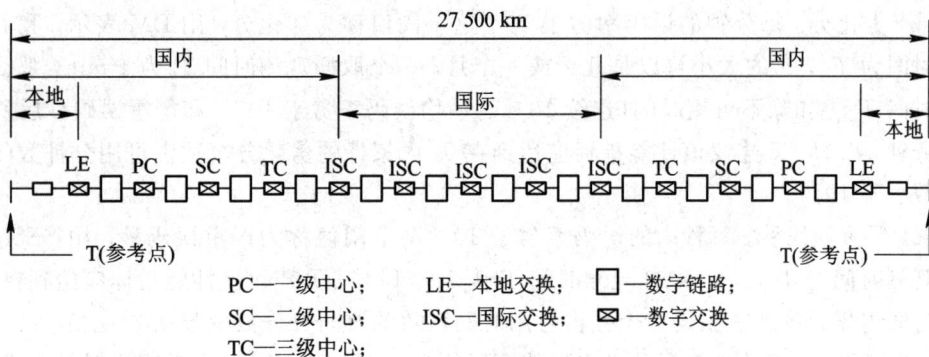

图 2-104　假设参考数字连接组成图

(2) 假设参考数字链路(HRDL)。为了简化数字传输系统的研究方法,保证全程通信质量,把假设参考数字连接(HRX)中的两个相邻交换点的数字配线架间所有的传输系统,复设备、分设备等各种传输单元,用假设参考数字链路(HRDL)表示。由于 HRDL 是 HRX 的一个组成部分,因此允许把总的性能指标分配到一个比较短的模型上。ITU - T 建议 HRDL 的合适长度是 2500 km,根据我国地域广阔的特点,我国长途一级干线的数字链路长度为 5000 km。

(3) 假设参考数字段(HRDS)。为了适应传输系统的性能规范,保证全线质量和管理维护方便,提供具体的数字传输系统的性能指标,把假设参考数字链路(HRDL)中相邻的数字配线架间的传输系统,即两个光端机之间的光缆传输线路及若干光中继器用假设参考数字段(HRDS)表示。根据我国的实际情况,长途一级干线的 HRDS 为 420 km,长途二级干线的 HRDS 为 280 km。因此通信网总的性能指标从 HRX 上可以按比例分配到 HRDL 上,再从 HRDL 上分配到 HRDS 上。

3) 系统的质量指标

(1) 误码性能。

① 误码的定义。光纤数字传输系统的误码性能用误码率来衡量,即在特定的一段时间内所接收的错误码元与同一时间内所接收的总码元数之比。

$$\text{BER} = \frac{\text{错误接收的码元数}}{\text{传输的总码元数}} \tag{2.87}$$

② 误码发生的形态和原因。误码发生的形态主要有两类:一类是随机形态的误码,即误码主要是单个随机发生的,具有偶然性;另一类是突发的、成群发生的误码,这种误码可能在某个瞬间集中发生,而其他大部分时间无误码发生。误码发生的原因是多方面的。例如,电缆数字网中的热噪声,交换设备的脉冲噪声干扰,雷电的电磁感应,电力线产生的干扰等。

③ 误码性能的评定方法。评定误码性能的参数包括平均误码率、劣化分、严重误码秒和误码秒。

(a) 平均误码率。平均误码率是指在一段较长的时间内出现的误码个数和传输的总码元数的比值。平均误码率反映了测试时间内的平均误码结果,因此适合于计量随机误码,但无法反映误码的随机性和突发性。

(b) 劣化分。每分钟的误码率劣于 10^{-6} 这个阈值称为劣化分,用 DM 表示。我们取总观测时间为 T_L,它的大小可以是几天或一个月,一个取样观测时间 T_0 为 1 min,那么从总观测时间 T_L 中扣除不可用时间(连续 10 s 的平均误码率劣于 10^{-3})和严重误码秒后所得为可用分钟。ITU - T 建议该性能指标应达到在 T_L 内累计的劣化分个数占可用分钟数的时间百分数少于 10%。

(c) 严重误码秒。每秒内的误码率劣于 10^{-3} 这个阈值称为严重误码秒,用 SES 表示。取总观测时间为 T_L,一个取样观测时间 T_0 为 1 s。ITU - T 建议该性能指标应达到在 T_L 中可用时间内累计的严重误码秒个数占可用时间秒数的时间百分数少于 0.2%。

(d) 误码秒。每个观测秒内,出现的误码数为 0,用 ES 表示。取总观测时间为 T_L,一个取样观测时间 T_0 为 1 s。ITU - T 建议该性能指标应达到在 T_L 中可用时间内累计的误码秒占可用时间秒数的时间百分数少于 8%。

④ 误码指标的分配。在一个连接中通常包含几种不同质量等级的数字传输电路。在27500 km 的国际连接(HRX)中二级交换中心 SC 之间的电路部分为高级电路,本地交换点 LE 与 SC 之间的电路部分为中级电路,LE 与参考点 T 之间的电路部分为本地级电路。误码性能指标是由该线路等级分配的,具体分配如表 2-13 所示。

表 2-13 误码指标的分配

总 指 标	参加分配的总指标	高级电路(占 40%)	中级电路(每端占 15%)	本地级电路(每端占 15%)
劣化分(DM)小于 10%	小于 10%	小于 4%	小于 1.5%	小于 1.5%
误码秒(ES)小于 8%	小于 8%	小于 3.2%	小于 1.2%	小于 1.2%
严重误码秒(SES)小于 0.2%	小于 0.1%	小于 0.04%	小于 0.015%	小于 0.015%

本地级和中级指标可以合并到一起考虑,即它们一起分配到总指标的 60%。高级电路的指标可以分配到每千米长度上去,从而可以得到不同长度的 HRDL 和 HRDS 的误码性能指标,如表 2-14 所示。

表 2-14 HRDL 和 HRDS 的误码性能指标的分配

误 码 性 能	数字链路长度/km		数字段长度/km	
	2500	5000	280	420
劣化分(DM)	小于 0.4%	小于 0.8%	小于 0.045%	小于 0.067%
严重误码秒(SES)	小于 0.004%	小于 0.008%	小于 0.000 45%	小于 0.000 67%
误码秒(ES)	小于 0.32%	小于 0.64%	小于 0.036%	小于 0.054%

(2) 抖动性能。

① 抖动的定义。抖动是数字信号传输中的一种瞬时不稳定现象,即数字信号的各有效瞬间对其理想时间位置的短时间偏离,称为抖动。图 2-105 为定时抖动的图解定义。

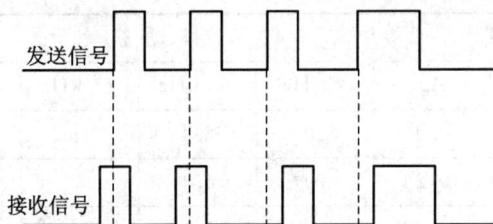

图 2-105 定时抖动的图解定义

抖动可分为相位抖动和定时抖动。相位抖动是指传输过程中所形成的周期性的相位变化,定时抖动是指脉码传输系统中的同步误差。

抖动的大小或幅度通常可用时间、相位或数字周期来表示,目前多用数字周期来表示,即"单位间隔",用符号 UI(Unit Interval)表示,也就是 1 比特信息所占有的时间间隔。例如,码速率为 34.363 Mb/s 的脉冲信号,$1UI = 1/34.363\ \mu s$,显然它在数值上等于传输比特率的倒数。

② 抖动产生的原因。

（a）数字再生中继器引起的抖动。由于再生中继器中的定时恢复电路的不完善，以及再生中继器的累计导致了抖动的产生和累加。

（b）数字复接及分接器引起的抖动。在数字复接器的支路输入口，各支路数字信号需要附加码速调整控制比特和帧定位信号形成群输出信号，而在数字分接器的输入口，要将附加比特扣除，恢复原分支数字信号，这些将不可避免地引起抖动。

（c）噪声引起的抖动。由数字信号处理电路引起的各种噪声。

（d）其他原因。环境温度的变化、传输线路的长短及环境条件的改变等也会引起抖动。

③ 抖动的类型。

（a）随机性抖动。在再生中继器内与传输信号关系不大的抖动来源称为随机性抖动。这些抖动主要是由环境变化、器件老化及定时调谐回路失调引起的。

（b）系统性抖动。由码间干扰、定时电路幅度-相位转换等因素引起的抖动。

④ 抖动的容限。

（a）输入抖动容限。输入抖动容限是指数字段能够允许的输入信号的最低抖动限值，即加大输入信号的抖动值，直到设备由不误码到开始误码的这个分界点。此时输入信号上的误码即为最大允许输入抖动下限，具体要求见图 2-106 和表 2-15。

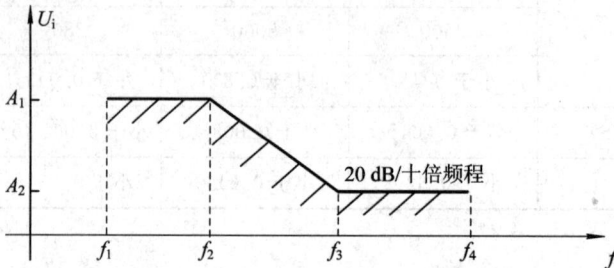

图 2-106　最大允许输入抖动下限

表 2-15　输入口对输入数字信号抖动的最低容限

速率/ (kb/s)	UI$_{p-p}$		抖 动 频 率				伪随机测 试序列
	A_1	A_2	f_1/Hz	f_2/kHz	f_3/kHz	f_4/kHz	
2048	1.5	0.2	20	2.4	18	100	$2^{15}-1$
8448	1.5	0.2	20	0.4	3	400	$2^{15}-1$
34 368	1.5	0.15	100	1.0	10	800	$2^{23}-1$
139 264	1.5	0.075	200	0.5	10	3500	$2^{23}-1$

（b）输出抖动容限。在数字段输入信号无抖动时，由于数字段内的中继器产生抖动，并按一定的规律进行累计，因此在数字段的输出端产生抖动。ITU-T 提出了数字段无输入抖动时的输出抖动上限，即为输出抖动容限，具体要求见表 2-16。

（c）抖动转移特性。由于输入口数字信号的抖动经设备或系统转移后到达输出口，因此构成了输出抖动的另一个来源。为了保证数字网抖动的总质量目标，ITU-T 建议抖动转移增益不大于 1 dB。

表 2 - 16　输出抖动容限

码速/ (kb/s)	HRDS 长度 /km	数字段最大抖动		测试滤波器带宽		
		$A_1(f_1 \sim f_4)$ (UI)	$A_2(f_3 \sim f_4)$ (UI)	低截止频率		高截止频率
				f_1/Hz	f_2/kHz	f_4/kHz
2048	50	0.75	0.2	20	18	100
8448	50	0.75	0.2	20	3	400
34 368	50	0.75	0.15	100	10	800
34 368	280	0.75	0.15	100	10	800
139 264	280	0.75	0.075	200	10	3500

（3）光接口指标。一个完整的光纤通信系统的具体组成如图 2 - 107 所示。我们把光端机与光纤的连接点称为光接口。光接口有两个，一个由 S 点向光纤发送光信号，另一个由 R 点从光纤接收信号。光中继器的两侧均与光纤相连，所以它两侧的接口均为光接口。光接口是光纤通信系统特有的接口。在 S 点的主要指标有平均发送光功率和消光比，而在 R 点的主要指标有接收机灵敏度和动态范围。

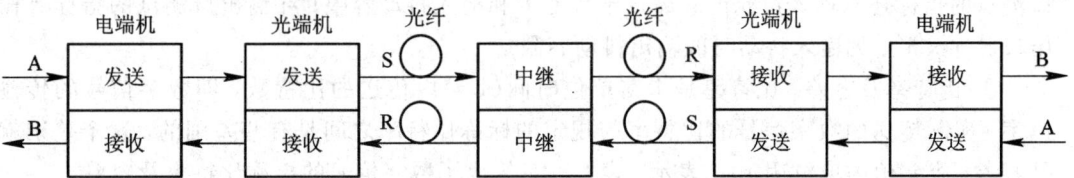

图 2 - 107　光纤数字通信系统方框图

① 平均发送光功率。光端机的平均发送光功率是指光端机在正常工作的情况下，由电端机输出 $2^{23}-1$ 或 $2^{15}-1$ 的伪随机码时，光端机输出端 S 点测量到的平均光功率。平均发送光功率的功率值用 $P_T(\mu W)$ 表示，电平值用 $L_T(dBm)$ 表示，光功率值与电平值之间的关系是

$$L_T = 10 \lg \frac{P_T}{10^3} \qquad (2.88)$$

对于一个实际的光纤通信系统，平均发送光功率并不是越大越好。虽然从理论上讲，发送光功率越大，通信距离越长，但光功率过大会使光纤工作在非线性状态，这种非线性状态会对光纤产生不良影响。

② 消光比。消光比是指光端机的电接口输入为全"1"码和全"0"码时的平均发送光功率之比，用 EXT 表示，即

$$EXT = \frac{P_0}{P_1} \qquad (2.89)$$

由于光端机的输入信号是伪随机码，它的"0"码和"1"码是等概率的，因此光端机输入全"1"码的平均发送光功率 P_1 为光端机平均发送光功率 P_T 的 2 倍，即

$$EXT = \frac{P_0}{2P_T} \qquad (2.90)$$

无输入信号时，光端机输出平均发送光功率 P_0，对接收机来说是一种噪声，会降低接收机的灵敏度，因此希望消光比越小越好。但是，对激光器 LD 来讲，若要减小消光比就要减小偏置电流，从而使光源输出功率降低，谱线宽度增加。所以要全面考虑消光比与其他指标之间的关系。

③ 接收机灵敏度。接收机灵敏度是指在满足给定误码率条件下，光端机光接口 R 点能够接收到的最小平均光功率电平值 L_R，通常用 dBm 作为灵敏度的衡量单位。接收机的灵敏度是光端机的重要性能指标，它反映了光端机接收微弱信号的能力，与系统要求的误码率，系统的码速、接收端光电检测器的性能有关。

④ 动态范围。光接收机对它能接收到的光功率有一个最小值（接收机灵敏度），当接收机收到的信号小于这个最小值时，系统的误码率就达不到要求；若接收机接收的光功率过大，则也会使系统的误码率达不到要求。所以，为了保证系统的误码特性，光接收机收到的光功率只能在一定的范围内，这个范围就是动态范围 D。其具体的定义是：在满足给定误码率的条件下，光端机输入连接器的 R 点能收到的最大光功率电平值

$$D = L_R' - L_R \quad (\text{dB}) \tag{2.91}$$

（4）电接口指标。图 2-107 中的 A 点和 B 点为电接口，通常把 A 点称为输入口，B 点称为输出口。在输入口和输出口都需要测试的指标是比特率及容差、反射损耗，而在输入口测试的指标还有输入口允许衰减抗干扰能力和输入抖动容限；在输出口测试的指标有输出口脉冲波形、无输入抖动时的输出抖动容限。

① 比特率及容差。比特率是指在单位时间（1 s）内传送的比特数，即数字信号的传输速率。实际传送的数字信号的比特率与规定的标称比特率之间是有些差别的，这个差别就是容差，容差值的单位用 10^{-6} 表示。表 2-17 给出了数字信号的标称比特率及容差。

表 2-17 各级电接口的标称比特率及容差

标称比特率/(kb/s)	容差/10^{-6}	接口码型
2048	±50	HDB₃
8448	±30	
34 368	±20	
139 264	±15	CMI

② 反射损耗。当光端机接口处的实际阻抗 Z_x 与传输电缆的特性阻抗 Z_c 有差异时，就会在光端机接口处产生反射。反射信号与入射信号相叠加，就会造成误码。这种反射作用的大小通常用反射损耗来衡量。反射损耗 b_p 的定义为

$$b_p = 20 \lg \left| \frac{Z_x + Z_c}{Z_x - Z_c} \right| \tag{2.92}$$

由式（2.92）可以看出，光端机电接口阻抗越匹配，反射损耗越大，反射信号的影响就越小。为了保证设备的正常工作，反射损耗应达到规定值。表 2-18 给出了一次群、二次群和三次群电接口对输入口提出的反射损耗的要求，以及四次群电接口对输入口及输出口提出的反射损耗的要求。

表 2-18 电接口发射损耗指标

接口比特率/(kb/s)	测试频率范围/kHz	标称阻抗/Ω	反射损耗/dB
2048 (输入口)	51.2~102.4	75 或 120	不小于 12
	102.4~2048	75 或 120	不小于 18
	2048~3072	75 或 120	不小于 14
8448 (输入口)	221.1~422.4	75	不小于 12
	422.4~8448	75	不小于 18
	8448~12 672	75	不小于 14
34 368 (输入口)	859.2~1718.4	75	不小于 12
	1718.4~34 368	75	不小于 18
	34 368~51 552	75	不小于 14
139 264 (输入口、输出口)	7000~210 000	75	不小于 15

③ 输入口允许衰减。各次群光端机连接上游设备和输入口的电缆及数字配线架对信号都有一定的衰减，这就要求光端机在接收该信号时不能发生误码，这种光端机的输入口能承受一定的传输衰减特性，即为允许衰减。输入口允许衰减的指标见表 2-19。

表 2-19 输入口允许衰减和抗干扰能力指标

比 特 率		允 许 衰 减		抗 干 扰 能 力	
标称值 /(kb/s)	容差 /(b/s)	测试频率 /kHz	衰减范围 /dB	信号干扰 /dB	干扰源 (PRBS)
2048	±102.4	1024	0~6	18	$2^{15}-1$
8448	±253.4	4224	0~6	20	$2^{15}-1$
34 368	±687.4	17 148	0~12	20	$2^{23}-1$
139 264	±2089	70 000	0~12		

④ 输入口抗干扰能力。如上所述，反射信号是一种干扰信号，通常把光端机在接收被干扰的有用信号后仍不产生误码的能力称为输入口的抗干扰能力。因此，用有用信号的功率与干扰信号的功率之比来表示抗干扰能力的大小。抗干扰能力的指标见表 2-19。

⑤ 输出口脉冲波形。为使不同厂家生产的设备具有兼容性，就要求这些设备的接口波形必须符合 ITU-T 提出的要求，即如图 2-108 所示的接口脉冲波形样板。

4）光纤传输系统中继距离的确定

根据前面所讨论的光纤传输系统的各种指标要求可知，在光发射机与光接收机之间有最大传输距离的问题。如果要实现长距离通信，那么在设计一个光纤系统时，最大中继距离的设计就是一个重要问题。最大中继距离受以下四个因素的影响。

(1) 发射机耦合输入光纤的功率 P_T。从物理概念上理解，在其他条件不变的情况下，入纤光功率 P_T 越大，传输距离越长。

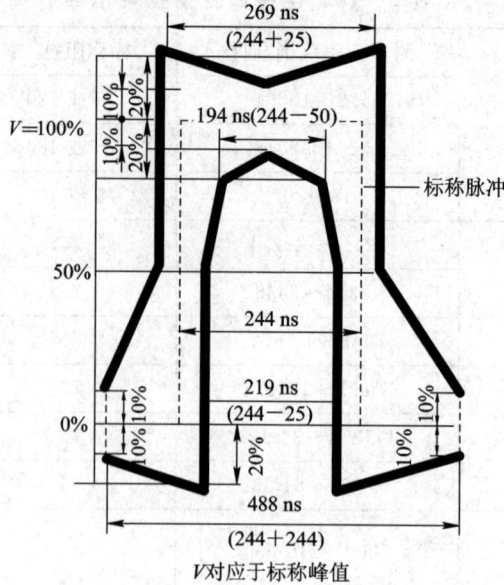

图 2 - 108 2048 kb/s 接口脉冲样板

（2）光接收机灵敏度 $P_{\min}$。由于光接收机灵敏度的定义是在满足系统误码率指标下的最低接收光功率，因此，在其他条件不变的情况下，接收机灵敏度越高（即 $P_{\min}$ 越小），传输距离越长。

（3）光纤的每千米衰减系数 α。若光纤的每千米衰减系数 α 越小，则光纤传输中损耗的功率越小，光信号在光纤中传输的距离越长。

（4）光纤的色散。若光纤的色散大，则经过相同距离的传输出现的波形失真越严重，而且传输距离越长，失真就越严重。波形失真将引起码间干扰，导致接收机的灵敏度降低。下面我们分两种情况讨论：

① 中继距离受光纤衰减限制的情况。如果在光纤通信系统中，信号的码速不是很高，带宽又足够宽，那么光纤的色散对传输距离的影响不大，可认为光纤传输系统的最大中继距离仅受光纤衰减的影响。中继距离的长度

$$L = \frac{P_{\mathrm{T}} - P_{\min} - n\alpha_{\mathrm{c}} - (6 \sim 8)}{\alpha} \tag{2.93}$$

其中，L 为中继段长度（km）；P_{T} 为入纤光功率（dBm）；$P_{\min}$ 为接收机灵敏度（dBm）；α_{c} 为一个光纤接头的损耗（dB）；n 为光纤系统中的接头数；α 为光纤每千米的衰减系数（dB/km）。一般在光缆线路上，每千米光纤有一个接头。

② 色散对中继距离的影响。当光纤系统的码速大于 140 Mb/s 时，如果中继距离过长，由于色散的影响，那么会造成数字信号脉冲过大的展宽，引起码间干扰，从而降低光接收机的灵敏度。就目前的速率系统而言，仅考虑色散影响的中继距离的计算公式为

$$L_{\mathrm{D}} = \frac{\varepsilon \times 10^{6}}{B \times \Delta\lambda \times D} \tag{2.94}$$

其中，L_{D} 为传输距离（km）；B 为线路码速率（Mb/s）；D 为色散系数（ps/(km·nm)）；ε 为与色散代价有关的系数。ε 的值由系统中所选用的光源类型来决定：若采用多纵模激光器，

因其具有码间干扰和模分配噪声两种色散机理，则 ε 取为 0.115；若采用单纵模激光器和半导体发光二极管，则 ε 取为 0.306。

对于某一传输速率的系统而言，应同时考虑上述两个因素，分别算出两个中继距离 L 和 L_D，然后取其中距离短的为该传输速率的实际中继距离。

例 2 - 1　已知一个传输速率为 565 Mb/s 单模光纤传输系统，该系统的总体要求如下：

(1) 光纤通信系统的光纤损耗为 0.1 dB/km，且有 5 个接头，平均每个接头的损耗为 0.2 dB，光源的入纤功率为 −3 dBm，接收机灵敏度为 −56 dBm；

(2) 光纤线路上的线路码型是 5B6B(见后续内容中 mBnB 码)，光纤的色散系数为 2 ps/(km · nm)，光源的光谱宽度为 1.8 nm。

求该系统的最大中继距离。

解　由式(2.93)得

$$L = \frac{P_T - P_{\min} - n\alpha_c - (6 \sim 8)}{\alpha} = \frac{-3 - (-56) - 5 \times 0.2 - 8}{0.1} = 440 \text{ km}$$

由式(2.94)得

$$L_D = \frac{\varepsilon \times 10^6}{B \times \Delta\lambda \times D} = \frac{0.306 \times 10^6}{565 \times (6/5) \times 1.8 \times 2} = 125 \text{ km}$$

因为 $L_D < L$，所以该系统的最大中继距离为 125 km。

5) 线路码型

对于数字端机的接口码型，一般采用双极性码，这样对电脉冲信号来说，以 0 V 为中心，无论产生正脉冲还是负脉冲都是比较容易的。目前常用的双极性码有 HDB$_3$ 码和 CMI 码。HDB$_3$ 码适用于 2 Mb/s～34 Mb/s(1～3 次群)的数字信号接口，而 CMI 码适用于 140 Mb/s 的数字信号接口。

对于光缆数字系统，目前主要采用光强度调制方式，即传输信息仅与发光器件发出的光"有"或"无"两种状态有关，因此应采用单极性码。光缆线路系统对传输码型的主要要求如下：

① 能对中继器进行不中断业务的误码检测；

② 减少码流中长连"0"或长连"1"的码字，以利于端机和中继设备的定时提取，便于信号的再生判决；

③ 能传输监控、公务和区间信号；

④ 能实现比特序列独立性，即不论传输的信息信号如何特殊，其传输系统都不依赖于信息信号而进行正确的传输。

(1) 扰码。为了保证传输的透明性，在系统光发射机的调制器之前，需要附加一个扰码器，将原始的二进制码序列进行变换，使其接近随机序列。它是根据一定的规则将信号码流进行扰码，经过扰码后使线路码流中"0"和"1"出现的概率相等，从而改善了码流的一些特性。但是它仍然存在下列缺点：

① 不能完全控制长连"1"和长连"0"序列的出现；

② 没有引入冗余，不能进行在线误码检测；

③ 信号频谱中接近于直流的分量较大。

因为扰码不能完全满足光纤通信对线路码型的要求，所以许多光纤设备除采用扰码外，还采用其他类型的线路编码。

（2）分组码。

① mBnB 码。最典型的分组码为 mBnB 码，它是把输入码流中每 m 个比特码分为一组，然后变换为 n 个比特。其中 m 和 n 均为正整数，且 $n>m$，一般 $n=m+1$。这样，变换之后码组的比特数比变换前的大，即输入码字共有 2^m 种，输出码字可能组成 2^n 种，使变换后的码流有了"富余"（冗余）。因此，在码流中除了可以传输原来的信息外，还可以传输与误码检测等有关的信息。另外，经过适当的编码之后，可以改善定时信号的提取和直流分量的起伏等问题。

mBnB 码型中有 1B2B、2B3B、3B4B 和 5B6B 等，其中 5B6B 码被认为在编码复杂性和比特冗余度之间是最合理的折中，因此使用较为普遍。5B6B 的编码表如表 2-20 所示。

表 2-20　5B6B 码型的一种方案

输入码字 （5B）		输出码字（6B）		输入码字 （5B）		输出码字（6B）	
		正模式	负模式			正模式	负模式
0	00000	000111	000111	16	10000	001011	001011
1	00001	011100	011100	17	10001	011101	100010
2	00010	110001	110001	18	10010	011011	100100
3	00011	101001	101001	19	10011	110101	001010
4	00100	011010	011010	20	10100	110110	001001
5	00101	010011	010011	21	10101	111010	000101
6	00110	101100	101100	22	10110	101010	101010
7	00111	111001	000110	23	10111	011001	011001
8	01000	100110	100110	24	11000	110011	010010
9	01001	010101	010101	25	11001	001101	001101
10	01010	010111	101000	26	11010	110010	110010
11	01011	100111	011000	27	11011	010110	010110
12	01100	101011	010100	28	11100	100101	100101
13	01101	011110	100001	29	11101	100011	100011
14	01110	101110	010001	30	11110	001110	001110
15	01111	110100	110100	31	11111	111000	111000

② mB1C 码。这种码型是将信码流中的每 m 个比特分为一组，然后在其末位之后插入一个反码（又称补码），即 C 码。C 码的作用是：如果第 m 位码为"1"码，则反码为"0"；反之则为"1"。

例如，8 个码元为一组的码组为 11011001；编为 8B1C 码时的码组为 110110010。可见插入 C 码可以进行误码检测，还可以减少连"0"或连"1"的不良影响。

③ mB1H 码。这种码是将信码流中每 m 个比特码分为一组，然后在其末位之后插入一个混合码，称为 H 码。这种码型具有多种功能，除可以完成 mB1P 和 mB1C 码的功能

外，还可以同时用来完成区间通信、公务联络、数据传输以及误码检测等功能。

④ 其他线路码型。在光纤通信中，有时会利用电缆传送数字信号，因此可用 ITU - TG.703 建议的物理/电气接口码型。如伪双极性码，即 CMI 码和 DMI 码，其变换规则如表 2 - 21 所示。

表 2 - 21　CMI 码变换规则

输入码字	CMI 码	
	模式 1	模式 2
0	01	01
1	00	11

由于 CMI 码结构均匀，传输性能较好，可以用游动数字和的方法检测误码，因此误码检测性能较好。由于它是一种电接口码型，因此传输速率为 13 9264 kb/s 光纤传输系统就用 CMI 码作为光线路码型。另外，它还不需重新变换而直接用四次群复用设备送来的 CMI 信号调制光源。接收端也可直接将再生还原的 CMI 码直接送给四次群复用设备，因而不需要线路码型的变换和反变换设备。

CMI 码的缺点是码速提高率(等于 100%)太大，以及传送辅助信息的性能较差。

2. 光电中继器与全光中继器

光纤通信是利用光纤传输信号的，光信号在传输过程会出现两个问题：

(1) 光纤损耗使光信号的幅度衰减，限制了光信号的传输距离。

(2) 光纤的色散特性使光信号波形失真，造成噪声和误码率增加。

这些问题不仅限制了光信号的传输距离，也限制了光纤的传输容量。为了增加光纤的通信距离和通信容量，就必须在光纤传输线路中每隔一定的距离设置一个中继器。中继器的功能主要有：

(1) 补偿衰减的光信号。

(2) 对失真的信号波形进行整形。

在长距离传输时，中继器是保证高可靠性和高质量传输的重要部分。光纤通信中的中继器主要有两种：一种是光电中继器，另一种是全光中继器。

1) 光电中继器的基本结构

(1) 中继器的构成。由于目前用于长距离传输的多为数字信号系统，因此我们主要讨论的也是数字光电中继器，即光/电/光型中继器。这样的中继器是由一个没有线路码型变换和反变换的光接收和光发射相连接的系统，如图 2 - 109 所示。这种光中继器的电路要比光端机的电路简单，但主要的电路原理是一样的。

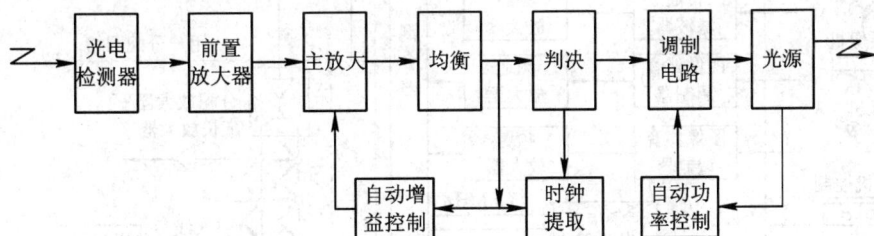

图 2 - 109　数字光中继器原理框图

(2) 中继器的结构形式。中继器有的是设在机房中，有的是箱式或罐式，有的是直埋在地下或架空光缆的电杆上。对于直埋和架空的室外中继器必须有良好的密封性能。

(3) 光中继器的公务监控方式。光中继器的公务监控等信号有两种传输方法：一种是与主信道分开，另设传输信道；另一种是将这些信号插入到主信道信号中和主信号一起传输，到了中继器再分开。二者各有优缺点，目前主要采用第二种方式。这一过程主要由光中继器中的插电路和分电路来完成。

2）全光中继器

目前，在光纤通信中的中继器主要还是光电中继器，这是一种间接的信号放大过程。但是随着光纤通信技术和光器件的快速发展，一种光纤放大器作为光中继器的用途越来越受到广泛关注。目前所研制的光放大器主要是掺铒光纤放大器，这种放大器的工作原理及工作特性在前边章节已作过详细讨论，这里我们仅简单介绍一下它的用途。

掺铒光纤放大器是一个直接对光波实现放大的有源器件，可在光纤线路中代替目前广泛使用的光/电/光型中继器，其工作原理图如图 2-110 所示。用掺铒光纤放大器作中继器的优点是设备简单，没有光—电—光的转换过程，工作带宽较宽；缺点是光放大器作中继器时，对波形的整形不起作用。

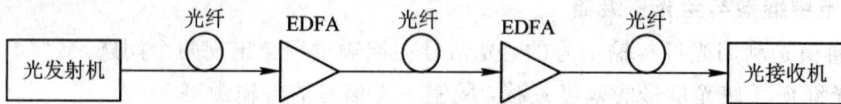

图 2-110　掺铒光纤放大器用作光中继器的原理框图

3. 模拟光纤通信系统及技术指标

虽然目前许多光纤通信系统采用数字信号传输方式，但仍然有许多应用领域适宜采用模拟传输。当光纤系统受带宽限制而不是受损耗限制，以及终端设备的价格较高成为主要的考虑因素时，就值得采用模拟系统。例如，视频信号的短距离传输，CATV 系统等采用模拟传输更为合理。CATV 传输系统的基本组成如图 2-111 所示。

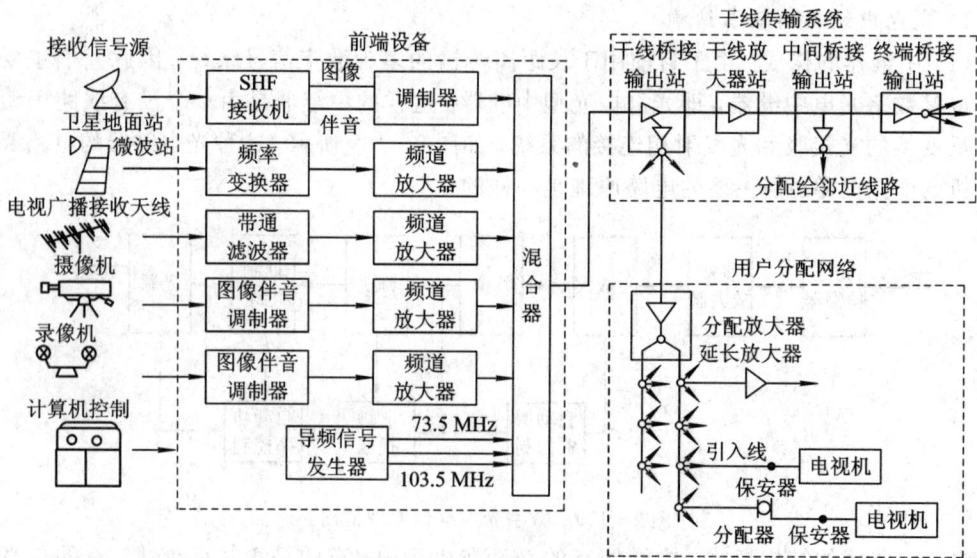

图 2-111　CATV 传输系统基本组成

　　模拟通信系统除占用带宽较窄外，还有电路简单、价格便宜等优点，因此，目前的电视传输广泛采用模拟通信系统。另外，由于电视的数字化传输要求较复杂的技术，特别是当今社会对电视频道数目的要求日益增多，因此要传输几十甚至上百路电视信号，需要极其复杂的编码和解码技术，且设备的价格昂贵。在这种情况下，副载波复用(SCM)模拟光纤通信系统受到了很大重视而得以迅速发展。在这种 SCM 系统中，视频基带信号对射频副载波的调制可以采用调频(FM)或调幅(AM)。目前，在卫星模拟电视传输中，视频信号对微波的调制采用的是调频(FM)，所以连接卫星地面站的干线光纤传输系统要采用 FM/SCM 方式。在现有电视设备都是模拟的而数字电视又未能普遍应用的今天，以及未来的一段时间里，采用 SCM 模拟光纤通信系统传输多路电视，不失为一种明智的选择。

　　光纤通信系统中模拟信号的传输主要采用三种调制技术：一是最简单和应用最广泛的光源的基带直接光强度调制方式；二是脉冲频率调制方式；三是光波副载波调制方式。下面就对这几种调制方式分别进行讨论。

　　(1) 基带模拟光传输系统。基带模拟光调制是用承载信息的模拟基带信号，直接对光发射机光源(LED 或 LD)进行光强度调制，使光源的输出光功率随时间变化的波形和输入模拟基带信号的波形成比例。

　　模拟基带直接强度调制(D - IM)光纤传输系统由光发送机、光纤线路和光接收机(光检测器)组成。系统的原理方框图如图 2 - 112 所示。

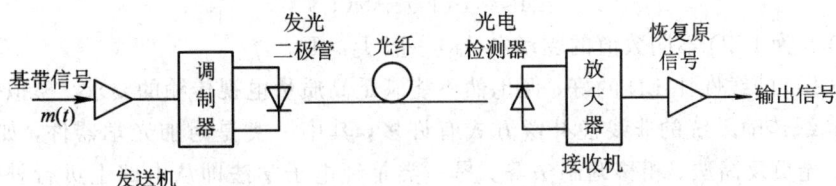

图 2 - 112　模拟信号直接光强度调制系统方框图

　　评价模拟信号直接强度调制系统传输质量的最重要的特性参数是信噪比(SNR)和信号失真。我们在这里定义信噪比为均方信号电流对均方噪声电流之比。设调制信号为

$$m(t) = m_a \cos\omega_m t \qquad (2.95)$$

其中，m_a 为调制指数，$m_a = (P_{max} - P_i)/P_i$，$P_i$ 为平均发送光功率(即为调制载波功率)；ω_m 为调制信号的角频率。发送的信号光功率为

$$P_{out}(t) = P_i(1 + m_a \cos\omega_m t) \qquad (2.96)$$

　　① 当用 APD 检测器时，光电流为

$$I(t) = I_p \langle M \rangle (1 + m_a \cos\omega_m t) \qquad (2.97)$$

其中，$I_p = R_0 P_0$，P_0 为平均接收光功率。信噪比为

$$\left(\frac{S}{N}\right)_{rms} = \frac{\frac{1}{2}(m_a \langle M \rangle I_p)^2}{2eB(I_p + I_D)\langle M \rangle^2 F(\langle M \rangle) + \dfrac{4kTBF_n}{R_L}} \qquad (2.98)$$

其中，I_D 为暗电流；$\langle M \rangle$ 为倍增增益；$F(\langle M \rangle)$ 为过剩噪声因子；F_n 为放大器的噪声系数；R_L 为负载电阻；e 为电子电荷；B 为噪声带宽。式(2.98)中，总的电流噪声包括光电流散弹噪声、暗电流噪声及电路的热噪声。

② 当用 PIN 检测器时，$\langle M \rangle = 1$，$F(\langle M \rangle) = 1$。

③ 用于电视传输时，常用峰-峰图像信号功率与均方噪声功率之比来定义信噪比。若采用 PIN 检测器，则信噪比为

$$\left(\frac{S}{N}\right)_{p-p} = \frac{2(m_a I_p b)^2}{2eB(I_p + I_D) + \dfrac{4kTBF_n}{R_L}} \tag{2.99}$$

其中，系数 b 表示亮度与复合视频之比。

下面我们将介绍信号的失真特性。只有当系统输出光功率与输入电信号成比例地随时间变化时，系统的输出信号才能真实地反映输入信号，即不发生信号失真。一般情况下，由于实现光/电转换的光源在大信号条件下的线性较差，因此发射机光源的输出功率特性是 D-IM 系统产生非线性失真的主要原因。非线性失真一般可以用幅度失真参数-微分增益(DG)和相位失真参数(DP)表示。DG 的值可以从 LED 输出功率特性曲线得出，其定义为

$$DG = \left[\frac{\left.\dfrac{dP}{dI}\right|_{I_2} - \left.\dfrac{dP}{dI}\right|_{I_1}}{\left.\dfrac{dP}{dI}\right|_{I_2}}\right]_{max} \times 100\% \tag{2.100}$$

DP 是 LED 发射光功率 P 和驱动电流 I 的相位延迟差，其定义为

$$DP = \varphi(I_2) - \varphi(I_1) \tag{2.101}$$

其中，I_1 和 I_2 为 LED 不同数值的驱动电流，一般 $I_2 > I_1$。

虽然 LED 的线性比 LD 的好，但仍然不能满足高质量电视传输的要求。模拟信号直接光强调制光纤传输系统的非线性补偿方式有许多，其中一类是附加光学器件，如前馈法、准前馈法、光负反馈法、相移调制法等。另一类是纯电子学法即从电路上进行补偿，目前主要采用从电路方面进行非线性补偿，如预失真补偿方式。这种补偿方式不仅能获得对 LED 的补偿，而且能同时对系统中其他元件的非线性进行补偿。

基带信号的光源直接强度调制方式的优点是方法简单，但对采用这种调制方案的发射机有下列要求：

(a) 发射光功率要大，以利于增加传输距离；

(b) 非线性失真要小，以利于减小微分相位(DP)和微分增益(DG)的值，或增大调制指数；

(c) 增大调制指数，有利于改善信噪比，但不利于减小 DP 和 DG 的值；

(d) 光功率的稳定性要好。

而对采用该方案的接收机有下列要求：

(a) 信噪比要高；

(b) 幅频特性要好；

(c) 频带要宽。

(2) 脉冲频率调制光传输系统。脉冲频率调制(PFM-IM)是一种脉冲重复频率随调制信号幅度的大小呈线性变化的脉冲调制，这种调制其脉冲宽度保持不变，因此又称为等脉冲频率调制。与直接强度调制(D-IM)相比，它对光源的线性放宽，改善了信噪比，但也增加了对带宽的要求。PFM-IM 光纤传输系统方框图如图 2-113 所示。

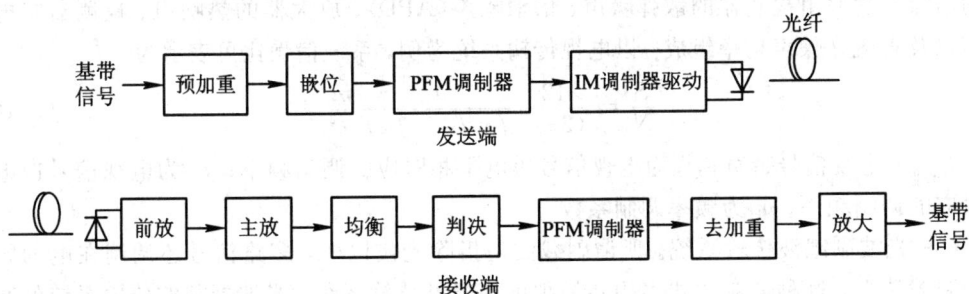

图 2-113　PFM-IM 光纤传输系统方框图

从图 2-113 中可看出这种调制方式的工作过程。下面仅就调制电路作简要的说明。调制电路的原理框图如图 2-114 所示。

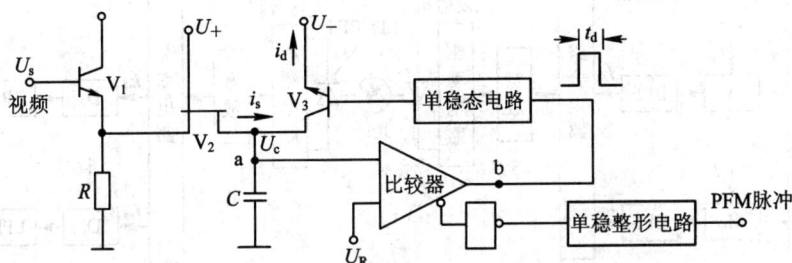

图 2-114　PFM 调制器的原理框图

系统对 PFM 调制器的要求如下：

（a）调制线性好；

（b）调制系数大；

（c）调制灵敏度高；

（d）稳定可靠。

由钳位电路来的调制信号 U_s 进入场效应管 V_2 中变为电流 i_s 向电容器 C 充电，当充电电压超过 U_R 时比较器状态翻转，然后通过单稳态电路形成等宽脉冲去控制开关管 V_3 导通，电容器 C 通过 V_3 放电。等宽脉冲消失后，V_3 截止，i_s 又对 C 充电，进入下一轮的循环。这种电容放电式 PFM 调制器的优点是可以获得较高的频率调制系数（2～3），从而有利于提高信噪比。这种调制器的调制灵敏度可达 30 MHz/V，在频率为 20 MHz～50 MHz 范围内的调制线性良好。

从图 2-113 中我们看到，在调制端采用了预加重技术，这在一定程度上改善了高频端的信噪比，并可改善 DG 特性和 DP 特性。对于这样的 PFM 调制器所对应的解调电路也很简单，通过低通滤波器即可实现。下面介绍 PFM 系统的信噪比特性。

在 PFM 系统中，PFM 脉冲在传输中会产生抖动，这直接影响传输的质量，这种抖动有随机抖动和系统抖动，其中随机抖动影响系统的信噪比，而系统抖动引起非线性失真。随机抖动主要是叠加在接收端均衡波形上的幅度噪声通过判决而产生。随机抖动可表示为

$$\sigma_r^2 = \frac{\sigma_n^2}{\theta^2} \tag{2.102}$$

其中，σ_r^2 为随机抖动方差；θ 为均衡波半峰值处的斜率；σ_n^2 为均衡器输出噪声功率。均衡器的输出噪声功率由检测器的散弹噪声、倍增噪声（APD）、放大器的热噪声、检测器暗电流噪声以及直流光噪声功率组成。以电视传输系统为例，系统信噪比可表示为

$$\frac{S}{N} = \frac{12}{(2\pi)^2} \frac{1}{f_b(f_B + f_w)} \frac{m_f^2}{\sigma_r^2} \tag{2.103}$$

其中，f_b 为电视信号带宽；f_B 为电视信号黑电平相对应的调制频率；f_w 为电视信号白电平相对应的调制频率；m_f 为频率调制系数。

（3）光波副载波传输系统。所谓副载波是指除光波以外，多路信号还调制在电的频分复用副载波上，这种调制方式多用在模拟电视光纤传输系统。光波副载波传输系统的原理方框图如图 2-115 所示。

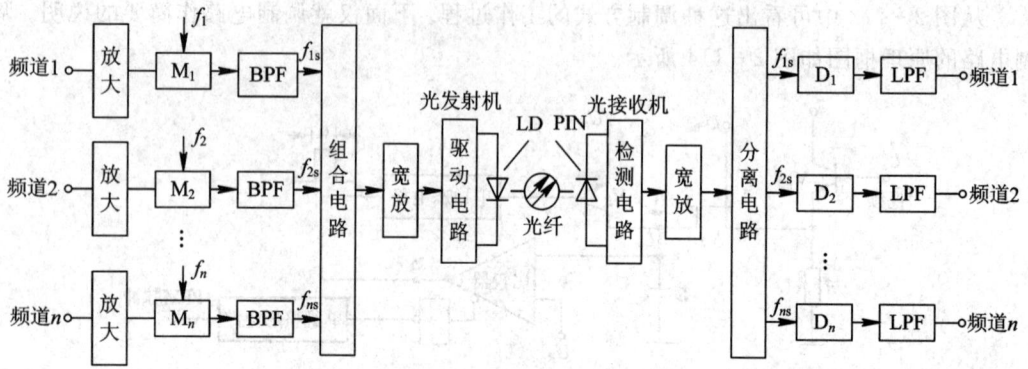

M_i—调制器；D_i—解调器；BPF—带通滤波器；LPF—低通滤波器

图 2-115 光波副载波传输系统

n 个频道的模拟基带电视信号调制频率分别为 f_1，f_2，f_3，$\cdots$，f_n 的射频（RF）信号，把 n 个带有电视信号的副载波 f_{1s}，f_{2s}，f_{3s}，$\cdots$，f_{ns} 组合成多路带宽信号，再用这个带宽信号对光源进行光强度调制，实现电/光转换。光信号经过传输后，由光接收机实现光/电转换，经分离和解调，最后输出 n 个频道的电视信号。

光波副载波传输系统与其他的多路传输系统，如时分复用数字系统和相干光通信系统相比，有如下优点：

（a）不需要复杂的数字编码和数字复用技术，可借助微波通信技术，这样可降低成本。

（b）副载波频率可以从 VHF 频段到微波波段，且仅受到激光器调制速率的限制，因此具有频带宽和容量大的优点。

（c）对激光器的频谱纯度、频率稳定度没有特别的要求。

（d）该系统的频带不是由很低的频带开始，因此在接收端一般不需要宽带放大器，这样可以避免宽带放大器产生的较大噪声的影响，从而能够提高接收机灵敏度。

（e）在频率分配上表现出极大的灵活性。

（f）信道之间相互独立，不需要有同步系统。

因此光波副载波传输系统从带宽和成本及运用上的灵活性方面看，都非常适用于局部区域网的需要及 B-ISDN 的发展。但是该系统受到光源和光纤传输中的非线性影响，传输质量受到限制。但各种光电技术的发展，也为光波副载波传输系统的发展创造了有利的条

件。实验证明，光波副载波传输系统可用于高速数据、模拟音频和视频信号以及目前正在发展的高清晰度电视传输。

下面介绍光波副载波传输系统的特性参数：信噪比和信号失真。

① 信噪比。信噪比（CNR）的定义是，把满负载、无调制的等幅载波置于传输系统中，在规定的带宽内特定频道的载波功率 C 和噪声功率 N_p 的比值，并以 dB 为单位，用公式表示为

$$\frac{C}{N_p} = \frac{\langle i_c^2 \rangle}{\langle i_n^2 \rangle}, \quad \text{CNR} = 10 \lg \frac{C}{N_p} \tag{2.104}$$

其中，$\langle i_c^2 \rangle$ 为均方载波电流；$\langle i_n^2 \rangle$ 为均方噪声电流。

当系统使用 PIN - PD 检测器时，从光检测器输出的信号电流（载波电流）为

$$i_c = I_0 \left(I + m \sum_{i=1}^{N} \cos\omega_i t \right) \tag{2.105}$$

均方载波电流为

$$\langle i_c^2 \rangle = \left(\frac{I_m}{\sqrt{2}} \right)^2 \tag{2.106}$$

其中，$I_m = mI_0$ 为信号电流幅度；I_0 为平均信号电流；$m = m_0/\sqrt{N}$ 为每个频道的调制指数，m_0 为总调制指数；N 为频道总数。

噪声的来源主要有激光器、光电检测器和前置放大器。略去暗电流，系统的总均方噪声电流为

$$\langle i_n^2 \rangle = \langle i_{RIN}^2 \rangle + \langle i_q^2 \rangle + \langle i_T^2 \rangle = (\text{RIN})I_0^2 B + 2eI_0^2 B + \frac{4kTFB}{R_L} \tag{2.107}$$

其中，$\langle i_{RIN}^2 \rangle$、$\langle i_q^2 \rangle$ 和 $\langle i_T^2 \rangle$ 分别为激光器的相对强度噪声、光检测器的量子噪声和折合到输入端的放大器噪声产生的均方噪声电流；e 为电子电荷；B 为噪声带宽；k 为玻尔兹曼常数；T 为热力学温度；R_L 为光检测器负载电阻；F 为前置放大器噪声系数。

② 信号失真。副载波复用模拟电视光纤传输系统的信号失真用组合二阶互调（CSO）失真和组合三阶差拍（CTB）失真这两个参数表示。

在给定的频道上，出现的所有双频率组合的总和称为二阶互调（CSO）失真，三个频率的非线性组合称为三阶差拍（CTB）失真。一般某一个频道的 CSO 和 CTB 分别表示为

$$\begin{cases} \text{CSO} = 10 \lg \left[C_{2i} \left(\dfrac{P''}{2P'^2} \right)^2 (P_0 m)^2 \right] \\ \text{CTB} = 10 \lg \left[C_{3i} \left(\dfrac{P'''}{2P'^2} \right)^2 (P_0 m)^4 \right] \end{cases} \tag{2.108}$$

其中，C_{2i} 和 C_{3i} 分别为组合二阶互调和组合三阶差拍的系数，在频道频率配置后具体计算；P'、P'' 和 P''' 分别为 P 对 I 的一阶、二阶和三阶导数，其数值由实验确定；$P_0 m$ 为每个频道输出光信号的幅度。

CSO 和 CTB 将以噪声的形式对图像产生干扰，为减小这种干扰，可采用下列方法：

（a）采用合理的频率频道配置，以减小 C_{2i} 和 C_{3i} 的值，改善 CSO 和 CTB 的值；

（b）限制调制指数 m 的值，以保证 CSO 和 CTB 的值符合规定的指标；

（c）采用外调制技术，把光载波的产生和调制分开。

习题与思考题

2-1 单模光纤和多模光纤有何区别？各有何用途？

2-2 根据 ITU-T 建议，单模光纤分为哪几类？G.655 光纤有何特点？

2-3 什么是光纤的数值孔径 NA？它有何物理意义？

2-4 光纤的波动方程是什么？

2-5 光纤的电磁场表达式是什么？

2-6 光纤的特征方程是什么？它有何物理意义？

2-7 什么是光纤的截止波长？

2-8 光纤传输特性通常有几种？它们分别是什么？

2-9 通常光缆的结构有哪些组成部分？

2-10 光缆型号是如何标识的？如 GYGZL03-12T50/125 代表什么意思？

2-11 试述激光器的一般工作原理。

2-12 什么是 LED？

2-13 激光二极管的工作特性有哪些？

2-14 分布反馈式激光器(DBR)具有哪些优点？

2-15 什么是 PIN？

2-16 什么是 APD？

2-17 PIN 和 APD 有何区别？

2-18 什么是光纤连接器？它的主要性能指标有哪些？

2-19 什么是光纤耦合器？

2-20 光开关的作用是什么？有何质量指标？

2-21 什么是光隔离器？它有何用途？

2-22 什么是光环形器？它有何用途？

2-23 试述光栅的定义和应用。

2-24 什么是波分复用器？试举例说明其组成和工作原理。

2-25 光放大器的作用是什么？试说明其工作原理。

2-26 光纤数字发射机由哪几部分组成？各有什么作用？

2-27 数字光接收机由哪几部分组成？光接收机的噪声源和分布分别是什么？

2-28 数字光纤通信系统的主要质量指标是什么？

2-29 已知一个传输速率为 565 Mb/s 的单模光纤传输系统，其系统总体要求如下：

(1) 光纤通信系统的光纤损耗为 0.15 dB/km，有 5 个接头，平均每个接头的损耗为 0.2 dB，光源的入纤功率为 -3 dBm，接收机的灵敏度为 -56 dBm；

(2) 光纤线路上的线路码型是 5B6B，光纤的色散系数为 2 ps/(km·nm)，光源光谱宽度为 1.8 nm。

求该系统的最大中继距离。

2-30 什么是 $mBnB$ 码？光纤通信中常用哪几种码？

第3章　高速率大容量光纤传输系统

　　☞随着社会信息化进程的发展，人们对通信的依赖程度越来越高，对通信系统运载信息能力的要求也日趋增强。目前发展迅速的各种新型业务（高速数据、高速视频以及高速局域网等业务）对通信网的带宽（容量）提出了更高的要求，促使光纤传输系统向着更高速率、更大容量的方向发展。

　　本章首先阐述光纤通信的各种复用技术，然后重点介绍密集波分复用（DWDM）光网络的原理、关键技术和特点，最后简单介绍光放大器技术及高速光纤技术。

3.1　光纤通信的复用技术

　　随着信息时代的到来，人们对信息量的需求急剧增加，为了适应通信网传输容量的不断增长，人们采用了各种复用方法。复用技术是为了提高通信线路的利用率而采用的在同一传输线路上同时传输多路不同信号而互不干扰的技术。本节主要讲述波分复用、频分复用、副载波复用、时分复用、空分复用和光码分复用等几种常用的光复用技术。

3.1.1　波分复用（WDM）技术

　　波分复用（WDM）是指在一根光纤上同时传送多个波长的光载波，因此又称为光波长分割复用。WDM 技术在一根光纤上承载多个波长（信道），将一根光纤转换为多条"虚拟"纤，每条虚拟纤独立工作在不同的波长上。应用 WDM 技术，原来在一根光纤上只能传送一个光载波的单一光信道变为可传送多个波长光载波的光信道，使得光纤系统的容量大大地增加，对实现高速通信有着十分重要的意义。

　　WDM 系统如图 3-1 所示，把光波作为信号的载波，在发送端，采用复用器（合波器）将载有信息的不同波长的光载波在光频域内以一定的波长间隔合并起来，并送入一根光纤中进行传输；在接收端，再利用解复用器（分波器）将各个不同波长的光载波分开，并作进

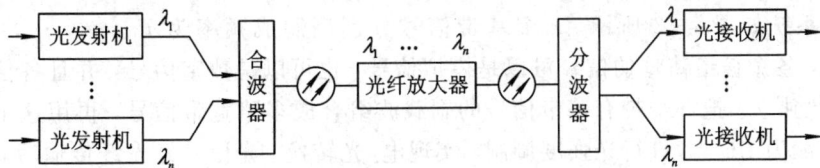

图 3-1　WDM 系统

一步的处理，恢复出原信号后送入不同的终端。由于每个不同波长信道的光信号在同一光纤中是独立传输的，因此在一根光纤中可实现多路光信号的复用传输，这样就能充分利用光纤宽带的传输特性，使一根光纤起到多根光纤的作用。

WDM 是对多个波长进行复用的，能够复用多少个波长与相邻两波长之间的间隔有关，间隔越小，复用的波长个数就越多。根据相邻信道波长之间的间隔不同，波分复用可分成粗波分复用（CWDM）和密集波分复用（DWDM），一般将相邻信道中心波长的间隔为 50 nm～100 nm 的系统称为 CWDM 系统，而将相邻信道中心波长的间隔为 1 nm～10 nm 的系统称为 DWDM 系统。

3.1.2 光频分复用（OFDM）技术

光频分复用（OFDM）与光波分复用在本质上一样，复用原理也相同。光频分复用是指光频率的细分，当多个光信道在光频域内排列非常密集时，不适合用波长来表征而更适合用频率来衡量，这时称之为光频分复用。一般将相邻光载波间隔小于 1 nm 的系统称为 FDM 系统。

FDM 系统将在光纤中传输的光波按其频率分割成若干光波频道，每个频道作为信息的独立载体，实现在一条光纤中的多频道复用传输。在发送端，将各支路信息以适当的调制方式调制在相应的光载频上，经合波器将各路 FDM 信号耦合到一根光纤中传输；在接收端，原则上也可采用波分复用的办法，用分波器将各种光载波信号分开，但在密集频分的情况下，传统的 WDM 器件难以区分各路光载波，需要采用分辨率更高的技术来选取各个光载波，如利用可调谐光滤波器和相干光通信技术。在接收端选取光载波的方法主要有两种，一种方法是利用相干光纤通信的外差检测方法，用本振激光器调谐；另一种方法是利用常规的光纤通信的直接检测与可调谐光纤滤波器。

3.1.3 副载波复用（SCM）技术

光副载波复用（OSCM）技术是指多路信号经不同的载波调制后，由同一光波长在光纤上传输的一种复用方式。

光副载波复用首先将多路基带信号调制到不同频率的射频（副载波，一般为超短波到微波的频率段）上，然后将多路副载波信号复用后再去调制一个光载波。在发送端经过两次调制，先是进行电调制，载波是电射频波，再进行光调制，载波是光波。在接收端，同样也需要二步解调，首先利用光电检测器恢复出多路射频信号，然后用电子学的方法从各射频波中恢复出多路基带信号。由此可知，副载波复用系统采用两次调制和解调，两重载波即是光波和射频波，其中射频波称为副载波。

SCM 系统如图 3-2 所示，n 个基带信号分别调制成频率为 f_1，f_2，$\cdots$，f_n 的射频（RF）信号，各个信道传输的信号可以是模拟信号，也可以是数字信号，并且各信道的调制方式也彼此独立。把 n 带有基带信号的副载波组合成多路宽带信号，再用这个宽带信号对光源（一般为 LD 光）进行光强度调制，实现电/光转换。光信号经光纤传输后，由光电检测器实现光/电转换，经分离和解调，最后输出 n 个基带信号。

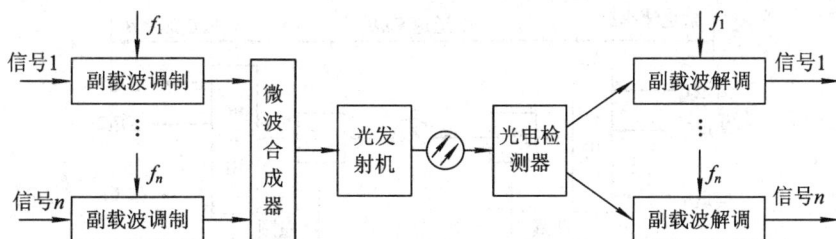

图 3 - 2　SCM 系统

SCM 系统具有以下特点：

（1）可采用现有成熟的微波技术和设备，实现较为简单，成本较低；

（2）可以传输模拟信号，也可以传输数字信号，还可以同时传输模拟信号和数字信号，实现各种不同业务的兼容；

（3）SCM 系统只接收本地载波频带内的信号和噪声，因此接收灵敏度较高；

（4）信道之间相互独立，不需要复杂的定时同步技术。

3.1.4　时分复用（TDM）技术

在电通信系统中，时分复用（TDM）技术是已经发展很成熟的一种复用方式，并且得到了广泛应用。但随着传输速率的提高，电子器件对高速率传输的电信号产生了限制，因此，为进一步提高信息的传输速率，需考虑利用光的复接和分接技术。

光时分复用（OTDM）技术是电时分复用技术在光学领域的延伸和扩展，OTDM 使用高速光电器件来代替电子器件，完全在光域上实现从低速率到高速率的复用，从而克服了电 TDM 所固有的电子瓶颈问题。

OTDM 是用多路电信号调制具有同一个光频的不同光通道（时隙），经复用后在同一根光纤中传输的技术，它在系统发送端对多个低速率数据流在光域进行复用，在接收端用光学方法进行解复用，而传统的电 TDM 是利用复用器的分路时钟，分别读取各个支路的信号进行合路。在电 TDM 信号中，各个支路的位置由复用器时钟来控制，而在光 TDM 中，各支路脉冲的位置用光学方法来调整，并由光纤耦合器来合路，因而复用和解复用设备中的电子电路只工作在相对较低的速率。电和光 TDM 系统的比较如图 3 - 3 所示。

OTDM 在发送端的同一载波波长上，把时间分割成周期性的帧，每一帧再分割成若干个时隙，然后根据一定的时隙分配原则，使每个信元在每帧内只能按指定的时隙向信道发送信号；接收端在同步的条件下，分别在各个时隙中取回各自的信号而不混扰。OTDM 可分为比特交错 OTDM 和分组交错 OTDM，这两种复用方式都需要利用帧脉冲信号来区分不同的复用数据或分组。图 3 - 4 给出了 OTDM 的复接原理，其中图（a）为比特交错 OTDM，图（b）为分组交错 OTDM。比特交错 OTDM 在传输过程中按顺序将比特流从 1 至 n 循环编号，编号为 i 的比特在第 i 路时隙中传输，每个时隙对应一个待复用的支路信息（一个比特），同时还有一个帧脉冲信息，主要用于电路交换业务。分组交错 OTDM 帧中每个时隙对应一个待复用支路的分组信息（若干个比特区），而帧脉冲作为不同分组的界限，主要用于分组交换业务。

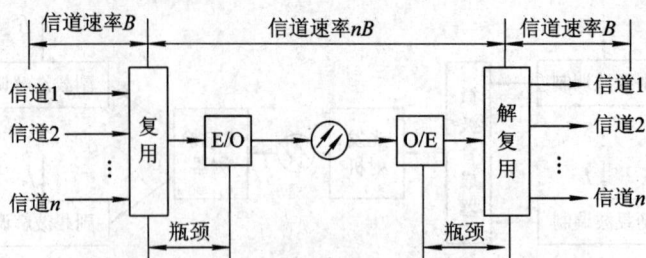

(a) 电时分复用

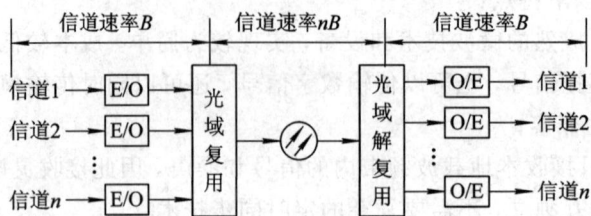

(b) 光时分复用

图 3-3 时分复用系统

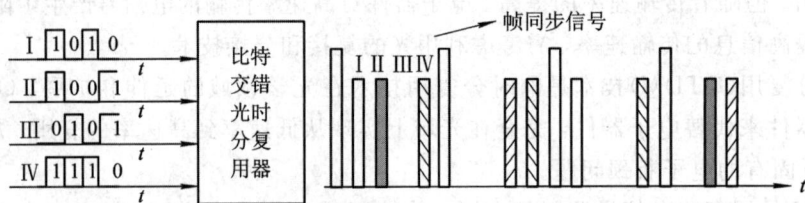

(a) 比特交错

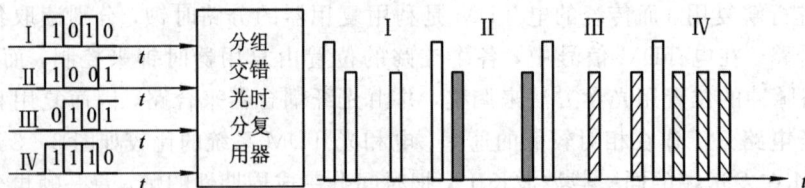

(b) 分组交错

图 3-4 OTDM 复接原理

比特交错 OTDM 的实现如图 3-5 所示。锁模激光器输出窄脉冲周期序列，经分路器分为 n 路，每路窄脉冲周期序列分别分配给各支路数据流，第 i 支路光数据流（$i=1$，2，$\cdots$，n）脉冲通过适当长度的光纤延迟线延时 i 个时隙，未延时的光脉冲作为帧脉冲，延迟后的各路光脉冲经调制器被每路支路数据流（电信号）外调制，调制后的光脉冲以及帧脉冲经合路器形成高速光脉冲流在光纤中进行传输，其中帧脉冲的发送功率高于数据脉冲，以便于解复用。在接收端，复用后的高速光脉冲流经分路器分成两个数据流，将其中一个数据流延迟 i 个时隙后送入门限判决器，由于帧脉冲的能量大于数据脉冲的能量，因此判决器的输出为被延迟了 i 个时隙的帧脉冲，帧脉冲在时间上所处的位置与要提取的第 i 支路的信号脉冲相一致，将延时后的帧脉冲数据流与复接脉冲数据流进行逻辑与操作，与门输出的即为第 i 支路的数据流。

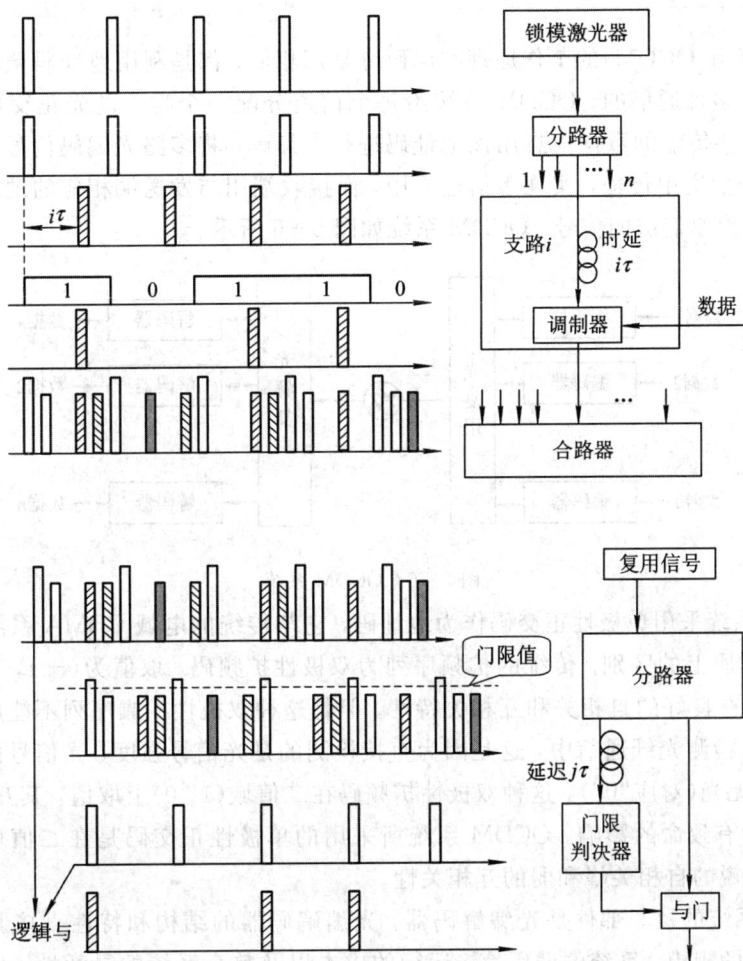

图 3-5　比特交错 OTDM 的实现

3.1.5　空分复用(SDM)技术

　　空分复用(SDM)是指利用空间的分割实现复用的一种方式，将多根光纤组合成束实现空分复用，或者在同一根光纤中实现空分复用。空分复用包括光纤复用和波面分割复用。

　　光纤复用是指将多根光纤组合成束组成多个信道，相互独立传输信息。在光纤复用系统中，每根光纤只用于一个方向的信号传输，双向通信需要一对光纤，即所需的光纤数量加倍。光纤复用可以认为是最早的和最简单的光波复用方式。

波面分割复用是指在同一根光纤中的纤芯区域光束沿空间进行波面分割复用。因为单模光纤纤芯部分芯径很小，而且传输的光束波面各点的相位值存在随机变化，所以这种波面的空间分割是极为困难的。尽管最近提出了相干度的理论分割方法，采用多维相干度调制解调器实现多路空分复用，但是距离实用化还有漫长的道路要走。

3.1.6　光码分复用（OCDM）技术

光码分复用（OCDM）的工作原理与电码分复用相似，都是利用地址码调制和扩展频谱的原理来实现多址通信的。OCDM 系统给每个信道分配一个唯一的光正交码作为该信道的地址码，对要传输的数据信息用该地址码进行光编码，将多路光编码信号调制在同一光波上并在光纤信道中传输，实现多信道复用，而接收端用与发送端相应的地址码进行光解码，即可恢复出原信道的信号。OCDM 系统如图 3-6 所示。

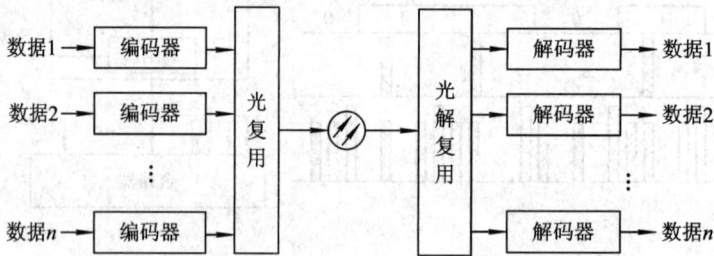

图 3-6　OCDM 系统

OCDM 系统采用单极性正交码作为地址码，它与传统的电域 CDMA 系统所采用的扩频序列有着本质上的区别。传统的扩频序列为双极性扩频码，取值为（+1，-1），即正负电平都有，具有良好的自相关和互相关特性。但是这种双极性扩频序列不能应用于现有的强度调制直接检测光纤通信中，这是因为直接检测的是光信号强度，光信号的强度为有光（对应"1"）和无光（对应"0"），这种双极性扩频码在二值域（1，0）上取值，其互相关峰很大，对系统的性能有致命的影响。OCDM 系统所采用的单极性正交码是在二值域（1，0）上取值，且具有尖锐的自相关峰和弱的互相关性。

OCDM 系统的核心部件是光编解码器，光编解码器的结构和特性直接影响系统的功率损耗、用户的规模、系统的误码率、运行的成本以及整个系统的灵活性。根据地址码占用的资源不同，OCDM 系统的编解码方式主要分为三种：时域编码、频域编码和空域编码。时域编码是利用时域的光序列进行编码，也称为扩频编码；频域编码是对光脉冲的光谱进行编码，又称为光谱编码；空域编码是利用空间光纤进行编码。在技术上最成熟的是时域编码，下面主要介绍时域编码的原理。

OCDM 系统时域编码的原理如图 3-7 所示。在发送端，光编码器将数据比特转换成扩频序列；而在接收端，光解码器利用相关解码原理将扩频序列恢复为数据比特。编码器根据地址码将所要传输的二进制数据"1"变换成高速率光脉冲序列，光脉冲序列由地址码确定，对数据"0"不进行编码。经编码后，系统的传输速率增大了，频谱展宽了，展宽倍数为地址码的长度，通过设计合适的地址码，多个用户可共用一个光带宽，接收端用与发送端相同的地址码对接收到的编码信号进行解码，即可恢复出原信道的信号。

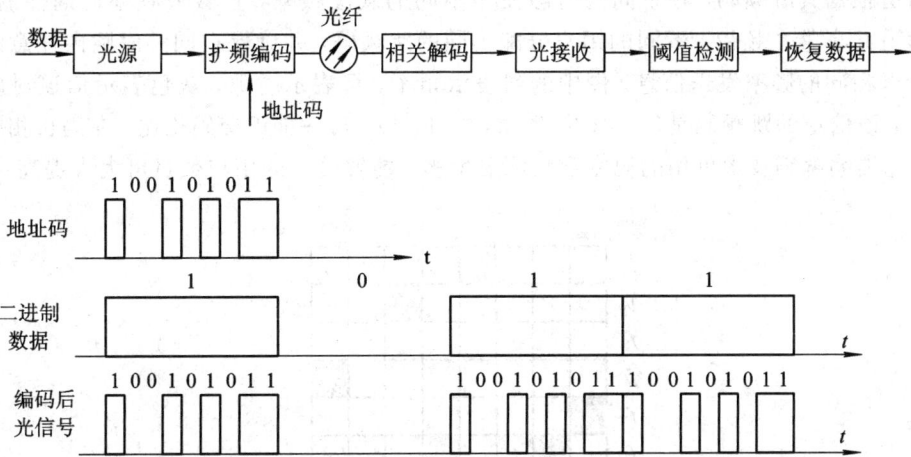

图 3-7 OCDM 系统的时域编码

光纤延迟线编解码器是一种实现时域编解码的基本器件，利用短脉冲激励不同长度的光纤可获得不同的时延。光纤延迟线编解码器包括固定光纤延迟线编解码器和可调光纤延迟线编解码器。固定光纤延迟线编解码器只能对特定的码字实现编解码，而在 OCDM 系统中，一个用户需要与不同用户进行通信，同时也要接收来自不同用户的信息，因此需要利用不同的地址码进行编解码，利用可调编解码器能够很方便地实现用户的通信需求。可调光纤延迟线编码器如图 3-8 所示，它由光分路器、N 条可调光纤延时线、合路器和延迟控制器组成。工作时先把用户地址码发送给延迟控制器，延迟控制器根据码字中"1"的位置控制可调光纤延迟线，使第 j 条可调延时线延时 i_j 个时间单位。可调解码器的结构和编码器相同，只是延时控制器的输入有所不同，解码器进行相关运算后，从接收信号中检测出该用户的信号。

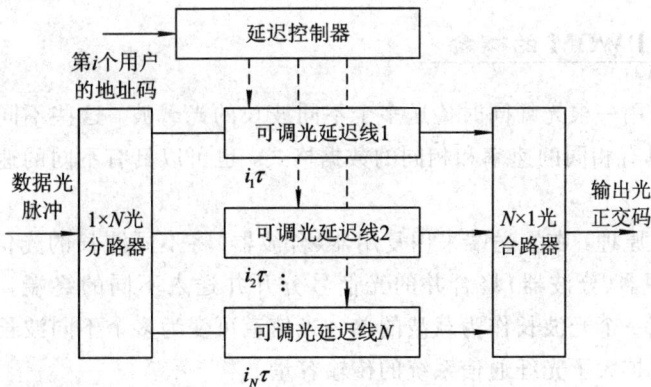

图 3-8 可调光纤延迟线编码器

在光纤延迟线编解码器中使用的是在时域上对信息比特进行编码的一维光正交码，为支持较多的用户同时接入，必须增加地址码的码长，这样光纤延迟线的数目和长度会相应地增加，编解码器的结构比较复杂。为此，可采用跳频 OCDM 系统，它采用二维的光正交码，即每个地址码序列同时在时域和频域上扩展。跳频编码 OCDM 系统如图 3-9 所示，每个信道根据其跳频码，在不同的时隙使用不同的载波频率，且载波频率周期性的变化，多个信道共享整个频带。不同的用户分配不同的跳频码，并确保在同一时隙内任意两个用户不会以相同的频率发送信息。图中的列表示频率，行表示时隙，灰色表示信道对应时隙的频率，该信道的跳频码是(3，2，0，7，2，6，1，4)。与一维正交码相比，在码长相同的情况下，此类编解码技术可用的码字数目明显增多，能够接入的用户数目可大大提高。

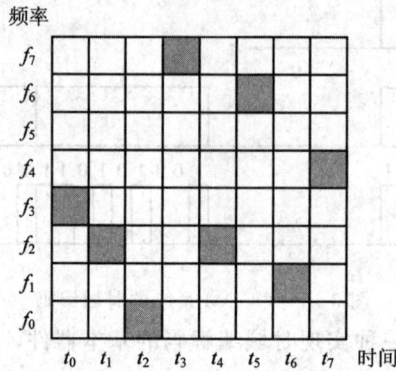

图 3-9 跳频 OCDM 系统

3.2 WDM/DWDM 波分复用网络

波分复用(WDM)是高速全光通信中传输容量潜力最大的一种多信道复用方式。WDM技术对网络的扩容升级、发展宽带新业务、充分挖掘和利用光纤带宽能力、实现超高速通信等具有十分重要的意义。

3.2.1 WDM/DWDM 的概念

WDM 是指利用一根光纤同时传送多个不同波长的光载波，这些不同波长的光载波所承载的信号可以具有相同的速率和相同的数据格式，也可以具有不同的速率和不同的数据格式。

WDM 的基本原理：在发送端采用复用器(合波器)将不同波长的光信号进行合并，在接收端利用解复用器(分波器)将合并的光信号分开并送入不同的终端。采用 WDM 技术后，原来只能采用一个光波长作为载波的单一光信道可变为多个不同波长的光信道同时在光纤中传输，从而扩大了光纤通信系统的传输容量。

单根光纤在波长分别为 1310 nm 和 1550 nm 处有两个低损耗窗口，分别有频率为12 THz 和 15 THz 的带宽，均可进行长距离通信，利用 WDM 技术可以在 1310 nm 和1550 nm 窗口内进行复用，实现系统的扩容。早在 20 世纪 80 年代初，为有效地利用光纤的带宽资源，人们首先想到的就是在两个低损耗窗口各传输一路光波长信号，实现在一根光纤中同时传送两个波长的光载波，这就是 1310 nm/1550 nm 两波长的 WDM 系统。随着光纤通信技术的发展，特别是 1550 nm 窗口 EDFA(掺铒光纤放大器)的商用化，使 WDM

系统的应用进入了一个新的时期，人们不再利用 1310 nm 窗口，而是只在 1550 nm 窗口传输多路光载波信号。由于这些 WDM 系统的相邻波长间隔比较窄，为了区别于传统的 WDM 系统，因此人们称这种系统为密集波分复用(DWDM)系统。从本质上说，DWDM 只是 WDM 的一种形式，而 WDM 更具有普遍性，而且随着其相关技术的发展，原来认为的所谓密集波长间隔在实现上变得越来越容易，已经不再那么"密集"了。一般情况下，如不特指 1310 nm/1550 nm 两波长的 WDM 系统，人们所说的 WDM 系统就是指 DWDM 系统。目前 WDM 都是工作在 1550 nm 波长区段内的，其中称 1525 nm～1550 nm 波段为 C 波段，这是目前系统所使用的波段。若能消除光纤损耗谱中的尖峰，则可在 1280 nm～1620 nm 波段内充分利用光纤的低损耗特性，使 WDM 系统的可用波长范围达到 340 nm 左右，大大提高光纤通信系统的传输容量。

WDM 系统具有如下优点：

(1) 超大容量传输。WDM 系统可充分利用光纤的巨大带宽资源(低损耗波段)，使一根光纤的传输容量比单波长传输时的增加几倍至几十倍，可达到 300 Gb/s～400 Gb/s，从而降低了成本，具有很大的应用价值，在很大程度上解决了传输带宽问题。

(2) 传输多种不同类型信号。WDM 系统各复用通路使用的各信号波长彼此相互独立，因而可以传输特性完全不同的业务信号，完成各种通信业务的合成与分解，包括数字信号和模拟信号，以及准同步数字序列信号和同步数字序列信号，实现多媒体信号(语音、数据和图像等)的传输。

(3) 多种网络应用形式。根据不同的需求，WDM 技术可有很多种应用形式，如长途干线网络、广播式分配网络以及多路多址局域网络应用等。

(4) 扩充网络容量，减少投资。对已建的光纤通信系统扩容较方便，只要原系统的功率富余度较大，进一步增容不用敷设更多的光纤线路，也无须使用高速率的网络部分，只要更换光端机就可实现网络容量的扩充。

(5) 组网灵活可靠。在网络节点使用光分插复用器(OADM)可直接上/下路光波长信号，或使用光交叉连接设备(OXC)对光波长直接进行交叉连接，组成具有高灵活性、高可靠性和高生存性的全光网络。

(6) 实用高效，性能优良。掺铒光纤放大器(EDFA)技术在特定的频带内，无须进行光/电转换就可直接放大光信号，为高密度波分复用传输系统的应用提供了最佳扩展空间。

(7) 业务透明。波分复用通道对数据格式是透明的，与信号传输速率及电调制方式无关，可通过增加一个附加波长引入新业务或新容量，如 IP over WDM 技术。

(8) 降低器件的超高速要求。随着信息传输速率的不断提高，许多光电器件的响应速度已明显不足，因此使用 WDM 技术既可降低对一些器件在性能上的要求，又可实现大容量信息的传输。

3.2.2　DWDM 的组成

1. DWDM 的基本结构和工作原理

DWDM 系统主要由六部分组成，即光发射机、光中继放大器、光接收机、光监控信道、网络管理系统和光纤，其基本结构如图 3-10 所示。

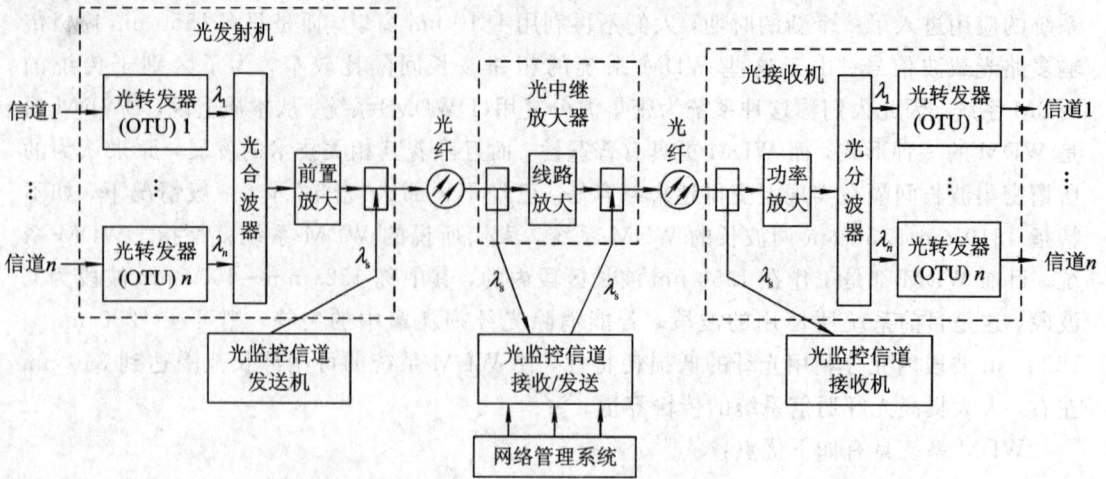

图 3-10   DWDM 系统的基本结构

在发送端，光发射机首先将来自终端设备符合 G.957 协议的非特定波长的光信号，经光波转发器（OTU）转换为 G.692 定义的稳定的特定波长的光信号，然后利用光合波器将多个不同波长的光信号合成多通路光信号，经光功率放大器放大后送入光纤信道。

光中继放大器把单根光纤中多个波长的光信号同时放大以补偿线路损耗，从而延长通信距离。目前一般使用 EDFA，而且必须采用增益平坦技术使 EDFA 对不同波长的光信号具有相同的增益。

在接收端，经传输而衰减的主信道光信号由光前置放大器放大后，利用分波器从主信道的光信号中分出各个特定波长的光信号，再经 OTU 转换成原终端设备所具有的非特定波长的光信号。接收机不但要满足一般接收机对光信号灵敏度和过载功率等参数的要求，而且要能承受有一定光噪声的信号，要有足够的电带宽性能。

光监控信道主要用于监控系统内各信道的传输情况，在发送端插入本节点产生的波长为 λ_s（1510 nm）的光监控信号，与主信道的光信号合波输出；在接收端，从接收到的光信号中分离出光监控信号。另外，帧同步字节、公务字节和网管所用的开销字节等都能通过光监控信道传输。由于光监控信号是利用 EDFA 工作波段以外的波长，因此光监控信号不能通过 EDFA，只能在 EDFA 的后面插入，在 EDFA 的前面取出。

网络管理系统通过光监控信道传送开销字节到其他节点，或者接收其他节点的开销字节对 DWDM 系统进行管理，实现配置管理、故障管理、性能管理和安全管理等功能，并与上层管理系统（如 TMN）相连。

2. DWDM 的基本构成

通常，DWDM 系统的基本构成主要有双纤单向传输、单纤双向传输和光分路插入传输三种基本形式。

双纤单向 DWDM 传输是指所有光通路在一根光纤上同时沿同一方向传送，如图 3-11 所示。在发送端，将具有不同波长 $\lambda_1, \lambda_2, \cdots, \lambda_n$ 的载有各种信息的已调光信号经光复用器组合在一起，并在一根光纤中单向传输。在接收端，通过解复用器将不同波长的光信号分开，完成多路光信号的传输。由于各信号是通过不同光波长携带的，因此互相间不会产生干扰。同理，反方向的信息通过另一根光纤传输。

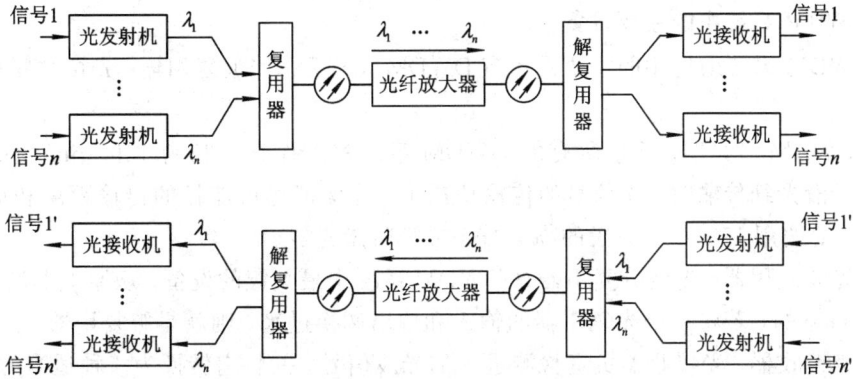

图 3-11　双纤单向 DWDM 传输

单纤双向 DWDM 传输是指光通路在一根光纤上同时沿两个不同的方向传送，如图 3-12 所示，所有波长是相互分开的，以实现双向全双工的通信。

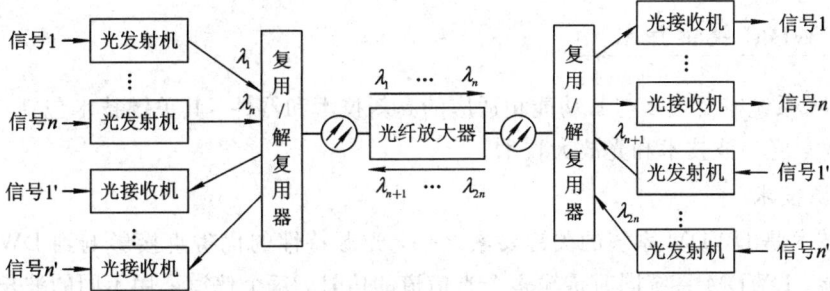

图 3-12　单纤双向 DWDM 传输

双纤单向 DWDM 传输系统设备简单，易于实现，但所使用的光纤和线路放大器的数量较多；而单纤双向 DWDM 传输系统的开发和应用相对要求较高，在设计和应用双向 DWDM 传输系统时需考虑几个关键因素，如为抑制多通道干扰，须注意光反射的影响、双向通道间的隔离、串扰的类型和数值、两个方向的功率电平值和相互的依赖性、光监控信道传输和自动功率关断等问题，同时还必须使用双向光纤放大器。虽然单纤双向 DWDM 传输系统的实现较复杂，但与双纤单向 DWDM 传输系统相比，可以减少光纤和线路放大器的使用数量，降低系统的成本。

光分路插入传输结构如图 3-13 所示。在这种系统中，两端都需要一组复用/解复用器 MD，通过解复用器将光信号 λ_1、λ_2 从线路中分出来，并且利用复用器将光信号 λ_3、λ_4 插入到线路中进行传输。通过各波长光信号的合波和分波实现信息的上/下通路，这样就可以根据光纤通信线路沿线的业务量分布，合理地安排插入或分出信号，如哪些信号是本地区内使用的，哪些信号是跨地区使用的等。

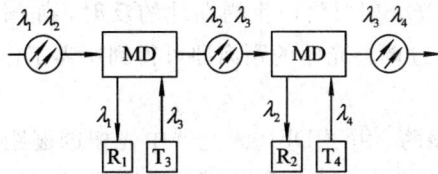

图 3-13　光分路插入传输示意图

3. DWDM 系统中的主要设备

在 DWDM 系统中使用的主要设备有 DWDM 激光器、光波复用器、光接收器和光放大器等。

（1）DWDM 激光器。几乎所有的 DWDM 系统都工作在波长为 1550 nm 的低耗波长区。当信号沿光纤传输时，光信号的传输功耗小，能保证尽可能长的传输距离和信号完整性。为此，要选用 1550 nm 波段的高分辨率或窄带激光器。

（2）光波复用器。光波分复用器是 DWDM 系统中最关键的设备。从原理上说，光复用器是双向可逆的，若将一个光复用器的输入和输出调换过来，则就是解复用器。

（3）光接收器。光接收器负责检测进入的光波信号，并将它转换为一种适当的电信号，以便接收设备处理。

（4）光放大器。光放大器用来提升光信号，补偿由于长距离传输而导致光信号功耗的衰减。

3.2.3 DWDM 关键技术

DWDM 系统需要很多与其功能相适应的高新技术和器件，其关键技术包括三个方面，即光源技术、光滤波技术和光放大技术。

1. 光源技术

光源技术是 DWDM 系统的关键要素之一，光源特性的优劣直接影响到 DWDM 系统的传输性能。DWDM 系统同时传输多个光信道的信号，每个信道采用不同的波长，且波长间的间隔很小，因此对光源有着较高的要求。除了要求它有准确的工作波长，还要求在整个寿命期间波长的偏移量应在一定的范围之内，以避免不同波长信道的互相干扰，即要求激光器的输出波长是标准的和稳定的。另外，由于采用了光放大器，因此 DWDM 系统的无再生中继距离可大大延长。例如，SDH 系统的再生距离一般为 50 km～60 km，由再生器进行整形、定时和再生，恢复成数字信号继续传输；而 DWDM 系统每隔 80 km 采用一个 EDFA，它只对信号进行放大，没有整形和定时功能，不能有效去除由于线路色散和反射带来的不利影响，在进行 500 km～600 km 的传输后才进行光/电再生，因此需要延长光源的色散受限距离，将其提高到 600 km 以上。DWDM 系统中光源的突出特点是有比较大的色散容纳值和标准而稳定的波长。

DWDM 系统中常用的光源主要有分布反馈激光器（DFB）、量子阱（QW）半导体激光器、掺铒光纤激光器和波长可调谐激光器。

（1）分布反馈激光器。分布反馈激光器（DFB）是一种典型的单纵模激光器（SLM），其产生单纵模的机制是利用布拉格反射原理。布拉格反射是指光波在两种不同介质的交界面上具有周期性的反射点，当光入射时将产生周期性的反射，如图 3-14 所示。反射光的波长与光栅的距离 A 有关，通过调整光栅的距离即可得到所需工作波长的激光。DFB 激光器的主要优点如下：

① 动态单纵模窄线宽振荡。由于 DFB 激光器中光栅的栅距很小，形成一个微型的谐振腔，对波长具有良好的选择性，使主模和边模的阈值增益相对较大，因此光波谱线宽度很窄，并能在高速调制下保持单纵模振荡。

② 波长稳定性好。DFB 激光器中的光栅有助于将信号锁定在所需的工作波长上，且其温度漂移很小，约为 0.08 nm/℃。

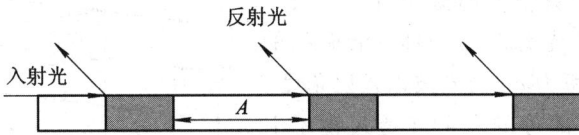

图 3-14　布拉格反射

（2）量子阱。量子阱（QW）半导体激光器是一种窄带隙有源区夹在宽带隙半导体材料中间或交替重叠的半导体激光器，是极有发展前途的一种激光器。QW 激光器的结构与一般的双异质结激光器的结构相似，只是有源区厚度极薄。当有源区厚度值极小时，有源区与相临层的能带会产生不连续现象，即有源区的异质结上出现导带和价带的突变，使窄带隙的有源区为导带中的电子和价带中的空穴创造了一个势能阱，从而带来了优越的性能，其名也由此而来。与一般的双异质结激光器相比，QW 激光器具有如下优点：

① 阈值电流低。由于其中"阱"的作用，使电子和空穴被限制在很薄的有源区内，造成有源区内粒子数反转浓度很高，大大降低了阈值电流，其阈值电流低密度可降至双异质结激光器的 1/3 和 1/5。

② 谱线宽度很窄。与双异质结激光器相比，其谱线宽度可缩小一倍。

③ 温度灵敏度低。调制速度快。

④ 频率啁啾小，动态单纵模特性好，横模控制能力强。

（3）掺铒光纤激光器。掺铒光纤激光器的基本结构图如图 3-15 所示，其利用光纤光栅技术，把掺铒光纤在相隔一定长度的两处接入光栅，两光栅之间相当于谐振腔，光波的传输由光纤承担。泵浦光从掺铒光纤激光器左边光栅耦合进入光纤，由于光栅的选频作用，因此谐振腔只能反馈某一特定波长的光，输出单频激光，再经过隔离器输出线宽窄、功率高和噪声低的激光。掺铒光纤激光器具有如下优点：

① 输出激光的稳定性及光谱纯度均优于半导体激光器。

② 输出光功率较高，可达到 10 mW 以上，并且噪声低。

③ 谱线宽度极窄，可做到 2.5 kHz，并且有较宽的调谐范围，其值可达 50 nm。

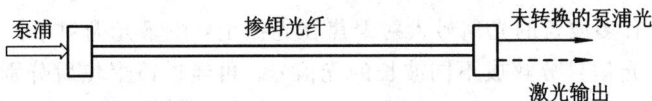

图 3-15　掺铒光纤激光器

（4）波长可调谐激光器。波长可调谐激光器可以根据需要进行光波长的改变，改变波长的方法之一是通过改变注入电流，使发光材料的折射率发射改变，从而在一定范围内改变和控制激光器的输出波长。其主要考虑的性能指标是波长调谐速度和波长调谐范围。

2. 光滤波技术

光滤波器只允许特定波长（频率）的光顺利通过，也称为滤光器。如果通过它的波长（频率）可以改变，则称为波长可调谐光滤波器。光滤波器在 DWDM 系统和全光交换系统中具有重要的应用价值。

最典型的一种可调谐光滤波器是 F-P 光滤波器，其基本原理如图 3-16 所示。三种介质由一对高度平行的高反射率镜面分割开，形成一个波长选择性的 F-P 光滤波器腔体。谐振腔的长度为 L，材料折射率为 n，当光波以入射角度 θ 入射左镜子时，其中部分的入射光透过镜子射向右镜子，光波在右镜子处部分透射(T_1)，部分反射。同理，反射的光波在左镜子处部分透射

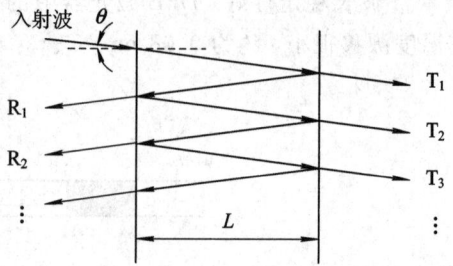

图 3-16　F-P 光滤波器

(R_1)，部分反射。然后新的反射光波在右镜子处又一次部分透射(T_2)，部分反射，这样一直持续下去，以至于右镜子处有无数多的透射波。与激光的相干长度相比，镜子间的距离非常小，所有这些波可以看做是来自同一相干激光光源。如果这些波之间的相位差为 2π 的整数倍即同相，那么它们相干相加后都将发送出去。也就是说，当两个反射镜之间往返传输后的相位变化量 δ 是 2π 的整数倍时，即

$$\delta = \frac{4\pi nL \cos\theta}{\lambda} = 2m\pi \qquad (3.1)$$

该波长的光被通过。在式(3.1)中，m 为正整数。一般情况下，当 m 取定后，确定波长的因素是 L、n 和 θ，通过设计这三个参数，即可实现波长的可调谐。

实现 DWDM 复用/解复用的滤波器技术是 DWDM 系统的关键技术之一，该技术可实现将多个不同波长的光信号结合在一起送入一根光纤中传输，或者将一根光纤中传输的多个不同波长的光信号分解后送入不同的接收机。复用/解复用滤波器也称为光合波器/分波器。从原理上说，该器件的光路是互逆的，同一器件既可作分波器又可作合波器（除非有特殊要求），只要将分波器的输入端和输出端反过来使用就是合波器。光波分复用/解复用器性能的优劣对 DWDM 系统的传输质量有着决定性的影响，DWDM 系统对其性能的要求是损耗及其偏差要小，信道间的串扰要小，通带损耗要平坦，偏振相关性要低等。DWDM 系统常用的光波分复用/解复用器主要有光栅型光波分复用器和介质膜滤波器型光波分复用器。

(1) 光栅型光波分复用器。光栅型光波分复用器利用色散原理，可使入射的多波长复合光分散为各个波长分量的光，或者使入射的多个不同波长的光聚集为复合光，其原理如图 3-17 所示。含有多波长的光信号入射聚焦在光栅上，由于光栅对不同波长光的衍射角不同，因此把复合光信号分解成不同波长的光信号，再经透镜聚焦后分别注入每根输出光纤上。若使用凹面光栅则可省去聚焦透镜，并且该器件的光路是可逆的。

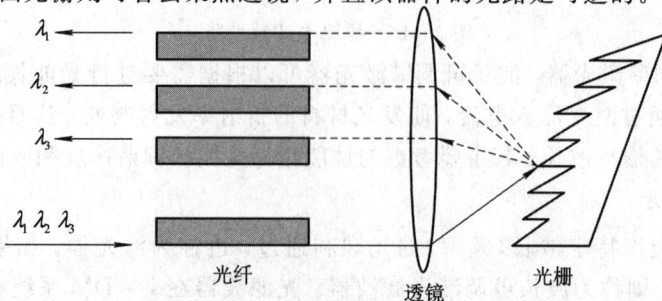

图 3-17　光栅型光波分复用器

（2）介质膜滤波器型光波分复用器。介质膜滤波器利用多层介质膜的滤光作用选择波长，使某波长的光通过，其他波长的光被阻止。按照设计要求，介质膜滤波器由多层不同折射率的介质膜组合而成，每层的厚度为 1/4 波长，用一层为高折射率的介质膜和一层为低折射率的介质膜相间组成，如图 3-18(a)所示。当光入射到高折射率层时，反射光不产生相移，而入射到低折射率层时，反射光经历 180°的相移，由于该层的厚度为波长的 1/4（90°），因此经低折射率层反射的光经历 360°的相移与经高折射率层反射的光同相叠加。这样，在中心波长附近各层的反射光叠加，在滤波器输入面形成很强的反射光，而在高反射区之外，反射光突然降低，大部分光成为透射光。由此可使某一波长范围呈带通状态，对其余波长范围呈带阻状态，从而形成所要求的滤波特性，起到解复用的作用。将多个波长的滤波器组合起来，可构成所需信道数的解复用器，如图 3-18(b)所示。

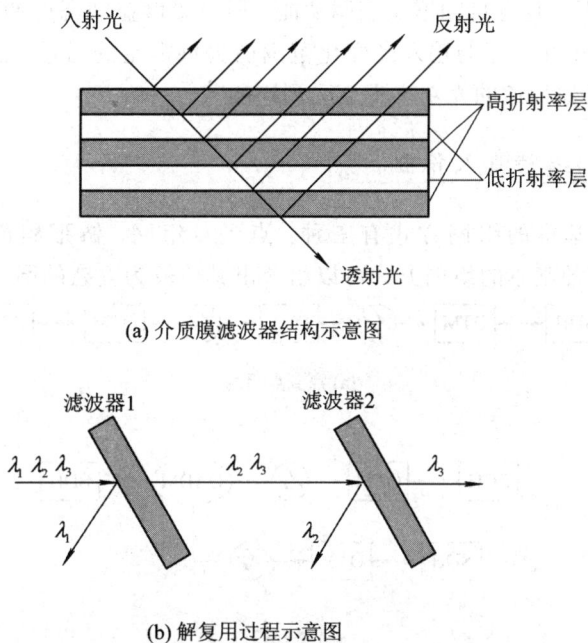

(a) 介质膜滤波器结构示意图

(b) 解复用过程示意图

图 3-18　介质膜滤波器

3. 光放大技术

由于光纤传输损耗等因素的影响，光信号的幅度在传输过程中会逐渐变小，因此限制了光纤通信系统的传输距离。光放大器的出现，使光信号传输的中继放大问题得到了有效解决。正是光放大器的商用化，促使 DWDM 系统迅速发展。光放大器是一种不需要经过光/电/光变换而直接对光信号进行放大的有源器件，能高效地补偿光功率在光纤传输中的损耗，延长通信系统的传输距离。光放大器不但可以对光信号进行放大，同时还具有实时、高增益、宽频带、在线、低噪声、低损耗的全光放大功能，是长距离、大容量和高速率光通信系统不可缺少的关键器件。

光放大器在 DWDM 系统中主要有三种用途：一是在发射机端，用作功率放大器以提高发射机的功率，称为功率放大；二是在接收机端，用作光预放大器以提高光接收机的灵敏度，称为前置放大；三是在光纤线路中，用作中继放大器以补偿传输损耗和延长传输距离，称为中继放大或线路放大。

在 DWDM 系统中，应用最多的是掺铒光纤放大器（EDFA）。EDFA 具有高增益、低噪声、大输出功率和宽频带等优点，为确保传输质量，DWDM 系统中需要增益平坦和增益锁定的 EDFA。增益平坦度（G_F）是 DWDM 系统对 EDFA 的一个特殊要求，G_F 是指在可用的增益通带内，最大增益波长点的增益与最小增益波长点的增益之差。显然，G_F 的值越小越好，否则各信道的增益相差较大，在经过多级 EDFA 级联后，这个差值会积累得越来越大，以至于在接收端增益大的波长信道的信号可能会使接收机的输入过载，而增益小的波长信道可能因信噪比达不到要求而使信号淹没，致使系统无法正常工作。增益均衡技术可以改善 EDFA 的增益平坦性，其利用损耗特性与放大器的同一波长特性相反的增益均衡器来改善增益的不均匀性。该技术的关键是放大器的增益曲线要和均衡器的损耗特性精密吻合，从而使综合特性平坦。随着 DWDM 系统的发展，对放大器的增益平坦技术提出了更高的要求，需要 EDFA 具有自动增益控制功能，即需要增益动态可调的 EDFA。增益锁定的 EDFA 是指 EDFA 在一定的输入光变化范围内提供恒定的增益，这样当某些光信道的功率发生变化时，其他信道的光功率不会受到影响。

3.2.4　DWDM 网络特性及保护

　　DWDM 系统最基本的组网方式有三种：点到点组网、链形组网和环形组网，如图 3-19 所示，由这三种基本的组网方式可以组合出其他较为复杂的网络形式。

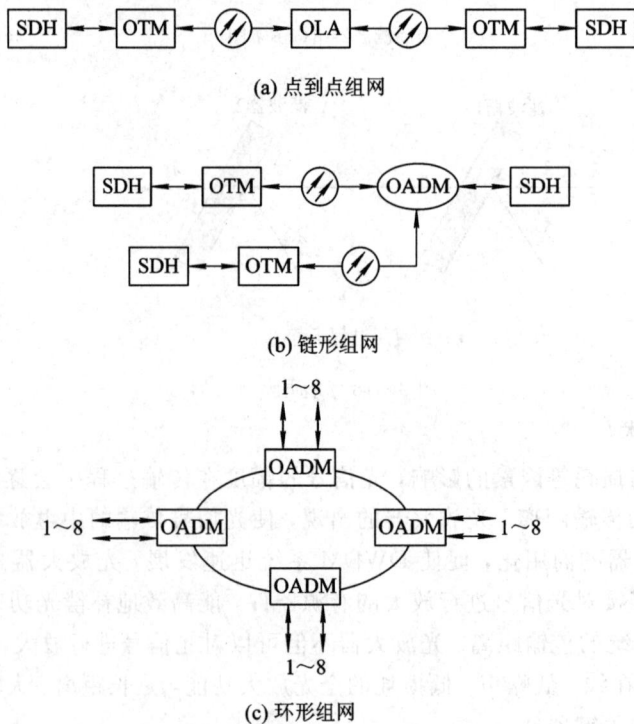

(a) 点到点组网

(b) 链形组网

(c) 环形组网

图 3-19　DWDM 系统的组网方式

　　DWDM 系统线路保护的方式主要有两种：一种是基于单个波长在 SDH 层实施的 1+1 或 1:n 的保护；另一种是基于光复用段的保护，在光路上同时对合路信号进行保护，这种保护也称为光复用段保护（OMSP）。此外，还有基于环网的保护。

1. 基于单个波长的保护

基于单个波长在 SDH 层实施的 1+1 保护系统如图 3-20 所示，所有的系统设备 SDH 终端、波分复用器/解复用器、线路光放大器以及光缆线路等都需要有备份，SDH 信号在发送端被永久地桥接在工作系统和保护系统，在接收端监视从这两个 DWDM 系统收到的 SDH 信号状态，并选择更合适的信号。这种方式的可靠性比较高，但成本也比较高。与上述原理相同，还可以实现基于单个波长在 SDH 层实施的 1:n 保护，如图 3-21 所示。

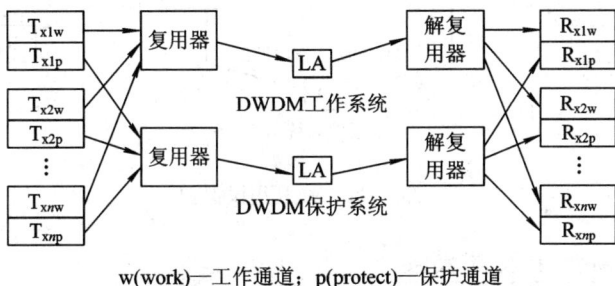

w(work)—工作通道；p(protect)—保护通道

图 3-20　基于单个波长在 SDH 层实施的 1+1 保护

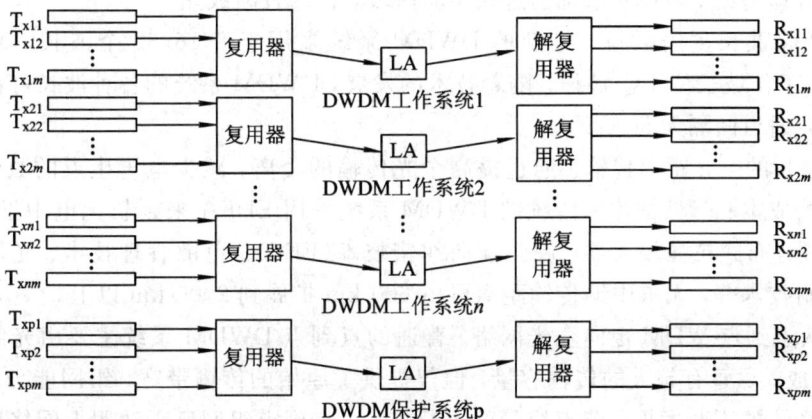

图 3-21　基于单个波长在 SDH 层实施的 1:n 保护

另有一种方式是基于单个波长同一 DWDM 系统内 1:n 保护。同一 DWDM 系统内 1:n 保护是指在同一 DWDM 系统内，有 n 个波长通道作为工作波长，1 个波长通路作为保护系统。但是，考虑到实际系统中光纤和光缆的可靠性比设备的可靠性要差，它只对系统进行保护，而不对线路进行保护，因此这种保护方式的实际意义不是太大。

2. 光复用段保护（OMSP）

这种技术只在光路上进行 1+1 保护，而不对终端线路进行保护。在发送端和接收端分别使用 1:2 光分路器和光开关，如图 3-22 所示。在发送端对合路的光信号进行分离，而在接收端对光信号进行选路。在这种保护系统中，只有光缆和 DWDM 的线路系统是备份的，而 DWDM 系统终端站的 SDH 终端和复用器是没有备用的。在实际系统中，也可以用

M：2 的耦合器代替复用器和 1：2 分路器，相对于 1＋1 保护，减少了成本。OMSP 只有在独立的两条光缆中实施才有实际意义。

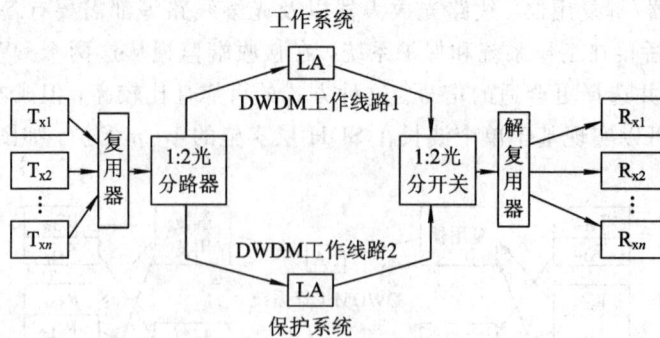

图 3 - 22　光复用段保护

3.2.5　DWDM 新技术及其发展

DWDM 系统的关键技术已逐渐成熟，目前 DWDM 技术呈现出如下发展趋势：

(1) 更高的通道速率。DWDM 系统的通道速率由 2.5 Gb/s 发展到目前的 10 Gb/s，基于 40 Gb/s 速率的 DWDM 系统已进入实验阶段，技术日渐成熟。

(2) 更多波长复用数量。早期的 DWDM 系统多用于 8/16/32 个波长，通道间隔为 100 GHz，工作波长位于 C 波段。随着技术的发展，DWDM 系统的各种波长可覆盖 C 波段和 L 波段，通道间隔为 50 GHz。

(3) 超长的全光距离传输。通过提高全光传输的距离，减少电再生点的数量，可降低建网的初始成本和运营成本。传统的 DWDM 系统采用 EDFA 来延长无电中继传输距离，目前，通过分布式拉曼放大器、超强前向纠错技术(FEC)、色散管理技术、光均衡技术以及高效调制技术等，无电中继传输距离可由 600 km 扩展到 2000 km 以上。

(4) 从点到点 WDM 走向全光网络。普通的点到点 DWDM 系统主要由光终端复用器 (OTM)组成，尽管有超大的传输容量，但仅提供了原始的传输带宽，组网能力不灵活。随着电交叉系统的不断发展，节点容量的不断扩大，点到点组网已无法跟上网络传输链路容量的增长速度，进一步的扩容希望转向光节点，即光分叉复用器(OADM)和光交叉连接器 (OXC)。通过 OADM 可构成链型和环型光网络，OXC 是下一代光通信的路由交换机，通过 OADM 和 OXC 可组建更复杂的环型光网络。

(5) IP over DWDM 技术的发展。Internet 骨干网的带宽增长迅猛，如果不采用 DWDM 技术，那么仅 Internet 的设计流量就会占满整个单波长光纤系统的容量。IP over DWDM 技术将是未来网络通信的主要技术。

3.3　光放大技术及光放大器

由于光信号在光纤中传输时会受到损耗和色散等因素的影响，因此限制了光纤通信系统的传输距离。为保证传输质量，长途光纤通信系统需要利用再生中继器，传统的再生中继器需要进行光/电/光变换，其设备复杂，传输容量小。光放大器的出现，使光信号传输的中继放大问题得到了有效解决。光放大器不需要经过光/电/光变换可直接对光信号进行放大，能高效地补偿光功率在光纤传输中的衰减，克服光纤损耗对通信系统传输距离的限制，是长距离、大容量和高速率的光通信系统的关键部件。目前，光放大器在光纤通信系统最重要的应用就是促使了 WDM 技术走向实用化。

按工作原理分类，与光纤通信系统有关的光放大器主要有半导体光放大器（SOA）、非线性光纤放大器和掺杂光纤放大器三类。

1. 半导体光放大器

半导体光放大器由半导体材料制成，与半导体激光器的工作原理相同，利用能级间跃迁的受激现象进行放大。若将半导体激光器两端的反射消除，即为半导体行波放大器，当偏置电流低于振荡阈值时，激光二极管就能对输入的相干光实现光放大。半导体光放大器覆盖了 1300 nm～1600 nm 的频段，既可用于 1310 nm 窗口又可用于 1550 nm 窗口，且用于 DWDM 系统中时无需增益锁定。它不仅可以作为光放大器的一种选择方案，还可以促成 1310 nm 窗口 DWDM 系统的实现。半导体光放大器的优点是体积小、结构简单、制作工艺成熟、成本低、寿命长，易于同其他光器件集成以及功耗低等；缺点是噪声和串扰较大，功率较低，放大器的增益受偏振的影响较大，与光纤的耦合损耗较大，稳定性较差等，影响了其在光纤通信系统中的应用。

2. 非线性光纤放大器

非线性光纤放大器包括受激拉曼散射（SRS）光纤放大器（FRA）和受激布里渊散射（SBS）光纤放大器（FBA）。

（1）受激拉曼散射光纤放大器。FRA 是利用光纤中的非线性效应——受激拉曼散射构成的，它将一小部分入射光功率转移到频率比其低的斯托克斯波上，若一弱信号与一强泵浦光同时在光纤中传输，则可使弱信号波长置于泵浦光的拉曼增益带宽内，弱信号光即可以得到放大。FRA 的优点如下：

① 增益介质为普通光纤，与光纤系统具有良好的兼容性。

② 增益波长由泵浦光波长决定，不受其他因素的限制。只要泵浦源的波长适当，理论上可实现任意波长光信号的放大，这一特点使得 FRA 可以放大 EDFA 所能放大的波段，且使用多个泵浦源还可得到比 EDFA 宽得多的增益带宽（EDFA 受能级跃迁机制所限，增益带宽只有 80 nm），对于开发光纤的整个低损耗区（波长为 1270 nm～1670 nm）具有无可替代的作用。

③ 噪声系数很低，与 EDFA 连用时可扩展光信号放大的频带。

（2）受激布里渊散射光纤放大器。FBA 是利用光纤中的非线性效应——受激布里渊散射构成的，其缺点是工作频带较窄，难以应用于光纤通信系统，一般制作成前置放大器以提高光纤通信系统的接收灵敏度。

3. 掺杂光纤放大器

掺杂光纤放大器是利用稀土金属元素作为激光工作物质的一种放大器。将稀土元素注入到光纤纤芯中，即形成一种特殊的光纤，它在泵浦光源的作用下可直接对某一波长的光信号进行放大。容纳杂质的光纤为基质光纤，可以是石英光纤，也可以是氟化物光纤。用作掺杂激光工作物质的均为镧系（LA）稀土元素，如铒（Er）、钕（Nd）、镨（Pr）和铥（Tm）等。在 WDM 系统中，应用最多的就是掺铒光纤放大器（EDFA），下面详细介绍 EDFA。

1）EDFA 的工作原理

掺铒光纤中的铒离子 Er^{3+} 所处的能量状态是不连续的，其只能处在一些分立的能量状态上，这些状态称为能级。Er^{3+} 有 3 个工作能级：基态 E1、亚稳态 E2 和激发态 E3。当在掺铒光纤中传输的光子能量与 Er^{3+} 的某两能级间的能量差相等时，Er^{3+} 就会与光子发生作用，产生受激辐射和受激吸收效应。受激辐射是指与光子相互作用后 Er^{3+} 从高能级跃迁到低能级，并发射出与激发光子完全相同的光子；受激吸收是指与光子相互作用后 Er^{3+} 从高能级跃迁到低能级，并吸收激发光子。EDFA 的工作原理如图 3 - 23 所示。

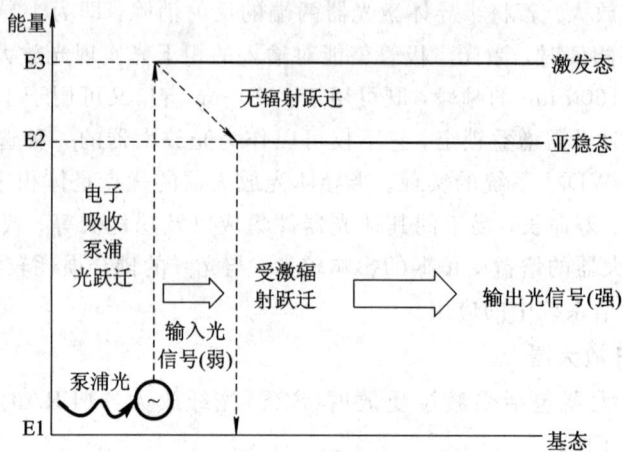

图 3 - 23　EDFA 的工作原理示意图

在泵浦光源的作用下掺铒光纤中出现粒子数反转分布，在信号光的激励下产生受激辐射，从而使光信号得到放大。在未受到光激励的情况下，Er^{3+} 处在基态上。当用足够强的泵浦光激发掺铒光纤时，大部分处于基态的 Er^{3+} 获得了能量就跃迁到高能级激发态上，而 Er^{3+} 在激发态能级不稳定，会迅速无辐射（即不释放光子）地转移到亚稳态上，Er^{3+} 在亚稳态能级上的寿命较长，很容易在亚稳态与基态之间产生离子数反转，即处于亚稳态上 Er^{3+} 的数量比处于基态上 Er^{3+} 的数量多。当信号光通过掺铒光纤时，亚稳态上的 Er^{3+} 发生受激辐射效应，并产生大量与信号光子完全相同的光子，从而大大增加了信号光子数，实现了光信号的放大作用。处于亚稳态上的 Er^{3+} 除了产生受激辐射外，还会有一部分 Er^{3+} 产生自发辐射跃迁到基态，发射出与信号光不同的光子，并在传输中不断放大，从而形成自发辐射噪声。因此，当输入光功率较低时，会产生较大的噪声。

选择泵浦波长的原则是泵浦工作频带应选择在无激发态吸收能带，即泵浦功率只能被基态吸收，而不会被激发态的粒子吸收跃迁到更高的能级。经分析可知，980 nm 和 1480 nm 是最佳泵浦波长。

2）EDFA 的结构

如图 3 - 24 所示，掺铒光纤放大器主要由掺铒光纤（EDF）、泵浦光源、光耦合器、光隔离器及光滤波器等组成。

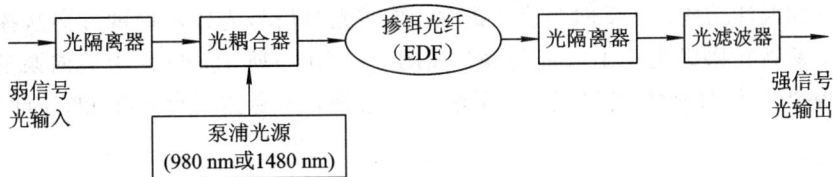

图 3-24　EDFA 的结构

光耦合器将输入光信号和泵浦光源输出的光波耦合起来注入到掺铒光纤中，一般多采用波分复用器（WDM）实现。

光隔离器用于防止反射光影响光放大器的工作稳定性，以确保光放大信号只能正向传输。对其要求是插入损耗要小，隔离度要大，一般应小于 40 dB。

掺铒光纤的长度大约为 10 m～100 m。

光滤波器的作用是滤除光放大器的噪声，以降低噪声对系统的影响，提高系统的信噪比。

泵浦光源一般为半导体激光器，对光纤中的掺杂离子进行激励，其输出的光功率范围为 10 mW～100 mW，工作波长为 980 nm 或 1480 nm。

按照泵浦光源输出的能量是否和输入的光信号能量以同一方向注入掺铒光纤，EDFA 有三种不同的基本结构，即同向泵浦结构、反向泵浦结构和双向泵浦结构。

（1）同向泵浦结构。在同向泵浦方式中，泵浦光与信号光以同一方向从掺铒光纤的输入端注入，如图 3-25(a)所示，也称为前向泵浦。在掺铒光纤的输入端泵浦光较强，粒子数反转激励也较强，其增益系数大，信号一进入光纤就得到较强的放大。但由于吸收的原因，泵浦光将沿光纤长度衰减，使得在一定长度的光纤上达到增益饱和从而使噪声迅速增加。其优点是结构简单，缺点是噪声性能差。

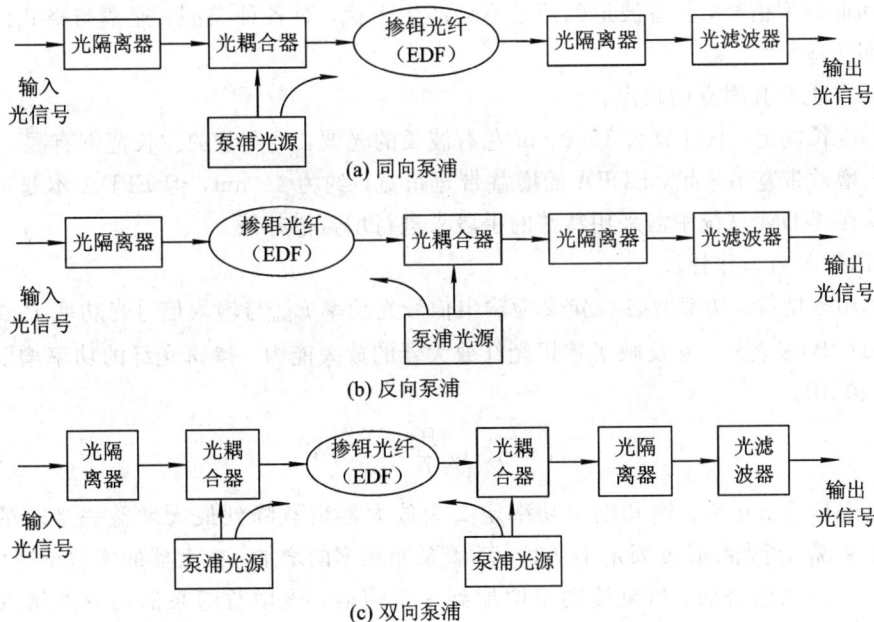

(a) 同向泵浦

(b) 反向泵浦

(c) 双向泵浦

图 3-25　EDFA 的三种泵浦方式

（2）反向泵浦结构。在反向泵浦方式中，泵浦光与信号光以不同的方向从掺铒光纤的两端注入，两者在掺铒光纤中反向传输，如图 3 - 25(b)所示，也称为后向泵浦。这种结构的优点是当光信号放大到很强时，泵浦光也很强，不易达到增益饱和，因而噪声性能较好。

（3）双向泵浦结构。在双向泵浦方式中有两个泵浦源，其中一个泵浦光与信号光以同一方向注入掺铒光纤，另一泵浦光从相反方向注入掺铒光纤。这种结构结合了同向泵浦和反向泵浦的优点，使泵浦光在光纤中均匀分布，从而使其增益在光纤中均匀分布，如图 3 - 25(c) 所示。

3）EDFA 的优缺点

EDFA 之所以得到如此迅速的发展，源于它具有其他光放大器无法比拟的一系列优点：

（1）工作波长在 1530 nm～1565 nm 范围，与光纤最低损耗窗口一致，因此可在光纤通信系统获得广泛应用。

（2）对掺铒光纤进行激励的泵浦功率低，仅需几十毫瓦。

（3）耦合效率高。因为是光纤型放大器，所以易于与光纤相耦合连接，耦合效率高，且连接损耗低，可低至 0.1 dB。

（4）增益高，噪声低，输出功率高。其增益可达 40 dB，输出功率可达 14 dBm～20 dBm，噪声系数可低至 3 dB～4 dB。

（5）增益特性稳定。EDFA 对温度不敏感，在 100℃ 范围内增益特性保持稳定，且与入射光的偏振特性无关。

（6）可实现信号的透明传输。在 WDM 系统中可同时传输模拟信号和数字信号、高速率信号和低速率信号，且各波道的信号不会产生干扰，对各种类型、速率与格式的信号可进行透明传输。

EDFA 也有其固有的缺点：

（1）波长固定，只能放大 1550 nm 左右波长的光波，可调节的波长范围有限。

（2）增益带宽不平坦，EDFA 的增益带宽很宽，约为 40 nm，但 EFDA 本身的增益谱不平坦，在 WDM 系统中需采用特殊的手段来进行增益谱补偿。

4）EDFA 的工作特性

（1）功率增益。功率增益 G 定义为输出信号光功率 P_{out} 与输入信号光功率 P_{in} 之比，一般以分贝（dB）来表示，它反映了掺铒光纤放大器的放大能力。掺铒光纤的功率增益一般为 30 dB～40 dB。

$$G = 10 \lg \frac{P_{out}}{P_{in}} \quad (dB) \tag{3.2}$$

（2）饱和输出功率。饱和输出功率定义为放大器增益降到最大增益一半时的输出功率。一般来说，当光纤长度固定不变时，随着泵浦功率的增加，放大器的增益迅速增加，但其不可能无限制地增加。当泵浦功率增加到一定值后，该增益随泵浦功率的增加变得缓慢，甚至不变，这种现象称为增益饱和。若以分贝为单位，饱和输出功率为放大器增益曲线上从增益最大值降低 3 dB 时对应的输出功率，如图 3 - 26 所示。

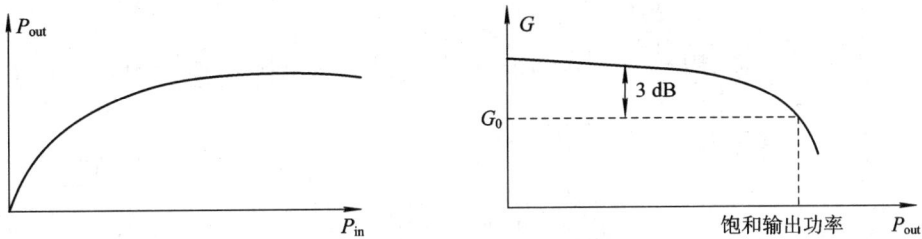

图 3-26　饱和输出功率

（3）噪声特性。掺铒光纤放大器的噪声主要来自它的自发辐射。放大器本身产生的噪声放大后使信号的信噪比下降，造成对传输距离的限制，噪声是放大器的一项重要指标。噪声特性可用噪声系数 F 来表示，定义为放大器的输入信噪比 SNR_{in} 与输出信噪比 SNR_{out} 之比：

$$F = \frac{SNR_{in}}{SNR_{out}} \tag{3.3}$$

一般情况下，噪声系数越小越好。EDFA 噪声系数的极限约为 3 dB。经分析可知，波长为 980 nm 泵浦的放大器的噪声系数优于波长为 1480 nm 泵浦的放大器的噪声系数。

3.4　高速光纤技术

更大的带宽，更长的传输距离，更高的接收灵敏度，是现代光纤通信发展的主要趋势。光纤通信领域已涌现出很多高速光纤技术，如相干光通信技术和光孤子通信技术等。

1. 相干光通信技术

尽管波分复用技术和掺铒光纤放大器的应用已经极大地提高了光通信系统的带宽和传输距离，但随着视频会议等通信技术的应用和互联网的普及产生的信息爆炸式增长，对通信系统提出了更高的传输性能要求。目前实用化的光纤通信系统都采用强度调制-直接检测（IM-DD）方式，即发送端调制光载波强度，接收机对光载波进行包络检测。尽管这种结构具有调制解调简单、成本低、容易集成等优点，但是还具有频带利用率低、接收灵敏度差、中继距离短等缺陷，限制了通信系统性能的提高。为进一步增大通信距离，提高传输容量，人们开始考虑将外差接收方式应用于光纤通信系统，称为相干光通信。

相干光通信在发送端对光载波进行幅度调制（ASK）、频率调制（FSK）或相位调制（PSK），在接收端则采用零差检测或外差检测等相干检测技术进行信息接收。如图 3-27 所示，光源发出频率为 f_s 的光脉冲，通过调制器将已经变成电信号的信号源调制到光脉冲包络上，通过长距离传输后，到达接收端；接收端采用外差技术，首先通过耦合器将光信号和本振光信号同时送到光电检测器，本振光源频率为 $f_s + f_{IF}$，信号光和本振光在满足波前匹配和偏振匹配的条件下混频，得到频率为 f_{IF} 的中频信号，然后该信号经过放大滤波后送到解调器解调，最终到达接收电路完成通信过程。由于中频滤波器的带宽可以做得窄而陡，因此相干光通信的信道选择性很好。

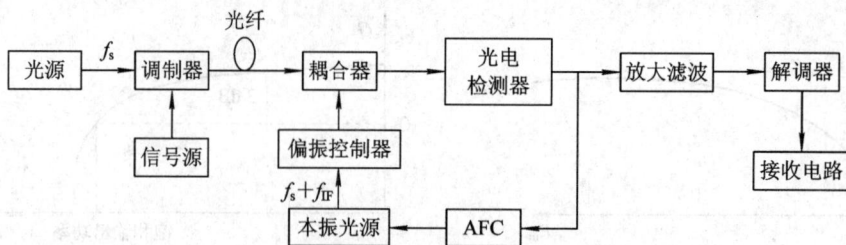

图 3-27　相干光通信原理框图

　　根据本振光频率的值与信号光频率的值不等或相等，相干光通信可分为外差检测和零差检测。前者的光信号经光/电转换后获得的是中频信号，还需二次解调才能被转换成基带信号；后者的光信号经光/电转换后被直接转换成基带信号，不用进行二次解调，但它要求本振光频率与信号光频率严格匹配，并且要求本振光与信号光的相位锁定。

　　在相干光通信中主要是利用了相干调制和外差检测技术。所谓相干调制，就是利用要传输的信号来改变光载波的频率、相位和振幅（不像强度检测那样只是改变光的强度），这就需要光信号有确定的频率和相位（不像自然光那样没有确定的频率和相位），即应该是相干光，激光就是一种相干光。所谓外差检测，就是利用一束本机振荡产生的激光与输入的信号光在光混频器中进行混频，得到与信号光的频率、位相和振幅按相同规律变化的中频信号。

　　与强度调制-直接检测系统相比，相干光通信系统的具有如下优点：

　　（1）光接收机灵敏度高，中继距离长。相干光通信的一个最主要的优点是相干检测能改善接收机的灵敏度。在相同的条件下，相干接收机比普通接收机提高灵敏度约 20 dB，因此也增加了光信号的无中继传输距离。

　　（2）频率选择性好，通信容量大。相干光通信的另一个主要优点是可以提高接收机的选择性。在直接探测中，接收波段较大，为抑制噪声干扰，探测器之前通常需要放置窄带滤光片，但其频带仍然很宽。在相干外差探测中，探测的是信号光和本振光混频后的中频信号，因此只有在中频频带内的噪声才可以进入系统，而其他噪声均被带宽较窄的中频放大器滤除，可见外差探测有良好的滤波性能。此外，由于相干探测具有优良的波长选择性，相干接收机可以使频分复用系统的频率间隔大大缩小，即密集波分复用（DWDM），可充分利用光纤的低损耗区，提高通信系统的信息容量。

　　（3）具有多种调制方式。在传统光通信系统中，只能使用强度调制方式对光进行调制。而在相干光通信中，除了可以对光进行幅度调制外，还可以使用 PSK、DPSK、QAM 等多种调制解调方式，具有很大的灵活性和选择余地。

　　虽然相干光通信系统的潜在优势使它具备取代传统光通信系统的可能，但是其实用化的研究多集中在特殊环境中的应用，如跨洋通信、沙漠通信和星间通信等。传统光通信系统需要使用大量的 EDFA 和 SOA 等中继设备，但是在海底和沙漠等条件非常恶劣的环境中，这些精密设备容易损坏，且修理和更换费用比较昂贵。由于相干光通信的无中继距离较大，因此可以大量减少中继设备，并降低维护和修理费用。此外，相干光通信的一大热点在于星间光链路通信。光载波在卫星通信中具有极强的优势，且通信光极窄的波束宽度也带来了很好的抗干扰和抗截获性能，可以极大地提高通信系统的信息安全。因此，相干光通信技术是星间激光通信链路技术发展极具潜力的选择。

2. 光孤子通信技术

在光纤通信中,限制传输距离和传输容量的主要原因是损耗和色散。损耗使光信号在传输过程中能量不断衰减;而色散使光脉冲在传输过程中逐渐展宽,导致信号产生畸变失真。随着光纤制造技术的发展,光纤的损耗已经降低到接近理论极限值,色散则成为实现超长距离和超大容量光纤通信的主要问题。

光纤的折射率具有一种非线性特性,这种特性会使光信号的脉冲产生压缩。入射光功率较低时,光纤的折射率可视为常数,不随入射光的强度变化。但在高功率条件下,光纤的折射率不再为常数。折射率的变化与随时间变化的光强度成正比,即

$$\Delta n(t) \propto |E(t)|^2 \tag{3.4}$$

长度为 L 的光纤由于折射率的变化引起的光相位变化为

$$\Delta \varphi(t) = \frac{\omega \Delta n(t)}{c} L = \frac{2\pi}{\lambda} \Delta n(t) L \tag{3.5}$$

其中,ω 为光场角频率;c 为真空中的光速;λ 为光波长。这种相位的变化是由入射光波自身的电场随时间的变化而引起的,故称为自相位调制。由频率与相位的微分关系可知,自相位调制引起的频率漂移为

$$\Delta \omega(t) = -\frac{\partial \Delta \varphi(t)}{\partial t} = -\frac{2\pi L}{\lambda} \frac{\partial}{\partial t} [\Delta n(t)] \tag{3.6}$$

这种频率漂移将会对光脉冲产生影响。在脉冲前沿,$|E(t)|^2$ 增大,$\frac{\partial}{\partial t}[\Delta n(t)] > 0$,这时 $\Delta \omega(t) < 0$,频率下移;而在脉冲后沿,$|E(t)|^2$ 降低,$\frac{\partial}{\partial t}[\Delta n(t)] < 0$,则有 $\Delta \omega(t) > 0$,频率上移。在单模光纤的反常色散区,群速度与光波频率成正比,自相位调制引起的频率漂移使光脉冲后沿的频率变高,传播速度变快;而前沿的频率变低,传播速度变慢,这就造成脉冲后沿比前沿运动快,从而使光脉冲被压缩而变窄。

光孤子通信技术正是利用这种自相位调制效应导致对光脉冲的压缩现象,当其正好与单模光纤的色散效应引起的光脉冲展宽相平衡时,在一定条件下(光纤的反常色散区及脉冲光功率密度足够大),光脉冲能够长距离不变形地在光纤中传输,形成"保形"的光孤子,实现光信号的超长距离和超大容量的传输,被认为是下一代最有发展前途的传输方式之一。孤子(Soliton)又称为孤立波(Solitary wave),是一种特殊形式的超短脉冲,或者说是一种在传播过程中形状、幅度和速度都维持不变的脉冲状行波。有人把孤子定义为:孤子与其他同类孤立波相遇后,能维持其幅度、形状和速度不变。

光孤子通信系统的组成框图如图 3-28 所示,主要由光孤子源、光调制器、孤子传输光纤、孤子能量补偿放大器和孤子脉冲信号检测接收五部分组成。光孤子源是一个光孤子激光器,可产生一系列宽度很窄且占空比很大的光孤子脉冲,其作为信息的载体进入光调制器,信息通过光调制器对光孤子流进行调制并使其承载信息,调制后的光孤子流经EDFA 放大和光隔离器后耦合注入光纤进行传输。为避免光纤损耗的影响,在光纤线路中周期性地接入 EDFA 对光孤子流进行能量补偿,实现稳定传输。在接收端,通过光检测接收装置恢复光孤子流所承载的信息。与普通光纤通信系统相比,要求光孤子通信系统中的光检测器响应速度更快或带宽更宽。

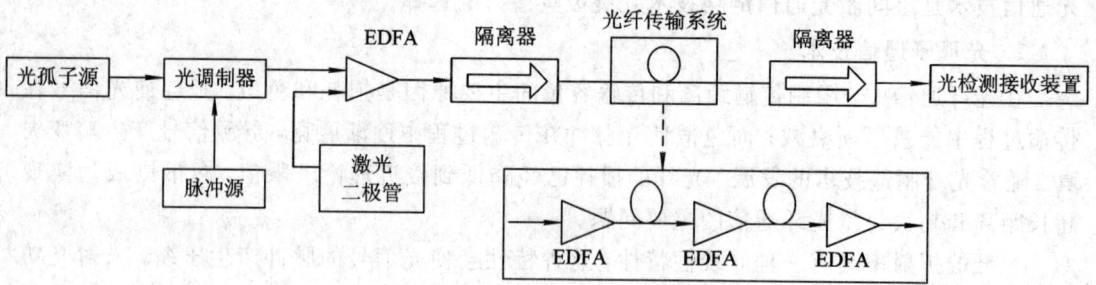

图 3-28　光孤子通信系统框图

与线性光纤通信相比，光孤子通信具有如下显著的优点：

（1）容量大。光孤子通信克服了光纤色散对传输速率和通信容量的制约，当光强度足够大时会使光脉冲变窄，极大地提高了传输容量，其传输容量比当今最好的通信系统可高出 1～2 个数量级。

（2）误码率低，抗干扰能力强。光孤子传输的误码率大大低于常规的光纤通信，甚至可实现误码率低于 10^{-12} 的无差错光纤通信。

（3）可以不用中继站。只要对光纤损耗进行增益补偿，即可将光信号无畸变传输的距离大大延长。

随着通信系统传输速率的提高，这些优势将逐步显示出来，正是因为光孤子通信技术的这些优点和潜在的发展前景，国际上和国内这几年都在大力研究和开发这一技术。这些研究为实现超高速、超长距离无中继光孤子通信系统奠定了基础，在未来的超高速长距离跨海光纤通信系统和城市大容量通信网的建立中，光孤子通信是一个重要的选择方式。

习题与思考题

3-1　什么是光波分复用、副载波复用、光时分复用和光码分复用？

3-2　WDM、DWDM、OFDM 之间有何异同？

3-3　DWDM 系统由哪些部分组成？每部分的作用是什么？

3-4　DWDM 系统的双纤单向传输结构和单纤双向传输结构有何区别？

3-5　光放大器有哪几种类型？各有何特点？

3-6　EDFA 是如何实现光放大的？

3-7　EDFA 的泵浦方式有哪些？

3-8　什么是相干光通信？它与强度调制/直接检测（IM-DD）方式相比有何优势？

3-9　简述光纤线路中光孤子形成的原因。

第 4 章 光 传 送 网

　　☞传送网是现代通信网的主要组成部分之一，可为各类业务网提供业务信息的传送机制和手段。

　　本章首先介绍传送网的基本概念、分层结构和生存特性，然后重点介绍 SDH 传送网和 OTN 光传送网的概念、分层结构、帧结构、组成和应用等。

4.1 传 送 网

4.1.1 传送网的概念

　　按照 ITU - T 有关传送网(Transport Network)的定义，传送网是在不同地点之间传递用户信息的网络的功能资源，即逻辑功能的组合。

　　由于以光纤为基础的传送网是当前传送网的主体，因此通常将以光纤为传输媒质的传送网称为光网络。当然，传送网也能传递各种网络控制信息。所谓"光网络"不是一个严格意义上的技术术语，而是一个通俗用语。从历史上看，光网络可以分为三代。第一代光网络中光只是用来实现大容量传输，所有的交换、选路和其他智能功能都是在电层面上实现的，SDH 就是第一代的光网络，而目前正在开发的光传送网(OTN)和全光网络(AON)可以分别认为是第二代光网络和第三代光网络。OTN 在功能上类似于 SDH，只不过是在OTN 所规范的速率和格式上实现而已，而全光网络则不同，其传送、复用、选路、监控和有些智能功能将在光层面上实现。从更广义的角度看，光网络还应该覆盖城域网和接入网领域，这两个领域的光网络不仅具有更加丰富多彩的技术选择，而且在技术特征上也有很大的不同。

　　光网络与传统的传输网络相比具有许多技术上和经济上的优点：

　　(1) 通信容量大，传输距离远。

　　(2) 高效的网络管理和保护技术。

　　(3) 信号串扰小，保密性能好。

　　(4) 光纤尺寸小、重量轻，便于敷设和运输。

　　(5) 材料来源丰富，环境保护性好，有利于节约有色金属铜。

　　(6) 光缆适应性强，寿命长。

　　(7) 降低运营成本，增加了利润增长点。

　　相对于传统 SDH 而言，ITU - T 所定义的 OTN 的主要优势在于：

（1）具备更强的前向纠错（FEC）能力。OTN 的带外 FEC 比 SDH 的带内 FEC 可以改进纠错能力 3 dB～7 dB。

（2）具有多级串联连接监视（TCM）功能。监视连接可以是嵌套式、重叠式和/或级联式，而 SDH 只允许单级。

（3）支持客户信号的透明传送。SDH 只能支持单一的 SDH 客户信号，而 OTN 可以透明支持所有的客户信号。

（4）交换能力上的扩展性。SDH 主要分两个交换级别，即 2 Mb/s 和 155 Mb/s，而 OTN 可以随着线路速率的增加而增加任意级别的交换速率，与具体每个波长信号的比特率无关。

然而，OTN 的主要不足之处是缺乏细带宽粒度上的性能监测和故障管理能力，对于速率要求不高的网络其应用经济性不佳。另外，由于现有的 SDH 光网络已经能够应付实际应用的需要，因此厂家开发新一代光网络产品的驱动力不足，目前尚无成熟的产品可用，市场窗口是较窄的。

相对于 SDH 和 OTN 而言，全光网络（AON）的主要优势在于：

（1）解决电设备带来的带宽瓶颈问题。

（2）实现网络对客户层信号的透明性。

（3）简化和加快了高速电路的指配和业务供给速度。

（4）实现光层的可重构性。

（5）降低对业务节电的要求。

（6）降低建网成本和运营维护成本。

（7）同时实现业务层和光层联网。

（8）实现快速网络恢复。

4.1.2　传送网模型的分层结构

现代电信网的结构已变得越来越复杂，为了便于分析和规划，ITU - T 提出了网络分层和分割的概念，即任意一个网络总可以从垂直方向分解为若干独立的网络层（即层网络），相邻层网络之间具有客户/服务者关系，而每一层网络在水平方向又可以按照该层的内部结构分割为若干部分。网络的分层和分割满足正交关系。

采用网络分层模型主要有下述好处：

（1）单独地设计和运行每一层网络要比将整个网络作为单个实体来设计和运行简单和方便得多。

（2）可以利用类似的一组功能来描述每一层网络，从而简化了 TMN 管理目标的规定。

（3）从网络结构的观点来看，对某一层网络的增加或修改不会影响其他层网络，这样便于某一层网络独立地引进新技术和新拓扑而不影响其他层。

（4）这种简单的建模方式便于容纳多种技术，使网络规范与具体实施的方法无关，网络规范能保持相对的稳定性。

总的来看，这种功能分层模型摈弃了传统的面向传输硬件的网络概念，十分适应于以业务为基础的现代网络概念，使传送网成为一个独立于业务和应用的动态、灵活、高度可靠和低成本的基础网，并专职于信息比特流的传送。而且在此基础平台之上又可以组建各种各样的业务网，适应各式各样的业务和应用的需要。

　　一个适用于 SDH 的传送网分层模型示例如图 4-1 所示，其中电路层网络是面向业务的，严格意义上是不属于传送层网络的，因而传送网大致分为二层，从上至下依次为通道层网络和传输媒质层网络。下面分别对包括电路层在内的各层作简要介绍。

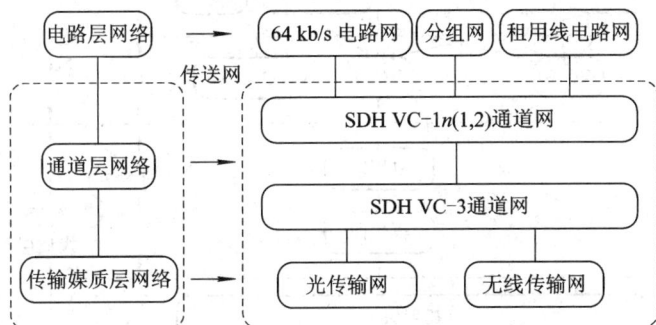

图 4-1　传送网的分层模型示例

　　电路层网络(其连接点可包含交换功能)涉及电路层接入点 AP 之间的信息传递，并直接为用户提供通信业务。该层网络是面向公用交换业务的，诸如电路交换业务、分组交换业务、IP 业务、租用线业务和 B-ISDN 虚通路等。按照所提供业务的不同，可以区分不同的电路层网络。电路层网络与相邻的通道层网络是相互独立的。

　　电路层网络的设备包括用于各种交换业务的交换机(如电路交换机或分组交换机)，用于租用线业务的交叉连接设备以及路由器等。

　　通道层网络(其连接点可包含交叉连接功能)涉及通道层 AP 之间的信息传递并支持一个或多个电路层网络，为其提供可支持不同类型业务所需的信息传递能力。例如，提供传输链路，像 PDH 中的 2 Mb/s、34 Mb/s 和 140 Mb/s，SDH 中的 VC-12、VC-2、VC-3 和 VC-4，以及 B-ISDN 中的虚通道等。SDH 网的一个重要特性是能够对通道层网络的连接性进行管理控制，使网络的应用十分灵活方便。通道层网络与其相邻的传输媒质层网络是相互独立的。

　　传输媒质层网络与传输媒质(光缆或无线)有关，由路径和链路连接支持，不提供子网连接。它涉及段层 AP 之间的信息传递并支持一个或多个通道层网络，为通道层网络节点(如 DXC)提供合适的通道容量，例如 STM-N 就是传输媒质层网络的标准传送容量。该层主要面向跨越线路系统的点到点传送。

　　传输媒质层网络可以进一步划分为段层网络和物理媒质层网络(简称物理层)，其中段层网络涉及保证通道层两个节点之间信息传递的完整性，物理层涉及具体的支持段层网络的传输媒质，如光缆或无线。在 SDH 网中，段层网络还可以进一步细分为复用段层网络和再生段层网络，其中复用段层网络涉及复用段终端之间的端到端信息传递，诸如为通道层提供同步和复用功能并完成有关复用段开销的处理和传递等。而再生段层网络涉及再生器之间或再生器与复用段终端之间的信息传递，诸如定帧、扰码、再生段误码监视以及再生段开销的处理和传递等。物理层网络主要完成光电脉冲形式的比特传送任务，与开销无关。

　　相邻层网络间符合客户/服务者关系，而客户/服务者联系的地方正是服务层网络路径中为客户层网络提供链路连接的地方。图 4-2 给出了一个完全的 SDH 传送网分层模型。

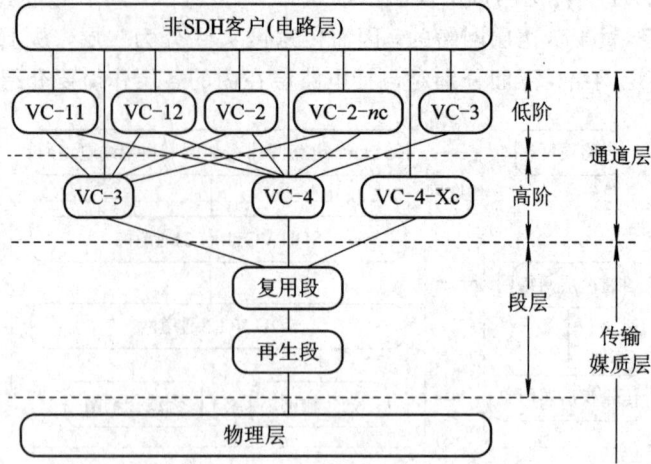

图 4-2　SDH 传送网分层模型

此外，利用扩展层网络中路径终端或终端连接点的方法可以将层网络进一步分解为子层。以通道层为例，它可以进一步分解为一组由不同网络运营者独立管理的管理通道层。每一个管理通道层以电路层或别的管理通道层作为客户，以传输媒质层和别的通道层作为服务者。每一管理通道层可能有独立的拓扑，而且不同管理通道层上通道的建立可以是彼此独立的。同样，传输媒质层也可以分解为一组由不同网络运营者独立管理的管理传输媒质层。

4.1.3　传送网的生存特性

1. 网络生存性概念的提出

网络技术的发展促进了通信技术的发展，它一方面方便了我们的生活，另一方面又使我们的生活更加依赖于通信。通信网络的故障将会给人民的生活带来极大的不便，甚至可能使整个社会陷入瘫痪。网络的生存性属于网络完整性的一部分，网络完整性包括通信质量、可靠性和生存性，涉及通信系统多方面的技术；网络生存性(survivability)泛指网络在经受各种故障，甚至是灾难性的大故障后仍能维持可接受的业务质量的能力。

在长途干线网的设计中，由于其业务量较大，因此系统的生存率定义为：当一线路段发生故障时，经各保护环路上的备用系统保护后，该段线路可受到保护的系统数与该线路上传输的总系统数之比。影响网络生存性的因素通常有以下三个方面的原因：

(1) 大量的业务集中于更大的传输和交换设备中，由于采用更高的速率，因此在较少的几根光纤中集中的控制信令使得一个元件的失效将波及更大的范围。

(2) 软件在带来智能并提供系统灵活性的同时，也给系统埋下了整体崩溃的可能性。大型软件测试的不可遍历性使这种情况无法避免，但出现的概率相对较少。

(3) 占很大比例的是可能存在的危险因素，这包括暴风雪、龙卷风、地震、火灾、洪水和海啸等自然因素，以及人为破坏导致的光(电)缆断裂和汇接局被破坏。

2. 光传送网 OTN 生存性方面的保护恢复技术

G.872 为光传送网 OTN 的分层结构作了定义, 细分为光通路层(OCh)、光复用段层(OMS)和光传输段层(OTS)。OCh 层为各种数字化的用户信号提供接口, 它为透明地传送 SDH、PDH、ATM 和 IP 等业务信号提供点到点的以光通路为基础的组网功能; OMS 层为经 DWDM 复用的多波长信号提供组网功能; OTS 层经光接口与传输媒质相连, 它提供在光介质上传输光信号的功能。OTN 核心设备和业务的保护恢复的主要载体是光交叉连接设备 OXC 和光分插复用设备 OADM, 与 SDH 的最大区别在于 SDH 是基于时分复用的对时隙进行操作的“数字网络”, 而 OTN 处理的对象是光载波, 也就是模拟的“频率时隙”或“光通道波长”, 是一个“模拟传送网络”。但是 OTN 和 SDH 的网络结构都是面向连接的网络, 所使用的网络技术和网络单元极为相似, 因此它们的保护恢复技术基本相似, 主要有以下两种:

(1) 点到点的线路(光复用段 OMS)保护倒换方案。其原理是当工作链路传输中断或性能劣化到一定程度后, 系统倒换设备将主信号自动地转至备用光纤系统来传输, 从而使接收端仍能接收到正常的信号而感觉不到网络已出现了故障。由于该保护方法只能保护传输链路, 无法提供网络节点的失效保护, 因此主要适用于点到点应用的保护。

(2) 核心传输网 DWDM 的自愈环网保护恢复技术——自愈环网 SHR(Self Healing Ring)。这种技术是在无需人为干预的情况下, 利用网络具有发现替代传输路由并重新建立通信的能力, 在极短的时间内从失效的故障中自动恢复所携带的业务的环网。环网 APS 保护方式包括两纤单向环、两纤双向环和四纤双向环。在环网中又分复用段保护和通道共享保护, 是利用环网的特殊结构来实施的一种保护方式, 属于对资源的保护范围。基于通道倒换的环是一种单向的通道保护环(UPPR)结构, 而基于线路倒换的环被称为 SPRING 结构。

3. 多种保护与恢复方案的比较

一般来说, 因为专用保护环的保护容量没有共享, 所以链路的成本最高。由此可见, 在基于链路保护的网状光网络中, 由于每一条主路都由一条路径不同的备用路由来提供保护, 而每一条保护路由都要跨越许多链路区段, 在这每一区段的链路上都要预留专用的容量来作为保护容量使用, 因此这种基于链路的网状网保护恢复方案的组网成本是所有网络拓扑结构中成本最高的一种; 相反地, 在基于通道保护的网状网光网络中, 终端节点之间的每一条连接只需要一条保护通道来提供保护功能, 而且保护通道的粒度相对于链路保护来说要小得多, 使得保护通道和工作通道所需要使用的容量也相对要小得多, 另外网络中的空闲容量在整个网络上的分布也比较均衡。在专用环网保护方案中, 每一条工作环路都在相反的方向上有一条保护环路与之相对应, 专用环网保护的组网成本低于网状光网络专用保护方案的组网成本而高于专用通道保护方案的组网成本。从对网络容量的需求来说, 保护比恢复需要更多的备份容量, 基于容量共享的保护和恢复能够大大降低网络的组网成本, 但由于网状网中空闲容量的均衡分布特性, 使得共享保护环所需要的总容量仍比网状网的共享恢复所需要的总容量大。在网状网恢复策略中, 基于通道的恢复比基于链路的恢复对空闲容量的使用效率更高。

在节点的成本方面, 规模相当的 OADM 的成本比 OXC 的成本要低, 如果忽略完成相同的功能时所需要的 OADM 的数量和需要 OXC 设备数量之间的差异, 那么基于环网保护的网络的节点成本最低。如果网络是由很多的环网互连而构成的，每个环网上的所有 OADM 都必须执行互连功能时，那么基于环网保护的网络就变得复杂了，这时就可以考虑使用成本更高的 OXC 设备来执行网间互连以提高网络的可扩展能力。事实上，在互连网中引入下路/直通功能将增加环网中节点的成本。从节点成本的角度来说，基于 OXC 的网状网的节点成本要比环网的节点成本高得多。如果在基于专用链路保护的网络中的节点外部增加光纤级交换，那么不仅可以降低节点中核心交换机构的交换负荷，而且可以大大降低节点的成本。由于恢复在容量利用率方面比保护更加经济，因此为了实现恢复而执行交叉连接的业务量也相对较少，使其相应的节点成本也较低。

因为 1+1 保护倒换无需使用信令协议，所以其管理成本是最低的。由于共享保护环要使用自动保护倒换 APS 协议，因此增加了其管理的成本。无论是集中式控制还是分布式控制的网状网络，在执行恢复时都需要使用信令，针对一个恢复需求往往同时存在多条备用路由，而且在动态恢复时还需要对这些备用路由进行评估，使得这些信令的执行往往是很复杂的。另外在网状网中执行业务恢复时，恢复通道在其整个路由上不得不重构和配置沿途的所有 OXC 交换机构，而共享保护环却只需在执行交换的两个 ADM 上进行倒换的桥接操作，所以网状网恢复比共享保护环的管理成本高。

网络的灵活性综合了网络面对始料未及的业务模型变化和故障类型变化的应对能力，以及网络在可扩展性方面的能力。由于环网不能挖掘网络所有的连通性潜力，而且其保护通道是固定不变的，因此环网的灵活性最差。另外，要升级环网就必须使整个环网升级，而网状网的升级可以是每个 OXC 和每条链路的升级，使环网比网状网难以升级扩容。专用保护环网的网络规模仅仅依赖于网络中的业务量而与业务模型无关，面对始料未及的业务变化，专用保护环的灵活性比共享保护环的灵活性要高。由于使用了可重构性的 OXC 设备，因此网状网光网络的灵活性最高。

一条通道的可用性是指一条通道或一个网络的实际可用时间与总时间的比率。因为在环状互连网络中一条通道上的分别发生在不同环网中的故障都可被恢复，所以环网互连能够提供最高水平的可用性。在互连节点中可以使用下路/直通功能来为环网互连节点提供保护，这样就形成了具有子网生存能力的一种非常安全的网络结构，而且覆盖多个环网路径很长的一条通道可以同时应付多点故障。网状网的通道保护可以为端到端的通道提供保护，一旦工作通道和保护通道都出现了故障，该连接就无法被恢复了。一般来说，由于恢复可以处理多点故障，因此它的灵活性很高，但网络中空闲容量的多少直接决定着网络的抗毁能力，这时网络的可用性完全依赖于空闲容量的分布和恢复策略性能的优劣。另外，虽然基于链路的保护/恢复不能处理节点故障，但是它能够很好地从多链路故障中恢复过来。总之，网络的可用性依赖于节点和链路的可用率以及网络中空闲容量的大小。

以上是根据不同的生存性策略分别对比和分析了不同网络结构的可用性问题，但一般情况下不同的业务模型也同样会影响网络的可用性。由于业务需求的类型不同，因此对网络可用性的要求也不同，有些业务对网络可用性的要求非常苛刻，这时就必须考虑使用保护来提高网络的可用性。在网状网中，不同类型的业务可以很容易地混合起来，而在环状网中，也可以通过给环网增加对非预置空的未保护业务和预置空超量业务的支持能力来达到这个目的。

4．光网络生存性的关键问题

1）故障检测和定位

故障检测和定位的目标首先是为了快速和准确地实现保护倒换和业务的恢复，其次是为了整个网络的管理和维护。到目前为止，光域上能够准确检测的参数只有光功率、光信噪比（OSNR）和中心波长，而像误码率、LOS 和 LOF 这类参数只能在电域上检测。由于故障检测是实现自愈的第一步，且保护倒换和路由的恢复都有严格的时间要求，因此故障的检测不仅要准确，而且要快速。故障的定位是实现保护倒换和路由恢复的第二步，也是至关重要的一步，要实现自愈，必须实现故障的快速和准确定位。只有确定了故障的具体位置，才能进行网络的保护和恢复以及进一步的业务配置。如果一个网络不能进行精确的故障定位，那么网络的生存性就不会得到保证。但是由于故障的传递性、检测机制的不完善性以及故障检测与故障传递之间的时差等原因，使得故障的定位在光网络中成为一个难点。当在一个网络中发生光纤断裂和节点掉电等故障时，相关的节点和检测点均要产生告警，即往往是一处发生了故障，网络中多处都产生告警。当然这也不是不可逾越的困难，故障的定位除与节点自身的功能紧密相关外，还与信令的传送方式或者说信令网总的控制方式直接相关。一般而言，只有在知道全网的信息（包括配置和业务信息）的情况下才能实现故障的准确定位，但是故障的发生是带有偶然性的，即各节点收到的信息是突发性的，不能用一般的马尔可夫理论进行分析，即不属于一般的 M/M/X 排队模型，而是属于 D/M/X 模型。如果每个节点（分布式控制）或者说主节点（集中式控制）需要收集所有的故障信息来处理，那么不仅要有一套复杂的算法，而且在节点处理该信息时必须合理地考虑故障传递与信息传递的时差问题，这样就增加了其实现的复杂度，而且也难以满足时效性的要求。

针对上述问题的解决方法：对于分布式控制的网络，采用分布式定位的方法，这种分布式的故障定位方法是与业务和链路相关的。对于集中式控制的网络，即有主控节点的网络，故障定位采用分层定位的方法，即首先由单节点承担一部分故障的简单分析，如该节点相关告警的过滤和屏蔽以及严重告警的定位，然后将处理结果上报主控节点，由主控节点进一步分析和处理，最终确定故障的具体位置。

从上述分析可以看出，单节点能够定位的故障是有限的，只有将所有相关的告警收集起来进行相关性分析，才能实现故障的精确定位。这就涉及单节点处理后的信息如何合理和正确地发布的问题，还有故障信息的编码问题，合理和有效的编码将会使故障定位真正做到快速而准确。当然，在故障信息发布的同时，必须辅以相应的故障信息抑制，否则故障信息的不断发布将会使故障定位产生连带的错误。

2）故障信息的传送

在集中式控制下，因为所有的控制信息都是由主控节点下发的，所以在检测到故障后，应该尽快地将该节点处理后的告警和定位信息送到主控节点，使主控节点能够快速和准确地进行故障的分析和定位，可采用以下两种形式：

（1）广播式方法，即一旦检测到故障，稍加处理后就以广播的形式进行发送，其他非相关节点仅仅起转接该信息的作用，只有主控节点才能接收该信息。这种处理方式的优点是思路简单，但是它带来的负面影响是信令网中的信息流量加大，容易产生控制流的阻塞，而且会使非主控节点的处理变得复杂化。因为广播信息的控制和管理是必不可少的，而这本身就是一个通信控制的难题，所以此方法实现起来相对较困难。

（2）最短路径方式发送，即每个非主控节点都有路由表，该路由表上记录了该节点到主控节点的最短路径以及其他可达路径的出口。故障信息就可以通过这种方式以最快的方式到达主控节点。该方式处理简单，但它要求每个节点都储存必需的路由表，而且在网络更改或者扩容时不得不更改路由表，故不可避免地要增加系统的代价。

在分布式控制下，各节点的地位是平等的，各节点对故障的两层过滤都是由自己完成的。但是如果每个节点都像集中控制方式下的主控节点，不仅不经济，而且处理的复杂度相当大，很难满足时效性的严格要求。所以其第二层处理功能应该是仅仅收集相关链路或者通道的故障信息，但是这就需要该节点了解整个网络的拓扑结构，在处理上还是比较困难的，需要定制一套相当复杂的算法。实现分布式控制下信令的传送，是实现其定位的关键，如何将相关的故障信息收集到该节点，以实现故障的定位是非常复杂的。

3）保护倒换和路由恢复

光传送网采用了两种保护体系，即路径保护和子网连接保护。光路径保护采用端到端保护机理，可用于各种网络结构（如网状网、环形网或两者混合结构），它既可以按单向形式工作，也可以按双向形式工作，适用于光通道层和光复用段层。在光传输段层中不使用路径保护，其保护方式既可以是单向1+1，也可以是1:1，但在1:1工作时，保护通路可以支持低等级业务。子网连接保护同样适用于各种网络结构，可以用于保护网络连接的全部或其中的一部分，其使用内在的监视方式（SNC/I保护业务层中的故障）。光传送网中的子网连接保护有以下两种方式：

（1）一种思路是将保护倒换和路由恢复分开考虑，即采用不同的编码和不同的机制。这是出于对时间要求的考虑，保护倒换要求在50 ms内完成，而路由恢复的要求为2 s。

（2）另一种思路是统一编码和不同处理的方法，即IETF的思路。这种思路的主要出发点是为了迎合现在流行的IPv6协议处理模式，但是这种处理方式较复杂。其实解决了第二种思路中的问题，第一种思路也就迎刃而解。下面分析第二种思路的实现。

不同的故障应选用不同的保护方式。由于环网具有很强的自愈能力，因此全光环形网络也可借用升级的环网APS协议来实现保护，但对于格形网而言情况就十分复杂了，因为其某一链路或者通道从不同的观点来看属于不同的简单拓扑结构，选用那种保护方式与其子网标识密切相关。为了实现快速的保护倒换以及增强格形网的"强壮"性，利用图论的知识将格形网划分为几个子网（以最小环进行划分，不能归为最小环的标识为树），将这些子网进行标识，就可以在整个格形网中对不同子网中的故障采取不同的保护方法，例如，对环形子网中的故障借用环网的保护方法，对树形子网中的故障采用相应的1+1或者M:N保护。这是因为格形网其实就是环网的相交相割再加上一些树形拓扑（或者孤岛）而构成的。对处于不同子网的资源和业务实施不同的保护方式，可以提高网络的生存性。

对于路由恢复而言，不管哪种保护方式都需要预留资源。如果一个网络中全部采用保护方式的话，那么势必会大大降低网络资源的利用率，所以一个网络中除了采取适当的保护方式外，一般还要采用业务恢复的方法来实施对业务的保护。由于恢复路由不是预留的而是按照一定的优化方法算出来的，因此它比保护方案更能合理地利用网络的资源和优化业务的分配。但是恢复路由是在故障情况下临时算出来的，这势必造成恢复时间比保护时间长。此外它必须是在故障定位信息已经更新的情况下才能计算，故恢复时间取决于故障定位时间和算法的时间以及网络的规模。与保护倒换不同,路由恢复和资源调度不仅需要了解线路或者通道的好坏,而且需要了解各链路和通道的资源使用情况。只有这样,才能依据一定的波长路由算法进行资源的合理调配。集中式控制有利于网络的最优化,但是,由于主控节点记忆的数据量太大和处理的"事务"过多,因此其速度不高,不适合于大型网络。分布式控制不是依据全网的信息来进行选路和恢复的,不利于网络的最优化,但是其各个节点处于同等的地位,处理相对简单,所以其速度相对较快,而且适合于任何规模的网络,但是随着网络的运行,可能会导致网络的应用严重不合理。

根据上述分析,在一个大型网络中应该是两种控制方式并存。对于实时性要求高的一些操作,例如,资源的保护和重要业务的恢复可采用分布式的控制方法,也可借用预选恢复路由的方法来实现;对于一些实时性要求不高的操作,例如,业务配置、性能管理和维护等可采用集中式控制的方法,这样有利于合理配置网络;对于一些要求实时性而分布式控制方法很难解决或者说解决有困难的操作,例如故障定位,则可以采用两种控制方法结合的分节控制的方法来实现,这样就可以提高网络控制和管理的灵活性,从而提高实时性和合理性。

4) 拓扑结构的识别

为了在一个网络中同时支持保护倒换和路由恢复,并且还要保护和恢复协调操作,这就需要借用图论的知识将网络划分为几个子网。在这些不同拓扑结构的逻辑子网中来分别执行不同的保护和恢复方式。一般而言,保护是针对资源即物理层和段层的保护,而恢复是针对业务层,即仅仅针对业务的。为实现这个目的,就需要信令网具有识别拓扑结构的能力,以及能够按照一定的规则来划分不同的子网,这是启动保护倒换和路由恢复的依据,以及启动何种保护倒换类型的必备信息。当然这些信息不应实时运行,应该具有相对的稳定性,否则将会导致信令的交换时间过长,处理也十分复杂,更难保证保护和恢复等实时性要求高的操作。一般是设置一个定时器,每隔一固定的时间查询和自动识别一次;还有就是故障触发识别,即在系统发生故障的情况下来修改拓扑结构;还有就是由网管启动识别命令来强制识别,这通常用于系统的升级、扩容和改造。拓扑识别一般有两种处理方法:

(1) 由网管配置,即规划网络时将网络拓扑按一定的算法或者按照设计者的要求分为几个子网,然后由网管配置各节点的子网标识。这种方法的前提是必须事先知道网络的物理配置,在网络升级或者物理拓扑改变的情况下,需要进行重新配置。这种方法的主要好处就是简单、易操作,便于管理;缺点就是实时性不强,对网络操作者的依赖性过强,也即对维护者的知识要求较高。这种方法是相对静态的,也是目前使用较多的方法。

(2) 节点自动识别。在不同的控制方式下,实现的方法和难易程度是不同的。集中式控制:网络拓扑的识别工作应该交给主控节点完成,这种方式在大型网络中的实现非常复杂,所以距离其实用化还有很长的一段路要走;分布式控制:为了识别整个网络的拓扑,必须知道全网的信息,但分布式控制机制下的节点明显不具备这个功能,所以此功能可以交给中心网管来完成。集中式控制和分布式控制的区别是:集中式控制是把网络的识别放在控制层完成的,速度相对较快;而分布式控制必须将网络的识别交由管理层完成,速度相对较慢。

5）光通路层管理

模拟网络设计的局限性及目前科技水平对全光网络处理的现状，想要建立一个全球或全国性的全光网络是无法实现的，而在短期内利用光/电设备消除模拟噪声及光波转变的功能却是切实可行的。但是，网络的经营者希望新的光传送网可以不考虑客户信号的种类，以便减少使用光/电设备的要求，从而降低控制的复杂性与网络管理的费用。为了实现 OP 层的网络保护，可利用电的帧结构来保证网络可靠性。也许未来的 OP 网络不用这种帧结构，但在目前这是最好的方法。帧由 OP 开销信道和 OP 负载信道组成，而 SDH 虚容器（VCS）、ATM 信元、PDH 通道信号和 PPP 帧都可被映射到 OP 负载信道中。

光传送网的容错和保护恢复能力对于运营商来说是至关重要的，光网络物理层和数据链路层的保护恢复机制基本上采用了原有 SDH 的保护恢复方式来满足电信级运营要求，而 IP 层上控制平面路由、信令和链路管理信息的保护恢复技术的解决方案还没有统一的标准。目前 ITU-T、IETF 和 OIF 三大国际标准组织正倾向于智能光网络 IP 层保护恢复技术方面的研究。

4.2　SDH 传送网

4.2.1　SDH 传送网的概念

SDH（Synchronous Digital Hierarchy）是 ITU-T 制定的，独立于设备制造商的 NNI 上的数字传输体制接口标准（光/电接口）。它主要用于光纤传输系统，其设计目标是定义一种技术，通过同步的、灵活的光传送体系来运载各种不同速率的数字信号。这一目标是通过字节间插（Byte-Interleaving）的复用方式来实现的，字节间插使复用和段到段的管理得以简化。

SDH 的内容包括传输速率、接口参数、复用方式和高速 SDH 传送网的 OAM。其主要内容借鉴了 1985 年 Bellcore（现在的 Telcordia Technologies）向 ANSI 提交的 SONet（Synchronous Optical Network）建议，ITU-T 对其做了一些修改，大部分的修改内容是在较低的复用层，以适应各个国家和地区网络互连的复杂性要求。相关的建议包含在 G. 707、G. 708 和 G. 709 中。SDH 设备只能部分兼容 SONet，两种体系之间可以相互承载对方的业务流，但两种体系之间的告警和性能管理信息等无法互通。

SDH 之所以能够快速发展是与它自身的特点分不开的，其具体特点如下：

（1）SDH 传输系统在国际上有统一的帧结构、数字传输标准速率和标准的光路接口，可使网管系统互通，因此有很好的横向兼容性。它能与现有的 PDH 完全兼容，并容纳各种新的业务信号，形成了全球统一的数字传输体制标准，提高了网络的可靠性。

（2）SDH 接入系统的不同等级的码流在帧结构净负荷区内的排列非常有规律，而净负荷与网络是同步的，它利用软件能将高速信号一次直接分插得出低速支路信号，实现了一次复用的特性，克服了 PDH 准同步复用方式对全部高速信号进行逐级分解后再生复用的过程，大大简化了 DXC，减少了"背靠背"的接口复用设备，改善了网络业务传送的透明性。

（3）由于采用了较先进的分插复用器（ADM）和数字交叉连接（DXC），因此网络的自愈功能和重组功能就显得非常强大，具有较强的生存率。在 SDH 帧结构中安排了信号的 5% 作为开销比特，它的网管功能显得特别强大，并能统一形成网络管理系统，为网络的自动化、智能化、信道的利用率以及降低网络的维管费和生存能力起到了积极作用。

（4）SDH 有多种网络拓扑结构，它所组成的网络非常灵活，能增强网监、运行管理和自动配置功能，优化了网络性能，同时也使网络灵活、安全和可靠的运行，使网络的功能非常齐全且多样化。

（5）SDH 具有传输和交换的性能，它的系列设备的构成能通过功能块的自由组合来实现不同层次和各种拓扑结构的网络，使用起来十分灵活。

（6）SDH 并不专属于某种传输介质，它可用于双绞线和同轴电缆，但 SDH 用于传输高数据率时则需用光纤。这一特点表明，SDH 既可用作干线通道，又可作支线通道。例如，我国的国家级与省级有线电视干线网就是采用 SDH，而且它也便于与光纤电缆混合网（HFC）相兼容。

（7）从 OSI 模型的观点来看，SDH 属于其最底层的物理层，并未对其高层有严格的限制，便于在 SDH 上采用各种网络技术，支持 ATM 或 IP 传输。

（8）SDH 是严格同步的，从而保证了整个网络的稳定性和可靠性，误码率较低，且便于复用和调整。

（9）标准的开放型光接口可以在基本光缆段上实现横向兼容，降低了联网成本。

4.2.2 SDH 帧结构

1. 整体结构

SDH 帧结构是实现 SDH 网络功能的基础，该帧结构易于实现支路信号的同步复用、交叉连接和 SDH 层的交换，同时使支路信号在一帧内分布均匀、规则和可控，以利于上/下电路传输。

SDH 帧结构与 PDH 的一样，以 125 μs 为帧同步周期，并采用了字节间插、指针和虚容器等关键技术。SDH 系统的基本传输速率是 STM－1(Synchronous Transport Module－1，155.520 Mb/s)，其他高阶信号的速率均由 STM－1 的整数倍构造而成：STM－4 (4×STM－1＝622.080 Mb/s)、STM－16(16×STM－1＝2488.320 Mb/s)和 STM－64 (64×STM－1＝9953.280 Mb/s)。SDH 信号的等级如表 4－1 所示。

表 4－1 SDH 的信号等级

SDH 等级	SONET 等级	信号速率/(Mb/s)	净负荷速率/(Mb/s)	等效的 DS_0 数(64 kb/s)
—	STS－1/OC－1	51.84	50.112	672
STM－1	STS－3/OC－3	155.520	150.336	2016
STM－4	STS－12/OC－12	622.080	601.344	8064
STM－16	STS－48/OC－48	2488.320	2405.376	32 256
STM－64	STS－192/OC－192	9953.280	9621.504	129 024

STM-1由9行和270列字节组成，高阶信号均以STM-1为基础，采用字节间插方式形成，其帧格式是以字节为单位的块状结构。STM-N由9行和270×N列字节组成。

STM-N帧的传送方式与我们读书的习惯一样，以行为单位，自左向右、自上而下地依次发送。

STM-N的帧格式如图4-3所示。

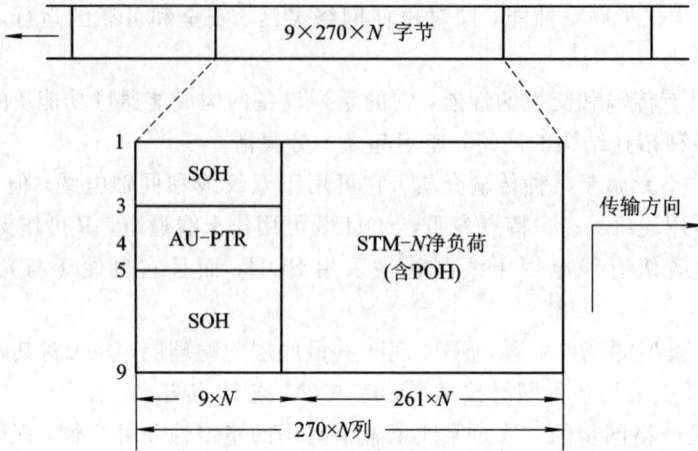

图4-3 STM-N帧结构示意图

每个STM帧由段开销SOH(Section Overhead)、管理单元指针(AU-PTR, Administrative Unit Pointer)和STM-N净负荷(Payload)三部分组成。

段开销用于SDH传输网的运行、维护、管理和指配(OAM&P)，它又分为再生段开销(Regenerator SOH)和复用段开销(Multiplexor SOH)，分别位于SOH区的1~3行和5~9行。段开销是保证STM净负荷正常和灵活地传送所必须附加的开销。

管理单元指针AU-PTR用于指示STM净负荷中的第一个字节在STM-N帧内的起始位置，以便接收端可以正确地分离STM净负荷，它位于RSOH和MSOH之间，即STM帧第4行的1~9列。

STM净负荷是存放要通过STM帧传送的各种业务信息的地方，它也包含少量用于通道性能监视、管理和控制的通道开销POH(Path Overhead)。

2. 开销字节

SDH提供了丰富的开销字节，用于简化支路信号的复用/解复用和增强SDH传输网OAM&P的能力。它主要有再生段开销(RSOH)、复用段开销(MSOH)、通道开销(POH)和管理单元指针(AU-PTR)，分别负责管理不同层次的资源对象，图4-4描述了SDH中再生段、复用段和通道的含义。

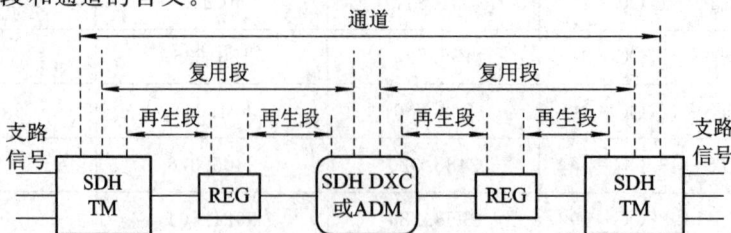

图4-4 再生段、复用段和通道示意图

（1）RSOH。它负责管理再生段，在再生段的发端产生，并在再生段的末端终结，支持的主要功能有 STM-N 信号的性能监视、帧定位和 OAM&P 信息传送。

（2）MSOH。它负责管理复用段，复用段由多个再生段组成，它在复用段的发端产生，并在复用段的末端终结，即 MSOH 透明地通过再生器。它支持的主要功能有复用或串联低阶信号、性能监视、自动保护切换和复用段维护等。

（3）POH。通道开销（POH）主要用于端到端的通道管理，支持的主要功能有通道的性能监视、告警指示、通道跟踪和净负荷内容指示等。SDH 系统通过 POH 可以识别一个 VC，并评估系统的传输性能。

（4）AU-PTR。它用于定位 STM-N 净负荷的起始位置。

目前，ITU 只定义了部分开销字节的功能，很多字节的功能有待进一步定义。

3. STM 净负荷的结构

1）VC 的含义

为使 STM 净负荷区可以承载各种速率的同步或异步业务信息，SDH 引入了虚容器 VC 结构，一般将传送 VC 的实体称为通道。

VC 可以承载的信息类型没有任何限制，目前主要承载的信息类型有 PDH 帧、ATM 信元、IP 分组及 LAN 分组等。换句话说，任何上层业务信息必须首先装入一个满足其容量要求的 VC，然后才能装入 STM 净负荷区，通过 SDH 网络传输。

VC 由信息净负荷（Container）和通道开销（POH）两部分组成。POH 在 SDH 网的入口点加上，而在 SDH 网的出口点除去，然后信息净负荷被送给最终用户，而 VC 在 SDH 网中传输时保持完整不变。借助于 POH，SDH 传输系统可以定位 VC 中业务信息净负荷的起始位置，因而可以方便灵活地在通道中的任一点进行插入和提取，并以 VC 为单位进行同步复用和交叉连接处理，以及评估系统的传输性能。

VC 分为高阶 VC（VC-3 和 VC-4）和低阶 VC（VC-2、VC-11 和 VC-12）。

需要说明的是，VC 中的"虚"有两个含义：一是 VC 中的字节在 STM 帧中并不是连续存放的，这可以提高净负荷区的使用效率，同时也使得每个 VC 的写入和读出可以按周期的方式进行；二是一个 VC 可以在多个相邻的帧中存放，即它可以在一个帧中开始而在下一个帧中结束，其起始位置在 STM 帧的净负荷区中是浮动的。

2）STM 净负荷的组织

为增强 STM 净负荷容量管理的灵活性，SDH 引入了两级管理结构：管理单元（AU，Administrative Unit）和支路单元（TU，Tributary Unit）。

AU 由 AU-PTR 和一个高阶 VC 组成，它是在骨干网上提供带宽的基本单元，目前 AU 有两种形式，即 AU-4 和 AU-3。AU 也可以由多个低阶 VC 组成，此时每个低阶 VC 都包含在一个 TU 中。

TU 由 TU-PTR 和一个低阶 VC 组成，特定数目的 TU 根据路由编排和传输的需要可以组成一个 TUG（TU Group）。目前 TU 有 TU-11、TU-12、TU-2 和 TU-3 等四种形式，TUG 不包含额外的开销字节。类似地，多个 AU 也可以构成一个 AUG 以用于高阶 STM 帧。

可以看出，AU 和 TU 都是由两部分组成的：固定部分＋浮动部分。固定部分是指针，浮动部分是 VC，通过指针可以轻易地定位一个 VC 的位置。VC 是 SDH 网络中承载净负荷的实体，也是 SDH 层进行交换的基本单位，它通常在靠近业务终端节点的地方创建和删除。

图 4-5 所示是 STM-1 净负荷区的示意图。

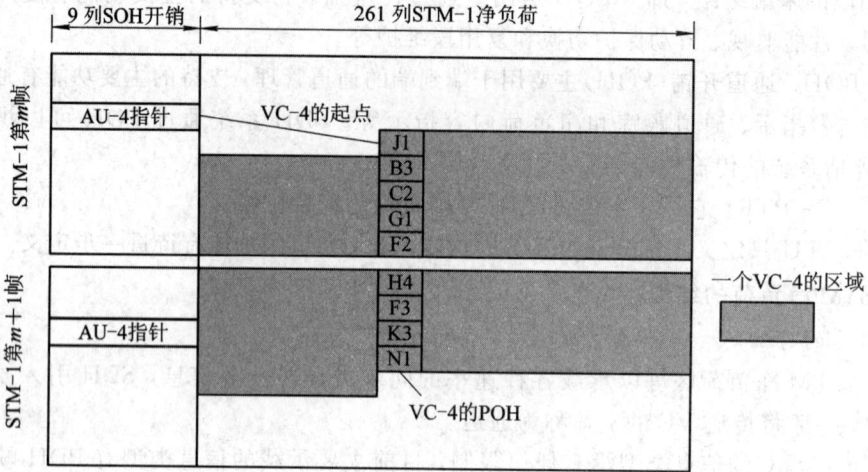

图 4-5　STM-1(AU-4)的净负荷结构示意图

4.2.3　SDH 复用映射结构

SDH 的一般复用映射结构如图 4-6 所示。

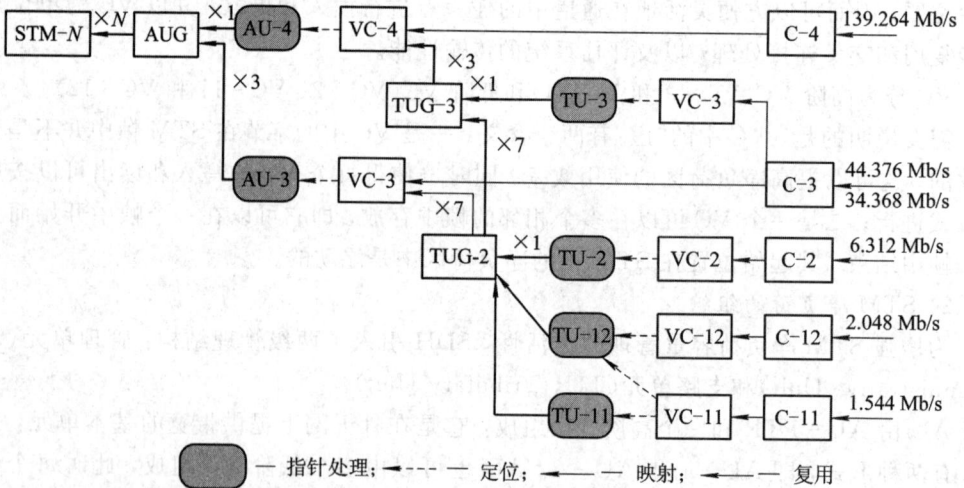

图 4-6　SDH 的复用映射结构

各种信号复用到 STM 帧的过程分为以下三个步骤：

（1）映射（Mapping）。映射是一种在 SDH 网络边界处（如 SDH/PDH 边界处），将各种支路信号通过增加调整比特和 POH 适配进 VC 的过程。

（2）定位（Aligning）。定位是指通过指针调整，使指针的值时刻指向低阶 VC 帧的起点在 TU 净负荷中或高阶 VC 帧的起点在 AU 净负荷中的具体位置，使收端能据此正确地分离相应的 VC。即利用 POH 进行支路信号的频差相位的调整，定位 VC 中的第一个字节。

（3）复用（Multiplexing）。复用就是将多个低阶通道层信号适配进高阶通道层或是将多个高阶通道层信号适配进复用段的过程，即通过字节间插方式把 TU 组织进高阶 VC 或把 AU 组织进 STM - N 的过程。

为了适应各种不同的网络应用情况，有异步、比特同步和字节同步三种映射方法与浮动 VC 和锁定 TU 两种模式。这三种映射方法和两种工作模式共可组合成五种映射方式，当前最通用的是异步映射浮动模式。

异步映射浮动模式最适用于异步/准同步信号映射，包括将 PDH 通道映射进 SDH 通道的应用，能直接上/下低速 PDH 信号，但是不能直接上/下 PDH 信号中的 64 kb/s 信号。异步映射接口简单，引入的映射时延少，可适应各种结构和特性的数字信号，是一种最通用的映射方式，也是 PDH 向 SDH 过渡期内必不可少的一种映射方式。当前各厂家的设备绝大多数采用的是异步映射浮动模式。浮动字节同步映射接口复杂，但能直接上/下 64 kb/s 和 $N \times 64$ kb/s 信号，主要用于不需要一次群接口的数字交换机互连和两个需直接处理 64 kb/s 和 $N \times 64$ kb/s 业务的节点间的 SDH 连接。

图 4 - 6 所示的 SDH 的复用映射结构是由一些基本复用映射单元组成的、有若干个中间复用步骤的复用结构，具有一定频差的各种支路的业务要想复用进 STM - N 帧都要经历映射、定位校准和复用三个步骤。其基本原理是：首先各种速率等级的数据流进入相应的容器（C），完成适配功能（主要是速率调整）；然后进入虚容器（VC），加入通道开销（POH）。VC 在 SDH 网中传输时可作为一个独立的实体在通道中任意位置取出或插入，以便进行同步复用和交叉连接处理。由 VC 输出的数据流再按图 4 - 6 中规定的路线进入管理单元（AU）或支路单元（TU）。在 AU 和 TU 中要进行速率调整，这样使得低一级的数字流在高一级的数字流中的起始点是浮动的。为了准确地确定起始点的位置，AU 和 TU 设置了指针（AU PRT 和 TU PRT），从而在相应的帧内进行灵活和动态地定位。在 N 个 AUG 的基础上，再附加段开销 SOH，便形成了 STM - N 的帧结构。

图 4 - 6 中的定位校准是利用指针调整技术来取代传统的 125 μs 缓存器，实现支路频差的校准和相位的对准。指针调整技术是数字传输复用技术的一项重大革新，它消除了 PDH 中僵硬的大量硬件配件，这种结构有明显的特色，意义深远。

由于经 TU PTR 和 AU PTR 处理后的各 VC 支路已实现了相位同步，因此复用过程为同步复用，具体的复用过程在图 4 - 6 中已表明，即

$$TUG - 2 = 3 \times TUG - 12 \quad 或 \quad TUG - 3 = 1 \times TU - 3$$
$$TUG - 3 = 7 \times TUG - 2 \quad STM - 1 = VC - 4 = 3 \times TUG - 3$$
$$STM - N = N \times STM - 1$$

不难看到，PDH 低次群信号作为容器经过码流调整并附加以指针后直接映射到 SDH 的传输帧中，通过指针直接"取下"或"插入"PDH 低次群信号，取消了"背靠背"的多路与复用。

需要特别说明的是，N 个 STM - 1 以字节间插方式复用成 STM - N 时，段开销的复用并非典型的交错间插，而是仅以第一个 STM - 1 的 SOH 和其余 $N-1$ 个 STM - 1 的 SOH 中 $A1$、$A2$、$J0$ 和 $B2$ 字节参与字节交错间插复用，形成 STM - N 的指针和净负荷。

4.2.4　SDH 传送网分层模型

如果将分组交换机、电话交换机和无线终端等看做业务节点，那么传送网的角色是将这些业务节点互连在一起，使它们之间可以相互交换业务信息，以构成相应的业务网。然而对于现代高速大容量的骨干传送网来说，仅仅在业务节点间提供链路组是远远不够的，健壮性、灵活性、可升级性和经济性是其必须满足的。

为实现上述目标，SDH 传送网按功能可分为两层：通道层和传输介质层，如图 4-7 所示。

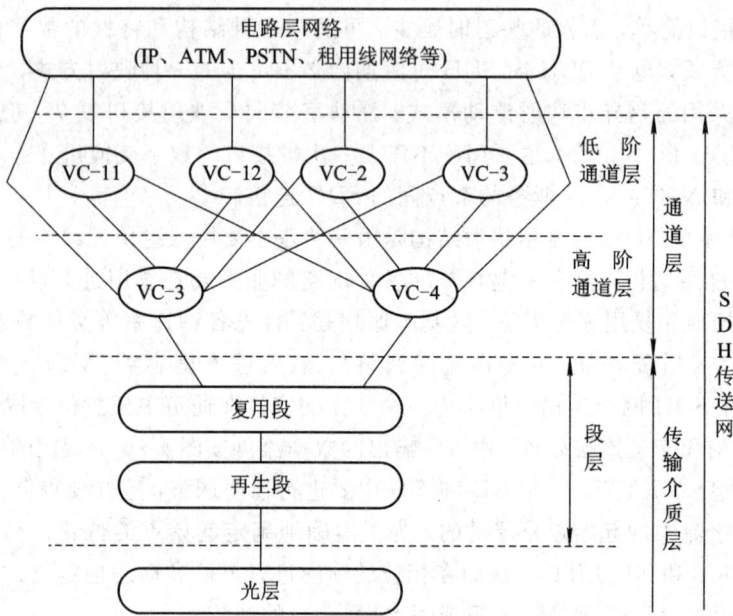

图 4-7　SDH 传送网的分层模型

1. 通道层

通道层负责为一个或多个电路层提供透明的通道服务，它定义了数据如何以合适的速度进行端到端的传输，这里的"端"是指通信网上的各种节点设备。

通道层又分为高阶通道层（VC-3 和 VC-4）和低阶通道层（VC-2、VC-11 和 VC-12）。通道的建立由网管系统和交叉连接设备负责，它可以提供较长的保持时间。由于其直接面向电路层，因此 SDH 简化了电路层交换，使传送网更加灵活和方便。

2. 传输介质层

传输介质层与具体的传输介质有关，它支持一个或多个通道，为通道层网络节点（如 DXC）提供合适的通道容量，一般用 STM-N 表示传输介质层的标准容量。

传输介质层又分为段层和光层，而段层又分为再生段层和复用段层，其中再生段层负责在点到点的光纤段上生成标准的 SDH 帧，它负责信号的再生与放大，不对信号做任何修改；多个再生段构成一个复用段，复用段层负责多个支路信号的复用和解复用，以及在 SDH 层次的数据交换。光层是定义光纤的类型以及所使用接口的特性的，随着 WDM 技术和光放大器、光 ADM、光 DXC 等网元在光层的使用，光层也像段层一样分为光复用段和光再生段两层。

4.2.5 SDH 网元设备

1. 终端复用器

终端复用器(TM)主要为使用传统接口的用户(如 T1/E1、FDDI 和 Ethernet)提供到 SDH 网络的接入，它以类似时分复用器的方式工作，将多个 PDH 低阶支路信号复用成一个 STM-1 或 STM-4，TM 也能完成从电信号 STM-N 到光载波 OC-N 的转换。

2. 分插复用器

分插复用器(ADM)可以提供与 TM 一样的功能，但 ADM 的结构设计主要是为了方便组建环网，提高光网络的生存性。它负责在 STM-N 中插入或提取低阶支路信号，利用内部时隙交换功能实现两个 STM-N 之间不同 VC 的连接。另外一个 ADM 环中的所有 ADM 可以被当成一个整体来进行管理，以执行动态分配带宽，提供信道操作与保护、光集成与环路保护等功能，从而减小由于光缆断裂或设备故障而造成的影响，它是目前 SDH 网中应用最广泛的网络单元。

3. 数字交叉连接设备

习惯上将 SDH 网中的数字交叉连接设备(DXC)称为 SDXC，以区别于全光网络中的 ODXC，在美国则将它叫做 DCS。一个 SDXC 具有多个 STM-N 信号端口，通过内部软件控制的电子交叉开关网络，可以提供任意两端口速率(包括子速率)之间的交叉连接，另外 SDXC 也执行检测维护和网络故障恢复等功能。多个 DXC 的互连可以方便地构建光纤环网，形成多环连接的网孔网骨干结构。与电话交换设备不同的是，SDXC 的交换功能(以 VC 为单位)主要为 SDH 网络的管理提供灵活性，而不是面向单个用户的业务需求。

SDXC 设备的类型用 SDXC x/y 的形式表示，其中，"x"代表端口速率的阶数，"y"代表端口可进行交叉连接的支路信号速率的阶数。例如，SDXC 4/4 代表端口速率的阶数为 155.52 Mb/s，并且只能作为一个整体来交换；SDXC 4/1 代表端口速率的阶数为 155.52 Mb/s，可交换的支路信号的最小单元为 2 Mb/s。

4.2.6 SDH 网络结构及应用

1. SDH 网络结构

SDH 与 PDH 的不同点在于：PDH 是面向点到点传输的，而 SDH 是面向业务的，利用 ADM 和 DXC 等设备，可以组建线型、星型、环型和网型等多种拓扑结构的传送网。SDH 还提供了丰富的开销字段，增强了 SDH 传送网的可靠性和 OAM&P 能力，这些都是 PDH 系统所不具备的。

按地理区域来划分，现阶段我国 SDH 传送网分为四个层面：省际干线网、省内干线网、中继网和用户接入网，如图 4-8 所示。

(1) 省际干线网。在主要省会城市和业务量大的汇接节点城市装有 DXC 4/4，它们之间用 STM-4、STM-16 和 STM-64 高速光纤链路构成一个网型结构的国家骨干传送网。

(2) 省内干线网。在省内主要汇接节点装有 DXC 4/4 或 DXC 4/1，它们之间用

STM-1、STM-4 和 STM-16 高速光纤链路构成网型或环型省内骨干传送网结构。

(3) 中继网。中继网是指长途端局与本地网端局之间，以及本地网端局之间的部分。对中等城市一般可采用环型结构，特大和大城市则可采用多环加 DXC 结构组网。该层面主要网元设备为 ADM 和 DXC 4/1，它们之间用 STM-1 和 STM-4 光纤链路连接。

(4) 用户接入网。该层面处于网络的边缘，业务容量要求低，且大部分业务都要汇聚于端局，因此环型和星型结构十分适合于该层面。使用的网元主要有 ADM 和 TM，所提供的接口类型也最多，主要有 STM-1 和 STM-4，PDH 体制的 2 M、34 M 或 140 M 接口等。

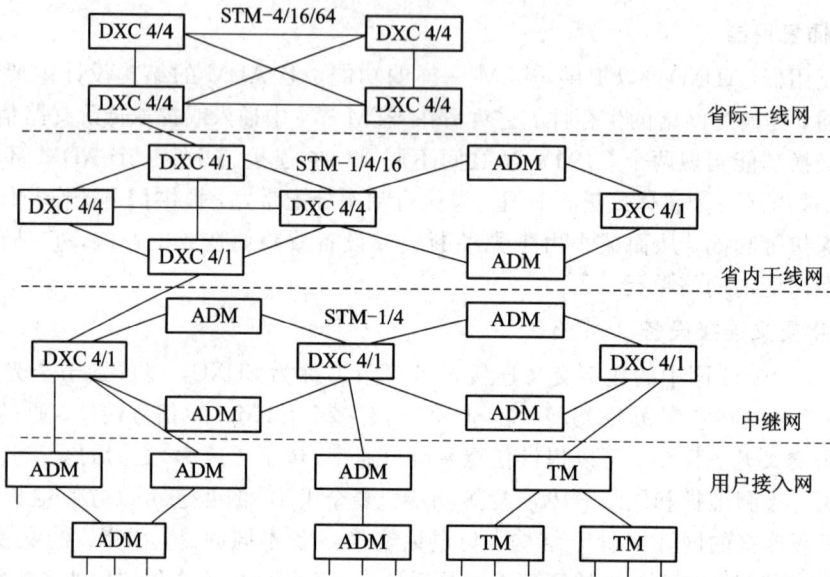

图 4 - 8　我国 SDH 传送网的结构

2. SDH 的应用

由于 SDH 具备了众多优势，因此在广域网领域和专用网领域得到了巨大的发展。我国的电信、联通和广电等部门的电信运营商都已经大规模建设了基于 SDH 的骨干光传输网络，利用大容量的 SDH 环路承载 IP 业务、ATM 业务或直接以租用电路的方式出租给企业和事业单位。一些大型的专用网络也采用了 SDH 技术，架设系统内部的 SDH 光环路以承载各种业务，例如电力系统，就利用 SDH 环路承载内部的数据、远控、视频和语音等业务。

对于组网更加迫切而又不能架设专用 SDH 环路的单位，很多都采用了租用电信运营商电路的方式。由于 SDH 基于物理层的特点，因此租用单位可在租用电路上承载各种业务而不受传输的限制。承载方式有很多种，可以是利用基于 TDM 技术的综合复用设备实现多业务的复用，也可以利用基于 IP 的设备实现多业务的分组交换。SDH 技术可真正实现租用电路的带宽保证，安全性方面也优于 VPN 等方式。在政府机关和对安全性非常注重的企业，SDH 租用线路得到了广泛的应用。一般来说，SDH 可提供 E1、E3、STM-1 或 STM-4 等接口，完全可以满足各种带宽要求，同时在价格方面也已经为大部分单位所接受。

4.3　光 传 送 网

4.3.1　光传送网的概念

20 世纪 90 年代以后，SDH/SONet 已经成为传送网络主要的底层技术，其优点是技术标准统一，提供对传送网的性能监视、故障隔离和保护切换，以及理论上无限的标准扩容方式；缺点是其体系结构是面向语音业务优化设计的，采用严格的 TDM 技术方案，对于突发性很强的数据业务，其带宽的利用率不高。

随着 Internet 和其他面向数据的业务快速增长，未来电信网对通信带宽的增长需求几乎不可预知，而以电 TDM 为基础的单纤单波长的 SDH/SONET 系统，解决带宽增长需求的两种手段仍不能满足带宽的增长需求：埋设更多光纤，但成本太高，且无法预知埋多少是合适的；采用 TDM 技术，提高每个信道的传输速度。目前商用化的 SDH/SONet 速度已达 40 Gb/s，已接近电子器件的处理极限。

下一代网络 NGN 是面向数据和基于分组技术的，随着 Internet/Intranet 上各种宽带业务的应用，未来带宽需求的增长几乎是爆炸性的。因此，需要一种新型的网络体系，它能够使运营商根据业务需求的变更灵活地进行网络带宽的扩充、指配和管理。基于 DWDM 技术的光传送网(OTN，Optical Transport Network)正是为满足未来 NGN 的需求而设计的。

OTN 是以波分复用技术为基础、在光层组织网络的传送网，是下一代的骨干传送网。OTN 是通过 G.872、G.709 和 G.798 等一系列 ITU - T 的建议所规范的新一代"数字传送体系"和"光传送体系"，将解决传统 WDM 网络无波长/子波长业务调度能力差、组网能力弱和保护能力弱等问题。

OTN 跨越了传统的电域(数字传送)和光域(模拟传送)，是管理电域和光域的统一标准。OTN 处理的基本对象是波长级业务，它将传送网推进到真正的多波长光网络阶段。由于结合了光域和电域处理的优势，因此 OTN 可以提供巨大的传送容量、完全透明的端到端波长/子波长连接以及电信级的保护，是传送宽带大颗粒业务的最优技术。

光传送网面向 IP 业务、适配 IP 业务的传送需求已经成为光通信下一步发展的一个重要议题。光传送网从多种角度和多个方面提供了解决方案，在兼容现有技术的前提下，以及 SDH 设备大量的应用，为了解决数据业务的处理和传送，在 SDH 技术的基础上研发了 MSTP 设备，并已经在网络中大量使用，很好地兼容了现有技术，同时也满足了数据业务的传送功能。但是随着数据业务颗粒的增大和对处理能力更细化的要求，业务对传送网提出了两方面的需求：一方面传送网要提供大的管道，广义的 OTN 技术(在电域为 OTH，在光域为 ROADM)提供了新的解决方案，它解决了 SDH 基于 VC - 12/VC4 的交叉颗粒偏小、调度较复杂、不适应大颗粒业务传送需求的问题，也部分克服了 WDM 系统中故障定位困难，以点到点连接为主的组网方式，组网能力较弱，能够提供的网络生存性手段和能力较弱等缺点；另一方面业务对光传送网提出了更加细致的处理要求，业界也提出了分组传送网的解决方案，目前涉及的主要技术包括 T - MPLS 和 PBB - TE 等。

数字传送网的演化从最初的基于 T1/E1 的第一代数字传送网，经历了基于 SONET/SDH 的第二代数字传送网，发展到了目前以 OTN 为基础的第三代数字传送网。第一、二代传送网最初是为支持语音业务而专门设计的，虽然也可用于传送数据和图像的业务，但是传送效率并不高。相比之下，第三代传送网技术从设计上就支持语音、数据和图像业务，配合其他协议时可支持带宽按需分配（BOD）、可裁剪的服务质量（QoS）及光虚拟专网（OVPN）等功能。

1998 年，国际电信联盟电信标准化部门（ITU－T）正式提出了 OTN 的概念。从其功能上看，OTN 在子网内可以以全光形式传输，而在子网的边界处采用光—电—光转换，各个子网可以通过 3R 再生器联接，从而构成一个大的光网络。因此，OTN 可以看做是传送网络向全光网演化过程中的一个过渡应用。

在 OTN 的功能描述中，光信号是由波长（或中心波长）来表征的。光信号的处理可以基于单个波长，或基于一个波分复用组，而基于其他光复用技术，如时分复用、光时分复用或光码分复用的 OTN 还有待研究。OTN 在光域内可以实现业务信号的传递、复用、路由选择和监控，并保证其性能要求和生存性。OTN 可以支持多种上层业务或协议，如 SONET/SDH、ATM、Ethernet、IP、PDH、FibreChannel、GFP、MPLS、OTN 虚级联和 ODU 复用等，是未来网络演进的理想基础。现在越来越多的运营商开始构造基于 OTN 的新一代传送网络，系统制造商们也推出具有更多 OTN 功能的产品来支持下一代传送网络的构建。

OTN 的主要优点是完全向后兼容，它可以建立在现有的 SONET/SDH 管理功能的基础上，不仅提供了存在的通信协议的完全透明，而且为 WDM 提供了端到端的连接和组网能力。它还为 ROADM 提供光层互联的规范，并补充了子波长汇聚和疏导能力。

OTN 概念涵盖了光层网络和电层网络，其技术继承了 SDH 和 WDM 的双重优势，关键技术特征体现在：

（1）多种客户信号封装和透明传输。基于 ITU－TG.709 的 OTN 帧结构可以支持多种客户信号的映射和透明传输，如 SDH、ATM 和以太网等。目前对于 SDH 和 ATM 可实现标准封装和透明传送，但对于不同速率以太网的支持有所差异。ITU－TG.sup43 为 10GE 业务实现不同程度的透明传输提供了补充建议，而对于 GE、40GE、100GE 以太网、专网业务光纤通道（FC）和接入网业务吉比特无源光网络（GPON）等，其到 OTN 帧中标准化的映射方式目前还在讨论之中。

（2）大颗粒的带宽复用、交叉和配置。OTN 目前定义的电层带宽颗粒为光通路数据单元（ODUk，$k=1$，2，3），即 ODU1（2.5 Gb/s）、ODU2（10 Gb/s）和 ODU3（40 Gb/s），光层的带宽颗粒为波长，相对于 SDH 的 VC－12/VC－4 的调度颗粒，OTN 复用、交叉和配置的颗粒明显要大很多，对高带宽数据客户业务的适配和传送效率显著提升。

（3）强大的开销和维护管理能力。OTN 提供了和 SDH 类似的开销管理能力，OTN 光通路（OCh）层的 OTN 帧结构大大增强了该层的数字监视能力。另外 OTN 还提供 6 层嵌套串联连接监视（TCM）功能，这样使得 OTN 组网时采取端到端和多个分段同时进行性能监视的方式成为可能。

（4）增强了组网和保护能力。通过 OTN 帧结构、ODUk 交叉和多维度可重构光分插复用器（ROADM）的引入，大大增强了光传送网的组网能力，改变了基于 SDHVC－12/VC－4

调度带宽和 WDM 点到点提供大容量传送带宽的现状。前向纠错(FEC)技术的采用显著增加了光层传输的距离。另外，OTN 将提供更为灵活的基于电层和光层的业务保护功能，如基于 ODUk 层的光子网连接保护(SNCP)和共享环网保护，基于光层的光通道或复用段保护等，但是目前共享环网技术尚未标准化。

4.3.2　OTN 分层结构

OTN 是在传统 SDH 网络中引入光层发展而来的，其分层结构如图 4-9 所示。光层负责传送电层适配到物理媒介层的信息，在 ITU - T G.872 建议中，它被由上至下依次细分成三个子层：光信道层(OCh，Optical Channel Layer)、光复用段层(OMS，Optical Multiplexing Section Layer)和光传输段层(OTS，Optical Transmission Section Layer)，相邻层之间遵循 OSI 参考模型定义的上下层间服务关系模式。

电层或非标准光层的各种业务信号

IP/MPLS	PDH	STM-N	GaE	ATM
光信道层(OCh)				
光复用段层(OMS)				
光传输段层(OTS)				

图 4-9　OTN 的分层结构

1. 光信道层(OCh)

OTN 一个很重要的设计目标就是要将类似 SDH/SONet 网络中基于单波长的 OMAP (Operations Administration Maintenance and Provision)功能引入到基于多波长复用技术的光网络中，OCh 就是为实现这一目标而引入的。它负责为来自电复用段层的各种类型的客户信息选择路由和分配波长，为灵活的网络选路安排光信道连接，处理光信道开销，提供光信道层的检测和管理功能。在故障发生时，它还支持端到端的光信道(以波长为基本交换单元)连接，并在网络发生故障时，执行重选路由或进行保护切换。

2. 光复用段层(OMS)

光复用段层保证相邻两个 DWDM 设备之间的 DWDM 信号的完整传输，为波长复用信号提供网络功能。

OMS 的功能主要包括：

(1) 为支持灵活的多波长网络选路重新配置光复用段功能；

(2) 为保证 DWDM 光复用段适配信息的完整性进行光复用段开销的处理；

(3) 光复用段的运行、检测和管理等。

3. 光传输层(OTS)

光传输层为光信号在不同类型的光纤介质上(如 G.652、G.655 等)提供传输功能，同时实现对光放大器和光再生中继器的检测和控制等功能。例如，功率均衡问题，EDFA 增益控制，色散的积累和补偿等问题。

图 4-10 描述了 OTN 各分层之间的相互关系，各层之间形成 Client/Server 形式的服务关系。一个 OCh 层由多个 OMS 层组成，一个 OMS 层又由多个 OTS 层组成。如果底层

出现故障，那么相应的上层必然会受到影响。

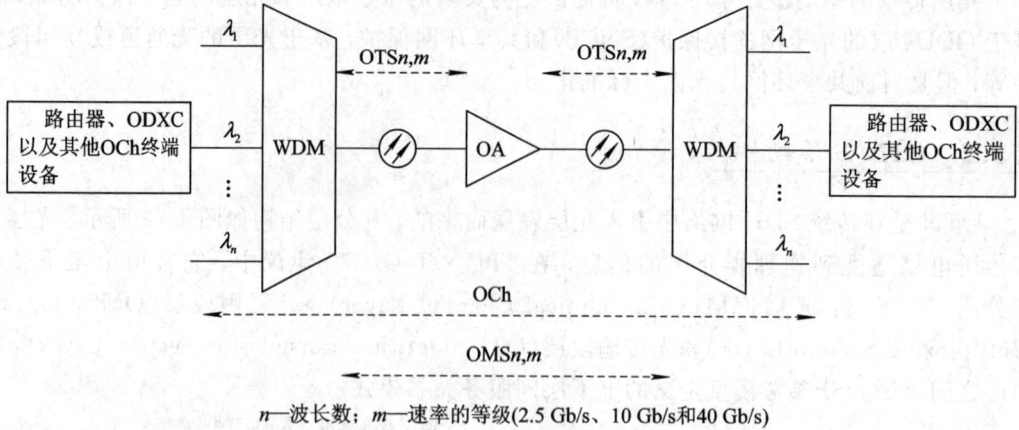

n—波长数；m—速率的等级(2.5 Gb/s、10 Gb/s和40 Gb/s)

图 4 - 10 光传送网各层间的关系

4.3.3 OTN 帧结构

1. 数字封包

ITU - T G.709 中定义了 OTN 的 NNI 接口、帧结构、开销字节、复用以及净负荷的映射方式。

如前所述，为了在 OTN 中实现灵活的 OMAP，OTN 专门引入了一个 OCh 层，在该层采用数据封包(Digital Wrapper)技术将每个波长包装成一个数字信封，每个数字信封由三部分组成：开销部分、FEC 部分和净负荷部分，如图 4 - 11 所示。

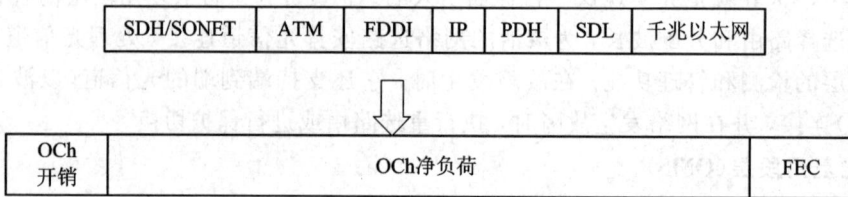

图 4 - 11 光信道的数字封包

（1）开销部分(Overhead)。它位于信封头部，装载开销字节。利用开销字节，OTN 节点可以通过网络传送和转发管理信息、控制信息和执行性能监视，以及其他可能的基于每波长的网络管理功能。

（2）FEC 部分。它位于信封尾部，装载前向差错校正码 FEC(Forward Error Correction)，FEC 部分执行差错的检测和校正，与 SDH/SONET 中采用的 BIP - 8(Bit Interleaved Parity)错误监视机制不同，FEC 有校正错误的能力，这使得运营商可以支持不同级别的 SLA(Service Level Agreement)。通过最大限度地减少差错，FEC 在扩展光段的距离和提高传输速率等方面扮演了关键的角色。

（3）净负荷部分。它位于信封头部(Header)和信封尾部(Tailer)之间，承载现有的各种网络协议数据包，而无需改变它们，因此 OTN 是独立于协议的。

2. OTN 的帧结构

OTN 中 的 帧 被 称 为 光 信 道 传 送 单 元 (OTU，Optical Channel Transport Unit)，如 前所述，它是通过数字封包技术向客户信号加 入开销 OH(Overhead) 和 FEC 部分而形成的。 在 G.709 中，定义了三种不同速率的 OTU - k ($k=1$，2，3)帧结构，该速率依次为 2.5 Gb/s、 10 Gb/s 和 40 Gb/s。

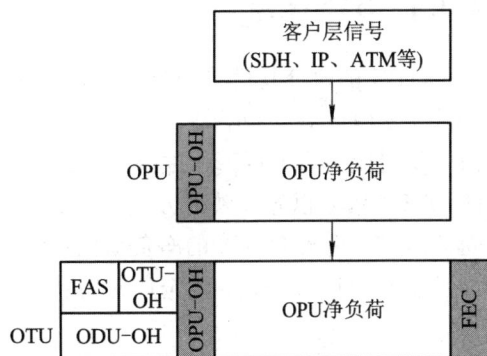

图 4 - 12　OTN ITU - T G.709 客户 信号的映射

如图 4 - 12 所示，在 OTN 中客户层信号的 传送经历如下：

(1) 客户信号加上 OPU - OH 后形成 OPU (Optical Channel Payload Unit)。

(2) OPU 加上 ODU - OH 后形成 ODU(Optical Channel Data Unit)。

(3) FAS(Frame Alignment Signal)、OTU - OH 和 FEC 加入 ODU 后形成 OTU，最 后加上 OCh 层非随路的开销(通过 OSC 传送)，完成 OTU 到 OCh 层的映射，并将其调制 到一个光信道载波上传输。

我们看到一个 OTUk 由以下三部分实体组成：

(1) OPUk。它由净负荷部分和开销部分组成，其中净负荷部分包含采用特定映射技术 的客户信号，而开销部分则包含用于支持特定客户的适配信息，不同类型的客户都有自己 特有的开销结构。

(2) ODUk。除 OPUk 外，ODUk 号包含多个开销字段，它们是 PM(Path performance Monitoring)、TCM (Tandem Connection Monitoring)和 APS/PCC(Automatic Protection Switching/Protection Communication Control channel)等。

(3) OTUk。除 ODUk 外，它还包括 FEC 和用于管理及性能监视的开销 SM(Section Monitoring)。FEC 是基于 ITU - T G.975 建议的 Reed Solomon 算法。

OTN 的帧结构和开销字节如图 4 - 13 所示。

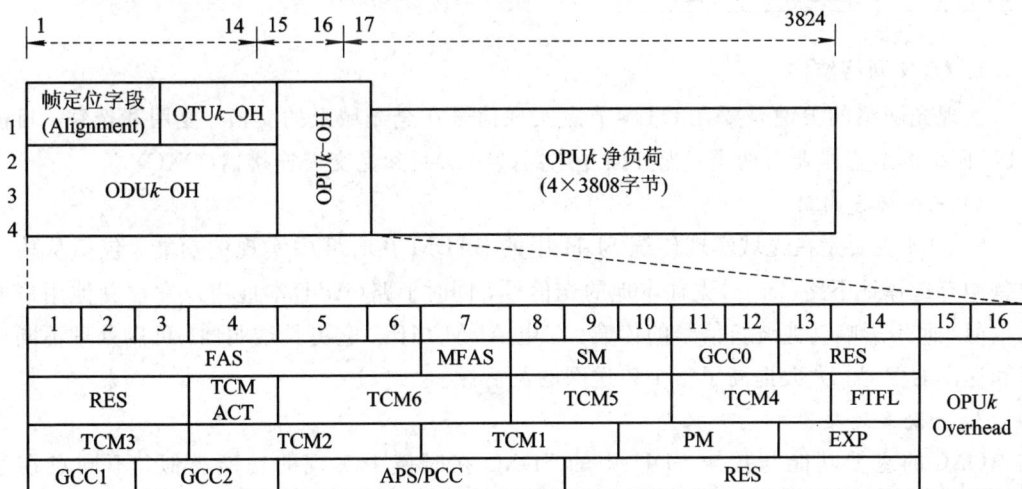

图 4 - 13　OTN 的帧结构和开销字节

4.3.4 OTN 复用

OTN 的时分复用采用异步映射方式,其规则为:四个 ODU1 复用成一个 ODU2,四个 ODU2 复用成一个 ODU3,即 16 个 ODU1 复用成一个 ODU3。图 4-14 描述了四个 ODU1 信号复用成一个 ODU2 的过程。包含帧定位字段(Alignment)和 OTU1-OH 字段为全 0 的 ODU1 信号以异步映射方式与 ODU2 时钟相适配,适配后的四路 ODU1 信号再以字节间插的方式进入 OPU2 的净负荷区;再加上 ODU2 的开销字节后,将其映射到 OTU2 中;最后加上 OTU2 开销、帧定位开销和 FEC,完成了信号的复用。

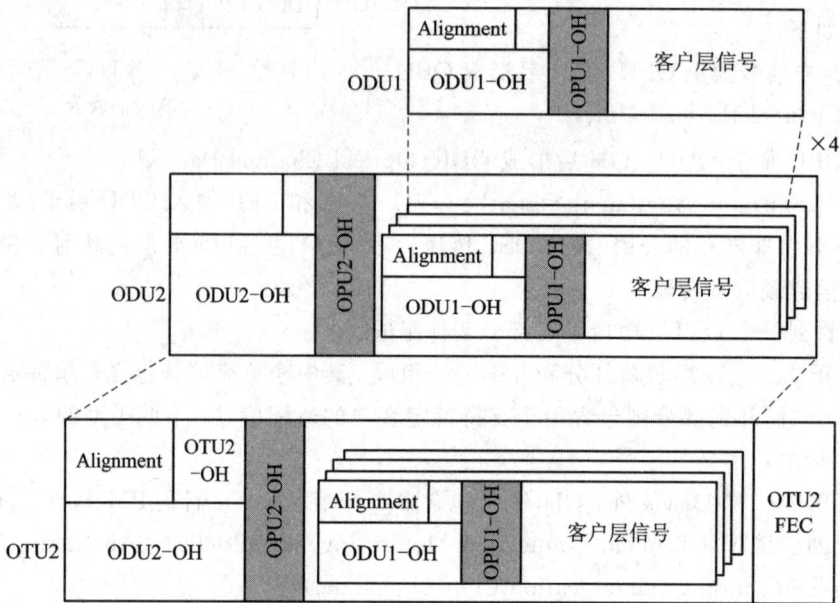

图 4-14 OTN 的时分复用

4.3.5 OTN 网络结构及应用

1. OTN 网络结构

实现光网络的关键是要在 OTN 节点实现信号在全光域上的交换、复用和选路。目前 OTN 网络的节点主要有两类:光分插复用器(OADM)和光交叉连接器(OXC)。

1) 光分插复用器

OADM 主要是在光域实现传统 SDH 中的 SADM 在时域中实现的功能,包括从传输设备中有选择地下路(Drop)去往本地的光信号,同时上路(Add)本地用户发往其他用户的光信号,而不影响其他波长信号的传输。与电 ADM 相比,它更具透明性,可以处理不同格式和速率的信号,大大提高了整个传送网的灵活性。

2) 光交叉连接器

OXC 的主要功能与传统 SDH 中的 SDXC 在时域中实现的功能类似,不同点在于 OXC 在光域上直接实现了光信号的交叉连接、路由选择和网络恢复等功能,无需进行

O/E/O 转换和电处理，它是构成 OTN 的核心设备。

OXC 节点还应包括光监控模块、光功率均衡模块以及光网络管理系统等。

3）典型的 OTN 拓扑结构

目前基于 OTN 的智能光网络将为大颗粒宽带业务的传送提供非常理想的解决方案。传送网主要由省际干线传送网、省内干线传送网、城域（本地）传送网构成，而城域（本地）传送网可进一步分为核心层、汇聚层和接入层。相对于 SDH 而言，OTN 技术的最大优势就是提供大颗粒带宽的调度与传送，因此，在不同的网络层面是否采用 OTN 技术，取决于主要调度业务带宽颗粒的大小。目前省际干线传送网、省内干线传送网以及城域（本地）传送网的核心层调度的主要颗粒一般在 2.5 Gb/s 及其以上，因此，这些层面均可优先采用扩展性更好的 OTN 技术来构建。对于城域（本地）传送网的汇聚与接入层面，当主要调度颗粒达到 2.5 Gb/s 量级或者未来标准化的 ODU0 颗粒量级时，亦可优先采用 OTN 技术构建。

（1）国家干线光传送网。随着网络及其业务的 IP 化，新业务的开展及宽带用户的迅猛增加，国家干线上的 IP 流量剧增，对带宽的需求逐年成倍地增长。波分国家干线承载着 PSTN/2G 长途业务、NGN/3G 长途业务和 Internet 国家干线业务等。由于所承载业务量巨大，因此波分国家干线对承载业务的保护需求十分迫切。

采用 OTN 技术后，国家干线 IP over OTN 的承载模式可实现 SNCP 保护、类似于 SDH 的环网保护和 MESH 网保护等多种网络保护方式，其保护能力与 SDH 相当，而且设备的复杂度及成本也大大降低。

（2）省内/区域干线光传送网。省内/区域内的骨干路由器承载着各长途局间的业务（NGN/3G/IPTV/大客户专线等）。通过建设省内/区域干线 OTN 光传送网，① 可实现 GE/10GE 和 2.5G/10GPOS 大颗粒业务安全、可靠的传送；② 可组环网、复杂环网和 MESH 网；③ 网络可按需扩展；④ 可实现波长/子波长业务交叉调度与疏导，提供波长/子波长大客户专线业务；⑤ 可实现对其他业务，如 STM-0/1/4/16/64SDH、ATM、FE、DVB、HDTV 和 ANY 等的传送。

（3）城域/本地光传送网。在城域网核心层，OTN 光传送网可实现城域汇聚路由器、本地网 C4（区/县中心）汇聚路由器与城域核心路由器之间大颗粒宽带业务的传送。路由器的上行接口主要为 GE/10GE，也可能是 2.5G/10GPOS。城域核心层的 OTN 光传送网除可实现 GE/10GE 和 2.5G/10G/40GPOS 等大颗粒电信业务传送外，还可以：① 接入其他宽带业务，如 STM-0/1/4/16/64SDH、ATM、FE、ESCON、FICON、FC、DVB、HDTV 和 ANY 等；② 对于以太业务实现二层汇聚，提高以太通道的带宽利用率；③ 实现波长/子波长业务的疏导、波长/子波长专线业务接入；④ 实现带宽点播和光虚拟专网等，从而实现带宽运营；⑤ 从组网上看，可重整复杂的城域传输网的网络结构，使传输网络的层次更加清晰。

在城域网接入层，随着宽带接入设备的下移，ADSL2＋/VDSL2 等 DSLAM 接入设备将被广泛应用，并采用 GE 上行。随着集团 GE 专线用户不断增多，GE 接口数量也将大量增加。ADSL2＋设备与用户的距离为 500 m～1000 m，VDSL2 设备与用户的距离以 500 m 以内为宜。大量 GE 业务需传送到端局的 BAS 及 SR 上，采用 OTN 或 OTN＋OCDMA-PON 相结合的传输方式是一种较好的选择，将大大节省因光纤直连而带来的光纤资源的快速消耗，同时可利用 OTN 实现对业务的保护，并增强城域网接入层带宽资源的可管理性及可运营能力。

图 4-15 描述了一个三级的 OTN 结构。

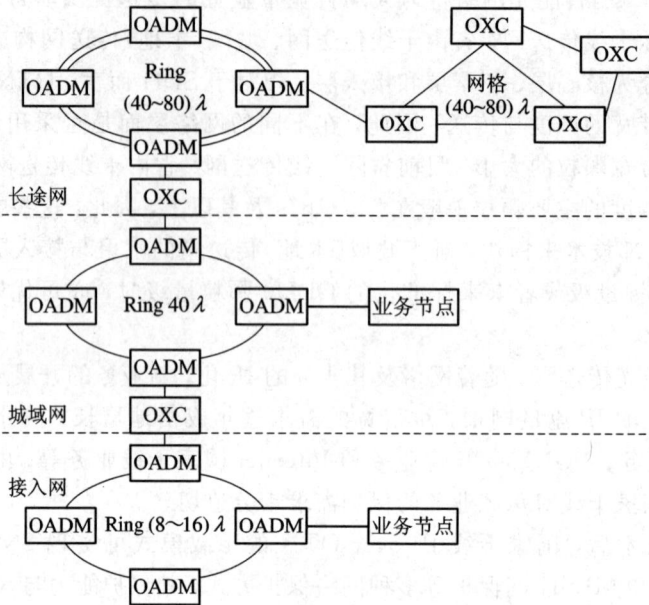

图 4-15　OTN 结构

在长途核心网络中，为保证高可靠性和实施灵活的带宽管理，通常在物理上采用网孔结构，在网络恢复策略上可以采用基于 OADM 的共享保护环方式，也可以采用基于 OXC 的网格恢复结构，而在城域网和接入网中主要采用环型结构。

2. OTN 应用方式探讨

基于 OTN 的设备存在不同的形态，使得 OTN 在网络建设中也存在着不同的应用方式。

1) 波分系统的全 OTN 化

根据对国内外生产厂家设备的调研，目前主流厂家生产的波分系统在线路侧已基本上采用了 OTN 结构，并均已支持符合 G.709 标准的 OTN 接口，可以实现不同系统的互通。多数厂家的产品支持 STM-64/OTU2 信号的网管指配选择，便于实现 OUT 应用方式的选择(上/下业务或中继)。

在 WDM 系统中引入 OTN 接口可以实现对波长通道端到端的性能和故障监测。OTN 可以实现对多种客户信号的透明传送，是路由器采用 10GE 接口的前提条件。逐步在 WDM 系统中引入 OTN 接口，可以为未来引入大容量的 OTN 交叉设备做准备。因此，标准 OTN 域间互通接口将是未来波分系统进行互通的主要接口形式。建议在今后的长途 WDM 系统建设中提出对符合 G.709 标准 OTN 接口支持的要求，要求提供标准域间互通接口 OTU2(速率为 10 Gb/s)。

2) OTN 交叉设备在长途骨干网的应用

随着长途 IP 网的发展，IP 业务量的激增，长途骨干网的核心节点面临着越来越大的业务量。而且为了有效地使用 IP 网络资源，提高中继电路的利用率或提高网络运行质量，在长途骨干网中应用大容量的 OTN 交叉设备是必要的。利用大容量 OTN 交叉设备，可以实现大颗粒波长通道业务的快速开通，提高业务的响应速度。在加载了 ASON 智能控制平面后，还可以提供基于 ASON 的多种保护和恢复方式，提高骨干传送网的可靠性。

同时，引入 OTN 交叉设备可以优化现有 IP 网络的组网结构，大幅度节省路由器组建 IP 承载网络的成本。其应用方式为：IP 网络的转接业务不再进入路由器实现中转，而是通过 OTN 设备在传输层直接完成转接，从而可节约路由器的接口数量并降低对路由器容量的要求。OTN 设备提供的灵活的保护恢复机制可以有效地解决 IP 网络中继电路的故障，提高网络的生存性，减少全部依赖路由器保护场景下的链路的冗余要求，提高链路的利用率，降低 IP 网络的建设成本。

3）OTN 交叉设备在城域网的应用

城域网中的情况比较复杂，相应的竞争技术也比较多。为了提高光纤的利用率，在城域网/本地网中建设波分系统是必然的，基于波长级颗粒调度的 OADM/ROADM 是目前比较切合实际的选择。但对于子波长颗粒 GE 和 2.5G 等业务，OADM/ROADM 并不是一种很好的解决办法，加之它本身存在的波长受限以及恢复速度慢等缺陷，该方式需要与其他技术配合应用才可以实现城域网多方面的需求。

在城域网中采用 OTN 交叉设备，由 OADM/ROADM 实现波长级的调度和保护，由 OTN 交叉设备完成子波长级（GE，速率为 2.5 Gb/s）的调度和保护是一种比较可行的应用方式（见图 4-16）。同时，还需要结合业务的未来发展情况，与其他正在发展中的城域网传送技术（如 T-MPLS 和 PBT 等）进行进一步的技术对比和成本分析，以便选择适合的建网方式。

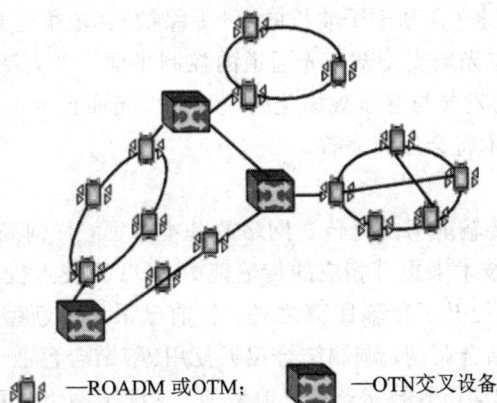

—ROADM 或 OTM；　　　—OTN 交叉设备

图 4-16　OTN 交叉设备和 ROADM 联合组网示意图

4.3.6　OTN 关键技术及发展趋势

1. OTN 关键技术

OTN 的关键技术主要有接口技术、组网技术、保护恢复技术、传输技术、智能控制技术和管理功能等。

1）接口技术

OTN 的接口技术主要包括物理接口和逻辑接口两部分，其中逻辑接口是最关键的部分。对于物理接口而言，ITU-TG.959.1 已规范了相应的接口参数；而对于逻辑接口，ITU-TG.709 规范了相应的不同电域子层面的开销字节，例如，光通路传送单元（OTUk），ODUk（含光通路净荷单元（OPUk））等，以及光域的管理维护信号。其中的 OTUk 相当于段层，ODUk 相当于通道层，而 ODUk 又包含了可独立设置的 6 个串联连接监视开销。

在目前的 OTN 设备实现中，基于 G.709 的帧的电层开销支持程度较好，一般均可实现大部分告警和性能等开销的查询与特定开销（含映射方式）的设置，而光域的维护信号由于其具体实现方式未规范，因此目前支持程度较低。

2）组网技术

OTN 技术提供了 OTN 接口、ODUk 交叉和波长交叉等功能，具备了在电域、光域或电域、光域联合进行组网的能力，网络拓扑可为点到点、环网和网状网等。目前 OTN 设备典型的实现是在电域采用 ODU1 交叉或者光域采用波长交叉来实现的，其中不同的生产厂家采用电域或电域、光域联合方式实现的较少，而采用光域方式实现的较多。目前电域的交叉容量较低，典型的为 320 Gb/s 量级，光域的线路方向（维度）可支持到 2～8 个，单方向一般支持 40×10 Gb/s 的传送容量。

3）保护恢复技术

OTN 在电域和光域可支持不同的保护恢复技术。电域支持基于 ODUk 的子网连接保护（SNCP）和环网共享保护等；光域支持光通道 1+1 保护（含基于子波长的 1+1 保护）、光通道共享保护和光复用段 1+1 保护等。另外，基于控制平面的保护与恢复也同样适用于 OTN 网络。目前 OTN 设备的实现基于电域支持的 SNCP 和私有的环网共享保护，而光域主要支持光通道 1+1 保护（含基于子波长的 1+1 保护）、光通道共享保护等。另外，部分厂家生产的 OTN 设备在光域支持基于光通道的控制平面，也支持一定程度的保护与恢复功能。随着 OTN 技术的发展与逐步规模化的应用，以光通道和 ODUk 为调度颗粒的基于控制平面的保护恢复技术将会逐渐完善。

4）传输技术

大容量、长距离的传输能力是光传送网络的基本特征，任何新型的光传送网络都必然不断地采用革新的传输技术来提升相应的传输能力，OTN 技术也不例外。OTN 除了采用带外的 FEC 技术显著地提升了传输距离之外，目前已采用的新型调制编码（含强度调制、相位调制、强度和相位结合调制、调制结合偏振复用等）结合色散（含色度色散和偏振模色散）光域可调补偿和电域均衡等技术，显著地增加了 OTN 网络在高速（如 40 Gb/s 及其以上）大容量配置下的组网距离。

5）智能控制技术

OTN 基于控制平面的智能控制技术包含和基于 SDH 的自动交换光网络（ASON）类似的要求，包括自动发现、路由要求、信令要求、链路管理要求和保护恢复技术等。基于 SDH 的 ASON 相关的协议规范一般可应用到 OTN 网络。而 OTN 网络与基于 SDH 的 ASON 网络的关键差异是智能功能调度和处理的带宽可以不同，前者为 VC-4，后者为 ODUk 和波长。

目前生产 OTN 设备的部分厂家已实现了基于波长的部分智能控制功能，相关的功能正在进一步的发展和完善当中。陆续会有更多的 OTN 设备将会进一步支持更多的智能控制功能，如基于 ODUk 颗粒等。

6）管理功能

OTN 的管理除了满足通用要求的配置、故障、性能和安全等功能之外，还需满足 OTN 技术的特定要求，如基于 OTN 的开销管理、基于 ODUk/波长的调度与管理、基于波长的功率均衡与控制管理、波长的冲突管理和基于 OTN 的控制平面管理等。目前的 OTN 网络管理系统一般都是基于原有的传统 WDM 网管系统升级的，除了常规的管理功能之外，还可支持 OTN 相应的基本管理功能。

2. OTN 发展趋势

OTN 技术目前已进入省内干线和城域局部规模应用阶段，国际和国内标准化工作也基本趋于成熟，OTN 对应的测试仪表也多家支持并依据标准更新，不断地推出新的版本，可以说 OTN 技术目前已步入了初步商用阶段。考虑到目前 OTN 的技术现状，同时结合应用业务的驱动，OTN 技术的后续发展主要在以下几个方面：

1）OTN 物理层和逻辑层结构引入更高的接口类型

最高物理接口速率从目前的 100 Gb/s 过渡到 400 Gb/s（或 1 Tb/s），逻辑接口从 OTU4 升级到 OTU5。由于 OTN 受到技术和应用的双重影响，而且 ODUk 子层过多，如何简化复用映射结构也是面临的问题。

2）光层的性能监控及智能控制是后续的研究重点

对于 OTN 光层网络，光层性能（如色度色散、偏振模色散、非线性效应和光信噪比等）监控一直是个难题，基于损伤感知的光层智能控制也将是后续研究的重点技术，这对于真正意义上全光网络的发展意义重大。

3）OTN 技术逐渐融入其他组网技术

OTN 技术从本质上讲是 TDM 技术，而目前传送的主要客户业务为分组业务，因此，考虑到带宽利用率、能耗和应用场景等多种因素，OTN 技术将与现有的其他传送网组网技术实现一定程度的融合，如 OTN 技术中可以融入分组传送网（PTN）或以太网层面的一些功能要求，相应演进出有别于现有 OTN 技术的新一代 OTN 技术，如 P（分组）-OTN 或者 E（以太）-OTN 概念的网络结构。其具体如何演进，有待于技术、标准和应用等多方面的综合确定。

4）OTN 技术的应用由点到面逐步展开

目前 OTN 技术（典型的 ODUk 交叉）的应用主要侧重于省内干线和城域传送网络。随着 OTN 技术、标准、设备和测试仪表等的日益成熟，OTN 的应用将全面开展，应用网络范围以城域核心、省内干线和省际干线为主，同时在城域汇聚与接入也将得到一定程度的应用，而智能控制平面也会择机引入。

习题与思考题

4-1　简述传送网的基本概念？

4-2　SDH 的帧结构由哪几部分组成？各起什么作用？

4-3　目前使用的 SDH 信号的速率等级是如何规定的？

4-4　在 SDH 中虚容器的含义是什么？它在 SDH 中起什么作用？

4-5　构成 SDH/SONet 传送网的主要网元设备有哪些？它们在网络中的作用是什么？

4-6　分析 SDH/SONet 传送网的主要优缺点。

4-7　简述光传送网的分层结构。为什么要引入一个光信道层？它在 OTN 中起什么作用？

4-8　简述 OTN 的帧结构。OTN 中把低阶信号复用成高阶信号的规则是什么？

第5章　光纤接入网技术

　　☞接入网是电信网的重要组成部分，也是为用户提供"入"的关键技术。接入网的技术虽说是多种多样的，但铜缆接入几乎占领了国内市场。虽然可以利用现有的铜缆用户网，挖掘铜线容量的潜力，达到投资少、见效快的效果，但是这远不能满足快速发展的接入网要求，目前，各大网络运营商已经从传统的以铜缆为主的接入网向光纤接入网转变。

　　本章将首先介绍接入网的概念，然后重点介绍光纤接入网的一些关键技术，包括光纤接入网的参考模型、拓扑结构、网络型和生存性等，最后介绍有关 PON、APON 和 GPON 的原理与关键技术。

5.1　光纤接入网的概念

　　电信运营商把网络分成了两个部分：核心网和接入网。核心网是指业务提供商，即交换局，而接入网就是除核心网外的其他部分。

　　所谓光纤接入网（OAN，Optical Access Network）是指采用光纤传输技术的接入网，泛指本地交换机或远端模块与用户之间采用光纤通信或部分采用光纤通信的系统。在北美地区，贝尔通信研究所规范了一种称为光纤环路系统（FITL）的概念，其实质和目的与 OAN 基本一致，只是具体规范稍有差异，因而在泛指时 OAN 和 FITL 两者可以等效使用，不作区分。光纤通信具有带宽高、通信容量大、传输速度快、传输距离远、传输质量高、性能稳定、抗干扰能力强和保密性强等一系列的优点，非常适合作为高速、宽带业务的传输媒质。目前，光纤已经广泛应用于长途通信和局间的中继通信。在接入网环境，光纤也已经开始广泛应用于大型企事业单位于本地交换机之间的连接及馈线段，但小型企事业单位和居民住户光纤接入是最终要解决的问题。总体来说，OAN 或 FITL 的基本目标有以下几点：

　　（1）减少铜缆网的维护运行费和故障率。目前的接入网仍然以铜缆网为主，携带的业务主要是电话业务，而铜缆网的故障率很高，维护运行成本也很高。采用光纤用户接入网可显著降低线路成本和日常维护管理费用，而且光纤接入网的故障率低，从而提高了网络的可靠性。

　　（2）为了支持开发新业务，特别是多媒体和宽带新业务，从而增强竞争力，增加新业务的收入，补偿建设光纤接入网所需的投资。近年来，由于光器件价格的持续稳定下降和铜缆价格的持续上涨，光纤接入网的初装费和传统的铜缆网的相比，特别是在传输距离大于 3 km 时，其价格已经低于传统的铜缆网。

（3）引入光纤网后，可以增加传输距离，加大覆盖区域的面积，减少节点数，有利于简化网络结构，特别是宽带网络结构。

（4）便于实现混合接入网结构，当光纤到大楼（FTTB，Fiber To the Building），以及光纤到分线盒（FTTC，Fiber To the Curb）以后，剩下所用铜缆的距离已经很短了，这就使宽带业务传送成为可能。将光纤和现有的铜缆结合，可以充分利用巨大的网络资源，提供一种经济的宽带混合接入网。

5.2　光纤接入网的参考模型

5.2.1　系统接入方式

目前的光纤接入方式大约有三种：综合光纤接入网系统、通用光纤接入网系统和专用交换机光纤接入网系统。

1. 综合光纤接入网系统

综合光纤接入网系统的主要特点是通过一个开放的高速数字接口与数字交换机相连。由于接口是开放的，因而 OAN 系统与交换机制造厂商无关，可以工作在多厂家环境下，有利于将竞争机制引入接入网，从而降低了用户接入网的成本。这种方式代表了 OAN 的主要发展方向。

目前，这种标准开放接口有两大类：一类是美国贝尔通信研究所为综合的数字环路载波（IDLC）系统提出的 TR-303 开放接口，该接口采用嵌入的运行、管理和维护 OAM 通路，增加了一些为支持 FITL 系统所需要的功能后，将成为综合的 FITL 系统的开放接口；另一类是 ITU-T（国际电联标准部）提出的 V5.1 和 V5.2 开放接口，后者比前者仅多了集中和保护功能，这类接口将成为 OAN 的标准开放式数字接口，遗憾的是两者间互不兼容。

2. 通用光纤接入网系统

通用光纤接入网系统在 OAN 和交换机之间需要应用一个局内终端设备，在北美地区称之为局端（COT）。其功能是进行数/模转换并将来自 OAN 系统的信号分解为单个的话带信号，以音频接口方式经音频主配线架与交换机相连。由于该接口是音频话带接口，因而这种方式适合于任何交换机环境，包括模拟交换机和尚不具备标准开放接口的数字交换机。然而，由于这种方式需要增加局内终端设备、音频主配线架和用户交换终端，因而其成本和维护费用要比综合 OAN 系统的高，其优点是它的通用性。

3. 专用交换机光纤接入网系统

专用交换机接入网系统与交换机之间不存在开放的标准接口，而是工厂自行开发的专用内部接口，因而交换机和 OAN 系统必须由同一制造厂家生产，这往往是迫不得已的方法，不是其发展的方向，将逐渐被淘汰。

5.2.2　参考配置

ITU-T 建议 G.982 提出了一个光纤接入网功能的参考配置，如图 5-1 所示，该参考配置与业务和应用无关。系统配置可分为无源光网络(PON)和有源光网络(AON)。

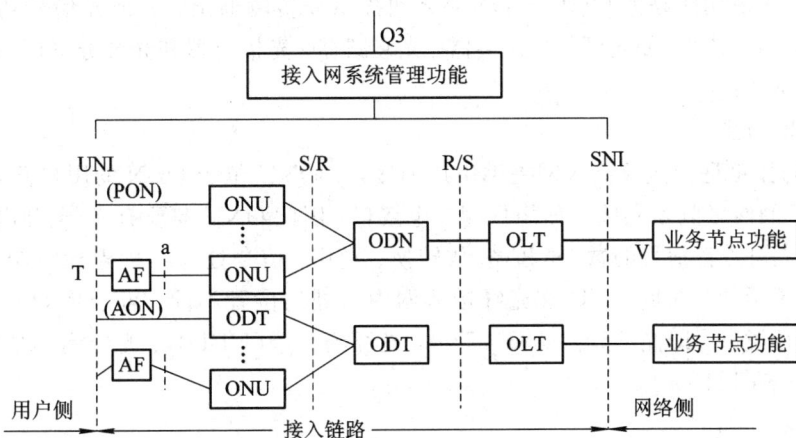

图 5-1　光纤接入网的参考配置

- ODN——光分配网络,它是 OLT 和 ONU 之间的光传输媒质,由无源光器件组成。
- OLT——光线路终端,它提供 OAN 网络侧接口,并且连接一个或多个 ODN。
- ONU——光网络单元,它提供 OAN 用户侧接口,并连接一个 ODN。
- ODT——光远程终端,由光有源设备组成。
- AF——适配功能。
- UNI——用户网络接口。
- SNI——业务节点接口。
- S——光发送参考点。
- R——光接收参考点。
- V——与业务节点间的参考点。
- T——与用户终端间的参考点。
- a ——AF 与 ONU 间的参考点。
- Q3——网管接口。

从给定网络接口(参考点 V)到单个用户接口(参考点 T)之间传输手段的总和称为无源光接入链路。通常,光接入链路的用户侧和网络侧是不同的,因而也是非对称的。光接入传输系统可以看做是一种使用光纤的具体实现手段,用于支持接入链路。因此,光接入网(OAN)可以定义为共享同样网络侧接口且由光接入传输系统支持的一系列接入链路,由光线路终端(OLT)、光配线网(ODN)、光网络单元(ONU)及适配功能(AF)组成,可能包括若干与同一个 OLT 相连的 ODN。下面对几个主要模块的功能进行简要介绍。

1) OLT 功能

OLT 为光纤接入网提供与本地交换机之间的接口并经 ODN 与 ONU 通信。OLT 也称为局用数字终端。OLT 可以分离交换和非交换业务,管理来自 ONU 的信令和监控信息,为 ONU 和本身提供维护和指配功能。OLT 可以直接设置在本地交换机接口处,也可以设置在远端,与远端集中器或复用器接口。OLT 在物理上可以是独立设备,也可以与其他功能集成在一个设备内。

2) ODN 功能

ODN 的主要功能是为 OLT 与 ONU 之间提供光传输通道，完成光信号功率的分配。ODN 是由无源光器件（如光纤、光连接器、光衰减器、光耦合器和光波分复用器等）组成的纯无源的光分配网。

3) ONU 功能

ONU 的作用是为光纤接入网提供用户侧接口。ONU 位于 ODN 的用户侧是用户的光终端。ONU 的网络侧是光接口而用户侧是电接口，因此 ONU 需要有光/电和电/光转换功能，还要完成对语音信号的数/模和模/数转换、复用、信令处理维护管理等功能，其位置具有很大的灵活性。根据 ONU 在光纤接入网中所处的位置不同，可以将 OAN 划分为几种不同的应用类型，即光纤到路边（FTTC）、光纤到大楼（FTTB）、光纤到办公室（FTTO）及光纤到家（FTTH）。

4) AF 功能

AF 为 ONU 和用户设备提供适配功能。在具体的物理实现中既可以包含在 ONU 内，也可以完全独立。

5) 几个参考点功能

发送参考点 S 是紧靠在发送机（ONU 或 OLT）光连接器之后的光纤点，而接收参考点 R 是紧靠在接收机（ONU 或 OLT）光连接器之前的光纤点，参考点 a 是 ONU 与 AF 之间的参考点，参考点 V 是用户接入网与业务节点之间的参考点，参考点 T 是用户网络接口参考点，Q3 是网管接口。

5.2.3　应用类型

按照 ONU 在光纤接入网中所处的位置不同，光纤深入用户的程度也不同，根据 ONU 位置的不同，可以将 OAN 划分为三种基本的应用类型，图 5-2 所示描述了 OAN 的应用示意图。下面分别讲述它们的优点、缺点以及适用场合。

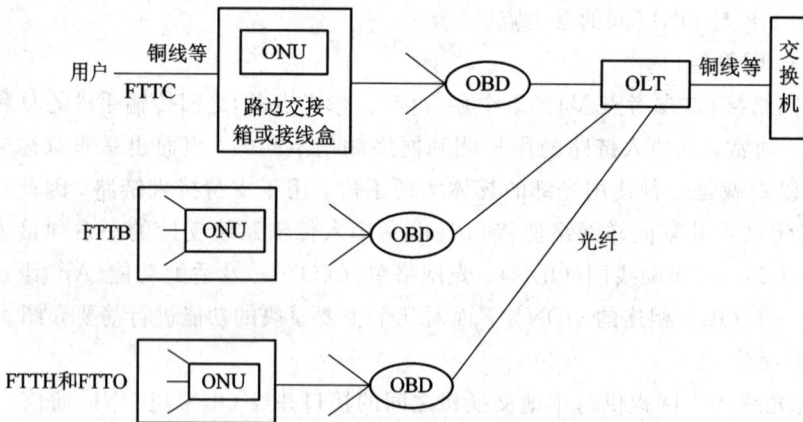

图 5-2　OAN 的应用示意图

在图 5-2 中，OLT 是光线路终端（OLT，Optical Line Terminal），OBD 是光分路器（OBD，Optical Branching Device），OLT 与 ONU 之间采用光纤传输。

1. 光纤到路边（FTTC）

在 FTTC 结构中，ONU 设置在路边的入孔或电线杆上的分线盒处，从 ONU 到各个用户之间的部分仍为双绞线铜缆。若要传送宽带图像业务，则这一部分可能会需要同轴电缆。这样，FTTC 将比传统的 DLC 系统的光纤化程度更靠近用户，增加了更多的光缆共享部分，有人将其看做是一种小型的 DLC 系统。

FTTC 结构主要适用于点到点或点到多点的树型—分支拓扑。用户为居民住宅用户和小型企事业用户，典型用户数在 128 个以下，经济用户数逐渐降低至 8～32 个，甚至 4 个左右。还有一种称为光纤到远端（FTTR）的结构，实际上是 FTTC 的一种变形，只是将 ONU 的位置移到远离用户的远端（RT）处，可以服务更多的用户（多于 256 个），从而降低了成本。由于 FTTR 具有对业务量的处理能力，因而特别适用于点到点或环型结构。

FTTC 结构的主要特点可以总结如下：

（1）在 FTTC 结构中，引入线部分是用户专用的，现有的铜缆设施仍能利用，因而可以推迟引入线部分（有时甚至配线部分，取决于 ONU 的位置）的光纤投资，具有较好的经济性。

（2）预先敷设了一条很靠近用户的潜在宽带传输链路，一旦有宽带业务需要，就可以很快地将光纤引至用户处，实现光纤到家的战略目标。同样，如果考虑到经济性的需要，那么也可以用同轴电缆将宽带业务提供给用户。

（3）由于其光纤化程度已十分靠近用户，因而可以较充分地享受光纤化带来的一系列优点，如节省管道空间、易于维护、传输距离长、频带宽等。FTTC 结构是一种光缆/铜缆混合的系统，其最后一段传输线仍为铜缆，还有室外有源设备需要维护，从运行维护的角度看仍不是很理想。但是如果综合考虑初始投资和年维护运行费用，FTTC 结构在提供 2 Mb/s 以下窄带业务时仍然是 OAN 中最现实、最经济的。然而如果将来需要同时提供窄带和宽带业务，那么这种结构就不够理想了，届时初期对窄带业务合适的光功率预算值对以后的宽带业务就不够了，可能不得不减少节点数和用户数，或者采用 $1.5~\mu m$ 波长区来传输宽带业务。还有一种方案是干脆将宽带业务放在独立的光纤中传输，如采用 HFC 结构，此时在 HFC 上传输模拟或数字图像业务，而 FTTC 主要用于传输窄带交互型业务，具有一定灵活性和独立性，但需要有两套基本独立的基础设施。

2. 光纤到楼（FTTB）

FTTB 也可以看做是 FTTC 的一种变形，不同之处在于它将 ONU 直接放到楼内（通常为居民住宅公寓或小企事业单位办公楼），ONU 和用户之间通过楼内的垂直和水平布线系统相连，再经多对双绞线将业务分送给各个用户。FTTB 是一种点到多点结构，通常不用于点到点结构。FTTB 的光纤化程度比 FTTC 更进一步，光纤已铺设到楼，因而更适合高密度用户区，也更接近于长远的发展目标，预计会获得越来越广泛的应用，特别是在新建工业区或居民楼，以及与宽带传输系统共处一地的场合。

ONU 设置在有综合布线系统的单位办公楼或居民住宅楼的楼内，可通过五类线缆向用户提供 10 M 或 100 M 的局域网接入。目前，各种规模企事业单位和公司大都建有自己的局域网，通过宽带网实现高速专线互联网接入、远程高速局域网互联网或 VPN 等业务将有较大的市场需求，新建的办公楼和高档公寓都配有较完善的综合布线系统，现在城市中用户光缆环对市内新建大楼的覆盖率极高，局域网接入是单位用户和部分高级住宅用户宽带接入的主要方式之一。"FTTB＋局域网"方式将"FTTB"与目前已在许多办公大楼使用的以五类线为基础的大楼综合布线系统结合起来，能够较好地提供多媒体交互式宽带业务。

需要注意的是，有些文献将 FTTB 理解为光纤到办公室或商务楼是不准确的，这里的"B"表示"Building"而非"business"，而且"Building"主要是指公寓楼。若是光纤到办公大楼，则应称为 FTTO。

3. 光纤到家（FTTH）或光纤到办公室（FTTO）

在原来的 FTTC 结构中，如果将设置在路边的 ONU 换为无源光分路器，然后将 ONU 移到用户家里，即成为 FTTH 结构；如果将 ONU 放在大企事业用户（公司、大学、研究所和政府机关等）终端设备处并能提供一定范围的灵活业务，那么就构成光纤到办公室（FTTO）的结构。由于大型企事业单位所需的业务量大，因而 FTTO 结构在经济上比较容易实现，发展也很快。考虑到 FTTO 也是一种纯光纤连接网络，因而可以归入 FTTH 结构，但是两者的应用场合不同，结构特点也不同。FTTO 主要应用于大型企事业用户，业务量需求大，因而结构上适合于点到点或环形结构；而 FTTH 用于居民住宅用户，业务量需求很小，因而较经济的结构必须是点到多点方式。以下将以 FTTH 为主进行讨论。

总的来看，FTTH 结构是一种全光纤网，即从本地交换机一直到用户全部为光连接，中间没有任何铜缆，也没有有源电子设备，是真正全透明的网络，其主要特点可以总结如下：

（1）由于整个用户接入网是全透明网络，因而对传输制式（如 PDH 或 SDH，数字或模拟等）、带宽、波长和传输技术没有任何限制，适于引入新业务，是一种最理想的业务透明网络，是用户接入网发展的长远目标。

（2）由于本地交换机与用户之间没有任何有源电子设备，ONU 安装在住户处，因而环境条件比户外的不可控条件大为改善，可以降低元器件的成本。同时 ONU 可以本地供电，不仅供电成本比网络远供方式降低约一个量级，而且故障率也大大减小，而且维护安装测试工作也得以简化，可以降低维护的成本，是网络运营者长期以来一直追求的理想网络目标。

（3）只有当光纤直接通到住户，每个用户才能真正有了名副其实的宽带链路，B-ISDN 的实现才有了最终的保证，采用各种 WDM 或 FDM 技术发掘光纤巨大潜在宽带的工作才有可能进行。

5.2.4 业务支持能力

ONU 是一种为双向交互式业务而设计的系统，其初期主要支持 2 Mb/s 以下速率的业务，基本业务有下面七类：

（1）普通电话线（POTS）；

（2）租用线；

（3）分组数据；

（4）ISDN 基本速率接入（BRA）；

（5）ISDN 一次群速率接入（PRA）；

(6) $N \times 64$ kb/s；

(7) 2 Mb/s（成帧和不成帧）。

除了上述七种基本窄带业务外，它还有其他一些可能支持的业务，特别是在将来不仅能支持宽带业务，如单向广播式业务（CATV 业务）和双向交互式业务（如 VOD 或数据通信业务）等，而且还能支持模拟广播式业务。

5.2.5　配置结构的选择

光纤接入网配置结构的选择取决于众多因素，且十分复杂，需要进行详细的分析、比较和综合计算，下面仅列出几个基本考虑因素和原则。

1. 用户类型

用户的类型比较复杂，如大、小型企事业用户，居民住宅用户，科研机构以及学校等，用户的类型不同，往往需要的配置结构也不同。如果企事业用户所需的用户线数目大于居民住宅用户，那么前者可采用 FTTO，后者就可采用 FTTC，这是因为前者适合业务量要求较大的用户，而后者适合小型企事业用户和居民住宅用户。居民住宅用户通常只需要一到两根用户电话线，因此必须采用具有较大共享能力的结构，如 FTTC 和 FTTB，FTTC 适合分散用户，而 FTTB 更适合于集中的公寓住宅用户。从长远发展来看，FTTH 将是接入网的发展方向。

2. 成本

成本是接入网技术是否成功的关键，而 ONU 究竟能在多大程度上被用户共同分担又是保证接入网成功的决定因素。按美国 Raynet 公司的成本模型计算来看，当 ONU 能为 24 个～32 个用户共享时成本最低。从 FTTH、FTTC、FTTB 和 FTTO 来看，FTTC 和 FTTB 是当前最为经济可行的居民用户解决方案，对于大型企事业用户，如果用户线数量大，那么平均每根线的成本就会降低，因此采用 FTTO 结构是最经济的可行性方案。FTTH 共享程度最低，目前单从成本方面考虑，FTTH 是不可行的方案，这是因为 FTTH 需要在用户侧安装一个用户的 ONU，其初装和维护的成本显然是增加了。如果考虑整个寿命期的成本，包括将来线路增长或整修的花费，以及运营的成本（供给、维护和供电），那么 FTTH 的好处就显现出来了，据美国贝尔通信研究所的研究结果，它在供电成本上比 FTTC 节约 75%～90%，在业务保证成本上节约 25%～40%，这就使得 FTTH 在寿命期可以与其他方式相比，因此 FTTH 是将来接入网的发展方向。

3. 与本地交换的综合

随着交换技术和光纤传输技术的发展，特别是光纤传输成本的大幅度下降，很多电话公司都在重新组织配置接入网，目的是减少本地交换机的数量，增加交换机的容量，扩大接入网的覆盖范围，安装光纤接入网实际上是网络重新配置计划的一部分。如果能将远端交换和集中功能综合在 ONU 内，那么网络重新配置的计划就得以实现，此时的 ONU 必须能为较大数量的用户服务才有经济价值。初步研究的结果表明，一个 ONU 如果能为 256 个以上的用户服务才具有经济价值。

4. 服务灵活性

服务灵活性往往是企事业用户特别看重的特性，FTTO 结构可以快速和灵活地按请求提供或切断业务，特别适合企事业用户的活动特点，通常随着 ONU 用户量的减少，它为每个用户提供特殊服务的能力就会增加，对于大型企事业用户，由于其业务需求量大，因此 FTTO 能提供最灵活的服务。

5. 业务类型

从长远发展来看，光纤接入网必须能提供宽带图像业务，包括交互型和分配型图像业务。显然，提供交互型低速业务（电话和数据）的配置结构未必能适用于提供宽带图像业务，尤其是分配型图像业务，在这方面 FTTH 和 FTTO 的结构具有最好的业务透明性。

5.3 光纤接入网的拓扑结构

光纤接入网的拓扑结构技术是接入网的基本技术之一。所谓拓扑结构，就是把各种结构的网络从几何学的观点进行抽象和概括成一种典型的结构，它反映了网络的物理形状和连接关系。网络的拓扑结构与网络的功能、效率、可靠性以及经济性等因素有直接关系，是网络设计中首先要考虑的问题。

5.3.1 接入网的拓扑结构

一般来讲，通信网络有三种基本的结构，即星型结构、总线型结构和环型结构，如图 5-3 所示。

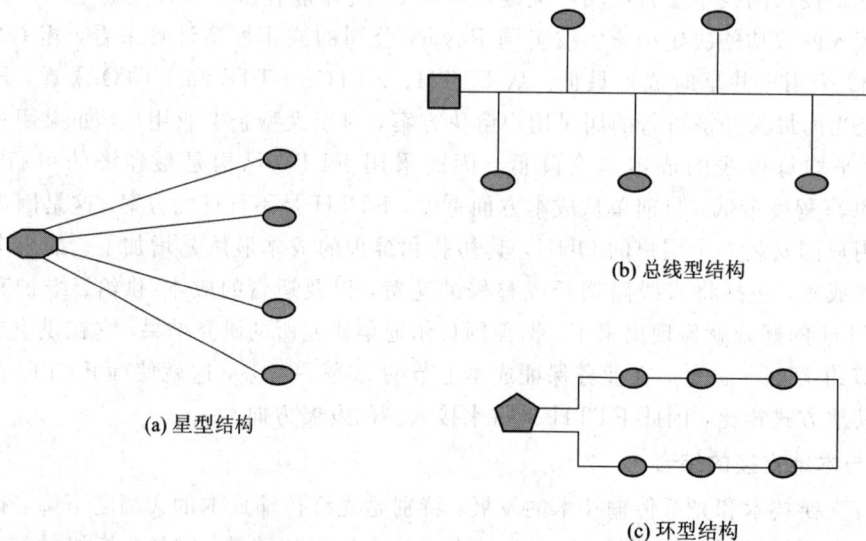

(a) 星型结构
(b) 总线型结构
(c) 环型结构

图 5-3 网络基本结构

上述这些物理上的拓扑结构与信息的实际流动途径（网络的逻辑结构）相互组合，就形成了图 5-4 所示的六种网络结构。

光纤接入网结构的选择取决于各种经济和技术因素，上述的任何一种结构不能完全适用于所有的实际情况，因而在大多数情况下，光纤接入网的结构是由几种基本结构组合而成的。下面介绍光纤接入网中常用的几种典型拓扑结构及其性能。

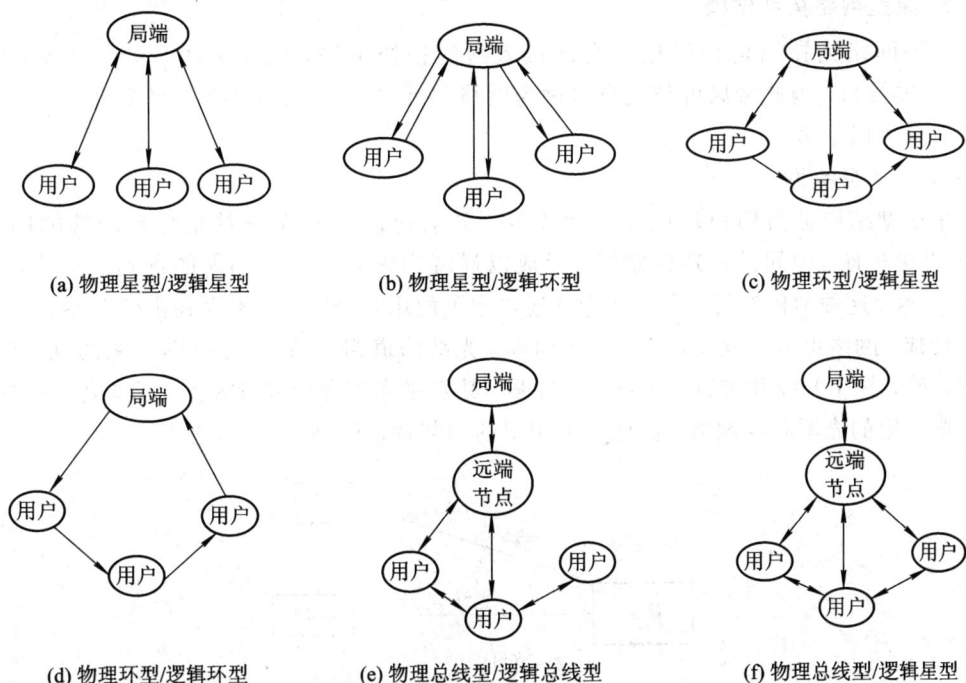

(a) 物理星型/逻辑星型　　　(b) 物理星型/逻辑环型　　　(c) 物理环型/逻辑星型

(d) 物理环型/逻辑环型　　　(e) 物理总线型/逻辑总线型　　　(f) 物理总线型/逻辑星型

图 5-4　网络物理与逻辑结构

5.3.2　光纤接入网的网络拓扑结构

1. 线型拓扑结构

线型拓扑结构也称总线型结构，它有一条共享的主干信道，该信道可以使用一根双向传输的光纤线路或两根单向传输的光纤作线路，线路终点不闭合，而各个终端用光耦合器互联到共享信道上，采用时分多路和频分多路等方法使各个节点共享同一条信道。这种网络的主要优点是结构简单，增加和减少节点容易，一个节点功能出故障时不会影响其他节点，由于共享主干信道，因而造价相对较低。但是，如果总线本身出现故障，那么整个网络将受到损害。

线型光纤接入网结构如图 5-5 所示。这类结构在计算机局域网中采用的比较多，在光纤接入网中，线型拓扑结构同样有着广泛的应用前景。例如，采用具有 V5 标准接口的接入系统或在线路沿线按需要增加分差复用器（ADM），可以很方便地构成线型结构。除了 SDH 具有 ADM 以外，近年来 PDH 技术的 ADM 也有了快速的发展，其价格比 SDH 的还低。采用这类网络结构上/下业务灵活，可节省光纤并简化设备，成本较低。

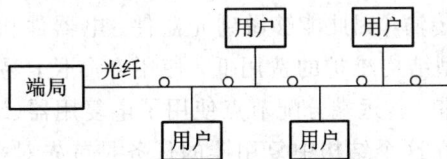

图 5-5　线型光纤接入网结构

2. 星型网络拓扑结构

星型网络拓扑结构是适用于光纤接入网的拓扑结构，由于采用 V5.1 和 V5.2（或 VB5）标准接口，因此端局可与用户通过光网络单元（ONU）直接相连。星型网络的拓扑结构又可分为以下两种：

1）单星型结构

单星型结构是指用户端的每一个 ONU 分别通过一根或一对光纤与局端的同一个 OLT 直接相连，中间没有光分路器，形成以局端为中心向四周辐射的点到点结构，如图 5-6 所示。这种结构的特点是：在光纤连接中不使用光分路器，不存在由分路器引入的光信号衰减，网络覆盖范围大，线路维护简单，光纤信道相互独立，各 ONU 之间互不影响，保密性好，易于升级和扩容，业务适应性强。缺点是光缆含纤数量太大，成本高。另外，由于需要专用的光源和检测器，因此每个用户的初装费也较高。

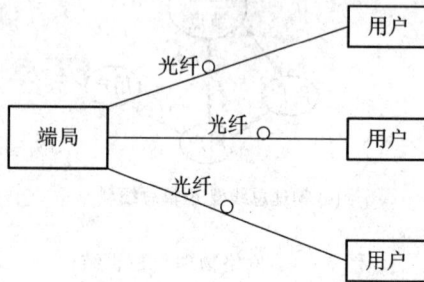

图 5-6　单星型光纤接入网结构

2）双星型结构

双星型结构是单星型结构的改进结构，适合于网径更大的范围，如图 5-7 所示。

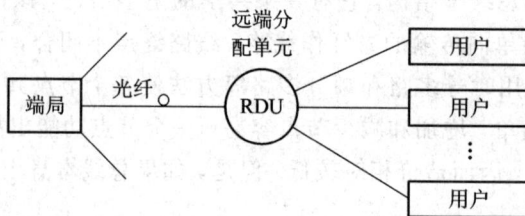

图 5-7　双星型光纤接入网结构

在每一条线路中设置远端分配节点，节点越多则表明网络的规模越大；节点的功能越多，则网络的性能越佳。远端分配单元主要是将信息分别送入每个用户，并把用户的上行信息集中送入端局。若节点是由无源器件组成的，则称为无源双星型网络，简称双星型。这种网络有许多优点，是目前采用较多的一种结构。由于远端分配单元（RDU）将一些用户信息流复用在一根光纤中传输，因此能够做到光器件、电器件和传输媒介的共享，降低了每个用户的成本。此外星型结构维护的费用低，使用寿命长，易于扩容升级，业务变化灵活，能充分利用光纤的宽带。若远端分配节点使用了电复用器（MUX）这一有源电子设备，则称为有源双星型网络，在这个结构中复用器的任务是首先对来自光纤的光信号进行光/电变换，在电信号上对来自于发往不同 ONU 的信号进行合路与分析，然后将电信号进行电/光变换，送到相应的光纤上。这样，复用器使得多个 ONU 可以共享来自端局的馈线光缆及相应设备。

3. 环型网络拓扑结构

光纤接入网的环型结构如图 5-8 所示。每个节点仅与两侧节点相连，形成一个封闭的回路结构，每个节点可双向传输或单向传输。可以把它看成封闭的总线型结构，但与总线型结构相比，其线路设定的自由度和灵活性大为改善，同时也大大提高了网络的可靠性。

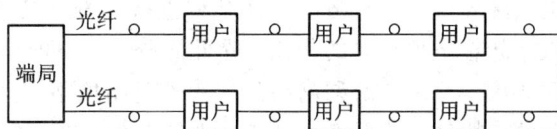

图 5-8　环型光纤接入网结构

环型网络的拓扑结构比较适合用户密集、网络路由结构和业务服务类型已经基本形成或定型的地区，这类结构的可靠性高，安全性好，但由于冗余度高，因此建设费用高，初步建设时就必须周密考虑，避免造成大的浪费。

4. 树型网络拓扑结构

树型结构如图 5-9 所示。树型网络拓扑结构中采用了较多的光分路耦合器，即光无源分路器，因而也称无源光网络。由于在交接箱(相当于远端局)和分线盒等位置采用光纤分路耦合器进行光功率(即光信号)分配，因此光纤可以共享。此外，除了端局和用户终端外，网络中不包括任何有源器件，因此对带宽、波长和传输方法没有任何限制。

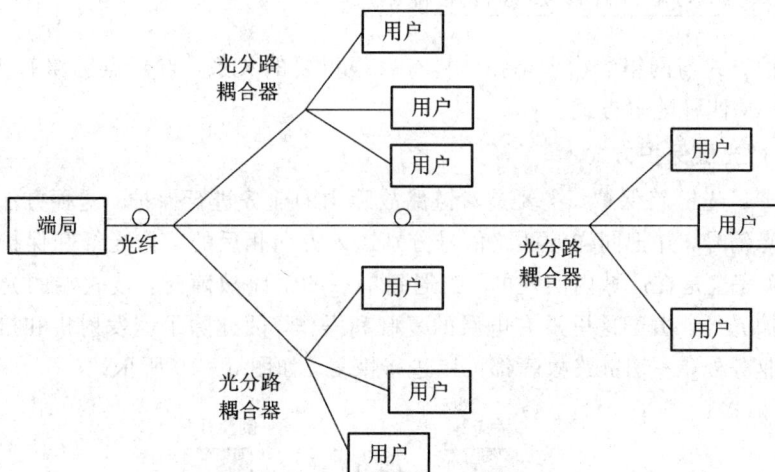

图 5-9　树型光纤接入网结构

树型网络的拓扑结构一般适用于广播式的信息传递，对于交互式的通信信息传递，因为上行方向将产生"漏斗"效应，需要采用特殊的措施才能确保通信质量，所以具有一定的局限性。但在有线电视或采用 TDMA 或 CDMA 技术的电信无源光网络(PON)中，树型网络有较大的应用前景，它有可能是网络发展的最后结果。

5.4　光纤接入网的网络性能和生存性

当今社会对信息的依赖性越来越大,通信网一旦出错或失效,将对社会造成极大的损失,因此,网络保护不仅仅是在核心网,在城域网和接入网中也开始有了应用,随着光纤技术的进一步向用户端推进,光纤接入网的网络性能在很大程度上取决于网络保护技术在接入网中的运用。在接入网环境中,网络的拓扑结构直接与网络的效率、可靠性、经济性和提供的业务直接相关,起着至关重要的作用。除此之外,网络的生存性已成为现代网络规划、设计和运行的重要因素之一。所谓网络的生存性是指网络在经受各种故障以后能维持可接受业务质量的能力,特别是在战争、地震、光纤断裂、有害辐射以及其他自然灾害中维持业务质量的能力。近几年来,一种称为自愈网(Self-healing network)的概念应运而生。所谓自愈网就是不需要人为干预,网络在极短的时间内从失效故障中自动恢复所携带的业务,使用户感觉不到网络已出了故障。

目前,窄带接入网的核心是由 SDH 环组成的,由 ADM 构成的 SDH 环可具有通道保护环和复用段保护环,即具有自愈功能。如果采用 ATM 作为核心,为了使宽带接入网具有竞争力,那么它必须具有自愈功能,要求保护倒换时间小于 50 ms,即能与 ADM 构成的保护切换时间相当。宽带接入网的自愈功能可通过预设置的功能表实现,将一根光纤作为工作光纤,另一根作为备用光纤,当网管检测到工作光纤失效时,自动倒换到备用光纤上,从而实现自愈功能。

5.4.1　光纤接入网中点到点结构的保护

网络保护方式与网络的物理拓扑结构有着很重要的关系,点到点链路有 1+1、1∶1、1∶N 和 M∶N 四种配置方式。

1. "1+1"光层保护方式

对于"1+1"光链路保护,主要是对链路故障中的业务进行保护。这种方法是利用光滤波器来桥接光信号,并把同样的两路信号分别送入方向相反的工作光纤和保护光纤的通道中。保护倒换完全是在广域内实现的,当遇到单一的链路故障时,接收端的光开关便把线路切换到保护光纤。由于这里没有电层的复制和操作,因此除了当发射机和接收机发生故障时会丢失业务外,一切链路故障都可以进行恢复,如图 5-10 所示。

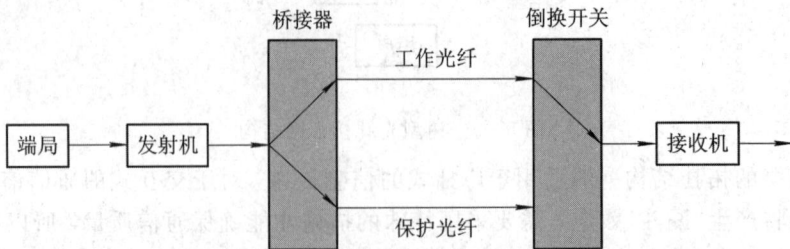

图 5-10　"1+1"点到点保护方式

这种"1＋1"光层的保护结构与在同步光纤网络（SONET，Synchronous Oprical NETwork)上的"1＋1"保护结构有所不同，在 SONET 网络中的"1＋1"保护结构对传输过来的两路信号都进行检测，并不断地进行比较以选出最佳信号；而在光层的"1＋1"保护结构中，在其尾端只有一个接收机，由这个接收机对传输过来的信号进行故障检测。然而，不像在 SONET 中的"1＋1"保护方案那样，光层的"1＋1"保护结构中的接收机在并不知道保护光纤的任何状态信息的情况下就切换到保护光纤上了，而且在 SONET 网络的"1＋1"保护方案中，在电层上复制信号可以及时地通知接收机两路信号的情况。

2."1∶1"光层保护方式

在"1∶1"光层保护方式下，业务在工作光纤中传送，低等级业务在保护光纤中传送，源和目的站之间有两根光纤，一旦工作光纤被切断，业务就倒换到保护光纤进行传送，但需要倒换协议，即 APS(自动保护倒换)。

"1∶1"光层保护方式与"1＋1"光层保护方式很相似，都是利用相反方向的路由链路来避免链路故障对业务的影响。业务流量并不是被永久的桥接到工作和保护光纤上，只有在出现故障时，才在工作光纤和保护光纤之间进行一次切换。如图 5－11 所示。

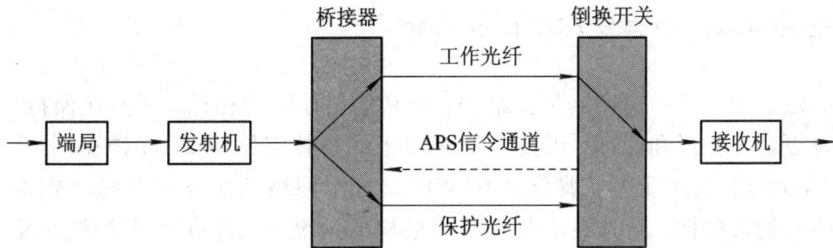

图 5－11　"1∶1"点到点保护方式

在双向通道中，当有故障事件出现时，使用信令通道来协调交换机的保护倒换动作。在"1∶1"的 SONET 网络中的保护恢复结构中，在其头和尾之间有一个信令通道，保护倒换的实现既使用了保护光纤又使用了一条信令通道。在"1∶1"的光层保护结构中，在保护光纤中并不存在相互通信的通道，这是因为这种结构中没有在电层上被复制的信号，只有当其发射机和接收机都切换到保护光纤上时，这个通信通道才建立起来。当出现故障时，如果接收机不知道发射机是否切换到保护光纤上时，那么接收机就经由保护光纤给发射机发出一个消息，因此，当接收机最初倒换到保护光纤上时，它并不能接收到任何信号。而如果发射机已切换到保护光纤上了，那么利用上述过程就可以完成对业务的保护和恢复，否则业务流量就会丢失。

3."1∶N"光层保护方式

"1∶N"的光层保护结构与"1∶1"的保护结构相类似，它是 N 个工作光纤共享一个保护光纤，如果有多条工作光纤断裂，那么只有其中的一条所承载的流量可以恢复，而最先恢复的是具有最高优先级的故障。"1∶N"光层保护结构如图 5－12 所示。

N 个工作实体由一个保护实体提供保护，这种保护配置的出发点是光通信系统的高可靠性。对于这种保护配置，为了实现对工作实体的正确保护，通常要规定工作实体的保护次序规则，这套规则的正确执行依靠网络结点对整个网络工作状态的了解，通常要采用专用的协议才能完成。

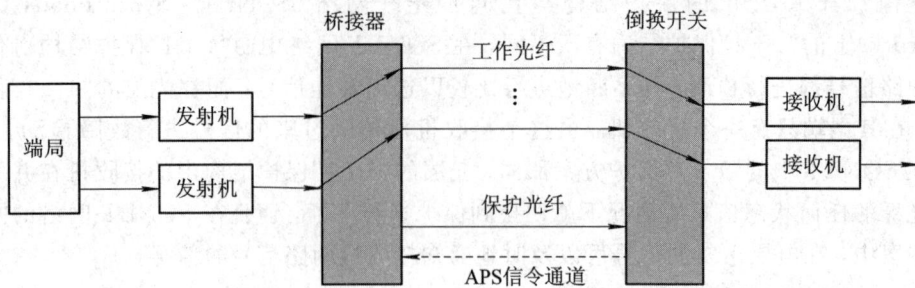

图 5－12 "1＋N"点到点保护方式

4. "M∶N"光层保护方式

"M∶N"光层保护方式是"1∶N"方式的扩展，是 N 个工作实体由 M 个保护实体来保护，从而进一步提高了整个网络的可用性和可靠性，但工作实体的保护次序和保护实体的占用次序需要复杂的协商过程才能解决。

5.4.2　光纤接入网中自愈环结构的保护

环形网络是常见的通信网络拓扑结构，与其他拓扑结构相比，环网在保持了较高的生存性的同时更容易实现和管理，因此广泛应用于同步数字体系 SDH 传输网中。波长分插复用器（WADM）的出现促进了波分复用（WDM）环形网络的研究和发展，WDM 环形网保留了环形结构的自愈性，同时在不改变系统结构的情况下，进行容量平滑升级。WDM 环形网络可以采用不同的波长分配方案（WA），实现的方式也是多种多样的。按节点间波长通道来和去业务的传输方向，可以将 WDM 环形网络分成单向环和双向环两种。在同一传输通道中，若来业务的波长传输方向与去业务的波长传输方向相同（如都是顺时针传输或都是逆时针传输），则这种环称为单项环；若它们的传输方向相反，则称之为双向环。

按连接环路中相邻节点的光纤数目，环形网络可以分成单纤环、两纤环、四纤环和多纤环。其中在单纤环中不容易实现保护功能，故其很少使用。

1. 专用保护环

专用保护环一般由两条传输方向相反的光纤环构成，其中一根光纤作为工作光纤，而另一根作为保护光纤，因此一根光纤中的一路波长由反向传输光纤中的一路波长提供保护。由于是针对每一路波长提供保护，因此这种环又被称做光信道专用保护环 OCh-DPRing。若节点或线路发生故障，则受影响的业务被倒换到保护环中，如图 5－13 所示。这种环网保护是基于"1＋1"保护原理的，其相对比较简单，信号在发射端被分割后同时桥接到两根光纤上（用光分波器），形成了两个完全相同的信号但环绕在不同的方向上运行。如果出现故障，那么接收端根据对光信道的监控信息将业务从工作光纤切换到保护光纤上。因为当故障发生时，接收端并不需要通知发射端，所以就不需要信令通道。当然在这种环网结构中也可以使用"1＋1"的保护，但是当出现故障时"1＋1"保护需要执行双端切换，而且需要信令来协调接收端和发射端之间的倒换动作。当没有故障时，保护带宽还可以用于传输优先级低的业务从而创造新的利润。

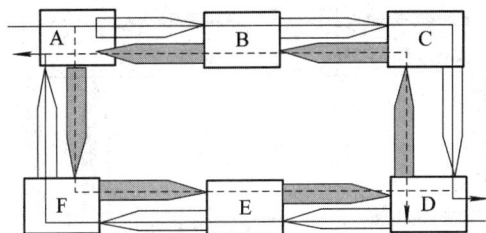

(a) OCh-DPRing倒换前示意图

A与D通信通过实线A→B→C→D线路；D与A的通信通过实线D→E→F→A线路

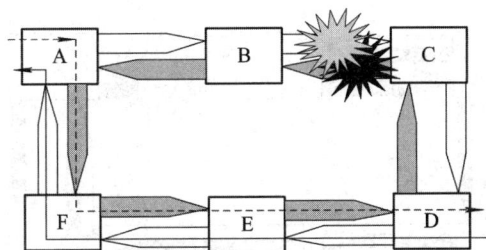

(b) OCh-DPRing倒换后示意图

A与D通信通过虚线A→F→E→D线路；D与A的通信仍通过实线D→E→F→A线路

图 5 - 13　专用保护环的工作过程

　　专用保护环的近期应用可能主要是和固定 OADM 配合，然后在客户层实现保护，这时 WDM 的应用主要是为了降低客户层电子设备的成本。随着可重构型 OADM 的使用，该保护环会过渡到名副其实的光层专用保护环。

　　OCh-DPRing 的主要缺点是，由于每一个保护需求都要消耗整个环网的容量，它需要至少 100% 的容量备份，因此其容量使用效力较低。环网的容量直接取决于环网所能满足的保护需求总量的大小，而与各个节点之间的业务分配无关。

2. 共享保护环

　　在共享保护环中，环网容量的 50% 被用来作为保护容量，而且允许不同波长共享这些备用保护容量，如图 5 - 14 所示。它既可以基于波长执行保护倒换，也就是所谓的光信道共享保护环(OCh-SPRing)，也可以基于复用段执行保护倒换，也就是所谓的光复用段共享保护环(OMS-SPRing)。

　　光复用段共享保护环的结构一般有两种：两纤光复用段共享保护环和四纤光纤复用段共享保护环。

　　在两纤光复用段共享保护环的结构中，用两根光纤连接相邻的两个光分插复用节点，每一根光纤都是工作光纤，但在每根光纤中都分配出一半的信号带宽用作保护，每一根光纤中的工作波长都是由与传输方向相反的另一根光纤中的保护波长来提供保护的。当光缆断裂或节点故障都会触发最邻近的 OADM 保护倒换开关，将受影响的工作业务倒换到另一根光纤中的保护容量上，如图 5 - 14(a)所示，从而将处于故障状态的业务流量重新路由出失效的状态，以避免业务受到影响。由图 5 - 14(b)可知，双向传输的业务在两个方向上不得不使用不同的波长，否则当需要保护时，就必须使用波长转换器。

(a) 倒换前示意图

(b) 倒换后示意图

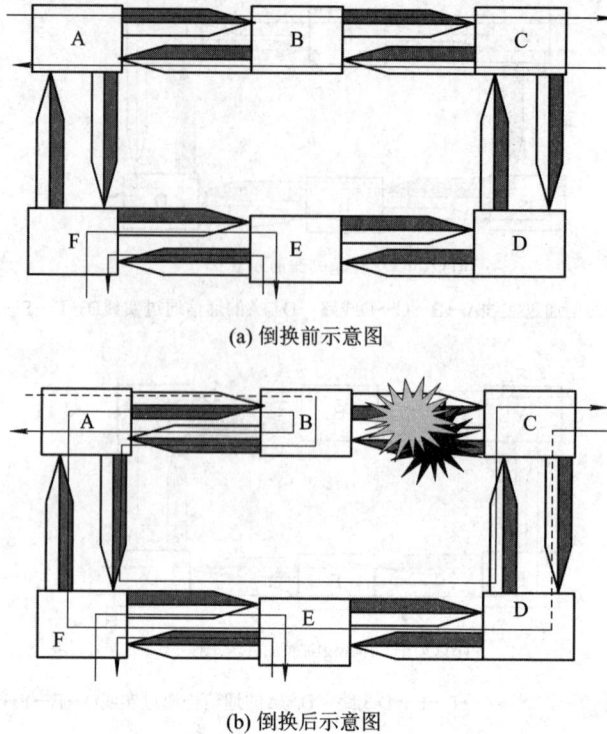

图 5-14　共享保护环的工作过程

在四纤光复用段共享保护环的结构中，在相邻的 OADM 节点之间需要四根光纤连接。与两纤光复用段共享保护环不同，它的工作信道和保护信道都分别由不同的光纤来承载，这样可以给两个方向的工作光纤分配相同的波长。四纤网络同时综合了环网保护和区段保护两种保护类型，如果环网中仅仅是工作光纤的复用段受到故障影响，那么与之平行的保护光纤只需简单地执行区段保护倒换，而无须执行整个业务环的保护倒换。这种结构可以应对多种故障。

对于大多数业务模型来说，共享保护环的容量使用率高于专用保护环的容量使用率，但是在共享保护环中，OADM 的执行和管理比专用保护环的复杂且成本较高。共享保护环结构在执行恢复功能时需要对环上故障点两端的节点进行协调，因此需要信令协议来保证线路切换和网络的故障恢复。关于共享保护环的详细信令协议还有待于进一步研究后出台相关的技术标准。共享保护环结构比 UPPR 结构更难操作，这是因为 UPPR 结构并不需要信令协议来参与保护倒换。然而，与 UPPR 相比较，共享保护环能够承载更多的业务流量。

5.5　PON 的基本概念和结构

5.5.1　基本概念和特点

无源光网络(PON，Passive Optical Networks)是光纤接入网(OAN)中的一种。根据光纤接入网(OAN)的参考配置可知,OAN 由光线路终端(OLT)、光分配网络(ODN)和光网络单元(ONU)三大部分组成。OLT 为 ODN 提供网络接口并连接一个或多个 ODN;ODN 为 OLT 和 ONU 提供传输;ONU 为 OAN 提供用户侧接口并与 ODN 相连。如果 ODN 全部由光分路器(Optical Splitter)等无源器件组成,不包含任何有源节点,那么这种光接入网就是 PON,其中的光分路器也称为光分支器(OBD, Optical Branching Device)。

　　无源光网络(PON)是比较理想的光纤接入网,首先,在接入网中去掉了有源设备,避免了电磁干扰和雷电造成的影响,减少了线路和外部设备的故障率,降低了相应的运维成本;其次,PON 的业务透明性好,具有丰富的宽带资源,可适用于任何制式和速率的信号,能比较经济地支持模拟广播电视业务,具备三重业务功能;最后,由于其局端设备和光纤由用户共享,线路的成本较其他点到点方式的低,因此初建成本也明显降低。PON 的每个用户的成本随着分享光线路终端(OLT)的用户数量的增加而迅速下降,因而适合于分散的小企业和居民用户,特别是那些区域较分散,而每一区域用户又相对集中的小面积密集用户地区。

　　由于受历史条件、地貌条件和经济发展等诸多因素的影响,而实际接入网的用户分布又非常复杂,因此通常 ODN 可归纳为四种基本结构,也就是 PON 的四种基本拓扑结构。

1. 单星型结构

　　单星型结构是指用户端的每一个 ONU 分别通过一根或一对光纤与端局的同一个光分路器相连,形成以 OLT 为中心向四周辐射的星型连接结构,如图 5-15 所示。

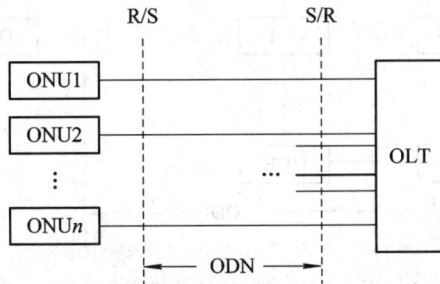

图 5-15　单星型结构

　　单星型结构的特点是在光纤连接中不使用光分路器,不存在由分路器引入的光信号衰减,网络覆盖范围大;线路中没有有源电子设备,是一个纯无源网络,线路维护简单;采用相互独立的光纤信道,ONU 之间互不影响且保密性好,易于升级;光缆需要量大,成本太高,且光纤和光源无法共享。

2. 多星型结构

　　在 PON 的多星型结构中,连接 OLT 的第一个光分支器(OBD)将光分成了 n 路,每路通向下一级的 OBD,如图 5-16 所示。最后一级的 OBD 同样也为 n 路并连接 n 个 ONU。因此,它是以增加光功率预算的要求来扩大 PON 的应用范围的。

　　多星型结构实现了光信号的透明传输,线路维护容易,不存在雷电及电磁干扰,可靠性高;用户可以共享一部分光设施,如光缆的馈段和配线段以及局端的发送光源。由于 OLT 中的一个光源提供给所有 ONU 的光功率有限,因此这就限制了所连接 ONU 的数量以及光信号的传输距离。

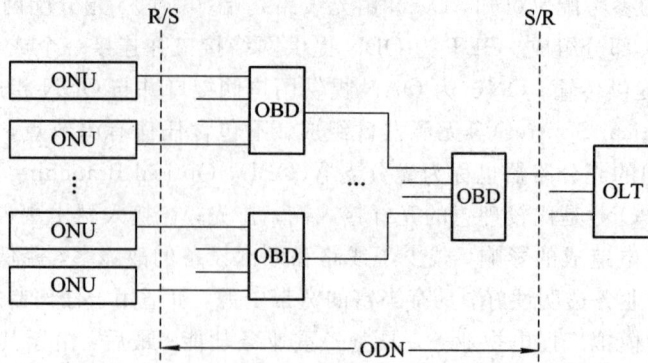

图 5 - 16　多星型结构

在 PON 中所用的串联 OBD 中，有均匀分光和按额定比例非均匀分光两种。均匀分光的 OBD 构成的网络一般称为多星型；非均匀分光 OBD 构成的网络常称为树型，对于通常的接入网用户分布环境，这两种结构的应用范围最广。

3. 总线型结构

总线（Bus）型结构的 PON 通常采用非均匀分光 OBD 沿线状排列，如图 5 - 17 所示。ODB 从光总线中分出 OLT 传输的光信号，并将每个 ONU 传出的光信号插入到光总线上。

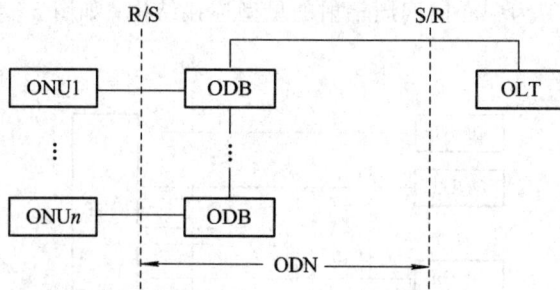

图 5 - 17　PON 的总线型结构

由于光纤线路上存在损耗，使在靠近 OLT 和远离 OLT 处接收到的光信号强度有较大的差别，因此对 ONU 中光接收机的动态范围要求较高。总线结构适合于沿街道和公路线状分布的用户环境。

4. 环型结构

环型结构相当于总线型结构组成的闭合环，如图 5 - 18 所示。信号传输方式和所用器件与总线型结构的差不多。这种环型结构形成可靠的自愈环型网，使每个 OBD 可从两个不同的方向通到 OLT，其可靠性大大优于总线型结构。

通常，环型结构不被认为是一种独立的基本结构，它可看成是两个总线结构的结合，而单星型结构和多星型结构也被认为是树型结构的特例。这样把四种拓扑结构可以概括为树型和总线型两种最基本的结构。选择 PON 的拓扑结构需要考虑的因素有用户的分布拓扑、OLT 和 ONU 的距离、提供各种业务的光通道、可获得的技术、光功率预算、波长分配、升级要求、可靠性、运行和维护、安全性以及光缆的容量等。

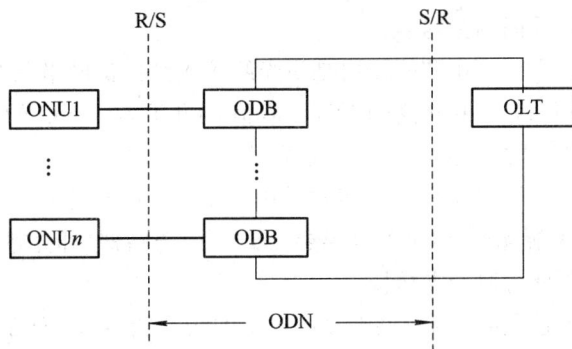

图 5-18　PON 的环型结构

5.5.2　PON 的构成

PON 的概念最早由英国电信公司的研究人员于 1987 年提出，把 PON 技术引入接入网引起了人们的广泛关注。所谓无源光网络，是指信号在光网络上传输的过程中不经过再生放大（光放大或电放大），网络的分路由光功率分配器（分路器）等无源器件实现。下面从无源光网络（PON）的参考配置、传输复用技术和波长分配三个方面对 PON 的构成作一些介绍。

1. 无源光网络网（PON）的参考配置

无源光网络（PON）的参考配置如图 5-19 所示。

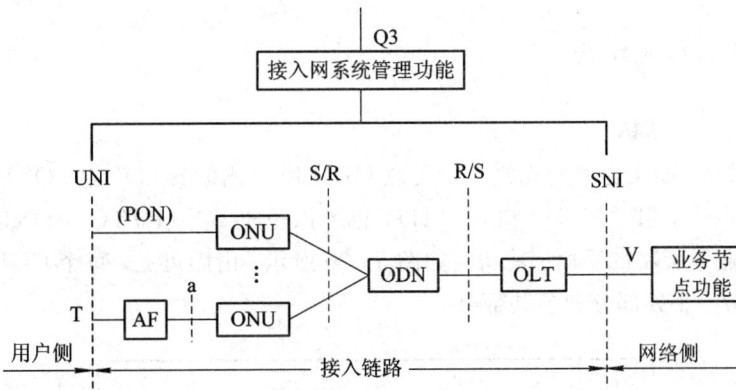

图 5-19　PON 的功能参考配置

图 5-19 中相关说明如下：

- AF——适配功能；
- UNI——用户网络接口；
- SNI——业务节点接口；
- S——光发送参考点；
- R——光接收参考点；
- V——与业务节点间的参考点；
- T——与用户终端间的参考点；

· a——AF 与 ONU 间的参考点。

在 PON 的参考配置中，OLT 的作用是为光纤接入网提供网络侧与业务节点之间的接口，并经一个或多个 ODN 与用户侧的 ONU 通信，OLT 与 ONU 的关系为主/从通信关系。OLT 可以位于交换局内，也可以位于远端。

ODN 为 OLT 与 ONU 之间提供光传输手段，其主要功能是完成光信号的功率分配任务。ODN 是由光缆、无源光器件（如光连接器）和光分/合路器（即光耦合器）等组成的无源光馈线和配线网，一般呈树型分支结构。

ONU 的作用是为光纤接入网提供直接或远端的用户侧接口，处于 ODN 的用户侧。其主要功能是终结来自 ODN 的光信号和处理光信号，并为用户提供业务接口。

2. 传输复用技术

在 PON 中，传输复用技术主要完成 OLT 和 ONU 连接的功能，连接方式有点对点和点对多点的接入方式。多点接入方式也有多种，如时分多址接入（TDMA）和副载波多址接入（SCMA）等。双向传输方式有空分复用（SDM）、时间压缩复用（TCM）、波分复用（WDM）和副载波复用（SCM）等。

3. 波长分配

目前光纤的可用工作波长区有三个，即 850 nm 窗口、1310 nm 窗口和 1550 nm 窗口。ITU - T 通过的 G.982 建议决定使用 1310 nm 窗口和 1550 nm 窗口，1310nm 波长区的波长分配范围是 1260 nm～1360 nm；1550 nm 波长区的波长分配范围是 1480 nm～1580 nm。而测试或监视信号的传输应采用其他波长，当采用光放大器时，以上波长的范围可能会变窄。

5.5.3　PON 的功能结构

1. ONU 的功能结构

ONU 提供与 ODN 之间的光接口，实现 OAN 用户侧的接口功能。ONU 既可以位于用户住宅的室内（FTTB、FTTO 和 FTTH），也可以位于室外（FTTC），ONU 提供传递系统处理的各种业务所需的手段。其功能如图 5 - 20 所示，由图可见，每个 ONU 由三部分组成，即核心部分、业务部分和公共部分。

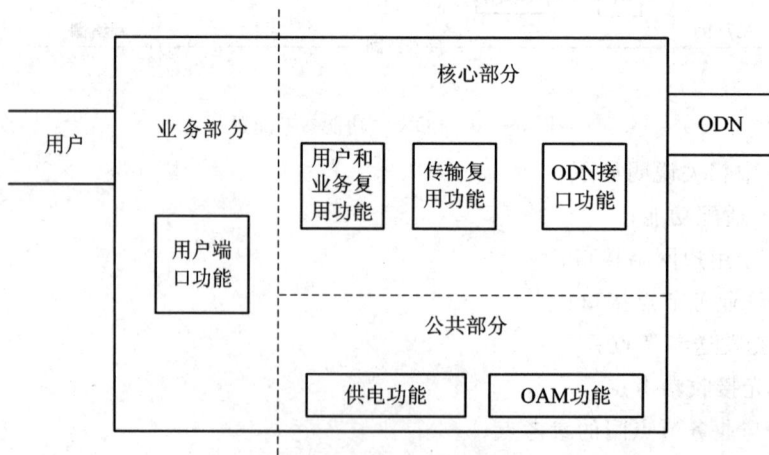

图 5 - 20　ONU 的功能结构

1) ONU 核心部分

ONU 核心部分包括：传输复用功能、用户和业务复用功能和 ODN 接口功能。传输复用功能提供来自 ODN 接口和到 ODN 接口的输入、输出信号的鉴别和分配所要求的功能，提取和输入与这个 ONU 有关的信息。用户和业务复用功能实现对来自或发送给不同用户的信息进行组装和拆分，并提供与各种不同的业务接口功能相连的功能。ODN 接口功能提供一组物理光接口功能以及终端相应的光纤，它包括光/电转换和电/光转换。

2) ONU 业务部分

ONU 业务部分主要提供用户端口功能。用户端口功能可提供用户业务接口，并且将其适配到 64 kb/s 或 $N \times 64$ kb/s。该功能既可以给单个用户或一群用户提供端口，也可以按照物理接口来提供信令变换功能。

3) ONU 公共部分

ONU 公共部分包括供电和 OAM 功能，其中供电功能将外部电源转换为所要求的机内电压，OAM 为 ONU 的所有功能块提供处理操作、管理和维护手段。

2. OLT 的功能结构

OLT 提供一个与 ODN 相连的光接口，并在 OAN 网络侧至少提供一个网络接口。OLT 可以位于本地交换局内，也可以位于远端，为 ONU 所需业务提供必要的传输方式。OLT 的功能如图 5-21 所示。由图可见，OLT 由三部分组成，即核心部分、业务部分和公共部分。

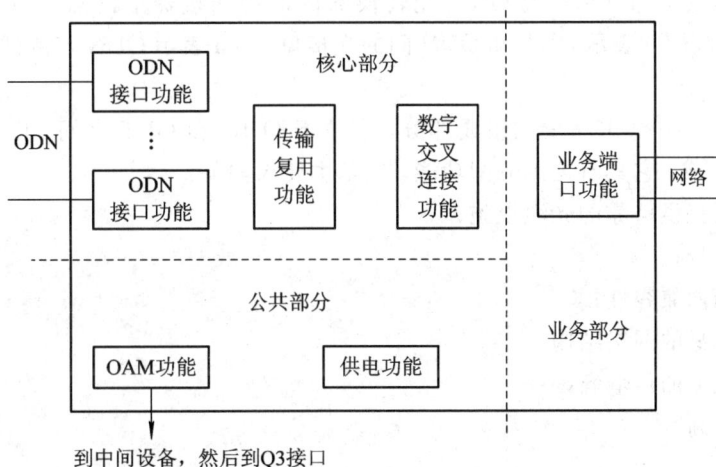

图 5-21 OLT 的功能结构

1) OLT 核心部分

OLT 核心部分包括数字交叉连接功能、传输复用功能和 ODN 接口功能。数字交叉功能为 OLT 的 ODN 侧的可用带宽与 OLT 网络侧的可用带宽提供交叉连接能力；传输复用功能提供在 ODN 上发送或接收业务通道所要求的功能；ODN 接口功能提供一组物理光接口功能以及与终端相应的 ODN 的一组光纤，它包括光/电转换和电/光转换。

2) OLT 业务部分

OLT 业务部分包含业务端口功能。业务端口至少传送一个 ISDN 基群速率，并能配置成一种业务或者同时支持两种或多种不同的业务。该部分还应该能提供处理通过 OLT 的信令信息的手段。

3）OLT 的公共部分

OLT 的公共部分包括供电和 OAM 功能，其中供电功能将外部电源转换为所要求的机内电压；OAM 为 OLT 的所有功能块提供运行操作、管理和维护手段，它也提供 OAM 接口功能。

3. ODN 功能结构

ODN 为 ONU 和 OLT 的物理连接提供光传输媒质。ODN 的功能如图 5-22 所示。

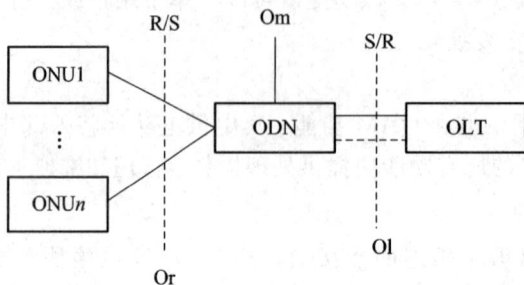

图 5-22　ODN 的功能结构

在图 5-22 中，S 和 R 为参考点，其中点 S 是紧靠 OLT 或 ONU 光发射源的活动连接器上的点，点 R 是紧靠 OLT 或 ONU 光转换器的活动连接器上的点；Or 表示 ONU 与 ODN 间的光接口；Ol 表示 OLT 和 ODN 间的光接口；Om 表示 ODN 与测试和监视设备间的光接口。

ODN 是 OAN 中极其重要的组成部分，它位于 ONU 和 OLT 之间。PON 的 ODN 全部由无源器件构成，它具有无源分配功能，其基本要求如下：

（1）为今后提供可靠的光缆设施；

（2）易于维护；

（3）具有纵向兼容性；

（4）具有可靠的网络结构；

（5）具有很大的传输容量；

（6）有效性高。

5.5.4　PON 的传输复用技术

传输技术主要完成连接 OLT 和 ONU 的功能，其连接方式可以是点到点的方式，也可以是点到多点的方式。适合 PON 的双向光纤传输复用技术主要有以下几种。

1. 空分复用（SDM）

SDM 就是双向通信的每一方向各使用一根光纤的通信方式，即所谓单工方式，其原理如图 5-23（a）所示。在 SDM 方式下，两个方向的信号在两根完全独立的光纤中传输，互不影响，传输性能最佳，系统设计也最简单，但需要一对光纤才能完成双向传输的任务，当传输距离较长时不够经济。对于 OLT 与 ONU 相距很近的应用场合，由于光纤价格的不断下降，因此 SDM 方式仍不失为一种可以考虑的双向传输方案。由于两个方向的信号传输通路是互相独立的，因而其对于光源波长没有特殊的要求，只要是在 1310 nm 波长区内即可。

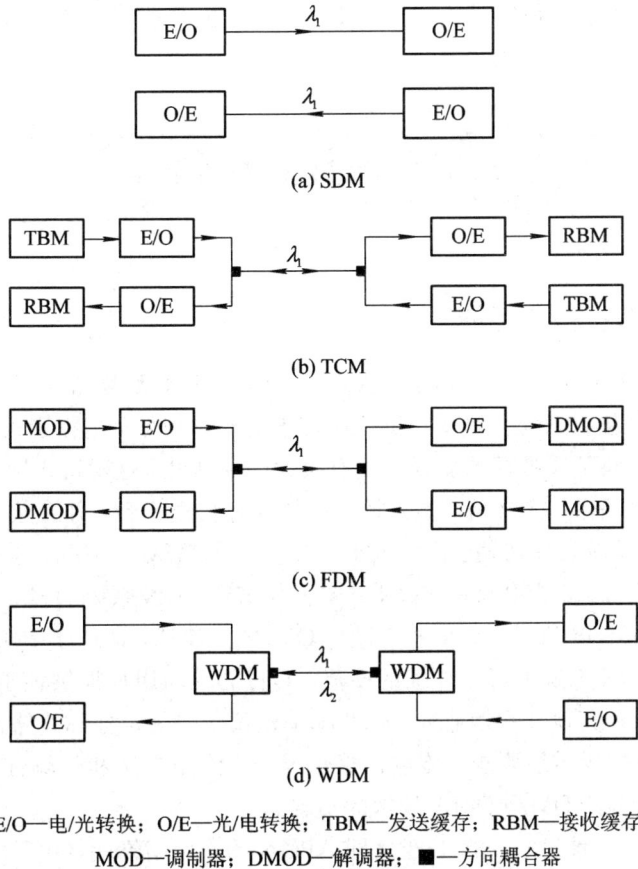

E/O—电/光转换；O/E—光/电转换；TBM—发送缓存；RBM—接收缓存；
MOD—调制器；DMOD—解调器；■—方向耦合器

图 5-23   PON 传输复用技术

2. 时间压缩复用(TCM)

TCM 方式是解决双向传输的有效手段之一。这种方法只利用一根光纤，不断交替改变传输方向，使两个方向的信号得以轮流地在同一根光纤上传输，就像打乒乓球一样，因而又称"光乒乓传输法"，如图 5-23(b)所示。每个方向传送的信息首先放在发送缓存中，然后在不同时间间隔内发送到单根光纤上，接收端收到在时间上压缩的信息，在接收缓存中解除压缩。因为在任一时刻仅有一个方向的光信号在光纤上，所以 TCM 不受端串扰的影响。

3. 频分复用(FDM)

利用 FDM 实现双向传输的原理很简单，只需将两个方向的信号分别安排在不同的频段即可。在单根光纤上的上行信号和下行信号通过调制，安排在不同的频谱位置，正在接收端解调器中的滤波器仅滤出所需的信号频谱即可，如图 5-23(c)所示。

4. 波分复用(WDM)

当光源发送功率不超过一定门限值时，光纤工作于线性传输状态。此时，不同波长的信号只要有一定的间隔，就可以在同一根光纤上独立地进行传输而不会发生相互干扰，这就是波分复用的基本原理，如图 5-23(d) 所示。对于双向传输而言，只需将两个方向的信号分别调在不同波长上即可实现单纤双向传输的目的，称为异波长双工方式。这种方式未来的升级扩容潜力很大，很容易扩展至几十个波长，但目前 WDM 器件的成本还过高，因而在传输距离不长时使用不够经济。

5.6 APON 的关键技术

5.6.1 APON 的产生及优点

在 PON 系统中采用 ATM 就成为 ATM-PON（ATM 无源光纤网），即 APON 系统。APON 系统可以使接入网充分享受 ATM 所带来的一系列好处，特别是 ATM 在实现不同业务的复用以及适应不同带宽的需要方面有很大的灵活性，这对接入网是很重要的。ATM 接入网可以为用户提供一个经济、高效的多媒体业务传送平台，并有效地利用网络资源。

在窄带 PON 系统发展初期，许多人把目光投向了 APON 系统，这是因为接入网迟早要走向宽带化，以 ATM 为基础的 PON 基本上与窄带 PON 系统的概念同时提出，中间经历了几个版本。1988 年 ITU-T 正式通过了 G.983.1 建议，即基于 PON 系统的高速光纤接入系统，对 APON 系统进行了详细的规范，其目的是为用户提供大于 2 Mb/s 接入速率的业务，包括图像和其他分配型业务。G.983.1 建议主要规定标称线路速率、光网络要求、网络分层结构、物理媒质层要求、传输汇聚层要求、测距方法和传输性能要求等，从物理层等下三层角度保证 TDM/TDMA 技术的实现。

1999 年 ITU-T 推出 C.983.2 建议即 APON 的光网络终端（ONT）管理和控制接口规范，目标是实现不同光线路终端（OLT）和光网络单元（ONU）之间的多厂商互通，规定了与协议无关的管理信息库（MIB）被管实体、OLT 和 ONU 之间的信息交互模型、ONU 管理和控制通道、协议和消息定义等。该建议主要从网络管理和信息模型上对 APON 系统进行定义，以确保不同厂商的设备可实现互操作。APON 系统的技术特点及核心是在 PON 上采用了 TDMA 方式传输 ATM 信元。在物理层上下行方向一般采用 TDM/TDMA 技术。

2001 年～2002 年，ITU-T 又通过了 G.983.3～G.983.7 等一系列建议，宽带系统中通过采用波长分配和动态带宽分配提高业务能力、ONT 管理和控制接口以及进一步提高生存能力进行了规范。

根据 G.983.1 建议我国 APON 系统的行业标准在 2000 年底通过。由于 ATM 和 PON 具有的一些固有特点，使得 APON 从一开始就占据了较高的起点，因此该方案有着巨大的优势，具体表现在：

(1) 宽带化并支持所有种类和各种比特率的业务；

(2) 能够灵活满足用户需要；

(3) 能够全动态分配带宽；

(4) 安全性高；

（5）低时延；

（6）对业务复用/解复用的全力支持。

5.6.2　APON 系统结构

APON 系统结构如图 5 - 24 所示。其中 OLT 上的每个 APON 接口可连接多达 32 个 ONU，从局端 OLT 到 ONU 传送下行信号时采用 TDM 技术，从 ONU 到 OLT 传送上行信号时采用 TDMA 技术，而在进行上行和下行信号传送时，ATM 信元均被组装在一个 APON 包中。系统采用的双向传输方式主要有两种，一种是单向双纤的空分复用方式，即采用两根光纤，分别传输上行和下行信号，工作波长限定在 1310 nm 波长区；另一种是单纤波分复用方式，即采用一根光纤，异波长双工方式传输上行和下行信号，上/下行波长分别工作在 1310 nm 波长区和 1550 nm 波长区。从成本上来看，后一种方式较为经济可行。该系统可以用光纤到 ONU，再用短的铜缆到用户，也可直接将 ONU 放在用户处，即 FTTH。

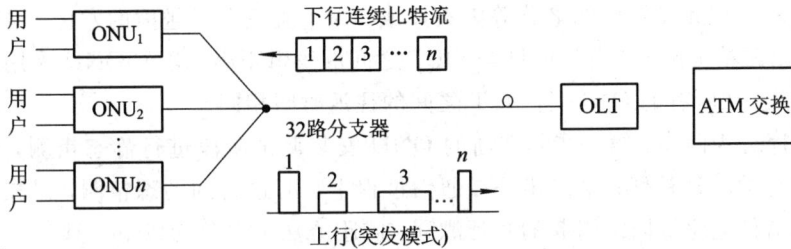

图 5 - 24　APON 系统结构

APON 可连接的业务点类型包括 PSTN/ISDN 窄带业务节点、B - ISDN 宽带业务节点、非 ATM 视频服务器（提供 VOD 业务）和非 ATM 的 IP 选路。在 ITU - T 建议 G.983 中规定：APON 中数字信号的标称比特率应该是 8 kb/s 的整数倍，其标称线路速率有两种，对称速率为 155.52 Mb/s；非对称速率为上行速率为 155.52 Mb/s，下行速率为 622.08 Mb/s。

APON 的工作原理如下：在下行方向采用点到多点的广播方式，由 ATM 交换机来的 ATM 信元先送给 OLT，OLT 将到达各个 ONU 的下行业务组装成帧，变为 155.52 Mb/s 或 622.08 Mb/s 的速率，以广播的方式用 1550 nm 波长区发送到下行信道上，各个 ONU 收到所有的下行信元后，根据信元头信息 VPI/VCI（虚通道标识/虚通路标识）从连续的信元流中取出属于自己的信元，再转换成原数据格式送给用户；在上行方向上，来自各个网络终端的用户数据由相应的 AAL 适配成 ATM 的格式，再由 ONU 将 ATM 信元装配成 APON 格式，并通过 1310 nm 波长区，以 155.52 Mb/s 的速率采用突发模式发送信元，以保证同一时刻仅有一个 ONU 发出上行信号，除去极少量的保护时隙和同步等开销，频带几乎可以全部利用。首先由 OLT 轮询各个 ONU，得到 ONU 的上行带宽要求，然后 OLT 合理分配带宽，以上行授权的形式允许 ONU 发送上行信元，即只有收到有效授权的 ONU 才有权利在上行帧中占有指定的时隙。

5.6.3　APON 系统的技术难点

采用 G.983.1 的 APON 系统下行方向以 TDM 方式工作，可使用标准 SDH 光接口，因此实现起来较容易。但是，由于 PON 的 ODN 实际上是共享传输介质，需要接入控制才能保证各个 ONU 的上行信号完整地到达 OLT。通常采用 TDMA 的上行接入控制，信号是"突发"模式，也就是说，上行信号是突发的、幅度不等的和长度也不同的脉冲串，并且间隔时间也不相同。由于采用的是突发模式，因此 APON 系统在物理层的信息传输上需要解决几个关键技术，这些关键技术主要有测距、带宽动态分配、光功率动态调整，以及多址接入、突发发射/接收和突发同步技术、媒质接入控制(MAC)等。

1. 测距

由于不同的 ONU 到 OLT 的逻辑距离各不相同，因此信元在 OLT 和不同的 ONU 之间的往返时间就不一样，若不进行控制，则各个 ONU 上发的信元在 OLT 处可能发生碰撞，使 OLT 无法正确接收。产生传输时延差异的根源有两个，一是物理距离的不同，二是由环境温度的变化和光器件的老化等因素造成。为了避免上行碰撞的发生，必须采用测距技术。通过测距精确测出各个 ONU 与 OLT 之间的逻辑距离，各个 ONU 采用不同的调整时延 T_d 使信元在所有的 ONU 与 OLT 之间的往返时间相同。

测距程序分为两步：第一步是在新的 ONU 安装调试阶段进行静态粗测，这是对物理距离差异进行的时延补偿；第二步是在通信过程中实时进行的动态精测，以校正由于环境温度变化和器件老化等因素引起的时延漂移。测距方法可以分为以下三种：

(1) 扩频法测距。在进行粗测时 OLT 向 ONU 发出一条指令，通知 ONU 发送一个特定低幅值的伪随机码，OLT 利用相关技术检测出发出指令到接收到伪随机码的时间差，并根据这个值分配给该 ONU 一个均衡时延 T_d。动态精测需要开一个小窗口，通过监测相位的变化实时调整时延值。这种测距的优点是不中断正常业务，精测时占用的通信带宽很窄，ONU 所需的缓存区较小，对业务质量(QoS)的影响不大；缺点是技术复杂，精度不高。

(2) 带外法测距。粗测时 OLT 向 ONU 发出一条测距指令，ONU 接到指令后将低频小幅度的正弦波加到激光器的偏置电流中，正弦波的初始相位是固定的。OLT 通过检测正弦波的相位值计算出环路时延，并依据此值分配给 ONU 一个均衡时延，精测时需要开一个信元大小的窗口。这种方法的优点是测距精度高，ONU 的缓存区较小；缺点是技术复杂，成本较高，测距信号是模拟信号。

(3) 带内开窗测距。这种方法的最大特点是粗测时占用通信带宽，当一个 ONU 需要测距时，OLT 命令其他 ONU 暂停发送上行业务，形成一个测距窗口供该 ONU 使用。测距 ONU 发送一个特定信号，在 OLT 处接收到这个信号后，计算出均衡时延值。在进行精测时采用实时监测上行信号，不需另外开窗。这种测距方法的优点是利用成熟的数字技术，实现简单、精度高、成本低；缺点是测距占用上行带宽，ONU 需要较大的缓存区，对业务的 QoS 影响大。因为接入网最敏感的是成本，所以 APON 应该采用带内开窗测距技术，为了克服上面提到的不足，需要采取措施减少开窗尺寸。因为开窗测距是对新加入的 ONU 进行的，该 ONU 与 OLT 之间的距离可以有一个大概的估计值，所以可以根据估计值先分配给 ONU 一个预时延，这样可以大大减少开窗尺寸。如果估计的距离精度为

2 km，那么所开窗的大小可限制在 10 个信元以内（一个上行帧为 53 个信元）。为了不中断其他 ONU 的正常通信，可以规定测距的优先级较信元传输的优先级低，这样只有在空闲带宽充足的情况下才允许静态开窗测距，使得测距仅对信元时延和信元时延变化有一定的影响，而不中断业务。

2. 带宽动态分配

由于 APON 系统在上行方向共享传输媒质，因此必须进行上行接入控制（MAC），以便在为用户提供多种业务的同时，避免不同 ONU 发送的信号在 OLT 处产生冲突，提高信道的利用率。APON 的优点在于它能提供宽带综合的接入，所以 APON 的 MAC 协议必须能够充分利用上行带宽，同时支持不同业务的 QoS 要求。对于综合业务，只有动态地分配上行带宽才能充分地利用上行带宽，要支持不同业务的 QoS 就必须对业务进行优先级的划分，所以 APON 的 MAC 协议必须具备带宽动态分配和业务信元按优先级接入的特点。如何设计一种公平、高效而又支持不同业务 QoS 的 MAC 协议是实现 APON 宽带综合接入的关键。

带宽分配算法既要考虑连接业务的性能特点和服务质量的要求，又要考虑接入控制的实时性。通常该算法分为两大类：第一类是建立连接时采用了缓冲存储，为了满足实时性的要求，很难有效地对系统资源进行统计复用，只能在业务量较大时取得较好的性能；第二类是建立连接时无缓冲存储，这既能满足实时要求又能很好地对系统资源进行统计复用，但在业务量较大时会产生信元的丢失。在 APON 系统中，其相对于主干网的业务量要小得多，一般选用第二种考虑的带宽分配算法。在 APON 上行信道中，动态分配带宽能有效地管理网络资源，使 APON 能为用户的不同类型的业务提供满足要求的连接。

3. 上行突发同步

OLT 在接收上行突发数据流时，必须用突发块中的开头几个比特迅速建立比特同步，这就是突发同步。按照 G.983 建议，突发同步可以使用 PON 开销中的前导码获得。前导码的长度自行设定，一般为 8 比特，传统同步方法的同步速度非常慢，一般在毫秒量级，而 APON 是高速传输系统，必须在极短的时间内（8 比特约为 0.05 μs）实现同步，因此必须另想办法。上行突发同步是 OLT 正确接收的前提，选择并实现一种快速的突发同步方法是开发 APON 设备的关键。

4. 上行光突发接收

由于距离和发射功率的差别，各 ONU 发射的光信号到达 OLT 时的功率也不一样，因而 OLT 在对上行信号进行数据恢复时采用的判决门限也应该不一样。对于 APON 系统，OLT 上行接收的高速突发光信号，信号速率达到 155.520 Mb/s，信号的突发性要求采用突发模式的光接收机，信号的高速特性要求光接收机能在极短的时间内建立判决阈值，而快速建立判决阈值是光接收机的技术难点。按照 G.983 建议，可以使用 PON 开销中的若干个前导比特来建立光功率接收判决阈值，该建议中没有指明建立阈值使用多少个比特，但由于其开销有限，用于建立判决阈值的比特数目也受到限制，一般不多于 4 比特。若以 4 比特计算，则光接收机必须在 25.72 ns 内建立判决阈值。

为了实现这种高速光信号的突发接收，一般使用快速充放电的峰值探测器，当新的突发块到达时，光接收模块利用突发块中前导比特的幅度信息在有效数据之前建立判决阈值。对于 APON 系统，由于光信息速率过高，很难在几个比特的时间内将峰值保持电容充到新的峰值，这是受到了器件性能的限制，不幸的是前导比特又受到限制，因此必须在前导比特数目与器件性能之间进行折中，但是，如果有条件采用 ASIC 专用芯片，那么器件的性能限制要宽松得多。

除了以上讨论的关键技术外，APON 还有安全和下行时钟同步等技术难题。为了防止盗名和信息窃取，在 APON 系统中分别使用口令认证和搅动技术，而搅动的频度选择也是一个值得探讨的问题。

5.6.4　APON 的接入控制方案及帧结构

在 APON 的前端，光纤接至宽带线路终端(B-LT)，带宽前端控制器(BHEC)负责根据系统的状态进行带宽的分配运算，然后根据计算结果通过下行信号帧传给每一个 B-LT 分配登录卡，B-LT 在下一个周期向上行方向传输与登录卡数目相应的 ATM 信元。在上行传输方向，各个 B-LT 在规定的时隙内传输与光合路器形成上游信号帧，各终端的传输顺序由其标识符(BNID)的值决定。

为了使每一帧都能利用刚收到的反向帧控制信息，选定帧长的大小为稍大于信号在 B-LT 与最远的 B-LT 间往返的传输时延和所需要的电路的协议处理时间的和。ITU-TG.PONA 规定，系统必须为光线路终端 OLT 和光网络终端之间的距离至少在 $0 \sim 5$ km 的范围内提供服务。目前大部分接入网的网径在 10 km 的范围内，光的传输速度设为 $5~\mu s/km$，预留 $25~\mu s$ 的协议处理时间，则帧周期选为 $125~\mu s$，也能够将其映射到 SDH 帧。

下面简要介绍两种帧结构：下行帧结构和上行帧结构。

1) 下行帧结构

图 5-25 所示为下行帧结构。每一个下行帧开始为两个字节(16 比特)的同步前置码，传至每个 B-NT 后，由 B-NT 进行定时提取，校正其时钟相位。帧开头为 8 比特的 NM 信号，它表明在这一帧中控制字段后的 APON 管理信元数目，NM 小于 32。位于 NM 之后的是本地接入控制段 LACF，其结构见图 5-25 中所示。其前面的 LACF 分别对应正在工作的 B-NT，后面的为未工作的终端的 LACF，留待启动后使用，故总的 LACF 数目为 32 个。在接入控制字段之后为 10 比特的帧纠错字段，用于保护帧的首字节。在 LACF 区与 FHEC 之间，如果有空余时隙，则插入空闲比特使帧头长度为 48 个，以符合 ATM 适配层 AAL3/4 协议数据单元的形式，这样采用相同的 FHEC 字段 CBC 的编码生成多项式及硬件电路就能实现对错误的检测。

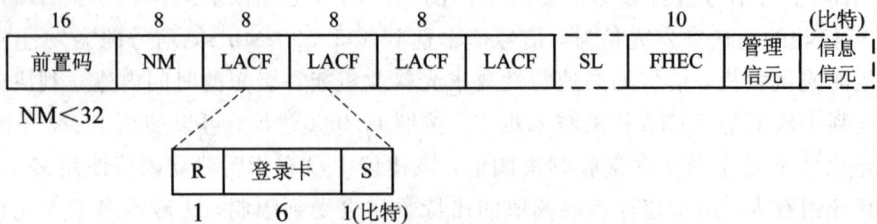

S—空余时隙；LACF—本地接入控制字段；FHEC—帧纠错字段

图 5-25　下行帧结构

送至各终端的 LACF 字段的顺序是按照各个 B‐NT 的 BNID 值从小到大排列的,这样在 LACF 中无需设定专门的标识符,各个 B‐NT 就能根据自己的 BNID 值正确提取属于自己的 LACF。LACF 中含有一个确认该 B‐NT 是否成功接收上一帧有关部分的标识比特 R,R＝1 表示这一帧有关部分是重新传输上一个下行帧中属于自己的信元。图 5‐25 中,LACF 段中的 6 个比特表示登录卡的数目,它表明该 B‐NT 在下一个上行帧中能传输的信元数目。

帧头后面为 ATM 管理信元和 ATM 信息信元。由于 ATM 管理信元不会越过 APON 的范围,因此其形式和编码由本地 APON 自行决定,以完成该 APON 的控制功能。

2) 上行帧结构

上行帧结构如图 5‐26 所示,它由三部分组成,即需求接入单元(RAU)、登录卡分配单元(TAU)和未预定的剩余接入单元(SAU)。

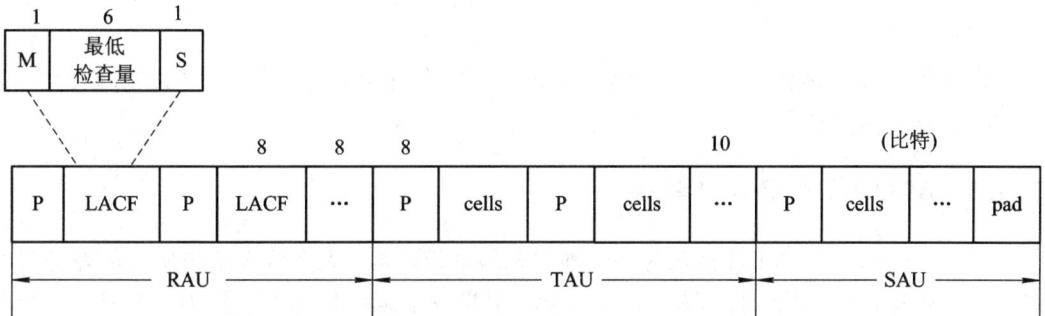

图 5‐26　上行帧结构

图 5‐26 中相关说明如下:

- RAU——需求接入单元;
- TAU——登录卡分配单元;
- M＝0——TAU 第一个信元为消息信元;
- M＝1——TAU 第一个信元为管理信元;
- SAU——未预定的剩余接入单元;
- P——同步前置码;
- S——奇偶校验比特;
- pad——填充时隙。

RAU 的数目与正在工作的 B‐NT 的数目一致,各个 B‐NT 根据自己的 BNID 值,按从小到大的顺序向上游发送 RAU。每个 RAU 由 3 个字节组成,其中的 7 个比特为控制信息。RAU 中的前面两个字节为同步前置码 P,它由防止相邻分组信号发生碰撞的 5 个比特的空余时隙和 13 个比特的关键字组成。关键字选为 13 位的巴克码("1111100110101"),在 B‐LT 接收到后用于实现快速比特同步。在 7 个控制比特中 M 表示第一个信息元是 APON 管理信元还是信息信元,后面 6 个比特的 LOQ 表示在该 B‐NT 等待发送的信元排队数目,B‐LT 根据 LOQ 值的大小分配登录卡。每个 B‐NT 的 RAU 部分的最后一个比特为奇偶校验比特。

在 RAU 区的后面为 TAU 区。对于每一个 B–NT，如果上一个下行帧中 LACF 部分分配给它的登录卡数目不为 0，那么该 B–NT 就向上游发送自己的 TAU。各 B–NT 根据自己的 BNID 值的大小，按照由小到大的顺序向 B–LT 发送，那些收到登录卡数目为 0 的 B–NT 将被跳过。每个 TAU 的开始也是两个字节的同步前置码 P，后面为 B–LT 允许该 B–NT 发送的登录卡数目一致的信息信元数。在收到上一个下游帧的控制信息后，每个 B–NT 都要记下自己上一次发送的终端允许发送的信元数目，以便确定自己的发送时间，避免在光合路器处发生阻塞。

第三部分为 SAU 区，它仅在系统负载低的情况下存在。每个 B–NT 如果在前一帧 RAU 发送阶段，其等待发送的信元排列为空排列，B–LT 没有给其分配登录卡，那么在本帧中它不能在 TAU 部分发送信元，但后来有可能有需要发送的信元到达该 B–NT，故这样的 B–NT 在有限竞争的基础上向上游发送自己的 SAU。每个 SAU 的开始部分为两个字节的同步前置码 P，后面为一个信息信元。设置 SAU 区是为了减少低负载 B–NT 的接入延迟。

APON 系统帧结构采用的线路码型为 NRZ 码，其中光信号的高电平用二进制的"1"表示，而光信号的低电平用二进制的"0"表示。

5.6.5 APON 系统的发展趋势

在 1996 年之前，ATM 被认为是一种理想的宽带技术。大多数人认为所有的业务最终都会 ATM 化，以实现 ATM 端对端的连接，用户终端也将以 ATM 作为主要技术。但是 IP 业务的迅速发展，动摇了人们对 ATM 的信心，现在没有人怀疑 IP 会成为 5 年后的主导业务，但是未来的 IP 业务是否还必须经由 ATM 层的映射则是见仁见智，运营者们有着不同的看法。有些人认为鉴于未来的骨干层面已经采用"IP over SDH"或"IP over WDM"，以后所有的 IP 业务均可直接采用"IP over SDH（WDM）"，不再需要 ATM 层作为过渡。若在接入层面不再需要 ATM 作为接入手段，则 APON 也就无用武之地，没有应用前途了。另一种观点则坚持认为 ATM 仍然会成为宽带骨干传输的整体，应继续大力建设骨干 ATM 网络，因此 APON 系统的发展前途仍会是一片光明。

从目前国际上通信系统的发展来看，大运营商们都开始建设"IP over SDH（WDM）"的传送平台，甚至包括一些一直提倡和支持 ATM 的运营商，如美国的 Sprint。在国内，除了中国网通，中国电信和中国移动也都准备建设全国范围的"IP over SDH（WDM）"网络。人们普遍认识到"IP over SDH（WDM）"将成为 IP 高速骨干传输网的主导技术，以疏导高速率数据流。但是这并不排斥 ATM 在多业务及服务质量要求高的 IP 业务环境下的应用，特别是在网络边缘多业务的汇集地区，如多业务接入网和中继器。许多北美地区的公司在采用"IP over SDH（WDM）"建设国家骨干 IP 网的同时，还采用重叠网的战略，建设可以综合接入各种业务的"IP over ATM"网络，解决多业务接入和业务质量问题。

总的来说，ATM 技术在全世界范围遭受了一定的挫折，它的适用范围被大大压缩了，但是现在还不能断定 ATM 技术行将消失，特别是在多业务环境下的接入网，它仍具有其独特的灵活性和服务质量保证，可以在单一网络上提供语音和数据等多种业务。

目前，ATM 技术受挫将会在一定程度上影响 APON 的前景，但它仍有自己的发展空间。现在日本 NTT、法国电信、美国南方贝尔和英国电信 4 家运营者联合推出 APON 的大型试验，如果该试验获得成功，那么有可能大大促进 APON 系统的商业化。由于 APON 的标准化程度高，因此可以实现大规模生产和满足较低成本的要求，根据 FSAN 集团估计：如果年产量达到 100 万单元，那么某些芯片和光器件的集成将会使其成本大幅度降低。APON 系统价格的降低有可能大大加速它的发展，在目前缺乏有效接入手段的情况下，可以快速占领市场。

对于 APON 系统，需要考虑的问题有以下三个：

(1) 经济性问题。由于接入网直接面对用户，因此必然对价格因素十分敏感。在系统设计过程中，经济性问题是一个必须考虑的问题，必须尽可能地降低系统成本，以便被用户所接受，这样才能在竞争激烈的电信市场中占有一席之地。

为了降低系统的总成本，就必须降低实现系统所需要的各种器件的成本。光器件和电器件在 APON 系统中占有重要的地位，对价格因素也非常敏感，其价格偏高是目前限制 APON 系统广泛应用的重要因素。因此，采用性价比高的光器件可以大大改善 APON 系统的经济性。将多个系统所需要的光、电器件集成在一起的高集成化程度的光电器件，与传统的基于分立技术的光、电模块相比，具有更好的性能和更低的成本，将会广泛地应用在 APON 系统中。但是目前光集成的技术还不是很成熟，大规模的应用还需要一段时间。对于 APON 系统中需要实现的各种电路功能，利用超大规模集成电路技术将多个功能集成在同一芯片上，进行大规模生产也可以大大降低系统的成本。此外，系统有些功能和协议(如 MAC 协议)的实现在保证不降低整个系统性能的前提条件下，要尽可能地简单，以便降低其实现所需要的软硬件成本。

(2) 系统容量和覆盖范围问题。在前面所提及的 APON 系统中，每个 ODN 的最大分支比为 1：32，传输的最大距离被限制在 20 km 以内，这样就限制了系统所能提供服务的用户数和整个系统所能覆盖的服务范围。当系统所面对的用户群比较密集或者要求覆盖的范围比较大时，系统就无法满足要求了。欧洲资助的 ACTSPLANET 计划中包括了一项面向未来接入的 Super PON 项目，该项目利用光放大(OA)技术，扩展了 PON 原有的覆盖范围(可以达到 100 km)，扩大了接入用户数(最大分支比可达 1：2048 个用户)，提高了传输速率(下行速率为 2.4 Gb/s，上行速率为 311 Mb/s)，给用户提供了足够的通信带宽。Super PON 技术一旦成熟并投入应用，将大大提高系统的容量和覆盖范围，进一步提高系统的市场竞争力。

(3) 系统升级问题。由于可能需要对系统进行扩容，增加新用户，因此在进行系统设计时要充分考虑这一点，采用模块化设计，并多预留端口和空闲光纤，使得系统易于升级和扩容，扩展新业务。APON 系统的最终目的是要为用户提供多种宽带多媒体业务，但在一段时间内，处于经济性的考虑及技术的不成熟，还不能做到一步到位，因此需要对其采用逐步升级的方法，例如，某系统刚开始采用 FTTC，以后随着用户的需要而逐步升级为 FTTH。此外，随着 WDM 技术的日益成熟，在 APON 系统中引入 WDM 技术可以更方便地对系统进行升级，拓展新业务。总而言之，随着通信技术和光/电集成技术等相关技术的飞速发展，APON 系统将能为用户提供经济的、可靠的、宽带的和多业务的综合接入。

通常情况下，宽带 APON 中无源光分路器的分路数小于 32，范围也只有 10 km 左右，传送速率一般为 622.82 Mb/s 或 155.52 Mb/s，这主要是受限于可供用户共享的宽带和可得到的光功率。由于骨干网的传输速率越来越快，因此要求接入网也做一些适应性的变化。未来的 PON 接入网的(也称为 Super PON，SPON)跨度将达 100 km 左右，在一个 OLT 中将可以接入多达 2000 个用户。

目前，一种可能达到这种大跨度、高分路数的方法是采用级联的无源光分路器，这将引起网络中的光功率下降，但可以通过加入光放大器来解决。

当然 SPON 的发展不会是一帆风顺的，目前它也遇到一系列问题，如光信号的再生、复用/解复用、容量限制以及 MAC 协议的制定。我们可以相信，随着电信技术的进一步发展，这些问题将会逐步得到解决。

APON 宽带接入系统发展的最终目标是可以将 ONU 放置在家庭，以形成真正的 FTTH。但在宽带业务发展的初期和中期，ONU 的成本较高，宽带业务的普及率较低，ONU 一般被设置在大楼或用户附近的交接箱，以使多个用户分摊其成本，形成 FTTC 或 FTTB。从 ONU 到用户侧利用已有的铜线双绞线，较理想的是采用 ADSL(Asymmetrical Digital Subscriber Line，非对称数字用户线)连接用户。ADSL 是目前发展最迅速的接入技术，但是由于我国的接入铜缆芯径多是 0.32 mm 和 0.4 mm，并且质量不太好，因此从交换局到用户开通 ADSL 是比较困难的，据统计我国的铜线能够开通 ADSL 的不足 30%。采用 APON 系统后，ONU 到用户的距离将大大缩短，大致在 500 m 以内，几乎 100% 都可以开通 ADSL 系统，很容易实现宽带接入，甚至可以采用相对简单的 ADSL 编码技术。许多运营者看重 APON 的一个重要原因也在于从 ONU 至用户很容易开通 ADSL 系统，有些人甚至主张采用 VDSL(Very high Digital Subscriber Line，甚高速率数字用户线)系统，实现 25 Mb/s 速率以上的下行传输。在 APON 系统中，ONU 终端应具有可以接入 ADSL 系统的接口。另外，为了容纳固定电话的接入，还必须具有 ATM 电路仿真接口，可以通过 ATM 电路仿真方式在宽带接入网中支持现有的窄带业务。

对于采用两根光纤进行双向传输的 APON 系统，有人提出下行光纤可以采用 WDM 技术传输模拟电视。1550 nm 窗口光纤损耗小，传输模拟电视时可以覆盖更大的范围，并可结合 EDFA(Erbium Dopped Fiber Amplifier，掺铒光纤放大器)的应用。但是这种网络的一个重要缺点是数字信号和模拟 CATV 信号间的串扰，特别是远端串扰。由于模拟电视和光信号的接收灵敏度相差较多，两波长的功率电平也相差较大，因此对波分复用器件的隔离度要求要严格一些。

总的来看，FTTH 结构是一种全光纤网，即从本地交换机一直到用户全部为光纤连接，中间没有任何铜缆，也没有有源电子设备，是真正全透明的网络，其主要特点如下：

(1) 由于整个用户接入网是全透明网络，因而对传输制式(如 PDH 或 SDH、数字或模拟等)、带宽、波长和传输技术没有任何限制，适合引入新业务，是一种最理想的业务透明网络，是用户接入网发展的长远目标。

(2) 由于本地交换机与用户之间没有任何有源电子设备，光网络单元安装在住宅处，因而环境条件比户外不可控制的条件将大为改善，可以采用低成本的元器件。同时，光网络单元可以本地供电，不仅供电的成本比网络远供方式降低约一个量级，而且故障率也大大减少。

(3) 只有当光纤直接通达用户，每个用户才真正有了名副其实的宽带链路，B-ISDN 的实现才有了最终的保证，采用各种波分复用或频分复用技术真正发掘光纤巨大的潜在带宽才有可能。

综上所述，一个全光纤的 FTTH 网在战略上具有十分重要的位置，然而由于种种原因目前还不能立即实现光纤到家。影响这一目标实现的因素很复杂，有系统成本的因素、业务的需求、投资的考虑、维护运行的要求、竞争的需要、政策法规的影响以及新技术的推动等。随着时间的推移，光缆和光元器件成本正在逐步下降，各种宽带业务的需求正逐步上升，以及现有的铜缆网维护运行负担的增加等因素使网络运营者将目光转向光纤网。来自同行，特别是有线电视公司的竞争压力，也迫使电话公司提前实施 FTTH 网，以便保证长远的宽带业务收入。各国电信政策法规管理的逐渐放开越来越有利于 FTTH 的实施。各种新技术(如新型环路激光器)的出现，平面光波电路(PLC)的发展，光纤放大器的问世，波分复用和频分复用以及数字集成和压缩技术的进展都在推动着 FTTH 的实现。我们可以有理由相信，在用户接入网中较大规模地引入 FTTH 的时机已不太遥远了。

5.7　EPON 技术

5.7.1　EPON 技术的概念

光纤接入从技术上可分为两大类：有源光网络(AON，Active Optical Network)和无源光网络(PON，Passive Optical Network)。无源光网络(PON)的业务透明性较好，原则上可适用于任何制式和速率的信号，由于消除了局端与客户端之间的有源设备，因此它能避免外部设备的电磁干扰和雷电影响，减少线路和外部设备的故障率，提高系统可靠性，同时可节省维护成本，在光接入网中扮演着越来越重要的角色。同时，以太网(Ethernet)技术经过二十年的发展，以其简便实用、价格低廉的特性，几乎已经完全统治了局域网，并在事实上被证明是承载 IP 数据包的最佳载体。随着 IP 业务在城域和干线传输中所占的比例不断攀升，以太网也在通过传输速率和可管理性等方面的改进，逐渐向接入网、城域网甚至骨干网渗透。以太网与 PON 的结合，便产生了以太网无源光网络(EPON)，它同时具备了以太网和 PON 的优点，正成为光接入网领域中的热门技术。

5.7.2　EPON 的基本结构

典型的 EPON 系统由光线路终端(OLT，Optical Line Terminal)、光网络单元(ONU，Optical Network Unit)和光配线网络(ODN，Optical Distribute Network)组成。其系统结构如图 5-27 所示。

OLT 一般放在中心机房，是 EPON 系统的主控中心。在网络集中和接入方面，其作用类似于一台二层交换机或三层路由器，在上行方向提供 1 G 或 10 G 的以太网接口；在下行方向提供面向无源光网络的光纤接口(1 G 或 10 G 的 PON 接口)；在统一网管方面，完成用户的 QoS/SLA 的带宽分配、网络安全和管理配置等网络管理的五大功能。

ODN 由光纤线路和无源光纤分支器(POS，Passive Optical Splitter)组成，用于连接 OLT 和 ONU 分发下行数据和集中上行数据。无源光纤分支器的部署相当灵活，几乎可以适应于所有环境。无源光纤分支器的分线率可为 2、4、8、16、32、…，并可进行多级级联。

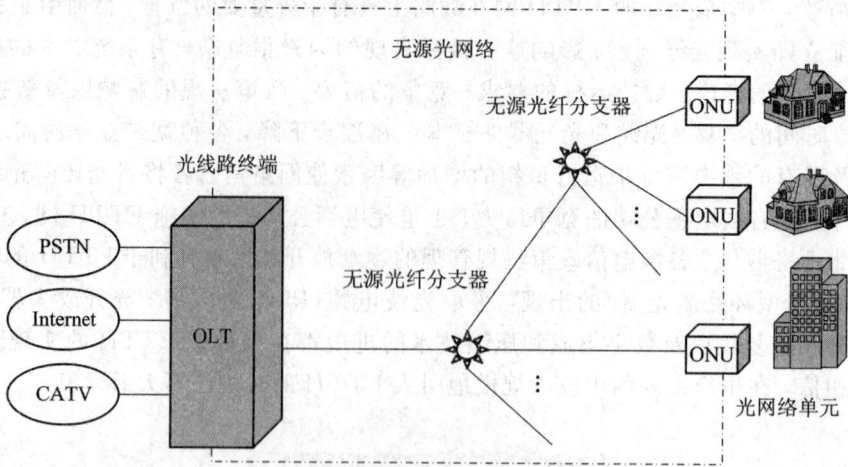

图 5-27　EPON 系统结构

ONU 放在用户侧，采用以太网协议，完成用户的接入功能。由于使用了以太网协议，因此在通信过程中，无需进行协议转换即可实现对用户数据的透明传送。

5.7.3　EPON 的传输原理

EPON 中使用单芯光纤，在一根芯上转送上、下行两个波（上行波长为 1310 nm，下行波长为 1490 nm，另外还可以在上、下行路叠加 1550 nm 的波长来传递电视信号）。在一个 EPON 中，不需任何复杂的协议，光信号就能准确地传送到最终用户，来自最终用户的数据也能被集中传送到中心网络。在物理层，EPON 使用 1000BASE 的以太 PHY，同时在 PON 的传输机制上，通过新增加的 MAC 控制命令来控制和优化各光网络单元（ONU）与光线路终端（OLT）之间的突发性数据通信和实时的 TDM 通信；在协议的第二层，EPON 采用成熟的全双工以太技术和使用 TDM，由于 ONU 在自己的时隙内发送数据报，因此它们相互间没有碰撞，不需要 CDMA/CD，从而充分利用了带宽。

1. 数据下行传输方式

EPON 下行传输原理如图 5-28 所示。数据从 OLT 到多个 ONU 以广播式下行（时分复用技术 TDM），根据 IEEE 802.3 ah 协议，每一个数据帧的帧头包含前面注册时分配的、特定 ONU 的逻辑链路标识（LLID），该标识表明该数据帧是给 ONU（ONU1、ONU2、ONU3，…，ONUn）中的唯一一个。另外，部分数据帧可以是给所有的 ONU（广播式）或者特殊的一组 ONU（组播），在图 5-28 所示的组网结构下，在分光器处，流量被分成独立的三组信号，每一组载到所有 ONU 的信号。当数据信号到达 ONU 时，ONU 根据 LLID 在物理层上作判断，接收传输给它自己的数据帧，摒弃那些传输给其他 ONU 的数据帧。ONU1 收到包 1、包 2 和包 3，但是它仅仅发送包 1 给终端用户 1，摒弃包 2 和包 3。

2. 数据上行传输方式

数据上行传输方式是采用时分多址接入技术（TDMA）分时隙给 ONU 来传输上行流量的，上行传输原理如图 5-29 所示。当 ONU 注册成功后，OLT 会根据系统的配置给 ONU 分配特定的带宽，在采用动态带宽调整时，OLT 会根据指定的带宽分配策略和各个 ONU

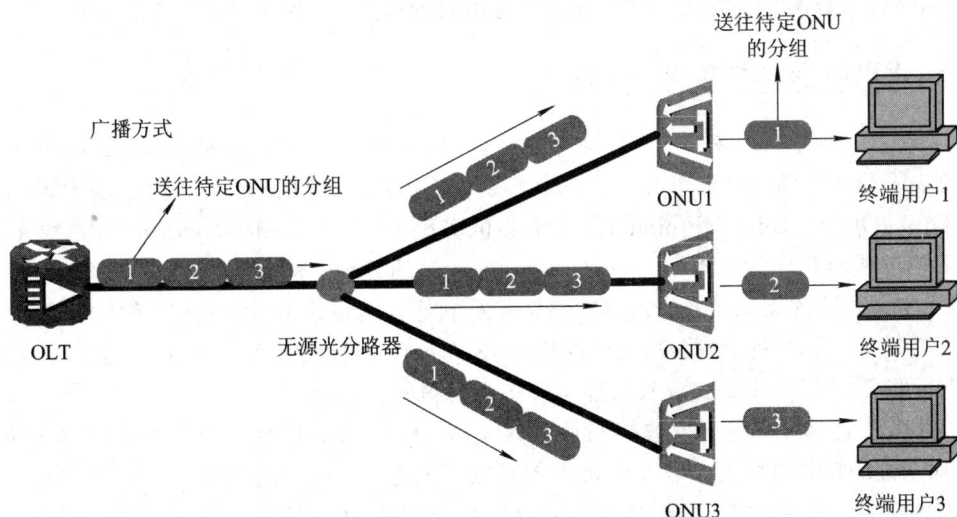

图 5 - 28　EPON 下行传输原理

的状态报告,动态地给每一个 ONU 分配带宽。带宽对于 PON 层面来说,就是有多少可以传输数据的基本时隙,每一个基本时隙的单位时间长度为 16 ns。在一个 OLT 端口(PON 端口)下面,所有的 ONU 与 OLT PON 端口之间的时钟是严格同步的,每一个 ONU 只能够在 OLT 给它分配的时刻开始,用分配给它的时隙长度传输数据。通过时隙分配和时延补偿,可确保多个 ONU 的数据信号耦合到一根光纤时,各个 ONU 的上行包不会互相干扰。

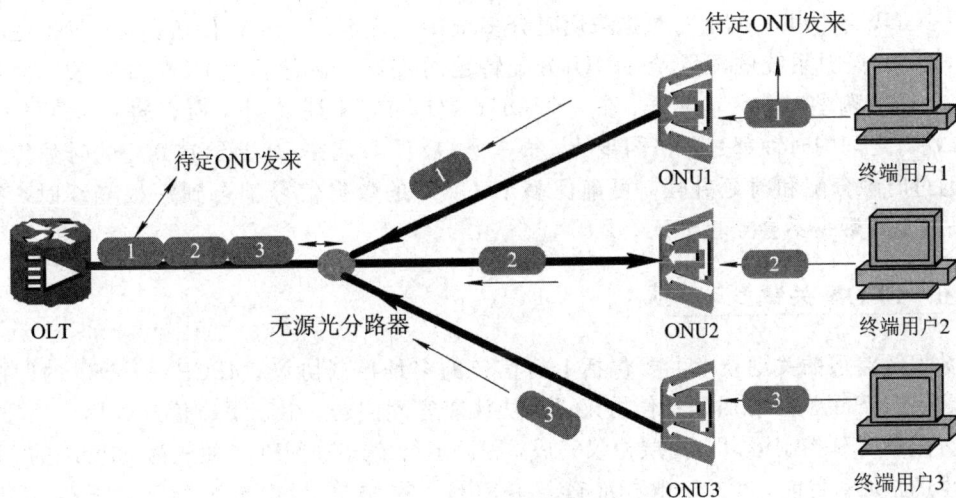

图 5 - 29　EPON 上行传输原理

5.7.4　EPON 对各种业务的支持

EPON 下行传输采用针对不同用户加密的广播传输方式共享带宽,上行方向采用 DBA (动态带宽分配)动态地为 PON 中的 ONU 分配可用上行带宽,从而支持高速 Internet 接入及语音、IPTV、TDM 专线甚至 CATV 等多业务综合的接入，并保证每个用户的 QoS。

5.7.5　EPON 层次模型及其功能

与其他 PON 技术一样，EPON 技术采用点到多点的用户网络拓扑结构，利用光纤实现数据、语音和视频的全业务接入。一个典型的 EPON 系统由 OLT、ONU 和 POS 组成。其中 OLT(Optical Line Terminal)放在中心机房；ONU(Optical Network Unit)放在用户设备端附近或与其合为一体；POS(Passive Optical Splitter)是无源光纤分支器，是一个连接 OLT 和 ONU 的无源设备，它的功能是分发下行数据并集中上行数据。EPON 中使用单芯光纤转送上、下行两个波，其上行波长为 1310 nm，下行波长为 1490 nm，另外还可以在上、下行路叠加 1550 nm 的波长来传递模拟电视信号。

从 OLT 到 ONU 的下行数据和从 ONU 到 OLT 的上行数据的传输方式是不同的。OLT 周期性的在其端口上广播允许接入的时隙等信息，未注册的 ONU 上电后，根据 OLT 广播的允许接入信息，主动发起注册请求，OLT 对 ONU 进行认证(此过程可选)，允许 ONU 接入后，并为该 ONU 分配一个唯一的(在该 OLT 端口下)逻辑链路标识(LLID)。

数据从 OLT 到 ONU 以广播方式下行(时分复用技术 TDM)，每个数据帧的帧头包含目的 ONU 的 LLID，广播或组播数据帧则填入特殊的 LLID 标志。在图 5-28 所示的组网结构下，分光器处的下行光信号被分成三组(数据内容相同，光功率不同)，每一组均到达所有的 ONU。当数据信号到达 ONU 时，ONU 通过比较自身的 LLID 与数据帧中目的 LLID 的值，若相同(或者是广播/本组组播 LLID)则接收此数据帧，否则摒弃该数据帧。如图 5-28 所示，ONU1 收到包 1、包 2 和包 3，但它仅接收包 1 并转发给终端用户 1，摒弃包 2 和包 3。

从 ONU 到 OLT 的上行数据采用时分多址接入技术(TDMA)传送。当 ONU 注册成功后，OLT 根据系统的配置给 ONU 分配特定的带宽，对应于 PON 层面来说，就是该 ONU 可以在哪些时隙传输数据。在一个 OLT 端口(PON 端口)下，所有的 ONU 与 OLT PON 端口之间的时钟都是严格同步的，每一个 ONU 只能在 OLT 给它分配的时隙传输数据。通过时隙分配和时延补偿，可确保多个 ONU 的数据信号耦合到一根光纤时，各个 ONU 的上行数据不会互相干扰。

5.7.6　EPON 关键技术

数据链路层的关键技术主要包括上行信道的多址控制协议(MPCP)、ONU 的即插即用问题、OLT 的测距和时延补偿协议以及协议兼容性问题。由于下行信道采用广播方式，带宽分配和时延控制可以由高层协议完成，因而上行信道的 MPCP 便成为 EPON 的 MAC 层技术的核心。目前，802.3 ah 标准确定在 EPON 的 MAC 层中增加 MPCP 子层。MPCP 子层的技术主要有三点：一是上行信道采用定长时隙的 TDMA 方式，但时隙的分配由 OLT 实施；二是对于 ONU 发出的以太网帧不作分割而是组合，即每个时隙可以包含若干个 802.3 标准帧，组合方式由 ONU 依据 QoS 决定；三是上行信道必须有动态带宽分配(DBA)功能来支持即插即用、服务等级协议(SLA)和 QoS。

1. DBA 技术

目前对 MAC 层争论的焦点在于 DBA 的算法及在 802.3 ah 标准中是否需要确定统一

的 DBA 算法，由于直接关系到上行信道的利用率和数据时延，因此 DBA 技术是 MAC 层技术的关键。带宽分配分为静态和动态两种，其中静态带宽由打开的窗口尺寸决定，而动态带宽则根据 ONU 的需要由 OLT 分配。TDMA 方式的最大缺点是其带宽利用率较低，采用 DBA 可以提高上行带宽的利用率，在带宽相同的情况下可以承载更多的终端用户，从而降低用户的成本。另外，DBA 所具有的灵活性为进行服务水平协商（SLA）提供了很好的实现途径。

2. 系统同步技术

因为 EPON 中的各 ONU 接入系统采用时分方式，所以 OLT 和 ONU 在开始通信之前必须达到同步，这样才会保证信息的正确传输。要使整个系统达到同步，就必须有一个共同的参考时钟，在 EPON 中以 OLT 时钟为参考时钟，各个 ONU 时钟和 OLT 时钟同步。OLT 周期性的广播发送同步信息给各个 ONU，使其调整自己的时钟来保持同步。EPON 同步的要求是在某一 ONU 的时刻 T（ONU 时钟）发送的信息比特，OLT 必须在时刻 T（OLT 时钟）接收它。在 EPON 中，由于各个 ONU 到 OLT 的距离不同，因此传输时延也各不相同，若要达到系统同步，则 ONU 的时钟必须比 OLT 的时钟有一个时间提前量，这个时间提前量就是上行传输时延，也就是如果 OLT 在时刻 0 发送一个比特，那么 ONU 必须在它的时刻 RTT（往返传输时延）接收。RTT 等于下行传输时延加上上行传输时延的和，这个 RTT 的值必须知道并传递给 ONU。获得 RTT 的过程即为测距（ranging）。

3. 测距（ranging）技术

由于 EPON 的上行信道采用 TDMA 方式，多点接入导致各个 ONU 数据帧的时延不同，因此必须引入测距和时延补偿技术以防止数据的时域碰撞，并支持 ONU 的即插即用。准确测量各个 ONU 到 OLT 的距离，并精确调整 ONU 的发送时延，可以减小 ONU 发送窗口间的间隔，从而提高上行信道的利用率并减小时延。另外，测距过程应充分考虑整个 EPON 的配置情况，例如，若系统正在工作时加入新的 ONU，则此时的测距就不应对其他 ONU 有太大的影响。EPON 的测距由 OLT 通过时间标记（Timestamp）在监测 ONU 的即插即用同时发起和完成。RTT 时延补偿技术在 OLT 侧进行时延补偿，发送给 ONU 的授权反映出由于 RTT 补偿的到达时间。例如，如果 OLT 在 T 时刻接收数据，OLT 发送包括时隙开始的 GATE＝T－RTT。在时戳和开始时间之间所定义的最小时延，实际上就是允许处理时间；在时戳和开始时间之间所定义的最大时延，就是保持网络同步。

5.8　GPON 技术

5.8.1　GPON 技术的概念

GPON（Gigabit-Capable PON）最早由 FSAN 组织于 2002 年 9 月提出，ITU－T 在此基础上于 2003 年 3 月完成了 ITU－TG.984.1 和 G.984.2 的制定，2004 年 2～6 月完成了 G.984.3 的标准化，从而最终形成了 GPON 的标准族。GPON 解决方案的基本特性是吉比特高速率、高效率和支持多业务透明传输，同时提供明确的服务质量保证和服务级别，以及电信级的网络监测和业务管理。由 IUT－T 提出的一种灵活的宽带光纤接入技术，是一种在性能上与已有的 PON 技术相比有较大进步的 PON 技术。

5.8.2　GPON 的系统结构

与其他无源光网络 PON 系统一样，GPON 系统也是由三部分组成：位于局端的 OLT（光线路终端）、位于用户端的 ONU（光网络单元）以及连接 OLT 与 ONU 的光分配网络 ODN。无源是指 ODN 中没有任何有源电子设备，全部由光分路器等无源器件组成，GPON 系统的网络体系结构如图 5 - 30 所示。

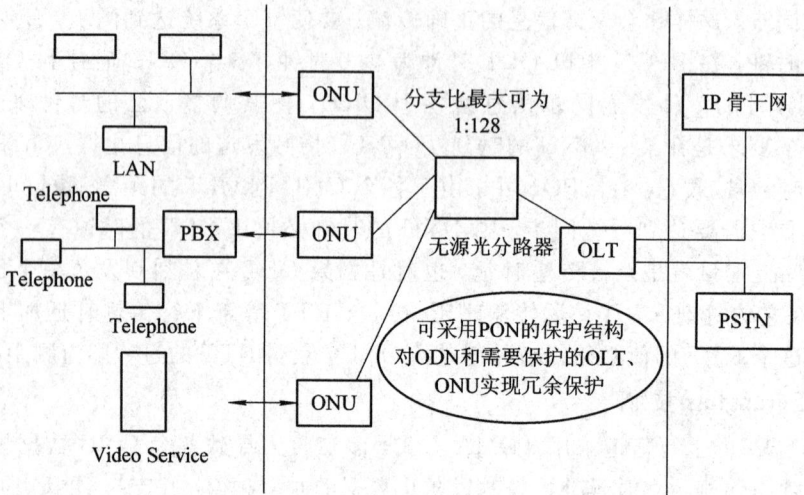

图 5 - 30　GPON 系统的网络体系结构

OLT 位于局端的中心机房，向上提供广域网接口，多网数据在此汇合；向下连接到一个或多个 ODN，对 ODN 可提供 1.244 Gb/s 或 2.488 Gb/s 的光纤接口，具有集中带宽分配、控制光分配网络、实时监控和运行维护管理无源光网络系统的功能。ODN 为 OLT 和 ONU 提供光纤传输手段，是一个连接 OLT 和 ONU 的无源设备，由无源光分路器和无源光合路器组成，它的功能是分发下行数据和集中上行数据。ONU 为接入网提供用户侧的接口，向其提供语音、数据和视频等多业务流。

5.8.3　GPON 帧结构

G984.3 为 GPON 定义了一个全新的传输汇聚层（TC），TC 层是 GPON 系统中的核心部分，GPON 的技术优势主要体现在 TC 层，而 TC 成帧子层所完成的是 TC 层中最关键的功能，所以，TC 成帧子层功能实现的优劣决定了整个 GPON 系统的实现程度，TC 层最大的特点就是引入了全新的成帧协议：GEM 成帧。

1. 下行帧

GPON 下行帧的帧结构如图 5 - 31 所示。GPON 下行帧的时间周期为 125 μs，因此下行速率为 1.244 Gb/s 和 2.488 Gb/s 的 GPON 系统中每一帧的帧长分别是 19 940 个字节和 38 880 个字节。下行帧由 PCBd 域和 Payload 域组成，其中 PCBd 域是物理控制块，

Payload 是净荷域。不论 GPON 采用哪种下行速率,PCBd 域的长度都是一样的,所不同的仅是净荷域的长度。

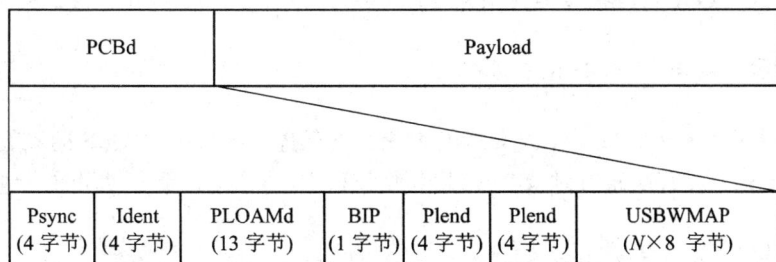

图 5-31　GPON 下行帧

在下行方向,OLT 以广播方式发送 PCBd 域消息,每个 ONU 均收到此消息,并采取相应的操作,从图 5-31 可以看到,PCBd 域由七个子域组成:

(1) Psync 域:4 个字节,32 位长,这 4 个字节是固定的,其值为 oxB6AB3lEO,是为了实现下行帧同步的,这个子域是下行帧中唯一不被加扰的部分。这部分内容的具体分析将在后续章节进行介绍。

(2) Ident 域:4 个字节,第一位用于指示是否采用 FEC,即前向纠错;第二位是保留位,其作用有待研究;后 30 位为超频计数器,每发送一帧,这个计数器的数值就加 1,超过最大值后重新清 0 计数,其作用是标识用户数据加密的起始时间。

(3) PLOAMd 域:13 个字节,用于携带 PLOAM 信息。

(4) BIP 域:用于对一个 BIP 域和其前一个 BIP 域之间的数据进行间插奇偶校验。它在发送端生成,在接收端进行校验。

(5) Plend 域:指示下行净荷长度,为了保证其健壮性而进行 2 次传输。

(6) USBWMAP 域:$N \times 8$ 个字节,与带宽的分配有关。

这六个子域可以再次细分成更小的子域,来规定下行传输中具体的行为。值得注意的是,在 PLOAMd 域、Plend 域以及 USBWMAP 域中,都有 CRC 校验子域,在 GPON 中,CRC 校验使用的是 CRC-8 校验。而 GPON 下行帧的净荷域由 ATM 块和 GEM 块组成,其中 ATM 块位于净荷的开头部分,包括一定数量的 ATM 信元,其长度由 Plend 中的 Alend 子域指示,为 53 个字节的整数倍。另外,对信元定界没有严格的要求,但必须确保信元头中 HEC 字节的校验,ONU 根据每个信元所携带的 VPI 值接收属于自己的下行信息。GEM 块包含任意数量的 GEM 帧,ONU 根据每个帧所携带的 12 比特的 Port-ID 接收属于自己的下行信息。

2. 上行帧

GPON 上行帧的结构如图 5-32 所示。在各种速率下,GPON 上行帧和下行帧的时间周期都相同,均为 125 μs。

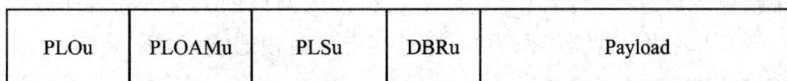

图 5-32　GTCTC 上行帧

当 ONU 上行数据时，需要 OLT 对其进行授权，在授权允许的时间段内 ONU 上行数据，在上行的数据中，除了用户数据外，在 oLTBWMAP 中的 Flag 域中指示了每次授权时间内是否传送 PLOu(上行物理层开销)、PLOAMu、PLSu 以及 DBRu 这四种上行开销。

5.8.4　GPON 对各种业务的支持

EPON 对于传输传统 TDM 的支持能力相对比较差，容易引起 QoS 的问题。而 GPON 特有的封装形式，使其能很好地支持 ATM 业务和 IP 业务，做到了真正的全业务。

5.8.5　GPON 关键技术

1. 用户信息的安全性

无源光网络(PON)系统是点到多点结构的共享媒质网络，在下行方向上，所有数据都是从 OLT 以广播方式传送到各个 ONU 的，只有符合目的地址的用户才能读取对应的数据，这就带来了用户信息的安全性和保密性的问题。由于下行数据的传输是广播式的，因此用户在物理上可以收到 OLT 发向其他用户的信息，而恶意用户就有可能在某个下路点"听"到下行帧(和上行帧、或上行帧)的信息。为了保障高层信息的安全，需要在传输汇聚(TC)层引入安全加密机制。

2. GPON 系统的测距及时延调整技术

在 GPON 系统中，不同的 ONU 到 OLT 的距离是不相等的，上行信号到达 OLT 的时延也就不相同，为了防止来自不同 ONU 的上行数据发生碰撞，需要对各个 ONU 进行测距，测量各个 ONU 到 OLT 之间的传输距离，并确定各个 ONU 在开始上传数据之前应该调节的电路时延量，以保证各个 ONU 的上行信号在 OLT 处不会发生碰撞。测距的目的是补偿因为 ONU 与 OLT 之间距离不等或其他原因所引起的传输时延差异，使所有的 ONU 与 OLT 的逻辑距离看起来是相同的。产生传输时延差异的原因有两种：一种是物理位置的不同，另一种是环境温度变化和光器件老化等。测距过程可以分为粗测距、静态精测距和动态精测距三个子过程。当网络中没有通信发生时，执行粗测距和静态精测距过程；而动态精测距过程是连续进行的，以克服由内部和外部(如器件老化、温度变化等)引起的时延变化。同时，由于测距过程的精度有限，因此需要在连续的突发数据之间预留一段保护时间。

ITU-T 建议 G984.3 规定 GPON 系统中的 ONU 有两种可能的安装方法，一种是 ONU 的序列号由网络操作系统在 OLT 处注册；另一种是通过自动检测机制检测 ONU 的序列号(或唯一的软件编号)。同时，ONU 的测距有两种可能的启动方法，一是当网络运营者知道有一个新的 ONU 连入系统中时使测距过程开始，测距完成(或超时)后自动停止；二是周期性地启动测距过程，检查是否有新的 ONU 连入网络。查询频率可通过编程的方法确定，以便在网络操作系统指挥下测距窗口可以间隔若干毫秒或若干秒打开。

此外，在系统运行过程中，OLT 还需对已经连入网络的 ONU 进行连续检测，观察其时延漂移(由于器件老化、温漂等原因)，超过一定值时便通知 ONU 调整。

3. 快速突发同步技术

PON 系统上行为多点对一点的 TDM 通信方式。PON 的测距机制保证不同 ONU 发送的数据在 OLT 端不会相互碰撞，但是测距精度有限，一般为几比特，OLT 端接收到的数据流为近似连续的数据流，不同 ONU 发送的时隙之间有几个比特的保护时间，不同 ONU 发送的时隙之间有相位突变，因此，必须在数据到达的前几个比特内实现快速突发比特同步。

突发同步方式主要有关键字检测法和门控振荡器法，以及模拟方式实现突发同步的方法。其中关键字检测法的基本原理是用多相时钟对突发时隙的前导码分别进行抽样判决，然后对各路数据与关键字相关比较，选择相关性最好的时钟作为同步的比特时钟。

4. GPON 的媒质接入控制技术

通过一个公共信道或媒质，使网络中所有用户都能访问的网络叫共享媒质网络。在共享媒质网络中，为了防止不同用户发出的数据发生碰撞，需要有媒质接入控制（MAC）协议来控制用户数据的接入。在 ITU－T G984.3 中规定了与 APON 和 EPON 完全不同的带宽控制机制，如图 5－33 所示。光线路终端 OLT 在下行物理控制块（PCBd）的上行带宽映射（USBWMAP）域中传递一种指针信息，指示相应的光网络单元 ONU 开始和结束发送数据的时间（上行带宽映射区结构如图 5－34 所示）。

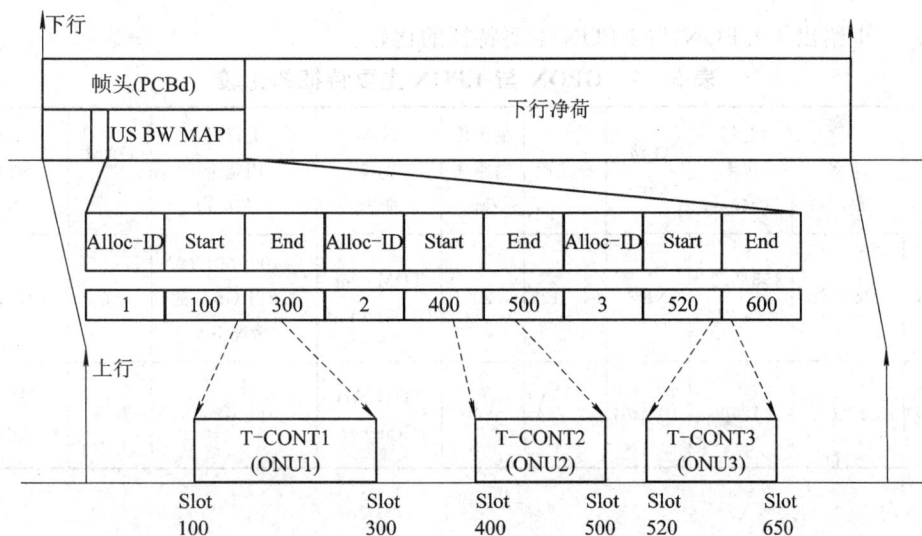

图 5－33　媒质接入控制概念（以每个 ONU 支持一个 TCONT 为例）

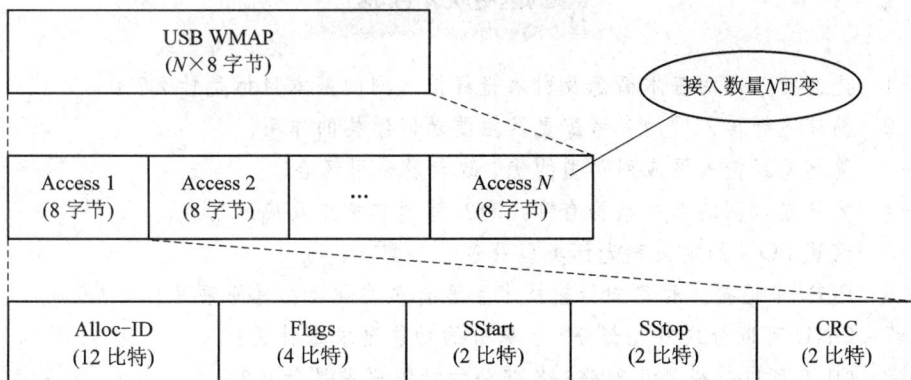

图 5－34　媒质接入控制概念（以每个 ONU 支持一个为例）

采用这种方法，在任何时间内只有一个 ONU 能够接入媒质，在正常状态下没有数据的碰撞。指针以字节为单位，允许 OLT 以 64 kb/s 的颗粒度对媒质进行高效的动态带宽控制。一些 OLT 的应用可以选择以更大的颗粒设置指针和时隙大小，通过动态的带宽颗粒度设置和带宽分配达到更好的带宽分配控制。

如图 5-34 所示，上行带宽映射（USBWMAP）域由 N 个 8 字节长的接入控制结构组成，N 代表可以在一帧时间内接入媒质的带宽请求的总量。Alloc-ID、开始发送指针（SStart）和结束发送指针（SStop）携带着接入控制功能的主要信息，其中 Alloc-ID 携带的信息指明被许可发送数据的 ONU 的具体业务队列，SStart 和 SStop 指明在下一帧的时间中 ONU 发送数据的开始时刻和结束时刻，若以字节表示，2 个字节的长度限定了上行帧的长度最大值为 38 880 个字节，这对于最大速率为 2488 Mb/s 的上行帧（38 880 字节/帧）而言已经足够了。ITU-T G984.3 定义了新的带宽分配规则，但没有定义采用何种方式实现这种控制机制，这还需要进一步研究。

5.8.6 GPON 与 EPON 的比较

表 5-1 给出了 GPON 与 EPON 主要特征的比较。

表 5-1 GPON 与 EPON 主要特征的比较

参数	下行速率/(Mb/s)	上行速率/(Mb/s)	线路编码	分路比	最大传输距离/km	TDM支持能力	上行可用宽带/(Mb/s)	OAM功能	下行数据加宽
GPON	1224/2448	155/622/1224/2446	NRZ	64~128	20	TDM over GEM/ATM	1100(在上行1.244 Gb/s的情况下)	强	AES 加密
EPON	1250	1250	8B/10B	32~64	20	TDM over Etherner	160~860	具备	没定义可采用 AES

习题与思考题

5-1 光纤接入网的基本概念及引入光纤接入网的基本目标是什么？

5-2 简述光纤接入网的参考配置及主要功能结构的作用。

5-3 简述光纤接入网应用类型的优、缺点及适用场合。

5-4 光纤接入网的拓扑结构有哪几种？简述其特点及应用场合。

5-5 试述 PON 的定义和光纤类型及波长分配。

5-6 PON 多址接入和双向传输技术主要有哪些种类？其原理是什么？

5-7 ONU 可以分成哪几部分？各部分的功能要求是什么？

5-8 OLT 可以分成哪几部分？各部分的功能要求是什么？

5-9 PON 系统保护的方式有几种？简要说明原理。

5-10　什么是 APON? 试述其系统结构和工作原理。

5-11　APON 的帧结构是什么? 在 APON 中 622.08 Mb/s 下行帧共有多少时隙? 其中包含多少个 PLOAM 单元?

5-12　APON 包含哪些关键技术?

5-13　APON 测距的目的是什么? 测距的程序和方法分别是什么?

5-14　简述 EPON 的基本概念及传输原理。

5-15　简述 EPON 的层次模型及功能。

5-16　简述 GPON 的基本概念及系统结构。

5-17　GPON 的关键技术有哪些?

第6章　城域光网络

☞随着对业务的需求量不断增长和光纤通信技术逐渐向用户侧推进，城域网的地位就显得日益重要。城域网的概念来源于数据通信，根据网络所覆盖的地理范围可将其分为局域网、城域网和广域网。如今，城域网泛指运营商在城域范围内以光传输技术为开放平台，通过各类网关和业务节点实现语音、数据、多媒体、IP接入和各种增值业务与长途网和PSTN互通的本地综合业务网络。

本章首先阐述城域网的概念、城域网的业务和特点以及城域网的层次结构，最后重点介绍光城域网的关键技术：多业务传送平台技术（MSTP）、弹性分组环（RPR）技术以及DWDM/CWDM技术。

6.1　城域网概述

6.1.1　城域网的概念

随着数据通信的发展，根据网络所覆盖地理范围的大小，网络被分为局域网、城域网和广域网。第一个可以称为城域网标准的是1990年IEEE规范的802.6体系，它是一种覆盖城域范围的分布式排队双总线结构的计算机网络。

6.1.2　城域网的业务及特点

相对于广域网和局域网，城域网有其自身的特色。城域网是一种主要面向企事业用户的，最大可覆盖城市及其郊区范围的，可提供丰富业务和支持多种通信协议的公用网。城域网具有以下三个特征：

（1）城域网覆盖的区域比局域网的大、比广域网的小，典型的城域网覆盖范围为50 km～150 km；

（2）城域网可连接多个局域网；

（3）城域网通常覆盖整个城区及城郊。

6.1.3　城域网的层次结构

如图6-1所示，一个完整的城域网在垂直方向上由城域传送网、城域承载网、城域业务/应用网及支撑网（如信令网、同步网、管理及用户支撑系统）组成。城域传送网和城域承载网共同构成了整个城域网的基础承载平台。城域业务/应用网是整个城域网各种业务和应用的提供平台，由具体的业务与应用系统组成，如城域会议电视网、城域 IP 电话网和城域远程教育网等。目前大家经常提及的城域网通常是指由城域传送网和城域分组承载网共同构成的基础承载平台。城域传送网、城域承载网在水平方向一般可分为核心网、汇聚网和接入网等。对于中小规模的城域网，可以将其简化为两层：核心层和汇聚层（汇聚层与接入层综合在一起）。

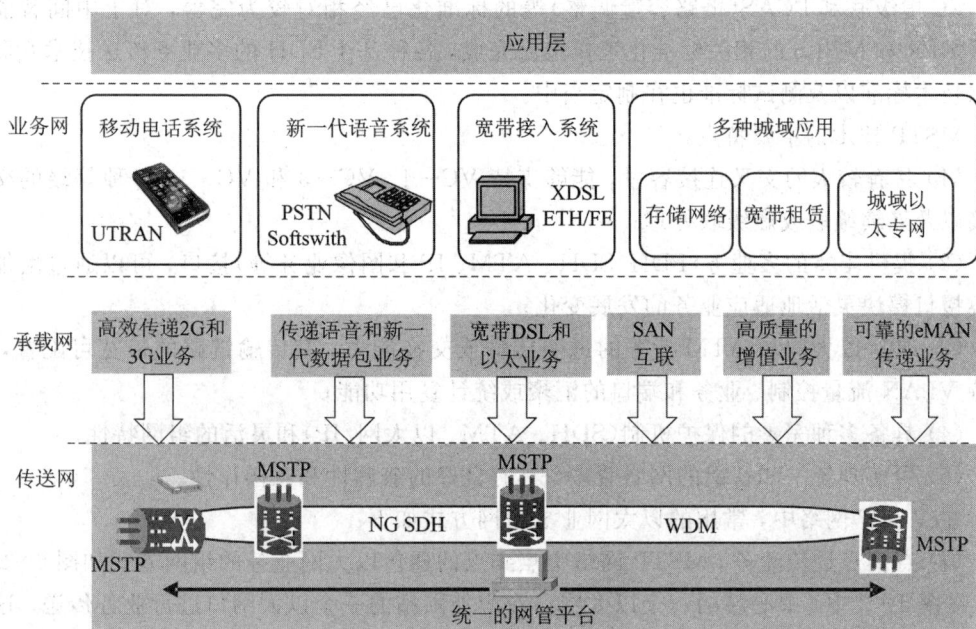

图 6-1　城域网结构

对于城域传送网来说，它的主要作用是为城域承载网提供可靠的数据专线。城域承载网完成业务信息元的交换或路由，将业务信息元从源端送达目的端。

6.2　光城域网技术

光城域网技术可分为多业务传送平台（MSTP）技术、弹性分组环（RPR）技术和DWDM/CWDM 技术，下面将分别对它们进行介绍。

6.2.1　多业务传送平台技术

为了适应城域网多业务的需求，SDH 从单纯支持传输速率分别为 2 Mb/s 和 155 Mb/s等语音业务接口向支持以太网业务和 ATM 业务等多业务接口发展，将多种不同的业务通过 VC 或者 VC 级联的方式映射到 SDH 时隙中进行处理。尽管以太网业务能在 SDH 上透明传输，但映射效率却非常低。而且，当以太网端口没有业务量时，链路将处于空闲状态，这将造成 SDH 的带宽的巨大浪费。另外，SDH 的保护机制需要有一半的带宽容量在热备份模式下工作，在正常操作状态下，这些带宽不能用来承载业务，因而，这种保护技术较适用于固定速率的持续型业务，而不是一种很有效的保护以太网数据业务的方法。

基于 SDH 的多业务传送平台技术(MSTP)是对传统 SDH 技术的继承和发展，MSTP 的引入不但可以充分利用现有丰富的 SDH 网络资源，借鉴 SDH 系统多年的网络运维和管理经验，完全兼容目前大量应用的 TDM 业务，还可以实现以太网和 ATM 等多种业务的综合传送和接入，满足日益增长的数据业务需求。

MSTP 技术的标准化是从 2002 年开始的，当前 MSTP 中涉及的关键技术如 GFP 封装、VC 虚级联和 LCAS(链路容量调整)等的标准化已经相对较为完善，对于中间智能适配层 RPR 和 MPLS 的相关标准化工作也已完成，各种基于 SDH 的多业务传送技术互联互通的技术标准以及测试标准也在制定当中。

MSTP 技术的主要特点：

(1) 具有较大的交叉连接容量，能够支持 VC-4、VC-3 和 VC-12 各种等级的交叉连接以及连续级联或虚级联处理；

(2) 提供丰富的多业务(PDH/SDH、ATM、IP 和图像业务等)接口，可以通过增加或更换接口模块灵活地适应业务的发展变化；

(3) 具有以太网和 ATM 业务的透明传输或交换能力，其传输链路的带宽可配置，并支持 VLAN 流量控制、业务和端口的汇聚或统计复用功能；

(4) 具备多种完善的保护机制(SDH、ATM、以太网/IP)和灵活的组网特性；

(5) 可实现统一和智能的网络管理，具有良好的兼容性和互操作性。

在 MSTP 网络中，常用的以太网业务组网方式如下：

(1) 点到点透传业务。MSTP 网络中点到点的透传以太网业务的组网方式如图 6-2 所示。在图 6-2 中，中心站的一个以太网口对应外围站的一个以太网口进行业务传送。这种组网方式是电力通信网中前期使用较多的方式，其优点是能够保证带宽，安全性相对较高，组网简单，维护方便；缺点是浪费中心站设备的端口。由于电力系统绝大部分的业务都属于集中型业务，因此组网时中心站所需要的以太网板卡较多，在外围站点和业务种类多的情况下，中心站的以太网板及设备槽位的容量较难完全满足全网规划的要求。

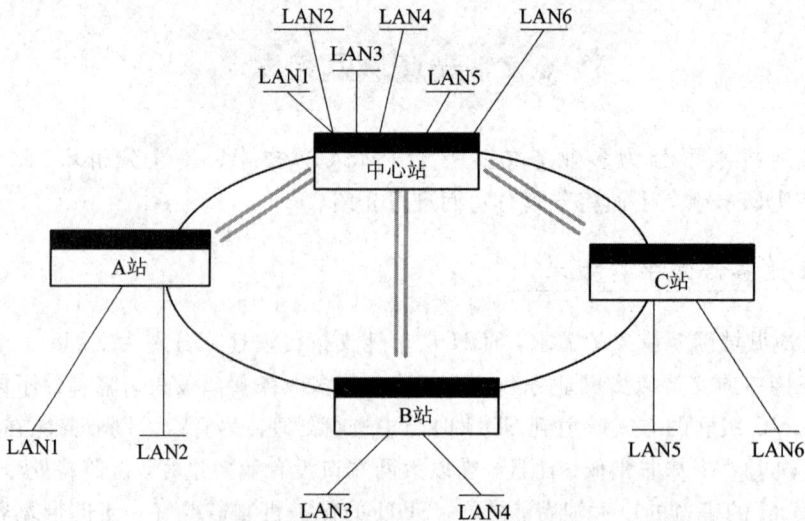

图 6-2　点到点透传以太网业务组网方式

（2）点到多点汇聚业务。MSTP 网络中点到多点汇聚以太网业务的组网方式如图 6-3 所示。在图 6-3 中，中心站的一个以太网口与几个或几十个外围站的以太网口进行通信，这种方式保证了通道带宽的需要，同时按照这种方式建网后，中心站以太网板卡数量将大大减少，不但降低了成本，而且还减少了中心站的以太网出线，降低了故障率。这种组网方式便于不同种类业务分类统一的规划端口，但中心站传输设备的以太网板需要支持二层交换或在中心站增加二层交换机。

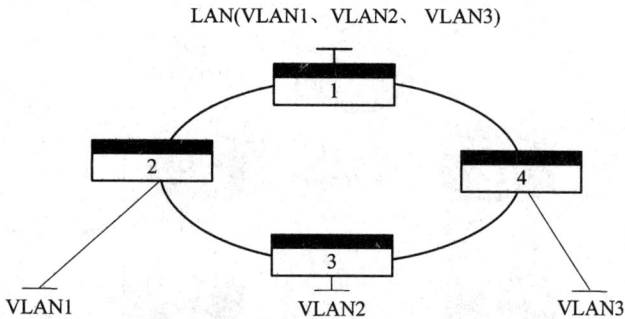

图 6-3　点到多点汇聚以太网业务组网方式

SDH 多业务平台的缺点在于网络基于同步工作，对抖动要求严格，设备的成本高；难以灵活地生成业务；用固定时隙支持数据业务的带宽利用率较低，目前数据业务功能不够灵活丰富。从本质上看，由于 MSTP 只是在 SDH 的层面上增加了附加层，因此决定了其只能是一种过渡技术。从长远看，当数据业务成为网络的绝对主导业务类型后，基于 SDH 的多业务平台解决方案不是一种最有效的方法，它将会被更有效的方案所取代。

6.2.2　弹性分组环技术

1. 弹性分组环的提出

弹性分组环（RPR）技术来源于 Cisco 公司 2000 年提出的 DPT 城域网解决方案，DPT 可以使 Cisco 公司的吉比特交换路由器（GSR）在组网时共享同一带宽，并具有完善的保护倒换能力，可以达到电信级运营的要求。随后，Nortel 公司基于自己设备的特点提出了 IPT 解决方案与 Cisco 公司抗衡。新兴的 Luninous 公司也推出了具有自己特色的解决方案 RPT。这些方案虽然基本思路相似，但具体的实现方法却有很大的不同，包括在环上传输的包的封装结构、带宽共享控制协议、保护倒换协议和 QoS 策略等。RPR 技术集 IP 的智能化、以太网的经济性以及光纤环网的高带宽效率和可靠性于一体，为宽带 IP 城域网运营商提供了一个良好的组网方案。RPR 技术使得运营商在城域网内以低成本提供电信级的服务成为可能，在提供类似 SDH 级网络可靠性的同时还降低了传送费用。

RPR 有别于传统的 MAC，它最吸引人的特点是具有电信级的可靠性，使其不仅仅只是局限于处理面向数据的业务传送需求，同时可以形成处理多业务传送的综合传输解决方案。可以这样说，RPR 是 IP 技术与光网络技术直接融合的产物，它源于客户对 IP 业务发展的需求，顺应最新的技术潮流，为 IP 城域网的建设带来了一套低成本、高品质的解决方案。

2. 协议分层和拓扑结构

RPR 为双环拓扑结构,如图 6-4 所示,其双环都能够传送数据,双环的数据传送方向相反。每个 RPR 节点(station)都采用了一个以太网中用到的 48 位 MAC 地址作为地址标识,从 RPR 节点设备链路层来看,其两对收发的物理光接口只是一个链路层接口;从网络层来看,也只需要分配一个接口 IP 地址。两个相邻 RPR 节点之间的链路称为段(span),多个连续的段和其上的节点构成域(domain)。

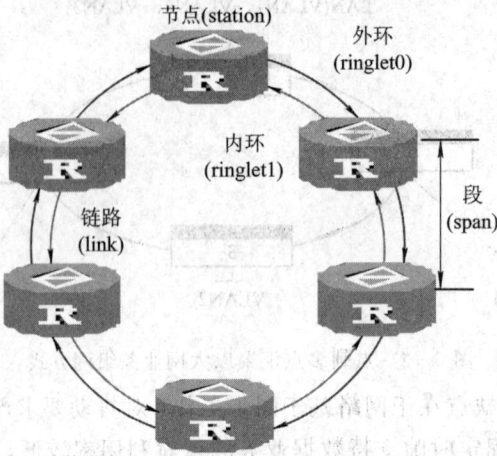

图 6-4　弹性分组环双环拓扑结构

RPR 的分层参考模型遵守开放系统互联(OSI)结构,并对其进行了适当修改以适应 RPR 的特殊需要,如图 6-5 所示。

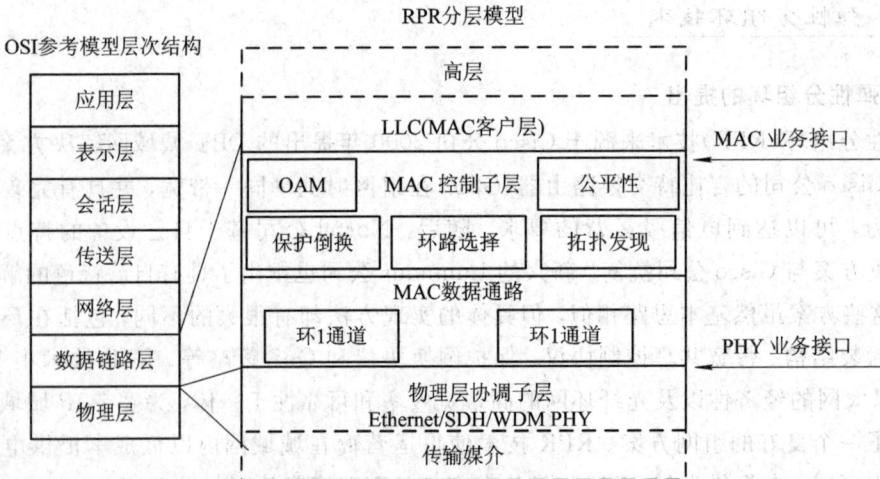

图 6-5　RPR 协议层次模型

RPR 协议参考模型包括物理层(PHY)技术和数据链路层技术。对于 RPR 节点来说,数据链路层技术中的 MAC 实体是最为关键的部分,MAC 实体一方面需要与上层进行数据和控制的交换,另一方面还要很好地与各种物理接口配合协同工作。

RPR 的 MAC 实体中包含一个 MAC 控制子层和两个 MAC 数据通路子层,其中两个

MAC 数据通路分别负责内环和外环的数据交换，MAC 控制实体从这两个数据通道中收、发数据帧，并且通过 MAC 业务接口与 MAC 客户端之间进行控制和数据的交互；MAC 控制子层包含数据和控制两个平面的功能，包括公平控制、保护倒换拓扑发现、子环选择、运行管理维护以及数据封装/拆封等重要功能。MAC 数据通路与各子环数据传送直接挂钩，包括四个方面的功能：

(1) 流量整形，使其能够有序地进入共享的环介质。

(2) 在源节点时，数据帧进行调度发送；在过环节点时，数据帧要排队。

(3) 接收数据判决，要选择数据帧递送到本地客户端或控制子层。

(4) 要选择数据帧从环上剔除。

物理层协调子层负责处理 MAC 层数据到物理层的映射，RPR 支持现有的 SDH、以太网、DWDM 等物理层标准。

3. 帧格式

RPR 帧分为数据帧和控制帧，如图 6-6 所示。RPR 帧格式中除了环控制(包括基本环控制和扩展环控制)字节体现 RPR 特色外，其余的字段与以太帧的格式类似。在环控制字节中包含了众多的控制内容，如环路标记信息、公平带宽分配选项、帧类型、业务级别、故障切换方式和广播标志等，提供了主动的性能监测和故障监测等功能，充分保证环操作的丰富、灵活和高效，满足运营网络对环网技术的高标准要求。一般情况下，RPR 帧的最大传送长度(MTU)为 1616 字节，超长帧为 9216 字节。

TTL(1字节)
基本环控制(1字节)
目的MAC地址(6字节)
源MAC地址(6字节)
TTL基数(1字节)
扩展环控制(1字节)
HEX(2字节)
协议类型(2字节)
数据(N字节)
FCS(4字节)

图 6-6 RPR 帧格式

6.2.3 DWDM/CWDM 技术

城域波分技术是波分复用技术在城域范围内的应用。WDM 技术解决了两个重要问题：光纤短缺和多业务的透明传输。它对信号具有透明性，可以直接对从不同设备出来的信号不进行速率和帧结构调整而直接进行透明传输，这给用户，特别是租用波长的用户以最大的灵活性。

波分复用技术主要分为密集波分复用(DWMD)和粗波分复用(CWMD)两种类型。区分 DWDM 和 CWDM 的主要参数是在同一根光纤中传输的不同波长之间的间距。DWDM 系统的波长间距一般为 200 GHz(1.6 nm)、100 GHz(0.8 nm)或 50 GHz(0.4 nm)，而城域网系统由于传输距离近(小于 100 km)，可以采用 CWDM 技术，它对单模光纤的传输衰减要求不高，也不需要使用光纤放大器，因此可以使用 1200 mn～1700 mn 的宽窗口，将相邻波长间隔放宽到 20 nm。

1. DWDM 原理概述及基本结构

DWDM 技术是利用单模光纤的带宽以及低损耗的特性，采用多个波长作为载波，允许各载波信道在光纤内同时传输。

与通用的单信道系统相比，密集 WDM——DWDM 不仅极大地提高了网络系统的通信容量，充分利用了光纤的带宽，而且它具有扩容简单和性能可靠等诸多优点，特别是它可以直接接入多种业务更使得它的应用前景十分光明。

在模拟载波通信系统中，为了充分利用电缆的带宽资源，提高系统的传输容量，通常利用频分复用的方法，即在同一根电缆中同时传输若干个信道的信号，接收端根据各载波频率的不同利用带通滤波器滤出每一个信道的信号。

同样，在光纤通信系统中也可以采用光的频分复用的方法来提高系统的传输容量。事实上，这样的复用方法在光纤通信系统中是非常有效的。与模拟的载波通信系统中的频分复用不同的是，在光纤通信系统中是用光波作为信号的载波，根据每一个信道光波的频率（或波长）不同将光纤的低损耗窗口划分成若干个信道，从而在一根光纤中实现多路光信号的复用传输。

由于目前一些光器件（如带宽很窄的滤光器、相干光源等）还不很成熟，因此，要实现光信道非常密集的光频分复用（相干光通信技术）是很困难的，但基于目前的器件水平，已可以实现相隔光信道的频分复用。人们通常把光信道间隔较大（甚至在光纤不同窗口上）的复用称为光波分复用（WDM），再把在同一窗口中信道间隔较小的 DWDM 称为密集波分复用（DWDM）。随着科技的进步，现代的技术已经能够实现波长间隔为纳米级的复用，甚至可以实现波长间隔为零点几个纳米级的复用，只是在器件的技术要求上更加严格而已，因此把波长间隔较小的 8 个波、16 个波、32 个波乃至更多个波长的复用称为 DWDM。

DWDM 系统的构成及光谱示意图如图 6-7 所示。DWDM 系统包括光发射机、光中继放大、光接收机、光监控信道和网络管理系统。发送端的光发射机发出波长不同而精度和稳定度满足一定要求的光信号，经过光波长复用器复用在一起送入掺铒光纤功率放大器（掺铒光纤放大器主要用来弥补合波器引起的功率损失和提高光信号的发送功率），再将放大后的多路光信号送入光纤传输，中间可以根据情况有或没有光线路放大器，到达接收端经光前置放大器（主要用于提高接收灵敏度，以便延长传输距离）放大以后，送入光波长分波器分解出原来的各路光信号。

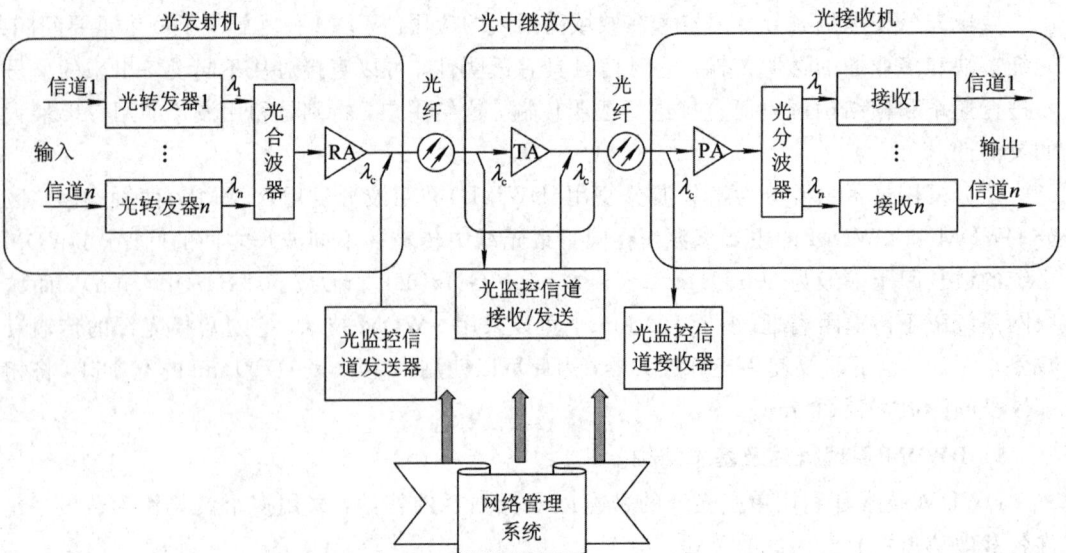

图 6-7　DWDM 系统的构成及光谱示意图

2. DWDM 关键技术

1）光源

光源的作用是产生激光，它是组成 DWDM 系统的重要器件，目前应用于 DWDM 系统的光源是半导体激光器 LD(Laser Diode)。

DWDM 系统的工作波长较为密集，一般波长间隔为几个纳米到零点几个纳米，这就要求激光器工作在一个标准波长上，并且具有很好的稳定性；另外，DWDM 系统的无电再生中继长度从单个 SDH 系统传输 50 km～60 km 增加到 500 km～600 km，在延长传输系统的色散受限距离的同时，为了克服光纤的非线性效应(如受激布里渊散射效应(SBS)、受激拉曼散射效应(SRS)、自相位调制效应(SPM)、交叉相位调制效应(XPM)、调制的不稳定性以及四波混频(FWM)效应等)，要求 DWDM 系统的光源要使用技术更为先进、性能更为优越的激光器。

总之，DWDM 系统的光源有两个突出的特点：比较大的色散容纳值和标准而稳定的波长。

2）掺铒光纤光放大器(EDFA)

掺铒光纤放大器(EDFA，Erbium Doped Fiber Amplifier)作为新一代光通信系统的关键部件，具有增益高、输出功率大、工作光学带宽较宽、与偏振无关、噪声指数较低、放大特性与系统比特率和数据格式无关等优点，它是大容量 DWDM 系统中必不可少的关键部件。

3）DWDM 器件

在 DWDM 系统中，DWDM 器件分为合波器和分波器两种，如图 6-7 所示。合波器的主要作用是将多个信号波长合在一根光纤中传输；分波器的主要作用是将在一根光纤中传输的多个波长的信号分离。DWDM 系统性能好坏的关键是 DWDM 器件，其要求是复用信道数量要足够多、插入损耗小、串音衰耗大和通带范围宽等。从原理上讲，合波器与分波器是相同的，只需要变换一下输入、输出的方向。DWDM 系统中使用的 DWDM 器件的性能满足 ITU-T G.671 及相关建议的要求。

DWDM 器件有多种制造方法，所制造的器件各有特点，目前已广泛商用的 DWDM 器件有四类：干涉滤光器型、光纤耦合器型、光栅型和列阵波导光栅(AWG)型。

3. DWDM 的应用形式

DWDM 通常有两种应用形式：开放式 DWDM 和集成式 DWDM。

开放式 DWDM 系统的特点是对复用终端光接口没有特别的要求，只要这些接口符合 ITU-T G.957 建议的光接口标准即可。DWDM 系统采用波长转换技术，将复用终端的光信号转换成指定的波长，不同终端设备的光信号转换成不同的符合 ITU-T 建议的波长，然后进行合波。

集成式 DWDM 系统没有采用波长转换技术，它要求复用终端的光信号的波长符合 DWDM 系统的规范，不同的复用终端设备发送不同的符合 ITU-T 建议的波长，这样他们在接入光合波器时就能占据不同的通道，从而完成合波。

根据工程的需要可以选用不同的应用形式，在实际应用中，开放式 DWDM 和集成式 DWDM 可以混合起来使用。

4. DWDM 的优越性

光纤的容量是极其巨大的，而传统的光纤通信系统都是在一根光纤中传输一路光信号，这样的方法实际上只使用了光纤丰富带宽的很少一部分。为了充分利用光纤的巨大带宽资源，增加光纤的传输容量，以 DWDM 技术为核心的新一代的光纤通信技术已经产生。DWDM 技术具有如下特点：

（1）超大容量。目前使用的普通光纤可传输的带宽是很宽的，但其利用率还很低。使用 DWDM 技术可以使一根光纤的传输容量比单波长的传输容量增加几倍、几十倍乃至几百倍。最近日本 NEC 已经在实验室实现了 132×20 Gb/s 的 DWDM 系统，其传输距离为 120 km，总带宽为 35 nm（从 1529 nm～1564 nm），信道间隔 33 GHz，可以传输 4000 万路电话。

（2）对数据率"透明"。由于 DWDM 系统按光波长的不同进行复用和解复用，而与信号的速率和电调制方式无关，即对数据是"透明"的，因此可以传输特性完全不同的信号，完成各种电信号的综合和分离，包括数字信号和模拟信号，以及 PDH 信号和 SDH 信号的综合和分离。

（3）系统升级时能最大限度地保护已有投资。在网络扩充和发展中，无须对光缆线路进行改造，只需更换光发射机和光接收机即可实现，是理想的扩容手段，也是引入宽带业务（如 CATV、HDTV 和 B-ISDN 等）的方便手段，而且利用增加一个附加波长即可引入任意想要的新业务或新容量。

（4）高度的组网灵活性、经济性和可靠性。利用 DWDM 技术构成的新型通信网络比用传统的电时分复用技术组成的网络在结构上大大简化了，而且网络层次分明，各种业务的调度只需调整相应光信号的波长即可实现。由于网络结构简化、层次分明以及业务调度方便，因此网络的灵活性、经济性和可靠性是显而易见的。

（5）可兼容全光交换。可以预见，在未来可望实现的全光网络中，各种电信业务的上/下、交叉连接等都是通过对光信号波长的改变和调整来实现的。因此，DWDM 技术将是实现全光网的关键技术之一，而且 DWDM 系统能与未来的全光网兼容，将来可能会在已经建成的 DWDM 系统的基础上实现透明的、具有高度生存性的全光网络。

习题与思考题

6-1　城域网的基本概念是什么？城域网的网络结构是什么？

6-2　光城域网技术有哪几种？

6-3　什么是 MSTP 技术？

6-4　什么是弹性分组环 RPR 技术？

6-5　简述 DWDM/CWDM 技术。

第 7 章 光交换及智能光网络

　　🖙多年以前，人们就提出了构建全光网络的设想。全光网络是一个完全建立在光域上的，信息采集、处理、放大、存储、传输、交换和恢复全过程光学化的理想光子网络。尽管现在全光网络的概念依然存在，但是人们心目中的全光网络已不是原来理想化的那个狭义的全光网络了，而是被广义化了的全光网络。目前，全光网络是指在网络中光信息流的传输和交换过程是以光的形式存在和完成的，而电子技术在其中仍然发挥着极其重要的作用，例如用电子电路实现控制等的网络。广义化的全光网络实际上是一个由光学技术与电子学技术相结合的网络。必须指出的是，在广义化的全光网络中，光学技术是主体，电子学技术只是辅助，这是有别于传统的由 O/E 和 E/O 变换所构成的光电结合网络的。

　　全光网络具有如下优点：

　　(1) 提供巨大的带宽。

　　(2) 与无线或铜线比，处理速度高且误码率低。

　　(3) 采用光路交换的全光网络具有协议透明性，即对信号形式无限制，允许采用不同的速率和协议，有利于网络应用的灵活性。

　　(4) 全光网络中采用了较多无源光器件，省去了庞大的光—电—光转换的工作量及设备，提高了网络整体的交换速度，降低了成本并有利于提高其可靠性。

　　全光网络主要由核心网、城域网和接入网三层组成，三者的基本结构相类似，其网络结构主要有星型网、总线网和树型网三种基本类型。全光网络的相关技术主要包括光交换光路由(全光交换)、光交叉连接、全光中继、光分插复用和光波分复用等技术。本章介绍的重点是光交换技术问题。

7.1 光交换技术概述

7.1.1 光交换的必要性

　　光交换技术是全光网络的核心技术之一，它的出现较好地解决了高速光通信网络受限于电子交换技术速率不高的问题，这是因为目前商用光通信系统的速率已经高达几十吉兆比特每秒(采用 WDM 技术)，实验室的速率已突破太比特每秒大关。但是电子交换机的端口速率一般仅为几兆比特每秒至几十兆比特每秒，为了充分利用光通信系统巨大带宽资源，人们只好将许多端口的低速信号复用起来，这就要求在网络的众多节点中进行频繁的复用/解复用、光/电和电/光转换，增加了设备的成本和复杂性，另外，如此低的端口速率也无法满足宽带业务的需求。采用 ATM 技术可以缓解这一矛盾，它可以提供 155 Mb/s 的端口速率(或更高)，但电子线路的极限速率只有 20 Gb/s 左右，仅采用电子系统进行交换不可能突破这一极限速率所形成的"瓶颈"。举例来讲，在一个有 150 个节点的网络中，若每个节点有 40 万条接入线，而每条接入线的信息量达 622 Mb/s，则节点中交换网络的容量必须达到 24 818 Tb/s，即使负载信息量仅为 40%，交换网络的容量也必须达到 99.52 Tb/s。这么大的业务量，靠电子交换机显然是不能胜任的，只能利用光交换节点来解决。

7.1.2 光交换的定义与特点

光交换技术是指不经过任何光/电转换，在光域直接将输入光信号交换到不同的输出端的技术。光交换系统主要由输入模块(接口)、光交换模块(矩阵)、输出模块(接口)和控制模块(单元)四部分组成，如图 7-1 所示。

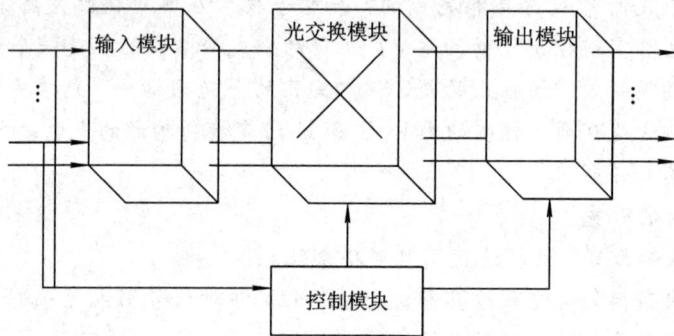

图 7-1 光交换系统组成

由于目前光逻辑器件的功能还较简单，不能完成控制部分复杂的逻辑处理功能，因此国际上现有的光交换的控制单元还要由电信号来完成，即所谓的电控光交换，在控制单元的输入端进行光/电转换，而在输出端完成电/光转换。随着光器件技术的发展，光交换技术的最终发展趋势将是光控光交换。

7.1.3 光交换技术的分类

目前实现光交换有两种基本方案，如图 7-2 所示。

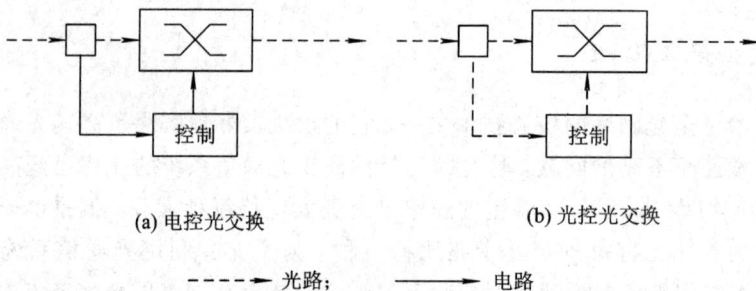

(a) 电控光交换   (b) 光控光交换

----→ 光路;   ——→ 电路

图 7-2 光交换的方案

图 7-2(a)所示属于"电控光交换"，图 7-2(b)所示才可称为真正的光交换，即控制信号和被控制信号都是光信号，是将来要实现的目标，这需要等待直到光随机存取存储器、逻辑和控制等技术变得成熟为止。而目前所面临的困难是纯光器件不是消耗功率太大，就是同电子器件相比其速度太慢，或者两者都有。

1. 光的复用方式分类

在光交换网络中，来自用户或支路的信号通常会在交换或传输时进行复用或去复用转换，同电信号的复用或去复用技术相似，光的复用可以是空间域、时间域和波长(频率)域的复用，也可以是它们的综合复用。

1) 空分复用(SDM)

空分复用(SDM)是指在光网络中每条信道都用自己的物理通道，在大多数的通信情况下，这样用显得过于浪费。如果线路是由网络用户之间共享的话，那么就可更好地利用现有的网络资源。所以空分复用通常与其他复用方式结合起来，使每条线路中有更多的通道，可以有多条信道在同时使用。

2) 时分复用(TDM)

时分复用(TDM)是把链路上的传输按时间分成许多帧(一般 $125\ \mu s$/每帧)，每帧里又依次分成许多时隙，一个传输通道由每帧内的一个时隙所组成。

TDM 有一个缺点，即它们都各自以固定份额组成通道。当容量不够时，这些分配好的资源无法再扩容，而当容量富裕时又有些浪费。每个通道的带宽和容量通常决定于系统的设计，例如，欧洲电话网是建立在以下带宽的数字通道结构上的：64 kb/s、2 kb/s、8 Mb/s、32 Mb/s 和 140 Mb/s(PDH 的速率等级 E0～E4)及 155 Mb/s、622 Mb/s 和 2.5 Gb/s(SDH 的速率等级 STM-1、STM-4 和 STM-16)。

3) 波分复用(WDM)

波分复用(WDM)是将一条链路上的光学频带分成固定的、不重叠的许多谱带。每条这样的谱带内都有一个波长，可以用特殊的、与其他通道的设置无关的码速和传输技术传输信号，这被认为是"码速率和码元格式透明"。

2. 光交换的分类

与电子交换一样，光交换技术可以分为光路交换(OCS，Optical Circuit Switching)方式和光分组交换方式(OPS，Optical Packet Switching) 两大类，如图 7-3 所示。

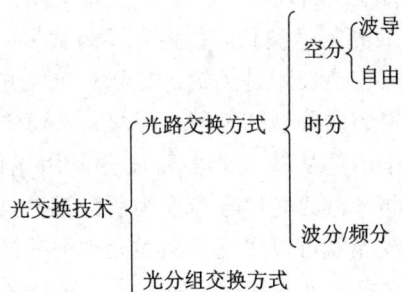

图 7-3　光交换技术的分类

光路交换方式又可分为三种交换形式，即空分、时分和波分/频分光交换形式，以及这些交换形式的组合形式。其中空分交换按光矩阵开关所使用的技术又分成两类，一类是采用波导技术的波导空分，另一类是使用自由空间光传播技术的自由空间光交换。在光分组交换方式中，光交换技术分为光分组交换（OPS，Optical Packet Switching）、光突发交换（OBS，Optical Burst Switching）和光标签分组交换（OMPLS，Optical Multi-Protocol Label Switching）。

1) 光路交换

光路换类似于电路交换技术，采用 OXC、OADM 等光器件设置光通路，中间节点不需要使用光缓存。目前对 OCS 的研究已经较为成熟，根据交换对象的不同，OCS 又可以分为时分光交换方式的光路交换和光波分交换技术等。

（1）时分光交换方式的光路交换。时分光交换方式的原理与电子学中时分交换的原理基本相同，只不过它是在光域里实现时隙互换而完成交换的，因此，它能够和时分多路复用的光传输系统匹配。时分光交换系统采用光器件或光电器件作为时隙交换器，通过光读/写门对光存储器的受控有序读/写操作完成交换动作。由于时分光交换可按时分复用各个光器件，因此能够减少硬件设备，构成大容量的光交换机。因为时分光交换系统能很好地与光传输系统配合构成全光网，所以时分光交换技术的研究和开发进展很快，其交换速率几乎每年提高 1 倍，目前已研制出几种时分光交换系统。例如，1985 年日本 NEC 成功地实现了 256 Mb/s(4 路 64 Mb/s)彩色图像编码信号的光时分交换系统，它采用 1×4 铌酸锂定向耦合器矩阵开关作选通器，双稳态激光二极管作存储器(开关速度 1 Gb/s)，两者组成单级交换模块。而在 20 世纪 90 年代初又推出了 512 Mb/s 试验系统。

时分交换可以按比特交换，也可以按字交换，每个字由若干比特组成。在时分光交换系统中，各信道的数据速率相互有关，且与网络的开关速度有关，特别是按比特交换时，开关速率等于数据速率。因为时分交换的系统必须知道各信道的比特率，所以需要有光控制电路的高速存储器、光比特同步器和复接/分接器。发展光时分交换的关键在于实现高速光逻辑器件。

（2）波分光交换技术。波分光交换技术是指光信号在网络节点中不经过光/电转换而直接将所携带的信息从一个波长转移到另一个波长上。

在光时分复用系统中，可采用光信号时隙互换的方法实现交换，而在光波分复用系统中，则可采用光波长互换（或光波长转换）的方法来实现交换。光波长互换的实现是通过从光波分复用信号中检出所需的光信号波长，并将它调制到另一光波长上去进行传输。在波分光交换系统中，精确的波长互换技术是关键。波分光交换方式能充分利用光路的宽带特性，获得电子线路所不能实现的波分型交换网。可调波长滤波器和波长变换器是实现波分光交换的基本元件，前者的作用是从输入的多路波分复用光信号中选出所需波长的光信号；后者则将可变波长滤波器选出的光信号变换为所需要的波长后输出。用分布反馈型和分布布喇格反射型的半导体激光器可以实现这两类元件的功能。

目前，所用的波长转换方式主要还是有源的方式，图 7-4 所示是一种波长转换装置的原理图。考虑到光学晶体在特定条件下能够改变光波频率的现象，也许不久的将来，一种无源的光波长变换实用化装置就会诞生，它能够在光域内实现宽频带的光波长变换。如果这一设想能够成为现实，那么将会给波长光交换带来广阔的应用空间。

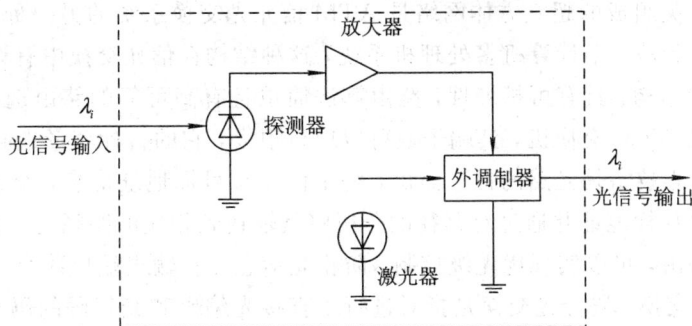

图 7 - 4　光波长转换装置原理图

（3）空分光交换技术。空分光交换技术（Space Optical Switch）根据需要在两个或多个点之间建立物理通道，这个通道可以是光波导，也可以是自由空间的波束，信息交换通过改变传输路径来完成。

空分光交换的基本原理是将光交换节点组成可控的门阵列开关，通过控制交换节点的状态可实现使输入端的任一信道与输出端的任一信道连接或断开，完成光信号的交换。简言之，空分光交换是使按空间顺序排列的各路信息进入空分交换阵列后，交换阵列节点根据信令对信号的空间位置进行重新排列，然后输出，从而完成交换。空分光交换的交换过程是在光波导中完成的，有时也称为光波导交换。空分光交换的交换节点可由机械、电、光、声、磁、热等方式进行控制，就目前情况而言，机械式控制光节点技术是比较成熟和可靠的空分光交换节点技术。图 7-5 是一个由 4 个 1×2 光交换器件组成的 2×2 光交换节点原理图。

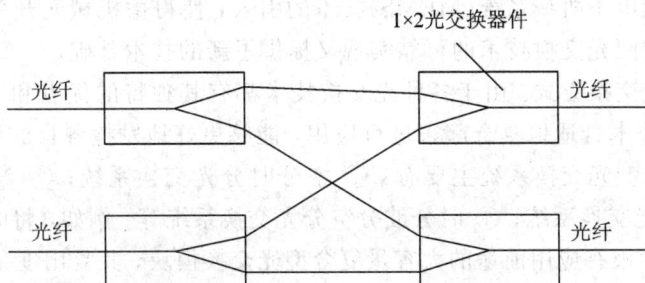

图 7 - 5　2×2 光交换节点原理图

（4）光 ATM 交换方式。光 ATM 交换是以 ATM 信元为交换对象的技术，它引入了分组交换的概念，即每个交换周期处理的不是单个比特的信号，而是一组信息。光 ATM 交换技术已用在时分交换系统中，是最有希望成为吞吐量达太比特每秒量级的光交换系统。

目前，光 ATM 交换系统主要运用了光宽带的特性，它有两种结构：一是采用广播选择方式的超短脉冲星型网络；二是采用光矩阵开关的超立方体网络。采用广播和选择方式的超短光脉冲星型网络为基础的光 ATM 交换系统，具有结构简单、可靠性高和成本较低等特点，它有多个输入和受输出缓存器控制的输出通道，并由调制器、信元编码器、星型耦合器、信元选择器、信元缓存器以及信元检测器等部分组成。

由光矩阵开关组成的超立方体网络是 ATM 信元光交换系统的另一种结构。所谓超立方体网络，实际上是一个计算机多处理机系统，这种结构在信元交换中有许多优点，例如，采用了模块化的结构，具有可扩展性，路由算法简单且有高可靠的路由选择性等。采用超立方体网络的光 ATM 交换机，其端子数可以取得很大，它的目标容量指向 10 Tb/s。

光 ATM 核心技术是光路的自选路由，每个信元有目标地址信息，交换控制系统能自动地识别出这个目标地址并通过对路径的分析将其输送到相应的路径上去。采用空间光调制器的光自选路由，可以实现优先级控制，防止光信息元在输出端口冲突。

(5) 码分光交换。码分光交换是指对进行了直接光编码和光解码的码分复用光信号在光域内进行交换的方法。所谓码分复用，就是靠不同的编码来区分各路原始信号；而码分光交换是由具有光编/解码功能的光交换器将输入的某一种编码的光信号变成另一种编码的光信号进行输出，由此来达到其交换的目的。随着光码分复用（OCDMA）技术的发展，码分光交换技术必将得到迅速的发展和应用。

(6) 自由空间光交换方式。自由空间光交换可以看做是一种空分光交换，它是通过在空间无干涉地控制光的路径来实现的。由于自由空间光交换方式的构成比较简单，有时只需移动棱镜或透镜即可实现该交换，因此它是较早出现的光交换技术。它与空分光交换的不同在于：在自由空间光交换网络中，光是通过在自由空间或均匀材料中传播而到达目标的；而空分光交换中光的传播是完全在波导进行的。与空分光交换相比，因为自由空间光交换利用的是光束互连，适合做三维高密度组合，即使光束相互交叉，也不会相互影响，所以比较容易构成大规模的交换系统。

典型的自由空间光交换是由二维光偏振控制的交换阵列或开关门器件组成的。另外，使用全息光交换技术可以构成大规模的自由空间光交换系统，且无需多级连接。最近，基于 Si2IC 技术的微电子机械系统（MEMS）技术的引入，使得微机械光开关技术迅速地走向实用化，为自由空间光交换技术的可靠实现又提供了新的技术基础。

(7) 复合型光交换方式。由于各种光交换技术都有其独特的优点和不同的适应性，因此将几种光交换技术合适地复合起来进行应用，能够更好地发挥各自的优势，以满足实际应用的需要。复合型光交换系统主要有：① 空分时分光交换系统；② 波分空分光交换系统；③ 频分时分光交换系统；④ 时分波分空分光交换系统等。例如，将时分和波分技术合起来可以得到一种极有应用前途的大容量复合型光交换模块，其复用度是时分多路复用度与波分复用度的乘积。如果它们的复用度分别为 8，那么可实现 64 路的时分 2 波分复合型交换，将此种交换模块用于 4 级链路连接的网络，可以构成最大终端数为 4096 的大容量交换网络。

目前常用的光路交换有空分交换、时分交换和波分交换，我们将在后续各节中重点介绍。

2）光分组交换

未来的光网络要求支持多粒度的业务，其中小粒度的业务是运营商的主要业务，业务的多样性使得用户对带宽有不同的需求，OCS 在光子层面的最小交换单元是整条波长通道上数吉比特每秒的流量，很难按照用户的需求灵活地进行带宽的动态分配和资源的统计复用，所以光分组交换应运而生。

光分组交换系统根据对控制包头处理及交换粒度的不同，又可分为光分组交换（OPS）技术、光突发交换（OBS）技术和光标鉴分组交换（OMPLS）技术等。

（1）光分组交换（OPS）技术。它以光分组作为最小的交换颗粒，数据包的格式为固定长度的光分组头、净荷和保护时间三部分。在交换系统的输入接口完成光分组读取和同步功能，同时用光纤分束器将一小部分光功率分出并送入控制单元，用于完成如光分组头识别、恢复和净荷定位等功能。光交换矩阵为经过同步的光分组选择路由，并解决输出端口的竞争。最后输出接口通过输出同步和再生模块来降低光分组的相位抖动，同时完成光分组头的重写和光分组的再生。

（2）光突发交换（OBS）技术。它的特点是数据分组和控制分组独立传送，在时间上和信道上都是分离的，它采用单向资源预留机制，以光突发作为最小的交换单元。OBS 克服了 OPS 的缺点，对光开关和光缓存的要求降低了，并能够很好的支持突发性的分组业务。与 OCS 相比，它又大大提高了资源分配的灵活性和资源的利用率，被认为是很有可能在未来的互联网中扮演关键的角色。

（3）光标签分组交换（OMPLS）技术，也称为 GMPLS 或多协议波长交换（MPλS）。它是 MPLS 技术与光网络技术的结合。MPLS 是多层交换技术的最新进展，将 MPLS 控制平面贴到光的波长路由交换设备的顶部，就具有 MPLS 能力的光节点。由 MPLS 控制平面运行标签分发机制，向下游各节点发送标签，标签对应相应的波长；再由各节点的控制平面进行光开关的倒换控制，建立光通道。2001 年 5 月 NTT 开发出了世界首台全光交换MPLS 路由器，结合 WDM 技术和 MPLS 技术可实现全光状态下的 IP 数据包的转发。

7.2　空分光交换

空分光交换（Space Optical Switch）的基本原理和交换过程在前面已作过介绍，最基本的空分光交换网络是 2×2 光交换模块。空分光交换模块有以下几种：

（1）铌酸钾晶体定向耦合器。

（2）由 4 个 1×2 光交换器件组成的 2×2 光交换模块见图 7-6(a)，该 1×2 光交换器件可以由铌酸锂方向耦合器担当，只要少用一个输入端即可。

（3）由 4 个 1×1 开关器件和 4 个无源分路/合路器组成的 2×2 光交换模块见图 7-6(b)，其中 1×1 开关器件可以是半导体激光放大器、掺铒光纤放大器、空分光调制器，也可以是 SEED 器件、光门电路等。

以上所有器件均具有纳秒（ns）量级的交换速度。在图 7-6(a)所示的光交换模块中，输入信号只能在 1 个输出端出现，而图 7-6(b)所示的输入信号可以在两个输出端都出现。

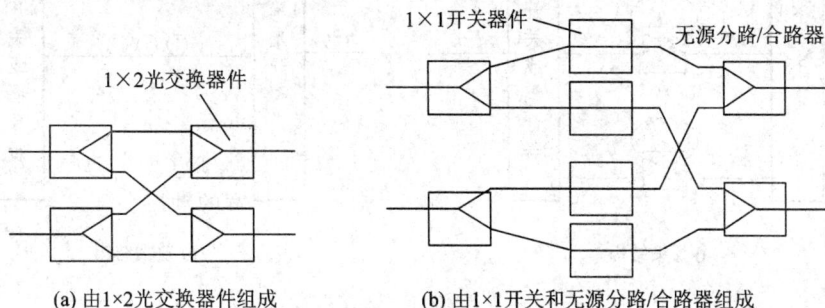

(a) 由1×2光交换器件组成　　(b) 由1×1开关和无源分路/合路器组成

图 7-6　基本的 2×2 空分光交换模块

用1×1、2×2等光开关为基本单元，并按不同的拓扑结构连接可组成不同形式的交换网络，如纵横交换网络、三级串联结构形式的 CLOSE 网络和多级互联网络等。根据组成网络的器件不同，对交换网络的控制也不同，它们可以是电信号、光信号等。

空分光交换直接利用光的宽带特性，对开关速度要求不高，所用的光电器件少，交换网络易于实现，适合中小容量交换机。

7.3 时分光交换

时分光交换方式的原理与交换过程在前面已作过介绍，时分光交换是采用光技术来完成时隙互换的，但是，它不是使用存储器，而是使用光延迟器件。

图 7-7 所示为两种时隙交换器 TSI(Time Slot Interchanger)，图中的空间光开关在一个时隙内保持一种状态，并在时隙间的保护带中完成状态转换。现假定时分复用的光信号每帧有 T 个时隙，每个时隙长度相等，代表一个信道。

在图 7-7(a)中，用一个 $1\times T$ 空间光开关把 T 个时隙时分复用，每个时隙输入到一个 2×2 光开关。若其需要延迟，则将光开关置成交叉状态，使信号进入光纤环中光纤环的长度为 1，然后将光开关置成平行状态，使信号在环中循环。如果它需要延迟几个时隙，那么就让光信号在环中循环几圈，再将光开关置成交叉状态使信号输出。T 个时隙分别经过适当的延迟后重新复用成一帧光信号输出。这种方案需要一个 $1\times T$ 光开关和 T 个 2×2 光开关，光开关数与 T 成正比。

图 7-7(a)所示时隙交换器是反馈结构，即光信号从光开关的一端经延迟又反馈到它的一个入端。它有一个缺点，就是不同延迟的时隙经历的损耗不同，延迟越长，损耗越大，而且光信号多次经过光开关还会增加其串扰。

图 7-7(b)所示时隙交换器采用了前馈结构，不同的延迟使用不同长度的单位延迟线。图中没有 2×2 光开关，控制比较简单，损耗和串扰都比较小。但是在满足保持帧的完整性要求时，它需要 $2T-1$ 条不同长度的光纤延迟线，而反馈结构只需要 T 条长度为 1 的光纤延迟线。

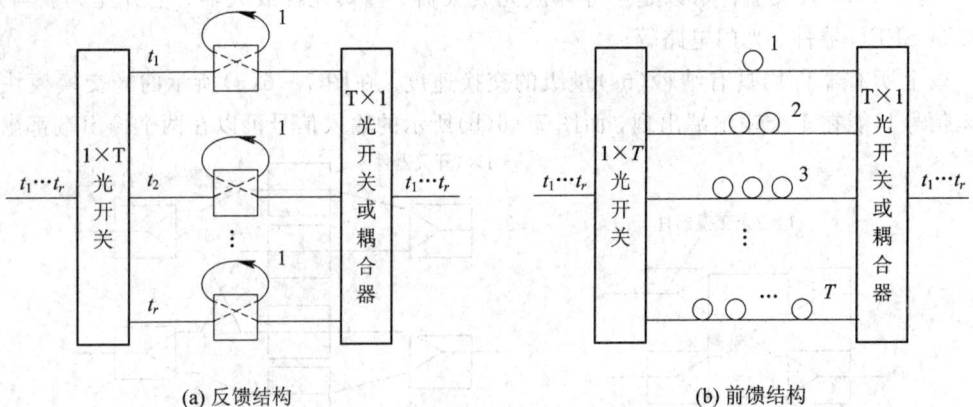

(a) 反馈结构　　　　　　　　　(b) 前馈结构

图 7-7　时隙交换器

时分光交换网络如图 7-8 所示，它的工作原理是这样的：首先，把时分复用信号送入空间开关分路，使它的每条出线上同时都只有某一个时隙的信号；然后，把这些信号分别经过不同的光延迟线器件，使其获得不同的时间延迟；最后，再把这些信号经过一个空间开关复用重新复合起来，时隙互换就完成了。

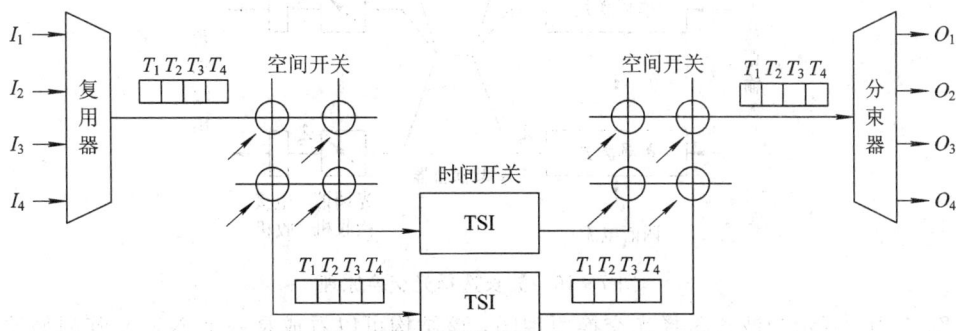

图 7-8　时分光交换网络

7.4　波 分 光 交 换

波分光交换方式的原理和交换过程在前面已作了介绍，波分复用系统是采用波长互换的方法来实现交换功能的，其中波长开关是完成波长交换的关键部件，可调波长滤波器和变换器是构成波分光交换的基本元件。

波长互换的实现是从波分复用信号中检出所需波长的信号，并把它调制到另一波长上去，如图 7-9 所示。检出信号的任务可以由具有波长选择功能的法布里-珀罗（F-P）滤波器或相干检测器来完成，信号载波频率的变换则是由可调谐半导体激光器来完成的。为了使交换系统能够根据具体要求在不同的时刻实现不同的连接，控制信号应对 F-P 滤波器进行控制，使之在不同的时刻选出不同波长的信号。

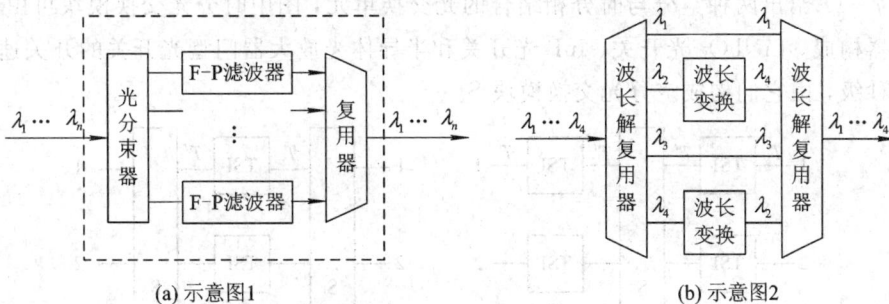

图 7-9　波长互换光交换

时分和波分交换都具有一个共同的结构，即它们都是从某种多路复用信号开始，先进行分路，再进行交换处理，最后进行合路，输出的还是一个多路复用信号。

另一种交换结构与上面介绍的正好相反，如图 7-10 所示，它是从各个单路的原始信号开始，先用某种方法，如时分复用或波分复用把它们复合在一起，构成一个多路复用信号，再由各个输出线上的处理部件从这个多路复用信号中选出各个单路信号，从而完成交换处理。

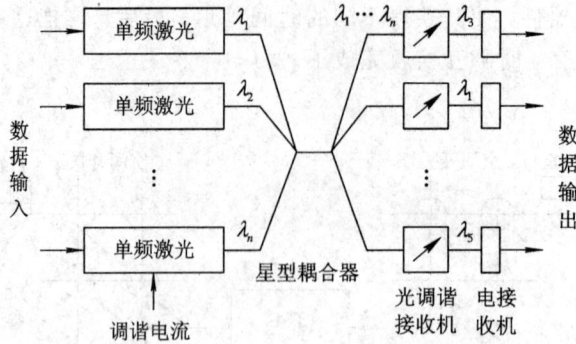

图 7 - 10 波长选择光交换原理

图 7 - 10 所示为波长选择光交换原理图，该结构可以看成是一个 $N \times N$ 阵列型波长交换系统，N 路原始信号在输入端分别去调制 N 个可变波长激光器，产生出 N 个波长的信号，经星型耦合器后形成一个波分复用信号，在输出端可以采用光滤波器或相干检测器检出所需波长的信号。该结构的波长选择方式有：① 发送波长可调，接收波长固定；② 发送波长固定，接收波长可调；③ 发送和接收波长均按约定可调；④ 发送和接收波长在每一节点均为固定，由中心节点进行调配。

7.5 结合型光交换

虽然使用半导体激光器可实现光频转换，使用调谐滤波器可以选择信道，但是在实际系统中利用它们实现交换的信道数目有限。将几种光交换技术相结合，可以扩大交换网络的容量。

1. 空分与时分结合型交换系统

图 7 - 11 给出两种空分与时分相结合的光交换单元，图中时分光交换模块可由 N 个时隙交换器构成，$LiNbO_3$ 光开关、InP 光开关和半导体光放大器门型光开关的开关速率都可达到纳秒级，由它们构成空分光交换模块 S。

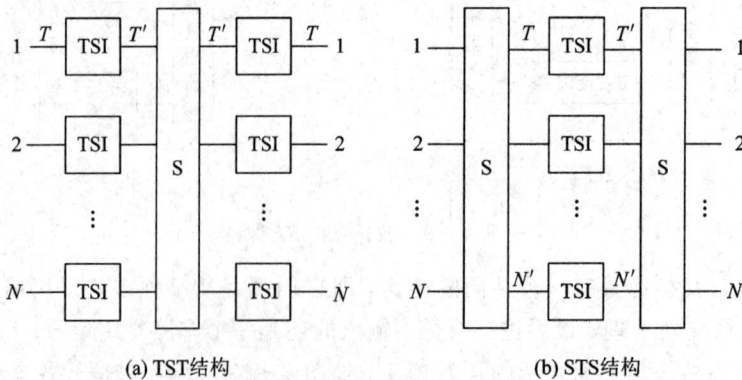

(a) TST结构   (b) STS结构

图 7 - 11 两种空分与时分结合型光交换单元

2. 波分与空分结合型交换系统

使用波分复用技术设计大规模交换网络的一种方法是把多级波分交换网络进行互联，这种方法每次均需要把 WDM 信号分路后进行交换，然后将交换后的信号合路，这使得系统很复杂，实现起来很困难，成本也高。针对这个问题，解决的方法之一是利用空分交换技术，把输入信号波分解复用，再对每个波长的信号分别应用一个空分光交换模块，完成空间交换后再把不同波长的信号波分复用起来，完成波分与空分光交换功能，如图 7 - 12 所示。

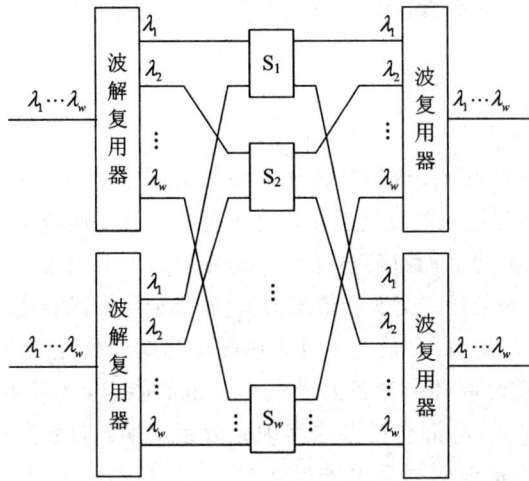

图 7 - 12　一种波长复用的空分光交换模块

3. FDM 与 TDM 结合型交换系统

在 FDM 交换系统中，加入光存储器完成时隙交换，就可以实现 FDM 与 TDM 结合型交换，如图 7 - 13 所示。

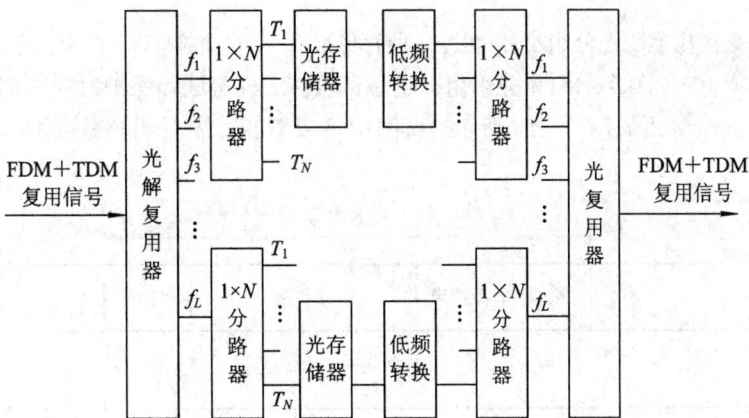

图 7 - 13　FDM 与 TDM 结合型交换系统原理图

其工作原理是这样的：首先，用电时分复用的方法将 N 路信号复用在一起，然后去调制 L 个光载波中的一个光载波，这 L 路光载波经频分复用后就构成 FDM 与 TDM 结合的复用信号。为了实现 FDM 与 TDM 结合型交换，应首先用波分解复用器对 L 路 FDM 信号解复用，得到 L 路时分复用信号，然后再对每一路 TDM 信号进行时隙交换。TDM 交换是由 $1\times N$ 分路器、N 个光存储器、N 个低速频率转换器和 1 个 $N\times 1$ 光合路器组成。时隙交换后的 L 路光信号再经合路器复合后送入光纤传输，从而完成了 FDM 与 TDM 结合型交换。由此可见，这种 1 级结构需要 $N\times L$ 个光存储器和 $N\times L$ 个低速频率转换器。

7.6 光分组交换技术

7.6.1 光分组交换的概念

随着光传送技术的不断发展，光网络传送的波长会越来越多。为了实现带宽适配，边缘节点往往需要进行大量的复用和解复用操作，把高速光信号变换成可处理的低速电信号，不仅增加了设备的复杂性和成本，而且使边缘节点成为新的电子瓶颈。为了彻底解决电子瓶颈问题，一种能够直接在光域复用、交换和传送 IP 包的光分组交换技术（OPS）应运而生。

由于 OPS 可以较好地支持 IP 业务，因此它被认为是光网络发展的长远目标。虽然光分组可长可短，但是交换设备必须具备处理最小分组的能力，对交换节点处理能力的要求非常高。目前常采用的是光/电混合的办法实现光分组交换，即数据在光域进行交换，而控制信号在交换节点被转换成电信号后再进行处理。

光路交换在信道容量的分配方面缺乏灵活性，从发展的角度看，未来互联网的骨干网应该采用光的分组交换。光分组完全在光域中进行存储转发处理，被认为是未来宽带 IP 骨干网的主要支撑技术之一。

7.6.2 通用的光分组格式

与电分组交换相似，光分组交换也是一种存储转发式的交换，不过存储转发的基本数据单元是光分组（Optical Packet）。光分组由分组首部报头、载荷域和保护时间三部分组成。

通用的光分组格式如图 7-14 所示。从图中可以看出，光分组格式是如何放在交换时隙中的。

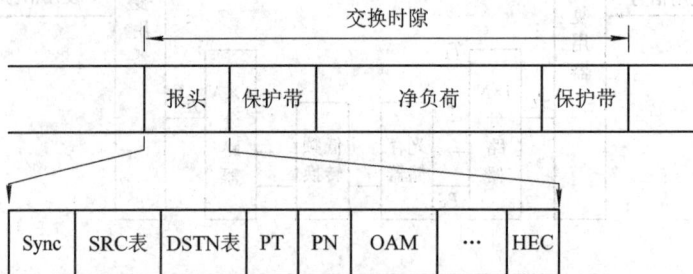

Sync—同步；DSTN—目的地；PN—分组序列号；
HEC—报头纠错；SRC—源；PT—分组型；OAM—运行维护管理

图 7-14 在同步 OPS 网中的分组格式

图 7 - 14 中所示的保护带用来对付定时的不确定性；净负荷是用户数据，占有分组长度的大部分；报头长短是一个最优化问题，这是因为它一方面要服务于所需的那么多控制功能，另一方面它是一种开销，不能够太长。

在光分组交换节点中必须设有光分组的缓冲存储器，用以解决两个或两个以上的分组同时或接近同时到达同一输出端口而引起的"输出冲突"问题。

目前光分组交换还有许多技术难题有待解决，其中最突出的问题是光分组的随机存储器件和光逻辑处理器件的技术问题。

7.6.3　OPS 节 点 结 构

光分组（OPN）网是在光域上实现分组交换技术的智能光网络，大致可分为三层，其中底层是物理层，与光纤链路的物理特性直接相关；顶层是业务层，由异步转移模式（ATM）、同步数字体系（SDH）和 IP 构成；中间层是光层，提供、配置并重构通路与端到端的光分组通道，完成光传输和分组交换。相应地，OPN 的基本功能可总结为波长交换、光分组路由、流量控制、冲突排除、同步、信头识别与处理、级联能力等，这些功能由 OPS 节点来完成，在此意义上 OPS 节点是 OPN 的核心。下面介绍该节点的功能模型。

在光分组交换网络中，OPS 节点继承了现有 WDM 光网络中光交叉连接设备（OXC）的基本结构，如合波与分波环节、波长变换、波分交换矩阵、上/下路环节和光监控模块等。此外 OPS 节点还具有一些特有的功能实体来实现同步、信头处理和竞争排除等特殊功能。在 OPS 网络的研究中，网络节点可以采用不同的交换体系结构来实现，但它们一般都由四部分组成，即输入接口（Input Interface）、交换控制（Switch Control）单元、光交换矩阵（Switching Matrix）和输出接口（Output Interface），此外还有复用/解复用器等，如图 7 - 15 所示，下面我们简要介绍一下每个模块的结构和功能。

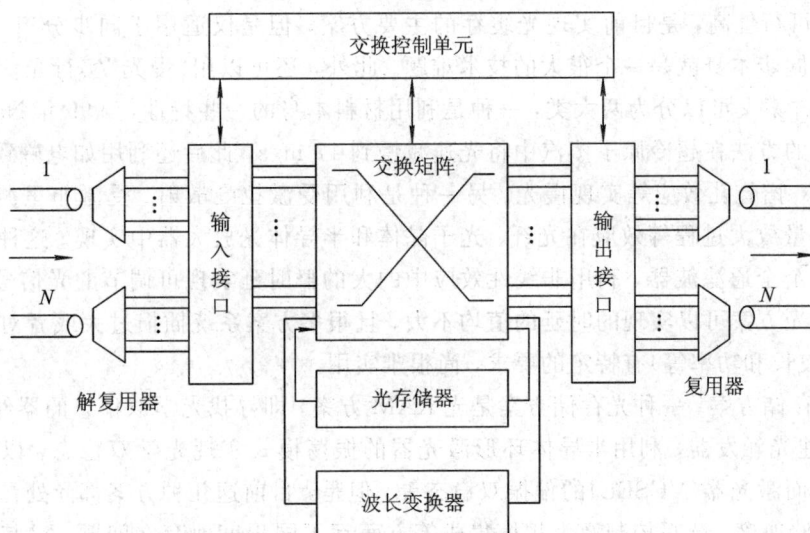

图 7 - 15　光分组交换的功能模型

1. 输入接口

根据实际需要，输入接口可能需要完成的功能有：

（1）对输入的数据信号整形、定时和再生，借以形成完善质量的信号以便进行后续的处理和交换。

（2）检测信号的漂移和抖动。

（3）使每一分组的开头和末尾、报头和有效负载都安排适当。

（4）使分组获取同步并与交换的时隙对准。

（5）将报头分出，并传送给控制器，由它进行处理。

（6）将外部 WDM 传输波长转换为内部交换所需使用的波长。

其中的（3）和（5），即报头的提取是输入接口的基本功能。

2. 交换控制单元

交换控制单元主要完成光分组的报头识别、恢复、处理和净荷定位等功能，为光分组选择路由，并根据需要产生控制输入、输出单元和控制矩阵（有时候也包括冲突处理单元）的各种控制信号。根据光分组头识别方式的不同，可将光分组交换分为两大类：一类为光域识别光分组头方式；另一类为光分组头先经光/电变换，然后在电域实现。目前尚不存在实现较复杂功能的光逻辑器件，光域识别分组报头的技术还不成熟。

3. 光交换矩阵

光交换矩阵一般由大规模光开关矩阵构成，完成光分组的交换功能。在 OPS 系统中，不可避免地会在开关矩阵的输出端口产生端口竞争的问题，即不同的光分组信号在同一时刻需要从同一输出端口输出，因此需要冲突处理单元。目前实现冲突处理的主要方法有四种：

（1）光缓存方案。光缓存可以由光纤延时线（FDL）产生分组时隙间隔整数倍的固定时延，该方案可行性高，是目前实现光缓存的主要方案，但是仅适用于同步分组交换网络，而光分组的同步本身就是一个很大的技术难题。此外，还可以用"慢光"实行光信号的延迟存储。慢光方案又可以分为两大类，一种是利用材料本身的一些特性，1999 年 Nature 报道了利用光学的方法在超冷原子蒸汽中将光速减慢到 17 m/s，此后还利用如电磁致透明、相干粒子振荡、谱烧孔效应等实现慢光。另一种是利用受激拉曼散射、受激布里渊散射、拉曼辅助的参量放大过程等效应在光纤、光子晶体和半导体光放大器中实现。这种慢光方案实际上是一个全通滤波器，利用非线性效应中的大的群时延实现可调节的光信号时延。但目前各种慢光方案可以实现的时延的值均不大，且很多方案系统插损过大或者对输入信号的参数（如波长和功率等）有特定的要求，尚很难实用。

（2）光存储方案。一种光存储方案是光 RAM 方案，即寻找光学双稳态的器件：利用双环 SOA 构建光触发器，利用半导体环形激光器的振荡模式实现光学双稳态，以及利用垂直腔发射表面激光器（VCSEL）的偏振双稳态等。但是，目前这几种方案都尚处在原理验证阶段，在存储速度、读写控制及大规模集成等方面都不同程度地存在问题，对其谈实用性尚为时过早。另一种变通的方案是光子 RAM 方案。采用串/并转换技术将高速率的线路信号变成低速率的并行信号，这样信号就可以采用现有的电 RAM 进行随机存储和数据处理。但该方案在高速率的串/并和并/串转换上也还存在较大的技术难题。

（3）波长变换方案。波长变换方案是动态的将发生冲突的分组转换到指定输出端口的空闲波长上。这种解决方案在竞争分组的延迟方面是最佳的，是一种很有潜力的可选方案之一，它能最有效地降低光分组丢包率。但是，这个方案事实上并没有完全消除冲突，而是降低了冲突发生的概率，此外，该方案的实用化也在很大程度上依赖于快速波长调谐技术的进一步实用化。

（4）偏射路由方案。当竞争发生时分组不能交换到正确的输出端口，便将它路由到另一个空闲输出端口，有可能通过另一条路径到达目的节点。在链路资源比较充足的情况下，偏射路由有较好的性能，但这种方法同样不能完全避免冲突，并且在出口节点的重新排序以及公平性方面都存在一些潜在的问题，而且在负荷较重的情况下其性能可能恶化，因此只适合网络负载轻的网络。

4. 输出接口

在输出接口可能需要实现的功能有：

（1）对输出信号整形、定时和再生，以克服由交换矩阵引起的串扰和损伤，恢复信号的质量。

（2）给信息有效负载加上新的报头。

（3）分组的描绘和再同步。

（4）按需要将内部波长转换为外部可使用的波长。

（5）信号在交换矩阵内的路程不同、插损不同，使得信号的功率也不同，需要均衡输出功率。

其中，（2）是输出接口的最基本功能。

综上所述，OPS 设计的思想是源于电的分组交换原理，而在电的分组交换网络中，所采用的存储/转发的交换模式的基础是存储器件和组合逻辑器件，而 OPS 最大的两个技术障碍恰恰在于光逻辑和光存储。

7.6.4　OPS 关键技术

图 7 - 15 所示的 OPS 的结构中，除了 WDM 复用器/解复用器之外，均存在尚待解决的技术问题，包括光分组时钟提取技术，光信号再生技术、光分组同步技术、报头提取技术、标签复用技术、光波长转换技术、光逻辑技术、光存储技术、快速波长调谐技术、高速光信号串/并和并/串转换技术、大规模光开关矩阵技术等。限于篇幅，在本节中将介绍几种主要的关键技术。

1. 光分组时钟提取技术

光分组时钟提取技术是 OPS 中诸多关键技术的基础。光信号再生、光分组同步、光存储、高速光信号串/并和并/串转换都离不开光分组时钟提取，在很多高速报头处理和光逻辑方案中也需要应用到光分组时钟提取技术。常用的光分组时钟提取方案根据其提取的机制不同可分为电时钟提取、光电混合时钟提取和全光时钟提取三大类。

2. 标签复用和分离技术

如在 7.6.3 节中所述，在 OPS 网络节点输入接口处报头的分离是其最主要的功能，而如何实现报头与数据分组的分离又与报头的复用技术息息相关。传统情况下，一般是在分组的开始加入一定比特的报头信号，但近年来，为了简化报头的处理而普遍采用光标签交换技术，实现标签与数据信号的复用技术也变得多样起来。复用技术主要有时分复用（TDM）、副载波复用（SCM）、码分多址（OCDM）、波分复用（WDM）和正交复用等。

3. 报头处理技术

光分组交换网络的报头处理主要有电域和光域两种方式。

1）电域报头处理技术

电域处理基本上是基于 FPGA 实现的，由于商用 FPGA 的处理速度已经可达 1.5 GHz，实验室采用 SIGeHBTBICMOS 技术已经有 20 GHz 的 FPGA 产品。电域报头处理的优点是基于成熟的电域信号处理技术，可以实现各种较为复杂的逻辑运算和协议。但是总的来说，电域报头处理的速度相对于当前光纤中信号传输的速率而言还是较低的，因此，一般通过低速报头或者串/并转换的方式使得报头信号的速率和 FPGA 的处理速率匹配。对基于电域报头处理分组交换的报导很多，但是，由于电域 FPGA 技术的相对成熟性，因此这些研究的重点并非在报头的处理上。

2）光域报头处理技术

光域实现报头处理在大部分情况下需要用到光逻辑器件，又可以分为光组合逻辑和光时序逻辑两种。

目前已经报道了许多全光组合逻辑的实现方案，采用的核心器件包括 SOA（Semiconductor Optical Amplifier）、非线性波导器件、非线性光纤、微环形谐振腔（Micro Ring Resonator）等。其中，SOA 具有 ① 器件工艺成熟，商用产品丰富；② 体积小（至 2 量级），能够实现光子集成；③ 非线性系数高，需要的切换光功率低（小于 100fJ）；④ 存在多种非线性效应（包括交叉增益调制、交叉相位调制、四波混频和非线性偏振旋转等），便于实现多种光逻辑操作；⑤ 研究时间长，应用范围广泛。由于 SOA 具有上述优点，因此在光逻辑领域得到了广泛的研究。

典型的基于 SOA 的全光逻辑实现方案及工作原理包括：

· 方案 1：基于 SOA - FWM 的全光逻辑方案，该方案的输入信号为偏振调制的信号（"0"码与"1"码偏振态正交），通过将闲频光作为输出信号，可以方便的实现两路偏振调制信号的多种简单逻辑运算。

· 方案 2：通过综合利用单个 SOA 中的多种非线性效应实现的可重构的全光逻辑方案，通过调节外加输入探测光的波长和输出端带通滤波器的中心波长，实现了对输入信号的"与"、"非"和"或非"、"异或"等逻辑操作。

· 方案 3：选择单一的 SOA 的 XPM 效应，通过 SOA 级联实现多种逻辑操作，虽然实现同一功能需要的 SOA 数目多于上述的几种方案，但是每级 SOA 逻辑门的结构一致，简化了复杂逻辑功能实现的设计工作。

· 方案 4：通过级联 SOA 实现了全光半加器组合逻辑。

· 方案 5：对利用 SOA - MZL 实现全光"异或"逻辑进行了详细的理论分析，指出这种结构能够实现的工作速率可以超过 100 Gb/s。

许多研究人员也将各种光逻辑方案用于分组的报头处理，如采用了 SOA - MZL 实现了 8 比特的报头处理，利用 F - P 激光器锁定实现全光报头处理等，但是就总体而言，各种光逻辑方案还存在各自的问题。在组合逻辑方案方面，基于非线性光纤和 PPLN 的方案所用器件体积较大，集成性较差；基于 SOA 的方案受限于 SOA 较大的噪声系数，多级 SOA 级联后信号的信噪比恶化严重，级联性也存在问题；基于半导体环形谐振腔的方案目前其工艺的成熟度还不高，器件的插损较大。而在光时序逻辑方面，目前各种光触发器的工作速率大都在纳秒量级，尚不能体现出光域信号处理的速度优势。总而言之，目前光逻辑的研究尚停留在半加器和单个光触发器的水平，完全无法胜任较复杂的报头处理。

4. 可集成光开关矩阵

光开关是光网络中的关键器件之一，人们对光开关与光开关矩阵的研究已经有二三十年的历史。随着人们对器件材料、器件工作原理、加工工艺等多方面认识和研究的不断进展，光开关与光开关列阵的类型也呈现出多元化发展趋势。从器件材料的角度上说，目前所应用的材料包括妮酸锂（$LiNbO_3$）、111-v 族化合物导体材料、玻璃、有机聚合物、硅基硅波导、硅基二氧化硅材料和硅基锗硅等多种材料。依据不同的光开关原理，光开关可分为：机械光开关、MEMS 光开关、喷墨气泡光开关、热光效应光开关、液晶光开关、磁光光开关、全息光开关、声光光开关、液体光栅光开关、SOA 光开关和光控光开关等。

具有不同原理和技术的光开关具有不同的特性，适用于不同的场合，如机械光开关具有极高的消光比和极低的串扰，光控光开关和 $LiNbO_3$ 光开关则具有极快的开关速度等。但是作为构建光网络中的大规模光交换矩阵的光开关必须具有可集成性，目前可以集成光开关矩阵的主要技术有：MEMS(Micro-ElectroMechanical-System) 光开关、液晶光开关、SOA 光开关和 Cross Point 光开关等。

7.6.5　光分组交换网络结构

光分组交换(OPS)网络的结构如图 7-16 所示，其中边缘节点交换机主要进行映射、适配、汇聚和解释电交换层的业务，处理连接信令，分配或回收交换资源等工作；业务侧提供 UNI 接口，同时提供网络侧的 NNI 接口；网络内由光分组核心交换机组成，核心交换机仅仅提供 NNI 接口，不支持业务的上/下交换。全网实现透明的传送和交换，信号以

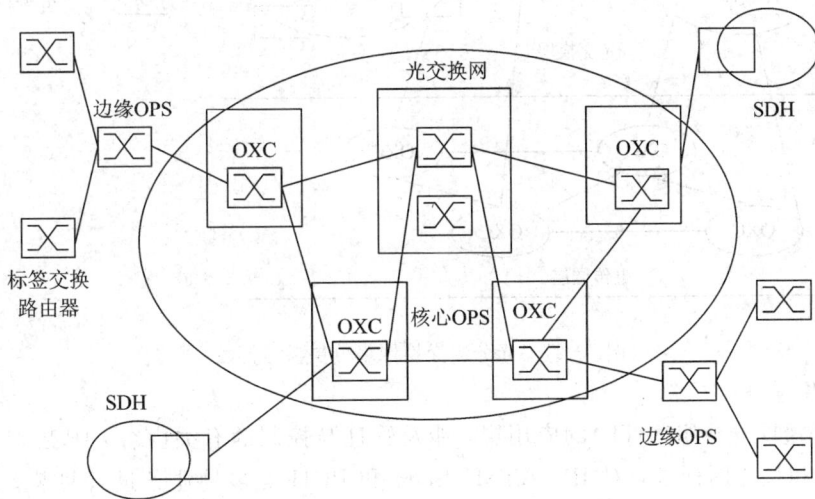

图 7-16　OPS 网络结构

最小的损伤高效地传递至边缘节点，为了减少技术难度，网络可由若干子网组成，子网之间采用非透明连接。

下面将介绍 OPS 网的分类、分层模型和通用的光分组格式等。

1. 光分组交换网分类

按照进入交换结构前是否需要光分组时间对准，可将光分组交换（OPS）网络分为两类：同步网络和异步网络。这两种分组交换网均需要比特级同步和快速时钟恢复。

（1）同步网络。同步网络对应于固定长度的光分组，包含一个固定长度的数据分组头、保护时间和净荷。同步网络内的光缓存由光纤环路和光纤延迟线实现，能产生光分组时隙间隔整数倍的固定时延。任何到达输入交换端口的光分组都具有固定长度，在经过本地时钟相位对准后才可进入核心交换单元。

（2）异步网络。异步网络光分组无须长度相同，光交换不需要时间同步，可以在任何节点完成逐分组的转发，这种光分组的不可预测和不规则机制增加了网络的阻塞率。然而，异步网络具有同步网络所不具备的低成本、低复杂度、高健壮性和高灵活性，通过合理设计光交换的结构和协议，也可达到良好的交换性能。

2. 光分组交换的三层结构模型

根据一般意义的分层方法，我们可将光分组交换的参考模型分为三层，如图 7-17 所示。

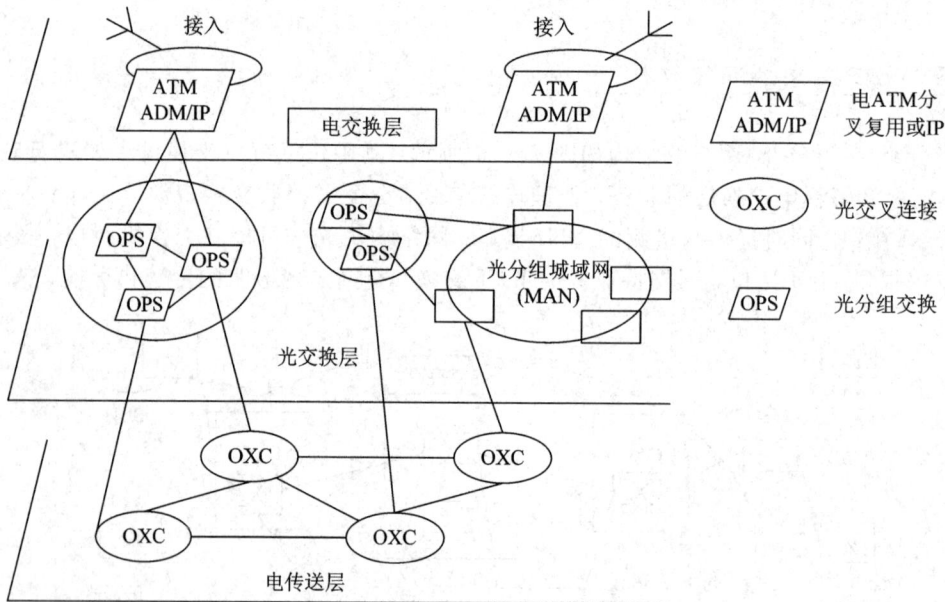

图 7-17　光分组交换网络分层参考模型

1) IP 层

IP 层是透明光分组（OTP）的应用层，涉及管理与控制的有关内容。IP 层对应于最广泛的接入网和核心网标准，对 IP、ATM、SDH 和 PDH 等多种业务进行封装，并映射进 OPS 层。IP 层处理的可以是固定长度的光分组，也可以是可变长度的光分组。IP 层简化了底层（物理层和 OPS 层）的复杂性，为高层多业务接入提供统一的接口。IP 层中的用户可能是目前一些标准网络的用户(入 ATM 或 IP),也可能是某些局域网的用户,甚至可能是一些端级的用户,如工作站与视频服务器等。

2)透明光分组网络层(OTP)

OTP 层接受来自 IP 层的光分组,对比特率和底层传输方式是透明的,提高了 WDM 光网络的带宽利用率和灵活性。OTP 层完成光分组交换路由、不同链路分组业务的复用和保证底层成功实现端到端的光通路传输,同时 OTP 层还提供 IP 层到 WDM 的业务适配功能(如流量集中等),支持未来面向连接和无连接网络的大容量和灵活性的要求。

OTP 层可分为三个子层:数据汇聚子层、网络子层和链接子层。

(1)数据汇聚子层(DCSL, Data Convergence Sub Layer)。数据汇聚子层位于 OTP 层的最上层,它负责各种数据速率的适配,并通过拆装、打包等方式将不同形式的数据转变成 OTP 层分组的固定格式。DCSL 子层支持网络子层与其邻接的高层之间的信息映射,从而增强了网络子层提供的业务范围,使其更适应邻接高层的需要。

(2)网络子层(NSL, Network Sub Layer)。网络子层执行光路由信息的若干功能,负责产生路由标签,并将其映射到分组的地址信息中,另外,它还执行信头更换、光绪安路与交换,以及分组排序等方面的工作。

(3)链接子层(LSL, Link Sub Layer)。链接子层按照光分组的格式产生数据流,并将数据流传送到光链路上,因此链接子层必须提供复用功能与解复用功能。

3)物理层

物理层通过 WDM 和 OXC 完成广域内的透明路由和信息传输。物理层能够利用各种光信道复用(如 SDH、TDM 和 WDM)方式,配合光交换中路由选择和拥塞控制技术,完成光分组信息的传送。目前,物理层多采用 WDM 方式,为 OTP 层提供建立在稳定的波长信道级联基础上的透明光通路,单波长速率已达到 10 Gb/s 或更高。

3. 光网络分层模型的发展

从网络分层协议模型的角度上看,OPS 网络在不断演化的网络分层模型的位置如图 7-18 所示。

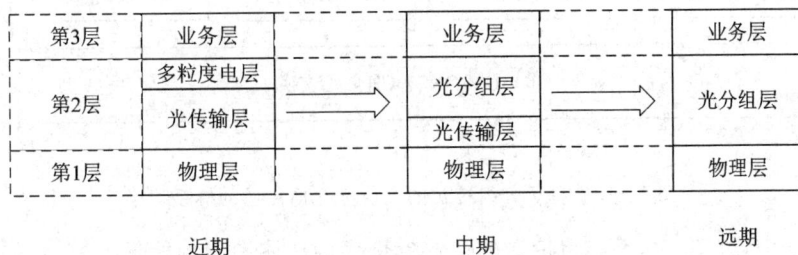

图 7-18 不断演化的网络分层模型

在图 7-18 中,由左至右分别为不断演化的光网络的分层模型,可见网络分层模型的发展趋势是扁平化的,其中近期光网络模型中还没有 OPS 技术的出现,而在图 7-18 所示中期光网络模型中才开始有 OPS 技术的引入,其第二层由光传输层和光分组层组成,光传输层提供、配置并重构基于 WDM/DWDM 的波长通路,其功能主要是由 OXC 和 OADM 设备来实现的;光分组层作为光传输层的客户层,提供并配置端到端的光分组通道,保证信息在光网络中的完整性。在远期光网络模型中，其整个发展趋势是光分组层与光传输层的融合，从而简化了光网络分层模型，这也就是我们提到的 IP over OPS 的概念。

7.6.6　基于分组传送的全业务交换传送的体系架构

基于分组传送的全业务交换传送体系架构的基本含义：由于电信业务的 IP 化发展趋势光传送网将会派生出众多的细分接口和类型，因此，"全业务"是指该体系架构可以提供多种类型的业务接口以适配、处理、转发和交换各种类型的网络业务。这些业务可以分为电路业务和分组业务。目前的光传送网可以实现电路交换功能，较好地解决了电路业务的承载问题，为了更好地传送分组类型的业务，需要在光传送网中引入分组传送机制来完成分组交换功能，从而构建基于分组传送的全业务交换传送体系架构。该体系架构能够满足各种网络业务的传送需求，融合了数据、电路和光层传送功能，支持数据/TDM/波长等不同技术信号的交换，同时，引入分布式的 GMPLS 控制平面能够在不同平面间进行统一的业务调度。基于分组传送的全业务交换传送的体系架构如图 7-19 所示。

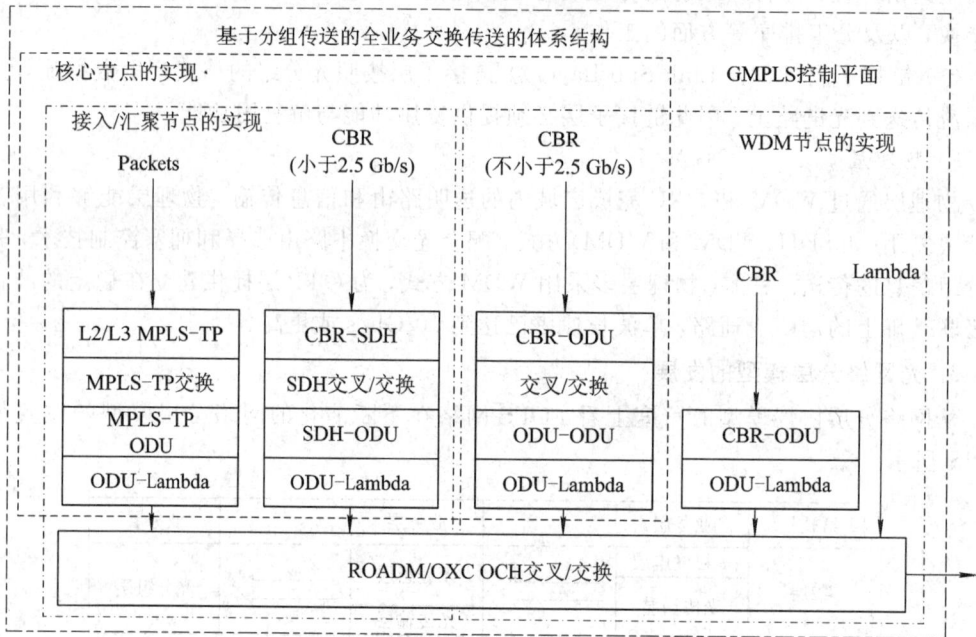

图 7-19　基于分组传送的全业务交换传送的体系架构

由图 7-19 可知，基于分组传送的全业务交换传送体系架构的最大特点是在电层引入了基于分组的 T-MPLS 交换技术和基于交叉连接方式的 ODU 交换技术，并同时兼容现有的基于 TDM 的 SDH 交换技术，而在光层则引入了基于波长入的交换技术。这些交换技术分别针对不同类型的网络业务实施不同的交换功能。目前，网络业务类型主要分为 CBR（固定比特率业务）和 VBR（可变比特率业务）两种，其中 CBR 类型的业务类似于 TDM 业务或者伪线业务，VBR 类型的业务主要是分组数据业务。对于不同的业务类型，网络节点需要采取不同的业务适配方式、协议封装方法以及业务转发和业务交换方法。这些业务处理又可以分为电层面的业务处理和光层面的业务处理，在电层面主要是基于固定速率的大颗粒业务在 ODU 的交换和基于可变速率的细颗粒分组业务在 T - MPLS 的交换,而在光层面则是基于波长入的交换。

对于 CBR 类型业务的处理可以分两种情况:

(1) 对于速率小于 2.5 Gb/s 的 CBR 类型的业务来说,可以先通过 SDH 层面进行业务适配、处理和交换,再通过 ODU 层面进行业务处理,这样可以保持现有 SDH 业务的延续性。

(2) 对于速率不小于 2.5 Gb/s 的 CBR 类型的业务来说,可以直接通过 ODU 层面进行业务适配、处理和交换。对于 VBR 类型的分组数据业务,可以通过 T - MPLS 层面进行业务适配、处理和交换。

在上述体系架构中的各种交换技术可以分别通过基于 T - MPLS 的分组传送设备、OTN 设备、SDH/MSTP 设备、ROADM 以及 OXC 等设备实现。这些网络节点设备一般都包括业务适配、业务转发和业务交换三个部分的功能,其中,业务适配方式要求具有多样性和灵活性的特征,以适应 IP 业务的多样性;业务转发和业务交换是网络节点的核心部分,主要完成电路交换和分组交换的功能。

从网络节点在光传送网中的物理位置来看,全业务交换传送体系架构中的网络节点可以分为城域接入层/汇聚层节点、城域核心层节点以及骨干层节点。图 7 - 19 中所示不同的虚线框分别描述了这些网络节点的典型实现方案。

(1) 对于城域接入层/汇聚层节点,主要处理速率小于 2.5 Gb/s 的 CBR 类型的业务和 VBR 类型的分组数据业务,网络节点可以是 SDH 设备、基于 SDH 的 MSTP 设备以及小容量 T - MPLS 分组传送设备等。

(2) 对于城域核心层节点,可以处理速率小于和不小于 2.5 Gb/s 的 CBR 类型的业务以及 VBR 类型的分组数据业务,网络节点可以是 SDH 设备、基于 SDH 的 MSTP 设备、基于 SDH 的 ASON 设备、中等容量 T - MPLS 分组传送设备以及中等容量基于 OTN 的交叉设备(ODUk 交叉)和可重构光分插复用设备 ROADM 等。

(3) 对于骨干层节点,主要实现光域内的波分交叉,即实现波长级的大颗粒业务和子波长业务的任意"调度",网络节点可以是 WDM 设备、大容量基于 OTN 的交叉设备(OCh 交叉)以及基于 OXC 的交叉设备等。全业务交换传送体系架构中的网络设备及其应用如表 7 - 1 所示。

表 7 - 1　全业务交换传送体系架构中的网络设备及其应用

网络层次	网络设备
骨干层	大容量基于 OTN 的交叉设备,基于 OXC 的交叉设备,WDM 等
城域核心层	中等容量分组传送设备,SDH,MSTP 基于 SDH 的 ASON,中等容量基于 OTN 的交叉设备,ROADM 等
城域接入层/汇聚层	小容量分组传送设备,SDH,MSTP 等

综上所述,为了满足电信业务 IP 化的发展要求,同时保证现有光传送网设备的投资,需要构建基于分组传送的全业务交换传送的体系架构,基于该体系架构实现光传送网向分组化方向平滑演进。在演进的过程中,分组传送网设备的引入是实现光传送网向分组化方向演进的关键,从实际应用来看,分组传送网设备主要应用于城域光传送网的核心层和接

入层/汇聚层，逐步取代 SDH 设备和基于 SDH 的 MSTP 设备、SDH 设备以及基于 SDH 的 MSTP 设备，最终将退位到光传送网的边缘。

基于分组传送的全业务交换传送体系架构的实现方案如图 7-20 所示。

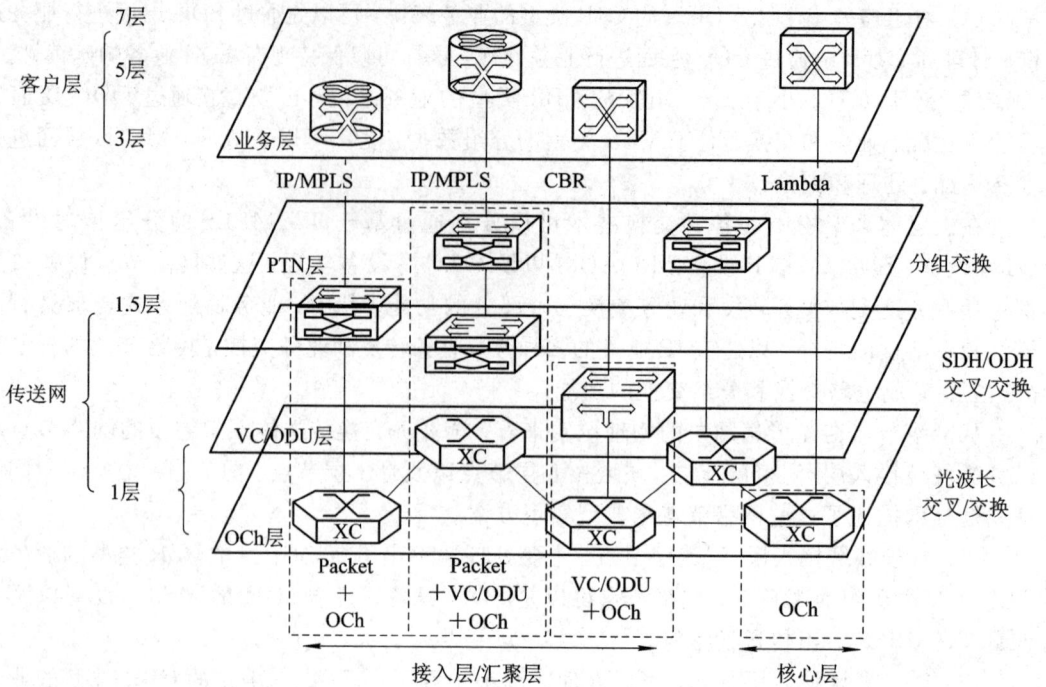

图 7-20　基于分组传送的全业务交换传送体系架构的实现方案

从网络垂直分层的角度看，该体系架构的实现方案是在客户层和光传送网层之间增加了分组传送网层(PTN)，于是基于该体系架构的光传送网可以分为面向客户的分组传送网层(PTN 层)、基于 VC(虚容器)或者 ODU(光信道数据单元)的电交换层(VC/ODU 层)以及位于底层的光交换/交叉层(OCh(光信道)层)三个层面。其中，OCh 层和 VC/ODU 层定义为第 1 层，PTN 层定义为第 1.5 层。

(1) PTN 层。PTN 层主要实现分组交换功能，负责对业务的适配和等级划分等，同时可与客户的数据层面(如 IP/MPLS 等)进行信令和协议的互通，该层的设备主要是 T-MPLS 分组传送设备。

(2) VC/ODU 层。VC/ODU 层主要实现基于 VC 或者 ODU 的交叉连接功能，负责实现精细颗粒业务的配置和调度，在保证业务灵活性的同时进行信号的再生，以满足长距离传输的需要，该层的设备可以是 SDH 设备、基于 SDH 的 MSTP 设备、基于 SDH/OTN 的 ASON 设备或者中等容量基于 OTN 的交叉设备(ODUk 交叉)等。

(3) OCh 层。OCh 层主要实现光波长交换功能，直接对大颗粒业务进行处理，提高网络的效率和吞吐量，该层的设备可以是 WDM 设备、大容量基于 OTN 的交叉设备(OCh 交叉)、可重构光分插复用设备 ROADM 或者基于 OXC 的交叉设备等。

上述不同的传送层面并无严格的组合，一切以业务特性为选择基础。该体系架构既可以处理端到端的 IP/MPLS 业务，也可以同时处理传统的 CBR 业务和波长业务。对于

IP/MPLS 业务，首先经过 PTN 层的业务处理，然后分别经过 VC/ODU 层和 OCh 层的业务处理，或者直接进行 OCh 层的业务处理，其具体实现方式是 IP/MPLS over T - MPLS Packet over VC/ODU over OCh，或者不经过 VC/ODU 层，T - MPLS 分组直接映射到 OCh，即 IP/MPLS over T - MPLS Packet over OCh。对于 CBR 业务，不需要经过 PTN 层的业务处理，直接经过 VC/ODU 层和 OCh 层的业务处理，其具体实现方式是 CBR Service over VC/ODU over OCh。对于波长业务，其直接在 OCh 层进行业务处理，具体实现方式是 Lambda Service over OCh。

7.7　光突发交换技术

7.7.1　光突发交换的概念

虽然波长交换技术相对比较成熟，但难以适应具有高突发性的 IP 业务。由于受到光器件性能的局限，实现完全的 OPS 网络比较困难，因此有人提出了光突发交换技术（OBS，Optical Burst Switching）。OBS 的主要思想是将 IP 分组组装成一个大的突发包，并在电域上为这个突发包建立交换通路。一般情况下，单个光 IP 分组通过交换矩阵对光开关的时间要求为纳秒级，而 OBS 使突发包通过光开关的时间要求下降为毫秒级，使得现在的光器件可以满足这一要求。

OBS 网络一般由电边缘节点与光核心节点组成。其中边缘节点依据 IP 业务数据的目的地址和 QoS 特性，将 IP 分组组装成突发数据包，并提前发送对应的控制分组 BCP（Burst Control Packets）为数据突发包预约资源；核心节点（如图 7 - 21 所示）首先解复用出控制信道，在对接收的 BCP 进行光/电变换之后，提取其中的资源预约信息，由交换控制单元 SCU（Switching Control Unit）根据一定的资源调度算法为随后到达的突发数据包分配一条合适的出口波长信道，并在指定的时间配置好光矩阵而完成交换。

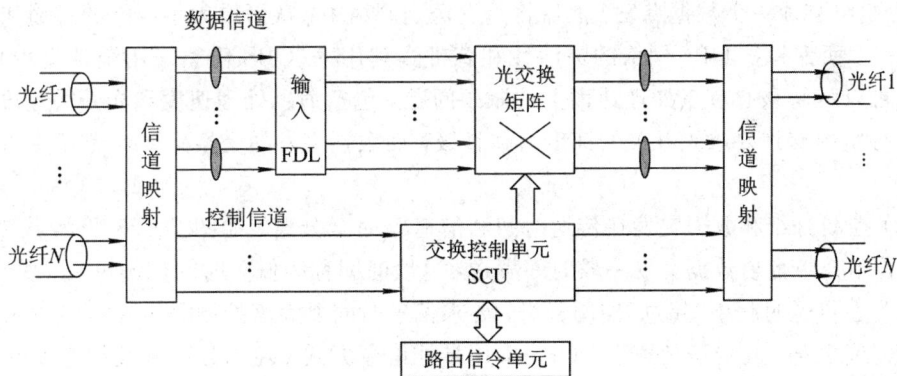

图 7 - 21　OBS 核心节点功能结构

可以看出，OBS 的一个主要特点是在分离的信道上传输突发数据包和控制分组，每一个突发数据包对应于一个 BCP，并且 BCP 先于突发数据包传送。

　　OBS 的数据与控制分组分离传输的特点有利于核心节点在突发包到达之前预留资源，确保突发包可以直接通过核心节点，无需进行光缓存及光/电/光的转换。OBS 的另一特点就是其链路建立是单向的，不需要收/发端的交互，因而相对于波长路由来说，OBS 网络数据传输所需的时间更短，从而具有更好的时延特性。

　　OBS 的核心思想是信息的基本传送单位由分组（Packet）变为数据突发（CDB，Date Burst）；每个数据突发对应一个控制分组（BHP，Burst control Packet），将数据突发和控制分组在传送时间和传送信道上分离，控制分组提前于数据突发发送，为数据突发预留网络资源；网络资源分配一般采用"单向预留（One Way Reservation）"方式。光突发交换的基本原理可以从以下三个方面进行详细说明，如图 7 - 22 所示。

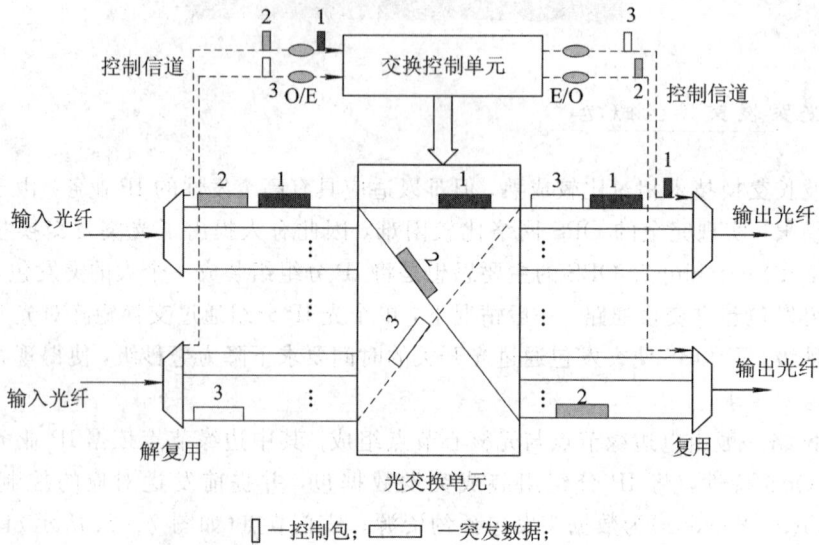

图 7 - 22　光突发交换网络结构

　　（1）以数据突发为基本传送单位。OBS 网络边缘节点按照一定的组装算法将多个输入的 IP 分组组装成一个数据突发，然后将其发送到网络中，从而增大了网络的传输和交换颗粒。这一方面保持了 OPS 网络的灵活性和高带宽利用率（OBS 仍然采用统计复用），另一方面又可以缓解核心节点处理速度上的瓶颈问题，包括消息处理速度和光开关速度。实际上，IP 分组的交换要求光开关的速度为纳秒级，而数据突发的交换只要求光开关的速度为微秒级。

　　（2）控制分组和数据突发在传送时间和信道上完全分离。如图 7 - 23 所示，在传送时间上，控制分组提前数据突发一段时间发送，这段时间称为偏置时间（offset time）。为避免数据突发在传送过程中"超过"控制分组，要求偏置时间要大于控制分组在所经过中间节点的处理时间之和。在传送信道上，OBS 采用带外信令方式，控制分组和数据突发利用不同的波长信道进行传送。为避免使用复杂的光逻辑器件，控制分组在中间节点进行光/电转换后在电域进行处理，为数据突发预留网络资源，而随后到达的数据突发以"切通（cut through）"方式直接通过中间节点，不需要使用光/电转换和光存储设备。

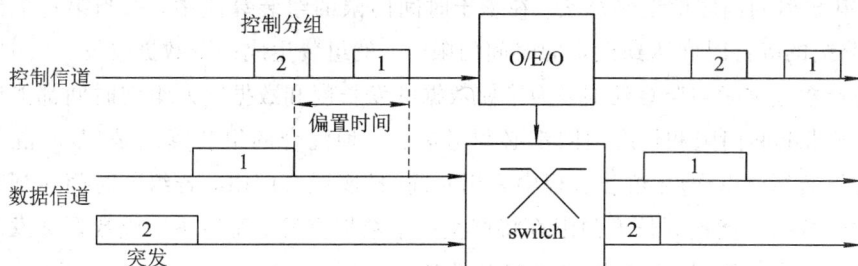

图 7 - 23　光突发交换基本原理图

光突发交换控制分组的格式如图 7 - 24 所示。

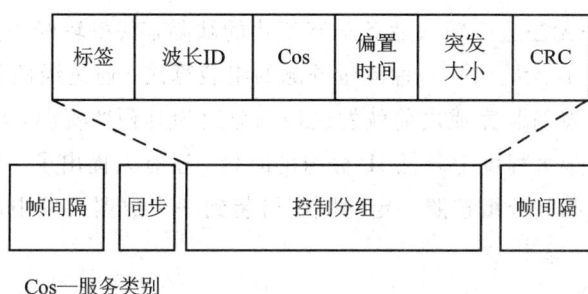

Cos—服务类别

图 7 - 24　光突发交换控制分组格式示例

（3）网络资源一般采用"单向预留"方式。为提高信道的利用率，降低数据的端到端时延，数据突发在发送时只需等待一个偏置时间，不用等待资源预留成功确认就可以发送。

OBS 克服了光路交换和光分组交换的缺点，与光路交换相比，OBS 具有更高的带宽利用率，可以更好地支持突发性很强的 IP 业务；与光分组交换相比，OBS 降低了对光存储器件和光逻辑器件的要求，能够在现有的技术基础上实现。因而，OBS 被认为是一种具有广阔发展前景的光交换技术。

7.7.2　光突发交换的关键技术

OBS 关键技术包括边缘节点数据突发组装算法、OBS 资源预留协议、数据突发竞争解决策略、路由与波长分配算法和 OBS 网络 QoS 支持技术等。下面对这些关键技术的发展情况做一个简单的回顾。

1）数据突发组装算法

为了提高传输交换的效率，降低物理实现的难度，OBS 网络边缘节点要对输入的业务进行适配，将输入的 IP 分组按照一定的组装算法组装成数据突发。

常用的数据突发组装算法有两类，即基于长度门限的组装算法和基于时间门限的组装算法。

（1）基于长度门限的组装算法。在基于长度门限的组装算法中，每当组装器缓存队列长度达到设定门限值时，就组装生成一个数据突发。

（2）基于时间门限的组装算法。在基于时间门限的组装算法中，每当第一个到达组装器的 IP 分组的等待时间达到设定的时间门限时，就组装生成一个数据突发。

在设计数据突发组装算法时，为了使数据突发长度和数据突发组装时间都能满足一定的要求，通常时间门限和长度门限都必须考虑。一种混合的组装算法是"基于混合门限的数据突发组装算法"，即在组装过程中采用时间/长度混合门限，若组装时间达到时间门限或队列中的数据长度达到长度门限都将产生一个数据突发，而当所生成数据突发的长度小于最小数据突发长度时，以填充方式将其补齐。

合理设计的数据突发组装算法可以有效地改善输出数据突发业务流的特性，对网络时延、数据突发阻塞率和带宽利用率等相关网络性能有着重要的影响，因此数据突发组装算法一直受到学者们的广泛关注。与之相关的算法较多，有自适应组装算法，其优点是克服了固定门限组装算法无法适应输入业务动态变化的缺陷，获得较好的网络性能。为了减小 IP 分组的组装时延，有人提出了一种流量预测的组装算法，通过线性预测的方法预测数据突发长度，在数据突发组装完成之前就发送控制分组为其预留资源，将组装时间和偏置时间部分重叠，可以在很大程度上降低 IP 分组的时延。还有人提出了一种复合组装算法，通过将多种 QoS 等级的 IP 分组按照一定的顺序组装到一个数据突发中，可以提供更多等级的 QoS 保证。

2）资源预留协议

在 OBS 网络中，提前发送的控制分组为后续到达的数据突发预留网络资源，根据资源预留的过程可以分为"一步资源预留"和"两步资源预留"。一步资源预留是指在控制分组发送以后，与之相应的数据突发不需要等待资源预留成功与否的确认消息，只需等待一个偏置时间，就可在数据通道进行发送，而两步资源预留需要在收到资源预留成功的确认以后再发送数据突发。由于一步资源预留方式具有低网络时延、高链路利用率和适合传送突发性业务等优点，因此大多数有关 OBS 的研究都采用一步资源预留机制。

一步资源预留机制有多种的实现方式，根据资源预留、资源释放的时间和方式将其分为四类：

① 显式预留，显式释放；

② 显式预留，估计释放；

③ 估计预留，显式释放；

④ 估计预留，估计释放。

所谓显式预留是指核心节点在收到控制分组后立即进行资源预留；估计预留是指核心节点根据控制分组中携带的数据突发到达信息的偏置时间进行预留；同理，显式释放是指核心节点在收到要求释放资源的控制分组后释放资源；而估计释放是根据控制分组中携带的数据突发长度信息进行释放。从资源预留所需的控制分组数量、保持节点资源使用状态的调度器的复杂程度和带宽利用率等方面来看，上述几种方式在性能上是有所区别的，其中的②和④两种方式使用最为广泛，典型代表为 JIT 方式和 JET 方式。

近年来，由光缓存技术和波长变换技术的局限性而引起的高数据突发丢失率使研究者们开始关注两步资源预留机制，有学者提出基于集中控制结构的两步资源预留机制，称为

WR-OBS，并对其进行了性能分析。还有学者在这种资源预留机制的体系结构下，提出了 WR-OBS 网络中的数据突发组装算法和 QoS 支持技术。

3）数据突发竞争解决策略

当两个或两个以上数据突发请求使用同一光纤的同一波长的时间段相互重迭时，就产生了竞争。由于 OBS 网络主要采用一步资源预留机制，因此缺乏端到端的带宽保证，并且核心节点不配置光缓存，使得竞争解决（contention resolution）问题成为 OBS 中比较突出的问题，也是被最广泛研究的问题之一。

目前，提出的解决方案主要包括以下几种：

（1）在时间域利用光缓存技术。解决竞争的最直接方式就是缓存发生竞争的数据突发。由于目前还没有可实用化的光随机存取存储器（RAM），一般都采用光纤延迟线 FDL 配合其他光器件，如光开关、光耦合器和光放大器等来实现数据突发的"动态缓存"。受 FDL 的长度限制，其缓存时间也是有限的，一般等于最小单位延迟长度的整倍数。

（2）在空间域采用偏射路由。偏射路由的基本思想是在网络拓扑中，由源节点到目的节点存在多条可选路径，当无输出端口竞争冲突时，节点控制单元优先为数据突发选择最优路由；当有输出端口竞争时，其只为优先级最高的光突发选择最优路径，其他数据突发将按照优先级，从节点的其他空闲链路输出并依次寻求通往目的节点的次优路径。偏射路由方案实质上是将整个网络作为数据突发的缓存器，以增加网络的负荷、延迟及存在潜在的数据突发乱序等为代价来降低网络节点的硬件复杂度。因此，仅在网络负荷较低时，偏射路由方案才能够获得理想的网络性能。

（3）在波长域利用波长转换技术。WDM 技术可以使一根光纤上同时利用多个波长传输信息，因此除了时间域和空间域，在 WDM 网络中又增加了一维解决数据突发竞争的空间，即波长域。当输出端发生竞争时，利用波长转换器将受阻的数据突发转换到其他空闲波长上再送出，进而解决资源竞争问题。

波长转换方案灵活性高且时延较小，能保持数据突发原有的最优路径，利于提高网络吞吐量，但它增加了系统在控制和集成上的复杂性，另外，目前全光的波长转换器还处于试验阶段，其成本仍有待降低而可靠性有待提高，全光的全范围波长转换器实现的难度更大。

除了上述几种方案，有人还提出了一种"分段丢弃"策略，其基本思想是将一个数据突发分成若干个"段"，当两个数据突发发生竞争时，不是丢弃整个数据突发，而仅仅丢弃一个数据突发中相互重叠的那些段。分段丢弃最初是为了降低分组丢失率而提出的，后来引发了一系列的讨论，如基于分段的区分调度、支持 QoS 的混合组装等问题。

为了得到较佳的竞争解决方案，常常是将以上几种方法中的某几种结合使用，以提高冲突解决的效率。

4）路由与波长分配算法

在 OBS 网络中，由于数据突发的长度通常是几十或者几百 KB，占用波长的时间通常为十几或者几十微秒，交换节点无法实时收集到全网所有光纤的波长占用状态，因而一般采用基于指定路径的 RWA 算法（PRWA，Predefined-path based RWA），PRWA 将路由和波长分配分解成两个独立的子问题分别进行求解，先在预先定义好的路径集合中按照光路连接请求选择路由，再在该路由上逐跳进行波长分配。

　　大多数有关 OBS 网络的研究，在选择路由时通常选用源、宿节点对间的最短路径作为数据突发的路由，但在非对称网络或网络流量分布不均匀的网络中采用最短路由时，会造成链路负载不均衡，增大数据突发阻塞的概率，有学者对这个问题进行了深入研究，提出了基于蚂蚁系统的路由算法和基于概率的路由算法。

　　在中间节点进行波长分配时，比较典型的一个算法是 LAUC(Last Availabe Unscheduled Channel)算法。LAUC 的原理是通过为每个到达的数据突发选择最近可用的空闲数据信道来最小化输出时延。但由于数据突发不是依次到达节点，从时间轴上看，波长信道被数据突发分割成若个"时间片"，在一个波长信道上数据突发与占用时间之间存在"空隙(void)"。为了提高波长的利用率，研究人员提出了一类称为"具有空隙填充(VF, with Void Filling)能力"的分配算法，LAUC-VF(Latest Available Unscheduled Channel with Void Filling)就是 VF 类分配算法的一个典型代表，它能为新到达数据突发选择一个最近可用的且没有被其他数据突发预留的数据信道，并尽可能地减少信道上的预留空隙。在 LAUC-VF 基础上，一些改进算法也被提了出来，例如，G-LAUC-VF(Generalized LAUC-VF)、FAFA-VF(First Arrival First Assignment with VF)以及 MVG(Minimum Void Generated)算法等，这些算法都与 Y Xiong 等人提出的 LAUC-VF 算法进行了比较，其在资源利用率上有了明显的提高。

　　以上提到的波长分配算法都是在出现冲突竞争以后尽量去减小冲突竞争所带来的丢失，以使本地的资源能被有效地利用，这种被动式分配对于解决全网范围内的冲突竞争还远远不够，为此，X. Wang 和 J. Li 等人分别提出了 PWA(Priority-based Wavelength Assignment)和 BORA(Burst Overlap Reduction Algorithm)这两种主动式波长分配算法，利用边缘节点的电缓存来减小数据突发之间的重叠度，从而减小下游节点冲突竞争的概率。

　　5) QoS 策略

　　当前，各种新业务不断涌现，这些业务所要求的服务质量往往各不相同，OBS 作为下一代光网络的一种底层传输交换技术，必须能够与上层网络的操作相协调和匹配，为不同等级的业务提供相应的 QoS 保证。

　　目前，关于 OBS 网络中 QoS 支持的研究主要集中在本地的 QoS 策略，比较典型的如乔春明博士提出了一种基于 JET 协议的 pJET 策略(priority JET)，该策略以 JET 协议为基础，但在基本偏置时间上引入一个额外的 QoS 偏置时间，通过为高优先级数据突发分配一个较长的 QoS 偏置时间，可以提供简单的区分服务。

　　Y. chen 等人基于传统的等比区分(Proportional Differentiation)模型提出了一种 Proportional QoS 策略，该策略事先约定好不同 QoS 业务的数据突发丢失率，并在核心节点进行实时检测，当某种业务违背事先的约定时，该种业务的数据突发将被主动丢弃，从而可以提供可控的 QoS 服务。除此以外，还有一些 QoS 策略，如用基于优先级的数据突发分段丢弃技术来实现区分服务，通过将分段丢弃和复合组装结合也可以较好地支持 QoS；还有在集中式 WR‑OBS 网络的结构下，基于中央控制单元优先级调度的 QoS 实现方法。

　　OBS 作为一种新兴的光交换技术尚未成熟，相关的研究工作还很多，例如，OBS 网络的组播问题，OBS 环网，网络的生存性等，这里不再详细叙述。

7.7.3　OBS 的体系结构

OBS 网络通常由边缘节点、核心节点以及连接两种节点的 WDM 光纤链路组成。WDM 链路中的一个或多个波长用来传送控制分组，称为控制信道；其他的波长用来传送数据突发，称为数据信道。图 7 - 25 所示为 OBS 网络的系统框图。

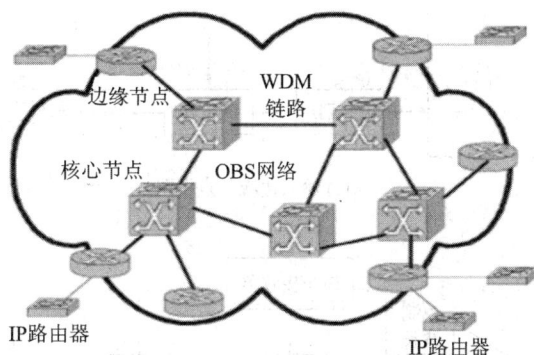

图 7 - 25　OBS 网络的系统框图

1. 边缘节点

通常将数据业务进入 OBS 网络处的边缘节点称为输入边缘节点，其主要作用是完成数据突发的组装，并产生与之相应的控制分组；将离开 OBS 网络处的边缘节点称为输出边缘节点，其主要负责分解数据突发并恢复原来的数据业务。在实际的网络中，同一个物理节点通常既可以是输入边缘节点，也可以是输出边缘节点。

输入边缘节点主要完成以下功能：

(1) 对输入的 IP 分组进行分类(通常按照目的地址或 QoS 等级)；

(2) 按照一定的组装算法，将输入 IP 分组组装成数据突发；

(3) 产生控制分组，并对偏置时间进行设置；

(4) 完成对控制分组及数据突发的调度，为其确定路由和分配波长；

(5) 把控制分组和数据突发送入 OBS 网络。

图 7 - 26(a)为输入边缘节点的结构框图。其主要工作流程为：① 对来自传统 IP 网的 IP 组进行路由信息处理，按其目的地址和 QoS 等级进行分类，同一类 IP 分组通过交换网络被送入相应的数据突发组装器，组装器实际上是一个与目的地址和 QoS 等级相对应的缓存器；② 按照一定的组装算法，多个输入 IP 分组被组装为一个数据突发；③ 组装器输出的数据突发被传递到数据突发调度缓存器，调度缓存器的配置可以采用共享方式，也可以为每个组装器配置一个；④ 控制模块为每个数据突发产生一个对应的控制分组 BCP，并确定两者之间的偏置时间，每个 BCP 都携带路由、偏置时间、数据突发长度和 QoS 等级等信息；同时控制模块按照一定的调度策略为数据突发分配输出波长，当完成对一个数据突发的调度时，相应的控制分组从控制信道被送入网络，而数据突发必须在发送模块等待一个偏置时间后才能通过数据信道发送出去。

相对于输入边缘节点，输出边缘节点的工作过程比较简单，如图 7 - 26(b)所示，只需将接收到的数据突发分解还原为多个 IP 分组并按目的地址转发即可。

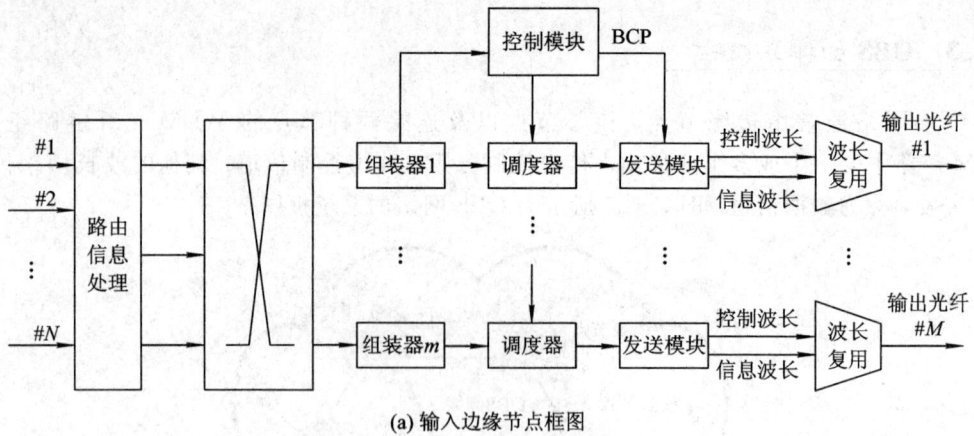

(a) 输入边缘节点框图

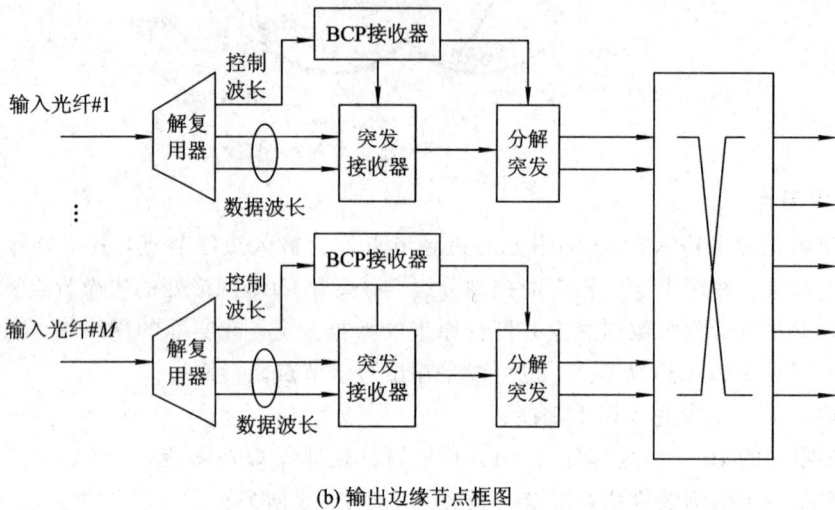

(b) 输出边缘节点框图

图 7 - 26　边缘节点结构框图

2. 核心节点

在现阶段，由于受到光信息处理技术的限制，因此还无法实现"光控光交换"，OBS 采用电控光交换的思想，即控制分组在核心节点先转换为电信号形式，在电域进行处理，而数据突发则以光信号的形式直接通过核心节点。这样可以充分利用电子技术的灵活控制能力，同时实现数据突发的透明、高速的交换。图 7 - 27 所示为核心节点的一般结构。

在图 7 - 27 中，核心结点通常由波长解复用器、FDL 光缓存模块(可选)、光交换模块、交换控制单元(SCU)和波长复用器几部分组成，每个节点有 N 条输入光纤和 M 条输出光纤，每条光纤都有 K 个数据波长和一个或几个控制波长。波长解复用模块在输入端将每根光纤中各波长分离出来，分离出的数据波长通过 FDL 模块或直接连接到光交换模块，光交换模块在 SCU 的控制下将各数据波长的数据突发交换到相应的输出端口，整个交换过程在光域内完成；分离出的控制波长连接到 SCU。SCU 的功能类似于一个电路由器，它的功能框图如图 7 - 27 所示。控制分组进入 SCU，首先经过 O/E 变换变成电信号，然后电控制分组在转发器内完成路由查找，通过交换网络到达相应的输出端口；每个输出端口都有一个分组调度器，分组调度器按照某种调度策略调度控制分组和与之相应的数据突发，向光交换模块发出控制命令,配置与该控制分组相应的数据突发的交换路径,更新控制分组所携带的控制信息(如偏置时间),最后更新后的控制分组在调度器的控制下发往下一个节点;在节点输出端,波长复用器将输出的数据波长和控制波长复合后进入相应的光纤。

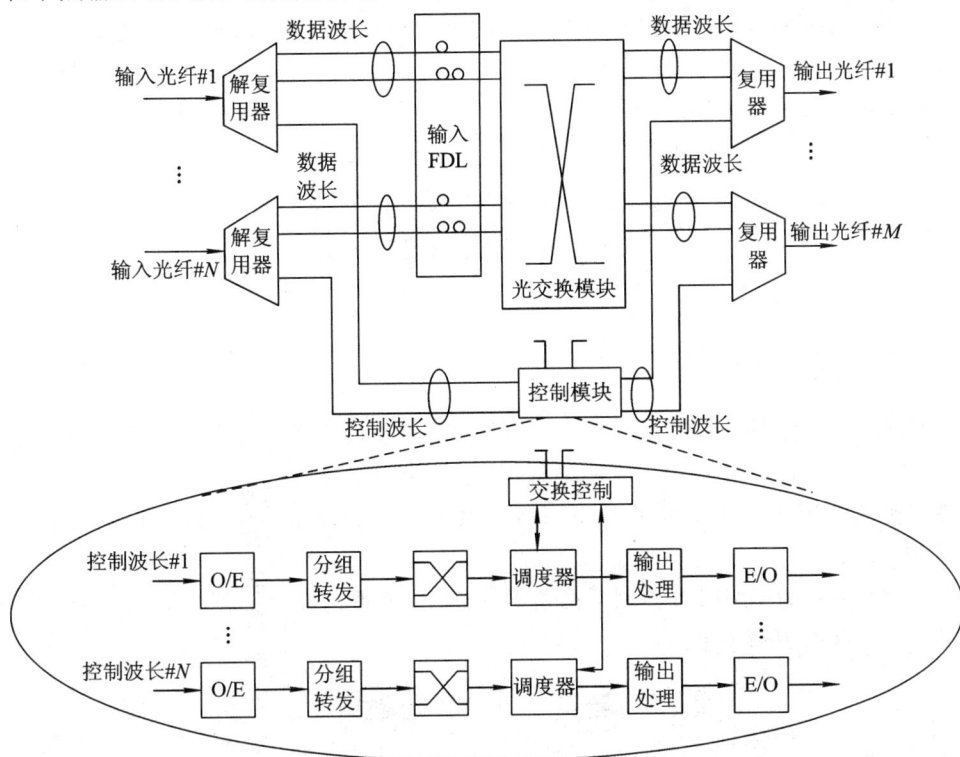

图 7-27　核心节点结构框图

7.7.4　OBS 与 OCS 及 OPS 技术的比较

表 7-2 列出了三种光交换技术的性能。与 OCS 相比,OBS 降低了交换粒度,采用统计复用技术,具有更高的带宽利用率。与 OPS 相比,OBS 通过采用突发组装技术来提高交换传输粒度,并将数据与控制信息在时间和空间上分离,极大降低了系统的实现难度,可以在无光缓存的网络中实现数据的全光透明传输。OBS 结合了 OCS 与 OPS 的优点且克服了两者的部分缺点,成为人们理想的选择。

表 7-2　光交换方式的比较

光交换技术	交换粒度	带宽利用率	建立延迟	光缓存	业务适应性
OCS	粗	低	高	不需要	低
OPS	细	高	低	需要	高
OBS	中等	高	低	不需要	高

从光网络的分类上来看,OLS 技术并非是与 OBS 和 OPS 并列的概念,从网络的颗粒度而言,光网络可以分为 OCS、OBS 和 OPS,而 OLS 只是简化光网络中报头处理单元的一种技术。从 GMPLS 协议中也可以看出,OLS 技术可适用于各种颗粒度的光网络,因此,

存在 OLS 和 OBS 或 OPS 技术的结合，即光标签突发交换技术(LOBS)和光标签分组交换技术(LOPS)。

OPS 和 OBS 两种交换技术除了交换实体的粒度不同，更大的差别在于交换采用的是直通方式还是存储转发方式，以及网络资源的预约和释放、交换或转发功能所处的协议栈的位置。OPS 面向非连接，采用存储转发方式，而 OBS 则采用了单向预约的机制。这两种技术的区别在更大程度上体现在网络协议和控制信息上，但就物理层而言，除了 OBS 对光缓存和光开关速度的要求较低之外，并没有本质上的区别。

7.8 光标签交换技术

7.8.1 光标签交换的产生

为了解决光网络的管理问题，IETF 扩展了 MPLS 的概念，将交换对象从数据包扩展到波长，推出了 MPLS 技术用于光网络管理，并且将交换对象进一步抽象，推出通用多协议标签交换(GMPLS)，为不同的交换网络提供了统一的控制平面。OETF 定义了控制域接口 UNI 和 NNI。

图 7-28 所示为 GMPLS 控制平面与 ROADM(可重构光分插复用器)和 OXC 组成的动态光学层之间的逻辑关系。

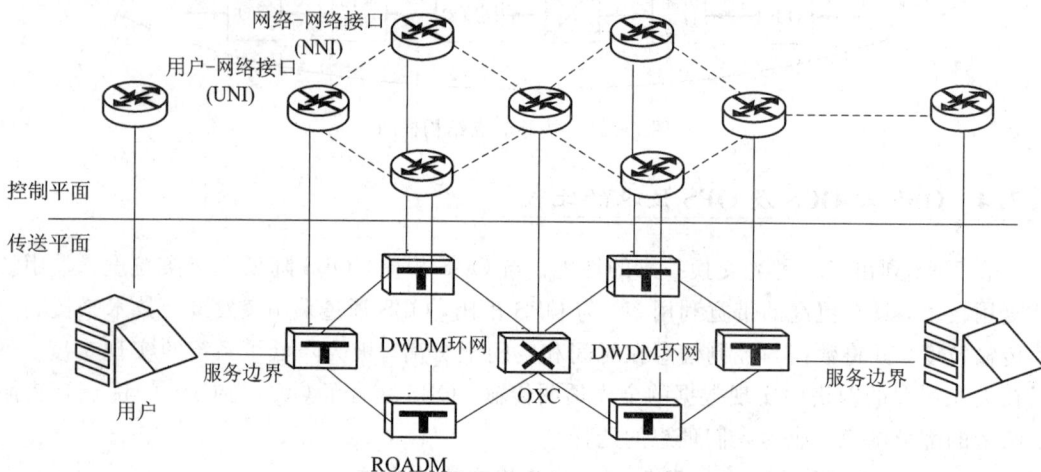

图 7-28 GMPLS 管理控制下的光网络

ROADM 和 OXC 实现光学层的交换，GMPLS 通过路由协议、信令协议和链路管理协议控制波长通道的建立和拆除。用户-网络接口(UNI)实现用户设备自动资源中请，外部和内部网络-网络接口(NNI)允许不同的网络域之间互通路由和信令。

7.8.2 MPLS 技术

传统的 IP 数据转发是基于逐跳转发方式的，当路由器接收到一个分组后，根据 IP 包头的目的地址查找路由表来获得下一跳的出口，我们把这样的一个过程称为路由表查询

（Routing Look UP）。在传送分组的过程中，对于分组的每一跳都是独立操作的，即分组数据每经过一跳都要查询路由，这是个繁琐又效率低下的工作。与传统 IP 数据的逐跳转发不同，MPLS 在网络节点中利用标签进行分组转发，将路由与分组转发分离开来，MPLS 网络由标签交换路由器所组成的节点构成（见图 7 – 29），分组在 MPLS 网络中的转发过程主要经过以下三个步骤：

（1）当数据包进入 MPLS 网络时，入口标签交换路由器（Ingress LSR）根据转发信息库和标签转发信息库对 LSP 进行查找，找到要压入的标签和相应的出接口，然后压入标签并发送分组到相应的端口。

（2）分组在 MPLS 内转发，核心标签交换路由器（Core LSR）根据标签栈顶层的标签查找入口标签映射，查找并完成对分组的操作，然后用新的标签取代旧标签，发送分组到相应的接口。

（3）当分组到达 MPLS 网络出口，出口标签交换路由器（Egress LSR）进行标签的出栈，然后按照第三层 IP 地址进行转发。MPLS 是用于分组网络的，当一个 LSR 一个入口接收到一个数据包时，它会将包头中的标签替换成出口标签，再从对应的出口将它转发下一 LSR，因此，MPLS 实现了一种虚电路功能，是面向连接的转发。

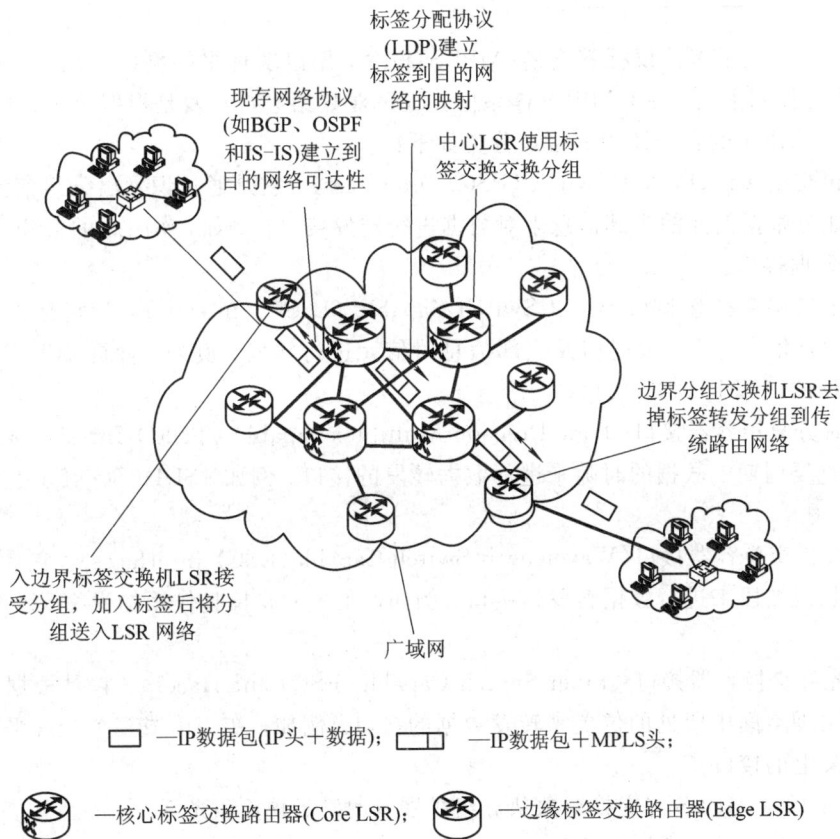

图 7 - 29　MPLS 网络系统结构图

与传统 IP 网络的数据包转发过程相比较，MPLS 转发具有一定的优势：

（1）简化了转发过程。传统的 IP 路由器需要将分组包中的 IP 地址和路由表中的前缀比较，找出最匹配的前缀，而 MPLS 的转发过程仅需要查询一个固定长度的标签。标签长度的固定有利于硬件的实现。

（2）数据包仅在进入 MPLS 网络的时候需要一次分类，在随后的对该数据包进行处理时不再需要分类，只需要进行标签交换和转发。

（3）MPLS 网络可以为不同 FEC 的数据包预先建立转发路径，相同 FEC 的数据包通过相同的路由在 MPLS 网络中转发。这是 MPLS 最有价值的地方，在此基础上可以实现流量工程。

（4）一个分组数据包可以携带若干个标签，形成标签堆栈。LSR 通过标签对不同的数据包进行分类。标签栈的存在允许通过 MPLS 实现虚拟专用网（VPN），这是 MPLS 技术的一个重要应用。

MPLS 作为一个中间层，可以应用在 L3 的 IP 数据包上，在 IP 包前加上 MPLS 标签，建立标签交换路径，再利用 L2 层如 PPP、Ethernet 等封装传送。MPLS 也可以应用在 L2 数据网中，利用 MPLS 对 L2 数据如 Ethernet、ATM 和 FR 等进行封装，建立 VC（或 PW 伪线），封装后的数据在 VC 中进行传送。

7.8.3 从 MPLS 演进到 GMPLS

GMPLS 扩展了多协议标签交换（MPLS）概念，用以实现多类型（分组、时隙、波长和光纤）交换的控制平面。在 GMPLS 体系中，LSR 对数据进行转发是根据包头、时隙、波长和物理端口来决定的，LSR 中的接口分类如下：

（1）包交换接口（Packet Switch (PSC) Interfaces）。它是通过识别出分组信元头/包头的边界，能够根据信元的头部信息来对数据进行转发接口。例如，MPLS 的 LSR 基于 shim 标签转发数据接口。

（2）第二层交换接口（Level 2 Switch Capable (L2SC) Interfaces）。它是进行信元交换，通过识别信元边界，根据信元头部信息对信元进行转发。例如，根据 ATM VPI/VCI 来转发数据的 ATM - LSR 接口。

（3）时分复用容器接口（Time Division Multiplex capable (TDM) Interfaces）。它是根据在一个重复周期中数据的时隙来进行数据转发的接口。例如，SDH/SONET 交叉单元上的接口。

（4）波长交换容器接口（Wavelength Switch Capable(LSC) Interfaces）。它是根据承载业务的波长或波段来进行数据转发的接口。例如，在一个波长起作用的光交叉上（OXC）的接口。

（5）光纤交换容器接口（Fiber-Switch Capable(FSC) Interfaces）。它是根据光纤在现实世界的物理空间中所处的位置来转发数据的接口。例如，在一个或多个光纤平面上起作用的光交叉上的接口。

可以看出，GMPLS 将交换对象从分组扩展到时隙、波长和光纤，相应地扩展了 MPLS 标签交换，从而达到支持非分组交换对象。在 GMPLS 中定义了通用标签（G - Lable）来实现不同层次接口的交换。G - Lable 分为三种：分组交换标签对应 PSC 和 L2SC，电路交换标签对应 TDM，光交换标签对应 LSC 和 FSC，其中分组交换标签和 MPLS 中的相同，而电路交换标签和光交换标签为新定义的。

GMPLS 重要的概念有标签交换路径(LSP)层次结构、链路绑定和无编号链路。

1) LSP 层次结构

在 GMPLS 中,链路统一用 LSP 来表示,通过嵌套 LSP 可以构建一个转发层次,也就是 LSP 的层次。在同一类型接口或不同类型的接口间都可以构成 LSP 层次。

(1) 在同一类型接口上的嵌套。如在 SDH 中,低阶的 VC-12LSP 嵌套到高阶的 VC-4LSP 中,这要求接口必须使同一层的多条 LSP 能够复用才行。

(2) 在不同接口上的嵌套。最上面的一层是 FSC 接口,紧接着依次是 LSC 接口、TDM 接口、PSC 接口。这样,开始和终止于 PSC 接口的 LSP 可以包含于开始和终止于 TDM 接口的 LSP 中,也可以包含于开始和终止于 LSC 接口的 LSP 中,进而可以包含于开始和终止于 FSC 接口的 LSP 中。

对应光网络而言,存在带宽分配粒度的问题,一个 OXC 只能支持有限的光波长,每个波长具有离散的带宽颗粒(如 STM-1、STM-4、STM-16 等)。嵌套 LSP 允许一个相对高容量的 LSP 中映射进多个低容量的 LSP,从而将较小粒度的业务整合成较大粒度的业务。这种分级的 LSP 嵌套技术有利于提高带宽的利用率。在 GMPLS 的不同接口中,等级从高到低的次序依次为 FSC、LSC、TDM、L2SC、PSC 的分级嵌套关系如图 7-30 所示。

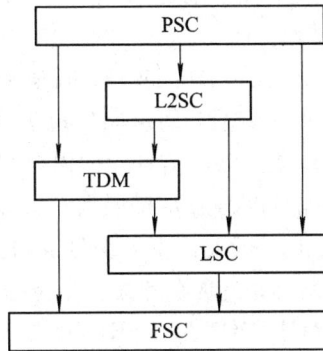

图 7-30 LSP 的分级嵌套关系

在使用 LSP 嵌套技术上,要求必须在相同接口类型的设备上起始和结束每条 LSP。LSP 嵌套技术通过 GMPLS 的标签栈实现。

2) 链路绑定

链路绑定是 GMPLS 控制平面的一个基础概念,目的是为了解决网络中邻近节点之间链路多而带来的路由管理和资源浪费问题,以减小路由开销。一个典型的光网络中,两个相邻的 OXC 之间可能存在上百条波长通道相连,从路由的角度看,它们之间有上百条路由邻近,过多的并行链路会占用不必要的计算资源和控制业务。

考虑如图 7-31 所示的网络在 LSC 层次进行波长路由,假设使用路由协议 OSPF-TE。光网络中两个节点之间有 8 条并行波长链路,将产生 8 个邻近路由,每一条邻近路由都会运行 OSPF-TE 中 HELLO 协议,而且当节点收到 LSA 时,它会通过这 8 条邻近路由向邻居节点发送 LSA 拷贝,事实上邻居节点只接收其中的一份 LSA。显然这将导致带宽和节点计算中的资源浪费,为了解决这一问题,定义了链路绑定,把两个邻近节点之间的多条并行链路合并成为一条逻辑链路,这种合并称为链路绑定;合并后的链路称为流量工程链路(TE-Link)。通过合并减少了邻近节点之间的信息交换,提高了路由性能。

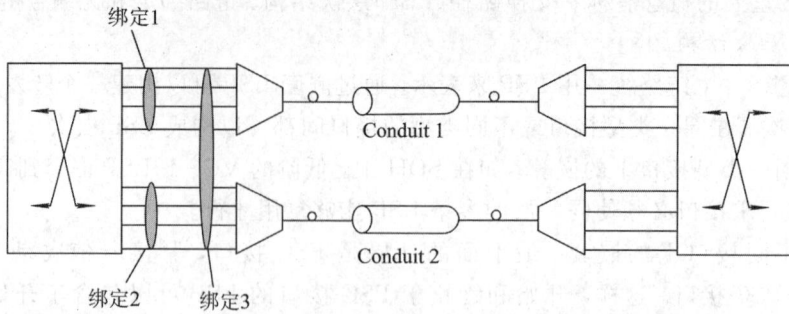

图 7 - 31　链路绑定示意图

由于链路绑定会导致信息丢失，因此对链路绑定需要设定一些条件，在满足这些条件后才可进行。典型的条件有绑定成员链路必须开始和结束于同一对相邻节点；具有路由协议定义的相同的特征和属性，如链路类型（点到点或复用接入），流量工程参数（如管理费用）。链路绑定还可以参考其他参数，如最大带宽和最大可分配带宽等。

3）无编号链路

无编号链路用于标识 GMPLS 的交换对象，如光纤、波长、时隙和分组等。在 MPLS 网络中，用 IP 地址来标识每个链路，而 GMPLS 的交换对象扩展后，不用 IP 地址标识链路而采用其他的替代方法，通常用识别光纤、波长、时隙和分组等来标识对象。其具体操作是在每个网络节点对链路进行本地编号，用链路经过设备的 ID 号或接口序号作为链路的识别标志。采用无编号链路可以减少路由信息库的内容和每条链路配置的数量。

在链路建立过程中，识别无编号链路需要扩展信令协议（RsvP - TE）（或 CR - LDP）。由于链路不是用 IP 地址进行标识的，因此位于无编号链路两端的 LSR 需要识别该链路的本地标识，然后相互交换这一本地标识。现在考虑一条位于 LSRA 和 LSRB 之间的无编号链路，LSRA 选择一个本地标识赋予该链路，LSRB 也选择一个本地标识赋予该链路，对于 LSRA 而言，LSRA 赋予的标识为本地标识，而 LSRB 赋予的标识为远程标识。

GMPLS 技术是 MPLS 技术在光网络领域的扩展。该技术在近几年的发展非常快，问题的研究主要围绕着一些关键技术展开，例如 GMPLS 的节点结构、标签和标签交换路由、LSP 分级、路由和寻址、链路管理、信令机制、链路的保护与恢复、流量工程、GMPLS 的应用等，详细内容请参阅相关书籍或资料。

7.9　ASON 智能光网络

7.9.1　ASON 的概念

ASON 的概念是国际电联在 2000 年 3 月提出的，基本设想是在光传送网中引入控制平面，以实现网络资源的按需分配从而实现光网络的智能化，使未来的光传送网能发展为向任何地点和任何用户提供连接的网，成为一个由成千上万个交换节点和千万个终端构成的网络，并且是一个智能化的全自动交换的光网络。

所谓 ASON(Automatically Switched Optical Network)是指在信令网控制下完成光网络连接自动交换功能,具有网络资源按需动态配置能力的光传送网。它的核心内容是在光传送网络中引入控制平面,实现网络资源实时和动态地按需配置,优化对 WDM 网络波长资源的使用,从而实现光网络的智能化。采用 ASON 技术之后,传统的多层复杂网络结构变得简单和扁平化,光网络层开始直接承载业务,避免了传统网络中业务升级时受到的多重限制,可以满足用户对资源动态分配、高效保护恢复能力以及波长应用新业务等方面的需求。另外,ASON 的概念和思想可以扩展应用于不同的传送网技术,具有普遍适应性。可以说,ASON 的概念不仅是传统传送网概念的历史性突破,而且是传送网技术的一次重大突破,它一经提出即刻引起了国际学术界、工业界和相关标准化组织的广泛关注,成为研究讨论的焦点课题,被看做是具有自动交换功能的下一代光传送网。

ASON 具备一些基本功能,包括:

(1) 发现功能,如邻居发现、拓扑发现和业务发现;

(2) 路由功能,各种条件下路由的计算、更新与优化;

(3) 信令功能,完全信令模式下的连接管理,并结合流量工程;

(4) 保护和恢复功能,网络在出现问题时快速实现业务恢复;

(5) 策略功能,链路管理、连接接纳控制业务优先级管理;

(6) 业务提供功能,方便开展波长批发、波长出租、带宽贸易以及光虚拟专用网等新型业务。

与传统光网络技术相比,ASON 有以下特点:

(1) 以控制为主的工作方式。ASON 的最大特点就是从传统的传输节点设备和管理系统抽象分离出了控制平面,自动控制取代管理成为 ASON 最主要的工作方式。

GMPLS 是来自于 MPLS – TE 为支持光域而进行的扩展,它是一个协议族,使用基于 IP 的控制平面。ASON 既不是一个协议也不是协议族,它是个体系,定义了在光控制平面的组件间的交互作用。GMPLS 继承了 IP 的思想和协议,ASON 却吸收了广泛用于电信传送网的协议概念,例如 SONET/SDH、SS7 和 ATM。因此,ASON 和 GMPLS 不是一种竞争关系,而是互补的关系,两者有一定的联系,并且对彼此的工作互相认知和评估。

(2) 分布式智能。ASON 的重要标志是实现了网络的分布式智能,即网元的智能化,具体体现为依靠网元实现网络的拓扑发现、路由计算、链路自动配置、路径的管理和控制、业务的保护和恢复等功能。传统光网络采用的是集中式的工作方式,在网络日益庞大而复杂的今天,其效率低下是显而易见的,还有诸如生存性、安全性等问题。随着技术的进步(如核心处理芯片处理能力的增加)以及协议的标准化,ASON 在光网络中引入了分布式智能。一方面,连接的建立采用分布式动态方式,各节点自主执行信令、路由和资源分配;另一方面,ASON 还可利用分布式算法快速执行保护和恢复等。分布式的智能是 ASON 强大功能的体现。

(3) 多层统一与协调。传统光网络中,各个层网络是独立管理和控制的,它们的协调需要网管的参与。在 ASON 中网络层次细化,体现了多种粒度,但多层的控制却是统一的,通过公共的控制平面来协调各层的工作。多层控制时涉及层间信令、层间路由和层发现,还有多层储存机制。它只是采用多层统一处理的思想,帮助 ASON 实现自动化的功能。

（4）面向业务。ASON 业务提供能力强大，业务种类丰富，能在光层直接实现动态业务的分配，不仅缩短了业务部署时间，而且提高了网络资源的利用率。更重要的是，ASON支持客户与网络间的服务等级协议（SLA），可根据业务需要提供带宽，可根据客户信号的服务等级（CoS）来决定所需要的保护等级，是面向业务的网络。

7.9.2　ASON 关键技术

ASON 作为新一代的智能交换网络，其核心技术有以下四种。

1. 自动邻居发现技术

ASON 中的自动邻居发现技术主要包括邻接发现和业务发现等。邻接发现对于跟踪相邻网络元素的连接至关重要，它要求本节点连接到邻接节点链路的各种状态参数可以通过协议自动配置或手工配置；业务发现机制可显示客户端设备的处理能力以及从传送网获取业务信息的过程，通过业务发现并能够了解其他网元提供的服务和确定可选的接口。

2. 网络路由技术

ASON 的路由协议主要完成拓扑发现、链路状态信息综合和路由计算等功能，具体包括相邻节点的发现、链路状态的广播、整个网络拓扑的计算和维护、路径的管理和控制、路由指标值的计算，以及保护和恢复等。

3. 信令技术

信令网通过传递用户与网络以及网络与网络之间的业务相关信息来支持控制平面的工作。为了支持交换连接请求，信令网必须具有支持传送能够描述所需业务特征的信息元的能力。ASON 信令的主要功能是在 ASON 网络内建立端到端的呼叫连接，它包括请求呼叫、请求连接和为创建一个连接而建立的各种不同的资源。信令对于网络发生故障时快速地反应和恢复至关重要。

4. 呼叫和连接控制

在 ASON 体系结构中，呼叫连接控制是独立的，这样就能支持多业务传输，包括动态的带宽需求、多链路传输和多重连接等。

7.9.3　ASON 网络结构

ASON 在传统的传送网中引入动态交换控制的概念，不仅是几十年来传送网概念的重大历史性变革，而且是传送网技术的一次重要突破。ASON 网络结构的核心特点是支持向光网络动态申请带宽资源，可以根据网络中业务分布模式动态变化的需求，通过信令系统或者管理平面自主地去建立或者拆除光通路，而不需要人工干预。采用自动交换光网络技术之后，原来复杂的多层网络结构可以变得简单化和扁平化，光网络层可以直接承载业务，避免了传统网络中业务升级时受到的多重限制。ASON 的优势集中表现在其组网应用的动态、灵活、高效和智能等方面，因此可以说支持多粒度和多层次的智能，提供多样化和个性化的服务是 ASON 的核心特征。要想实现上述的网络功能，所面临的主要问题是如何进行业务传送，如何实现自动交换控制，如何实施网络管理等。

ASON 的总体功能构架模型如图 7-32 所示，它包括三个部分，即传送平面（TP，Transport Plane）、控制平面（CP，Control Plane）和管理平面（MP，Management Plane），

各平面之间通过相关接口相连，其中控制平面是 ASON 中最具特色的部分。此外，它还包括用于控制和管理通信的数据通信网（DCN，Data Communication Network）。

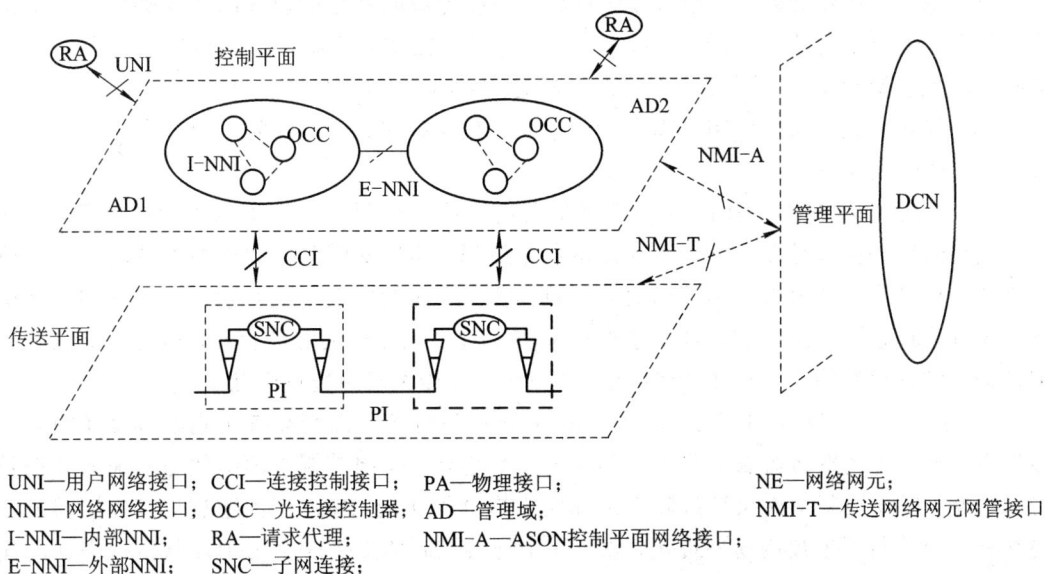

UNI—用户网络接口；　CCI—连接控制接口；　PA—物理接口；　　　　　　　NE—网络网元；
NNI—网络网络接口；　OCC—光连接控制器；　AD—管理域；　　　　　　　NMI-T—传送网络网元网管接口
I-NNI—内部NNI；　　　RA—请求代理；　　　　NMI-A—ASON控制平面网络接口；
E-NNI—外部NNI；　　　SNC—子网连接；

图 7 - 32　ASON 功能结构模型

1）传送平面

传送平面（TP）在两个地点之间提供单向或双向的端到端用户信息传送，还可以提供控制和网络管理信息的传送。它由一系列的传送实体组成，是业务传送的通道，完成光信号的传输、复用、配置保护倒换和交叉连接等功能，并保证所传光信号的可靠性。其具体实现时可以采用光/电/光方式、全光方式或混合方式。

2）控制平面

控制平面（CP）主要面向客户业务，完成呼叫控制和连接控制功能。控制平面由提供路由和信令等特定功能的一组控制元件组成，并由一个信令网支撑，其功能构件可以划分为资源发现、状态信息广播、通道选择和通道控制等，侧重于业务交换的实时性。控制平面通过使用接口、协议以及信令系统，可以动态地交换光网络的拓扑信息、路由信息以及其他的控制信令，实现光通路的动态建立和拆除，以及网络资源的动态分配。

3）管理平面

管理平面（MP）主要面向网络管理者，执行传送平面、控制平面以及整个系统的管理功能，包括性能管理、故障管理、配置管理、安全管理和计费管理，它同时提供在这些平面之间的协同操作。管理平面的重要特征是管理功能的分布化和智能化，其中网络资源管理的智能化将集中在业务层上，而光学资源的管理则将通过一个由业务层和光传输层所共享的控制平面提供。ASON 的管理平面与控制平面是互为补充的，可以实现对网络资源的动态配置、性能监测、故障管理以及路由规划等功能。

4）数据通信网

数据通信网（DCN）为传送平面、控制平面和管理平面的内部以及三者之间的管理信息和控制信息通信提供传送通路。DCN 是一种支持网络七层协议栈中第一层（物理层）、第二层(数据链路层)和第三层(网络层)功能的网络,主要承载管理信息和分布式信令消息。

在 ASON 网络中,为了和网络管理域的划分相匹配,控制平面以及传送平面也分为不同的自治域,其划分的依据一般可按照资源的不同地域或者是所包含的不同类型设备来操作,即使其已经在被进一步划分的域中,为了扩展的需求,控制平面也可以被划分为不同的路由区域,ASON 传送平面的资源也将据此分为不同的部分。

ASON 的传送平面、控制平面和管理平面是相互独立的,但同时三个平面之间又存在着交互,具体表现在:

(1)管理平面与传送平面交互。管理平面负责传送平面中网络资源的管理。管理平面可以划分管理平面和控制平面分别使用的网络资源,传送平面监控和监测连接的失效和质量劣化,并向管理平面提供相关的故障信息。管理平面的失效不应影响传送平面的正常操作。管理平面通过操作一个管理信息模型来实现对底层传送资源的管理,信息模型表示了传送资源的管理视图,并通过管理信息(MI)接口与传送资源进行交互。

(2)控制平面与传送平面交互。控制平面通过与传送平面交互来实施配置交换矩阵和端口等操作。传送平面监测信号失效和信号质量劣化,并向控制平面提供信号失效和信号劣化告警,以便控制平面执行故障定位和网络恢复等功能。控制平面通过连接控制器以及终端和适配执行器来控制物理传送资源,其中连接控制器提供一个用于控制传送平面的连接功能的接口,可以采用协议实现连接控制器与连接功能之间的通信。

(3)管理平面与控制平面交互。控制平面与传送平面一样是网络中可管理的实体。控制平面为管理平面的请求提供服务,如端到端连接指配和控制平面信息查询等,管理平面可以配置控制平面的路由、信令和发现等控制参数。控制平面向管理平面报告控制平面的故障和通知等信息,而管理平面根据需要可以拆除由控制平面建立的连接。

管理平面通过信息模型与控制元件交互,信息模型表示了控制元件的管理视图,它通过控制元件的监视和配置接口与这些元件交互。控制平面的每个元件提供一组特殊接口,用于监视控制元件的操作,进行策略控制和完成内部行为。这些接口与传送功能模型的MI 接口相同,允许元件向管理系统提供视图,并被管理系统配置。图 7-33 给出了控制平面、管理平面与传送(网络)资源的交互关系,其中最下面的部分是物理传送资源,表示真正的物理设备;管理对象(MO)表示设备的外部管理视图,它通过设备内部的管理信息(MI)参考点来实现与设备功能模块之间的交互。

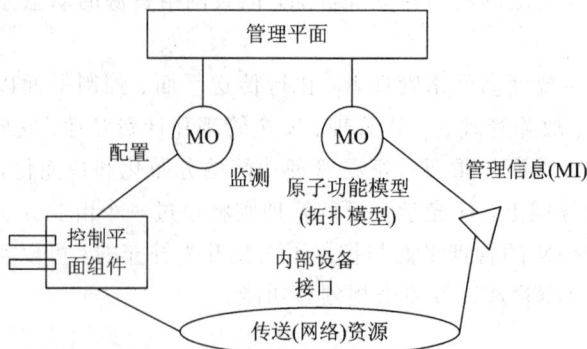

图 7-33 管理平面、控制平面与传送资源的交互

　　从控制平面视图来看，由于控制平面的元件直接对传送资源进行操作，因此控制平面的操作与管理平面相互独立。同样，管理平面的操作与控制平面相互独立。虽然呈现给控制平面的信息与呈现给管理平面的信息相似，但控制平面的信息与管理信息是不相同的，控制平面得到的信息是管理信息的子集。

　　利用上述的分层结构、基本构件和交互关系，可以形成一个集成化管理与分布式智能相结合，面向运营者(管理平面)的维护管理需求与面向客户层(控制平面)的动态服务需求相结合的综合化光网络解决机制与实现方案。

习题与思考题

7-1　什么是全光网络？

7-2　试述光交换的定义。

7-3　光交换技术是如何分类的？

7-4　光分组交换系统根据对控制包头处理及交换粒度的不同，又可分为哪几类？

7-5　什么是空分光交换？

7-6　什么是时分光交换？

7-7　什么是波分光交换？

7-8　什么是结合型光交换？

7-9　光分组交换的功能模型是什么？

7-10　光分组交换(OPS)的关键技术有哪些？

7-11　光分组交换网络分为哪几层？

7-12　试述光突发交换的基本原理。

7-13　光突发交换的关键技术有哪些？

7-14　试对 OBS 与 OCS 及 OPS 技术进行比较。

7-15　简述 MPLS 的基本原理。

7-16　什么是 ASON？简述 ASON 的网络结构及其功能。

第 8 章　全 光 网 络

☞本章主要介绍全光网络的基本概念、关键技术、拓扑结构和网络结构等。

8.1　全光网络的概念及特点

通信网的发展经历了三代：

第一代为纯电网，它采用电缆将网络节点互联在一起，网络节点采用电子交换节点。在纯电网络中，信息的传输、交换、存储和处理均在电域中进行。其特点是：

① 以模拟信号为主要信息；

② 信息在网络节点的时延较大；

③ 节点的信息吞吐量小；

④ 损耗大，带宽窄。

第二代为光电混合网，它在网络节点之间用光纤（光缆）取代传统的电缆，其拓扑架构基本上是电信网的模式。光电混合网的成本和性能得益于光纤的优点。典型网络有同步光网络（SONET）、SDH 和各类企业网如 FDDI（光纤分布数据接口）等。

第三代为全光网络，全光网（AON，All Optical Network）用光节点取代电节点，并用光纤（光缆）将光节点互联成网，即在光域中完成信息的传输、交换和处理等功能，克服了现有网络在信息传送和交换时的电子瓶颈问题，减少了信息传输的拥塞，大大提高了网络的吞吐量。全光网络与光电混合网络的显著区别是它只有最小量的电/光和光/电转换，没有一个节点为其他节点的传输和处理信息服务。

AON 以在光域中完成节点数据的选路与交换为重要标志，随着 DWDM 设备、光层直接联网技术和可实现动态带宽分配的、具有智能型的光交换机（光路由器）的相继开发成功，特别是在组网方面的两项技术的进展使全光网成为可能。这两项组网技术：一是可重构型的光联网节点如光交叉连接器（OXC）和光分插复用器（OADM）的开发成功，在这些光网络节点设备的控制通路中通过使用现有的数据网络控制协议（如多协议标签交换 MPLS、开放式最短路径优先协议 OSPF）来决定路由，并可实现动态指配带宽；二是在 IP 路由器、ATM 交换机和光交换机等设备中强化了流量工程（Traffic Engineering）和基于约束的路由（Constraint-based Routing）技术，使这些设备能动态地决定在什么时间和什么位置需要增加（或减少）多少带宽。上述这两项技术将智能控制和管理信令引入光网络，从而使光网络具有智能性和自动性。

全光网络的概念一提出便引起人们极大的兴趣和广泛的关注。在 20 世纪 90 年代初，一些雄心勃勃的光网络试验网项目相继在美国、欧洲和日本出现，这些项目都以关键技术和设备、部件、器件以及材料的研制开发为突破口，通过现场试验来完成实用化和商用化进程。例如，美国国防部远景规划局于 20 世纪 90 年代初便着手部署光网络及其支持技术方面的重大研究计划。该计划分为两期进行，第一期侧重于验证光网络在技术上的可行性，并形成了两个研究集团：全光网络联盟（AON）和光网络技术协会（ONTC）；第二期研究从 1994 年底到 1995 年初开始，ARPA 支持四个新集团：MONET、NTON、ICON 和 WEST。目前它们在器件技术、网络结构、网络管理和控制以及现场试验等方面已经取得了显著的进展。

欧洲通信委员会进行的光网络计划有 RACE（欧洲先进通信研究与技术发展）和 ACTS（先进通信技术与业务）等。在光网络研究领域中，RACE 计划着重于建设集中宽带网络用到的基础技术的开发工作，通过关键器件的研制和测试证实它们在子系统和系统中的应用；而 ACTS 计划则把注意力集中在光网络的应用技术领域，ACTS 计划当前开展的代表性援救项目主要有 PHOTON（泛欧光子传输网）和 OPEN（泛欧光网络）等。

我国也在加紧对光网络的研究，1999 年 9 月国家"863"项目组设立中国高速信息示范网（CAINONET）项目，目的是要在中国建立一个 DWDM 全光互联网，为所有的接入业务如 IP、ATM、PSTN 和 SDH 等建立一个统一的操作平台，使子网之间在全光域上实现互联。

在各国加紧对全光网络进行研究、试验和开发的同时，ITU-T 也正在抓紧研究有关全光网络的建议。ITU-T 在光组网传送结构、光参数规范、光接口定义、光网元的功能定义和全光网的管理等方面加速了标准化进程。

全光网络全部采用光波技术来完成信息的传输和交换，包括光传输、光放大、光再生、光选路、光交换、光存储和光信息处理等先进的全光技术。全光网络既是光纤通信技术发展的最高阶段，也是理想阶段，实现透明、应用灵活、性能稳定和具有高度生存性的全光通信网是宽带通信网的发展目标。

全光网络具有如下特点：

（1）充分利用光纤的带宽资源，传输信息的容量大、质量高。全光网采用 DWDM 技术，可以充分发掘光纤的宽带潜力，增大传输容量；光域的组网使网内光信号的流动没有光/电转换的障碍和信息传输电子瓶颈的限制。

（2）全光网最重要的优点在于它的开放性。它不但与现有的通信网有良好的兼容性，而且还支持未来的 B-ISDN 以及网络的升级。

（3）全光网具有可扩展性和可重构性。全光网利用 OADM 可在不同的节点上灵活地上/下波长。在网络中使用 OXC，可以方便地增加节点或移动节点。当用户通信量增加或网络出现故障时，可以通过改变 OXC 的连接方式动态地变换网络的结构，对网络进行重构。

（4）波长再利用。在网络不同位置的光通道中可重复使用同一波长，即在两个空间上不重叠的光通道中可以用同一波长来传送数据。例如，在图 8-1 中，节点 A、B 之间和节点 C、D 之间的光通道可以同时采用波长 λ_1 来传送信息。虽然可用的波长数量是有限的，但网络可提供的光通道数量比可用波长的数量要多得多。

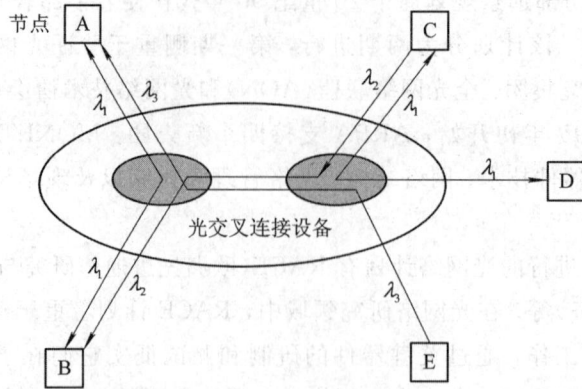

图 8-1　波长选择路由示意图

（5）全光网通过波长选择器来实现路由选择，即以波长来选择路由（见图 8-1），各个连接是通过承载信息的波长来识别的，因此它具有对调制方式（模拟或数字）、转移模式（ATM、STM 等）、传输速率的透明性，可以提供多种协议业务，同时不受限制地提供端对端业务。全光网在本质上是完全透明的。

（6）全光网具有高的灵活性和可靠性。在组网上，可通过波长选路由，减少了网络硬件，降低了费用，提高了网络的灵活性。在全光网中引入了一个新的通道层——光通道子层，它能够完成路由选择、网络监控、保护倒换和网络恢复等功能。另外，在网络中使用的许多光器件是无源器件，增强了网络的可靠性和可维护性。

8.2　全光网络的关键技术

8.2.1　全光传输

采用单模光纤的好处是传输距离长、通信频带宽，但随着全光网络的发展，人们已开始不满足于目前常规单模光纤的传输距离和通信容量，对单模光纤的传输能力提出了更高的要求。影响传输距离的因素主要有两个，其一是光纤损耗，其二是光纤色散。光纤损耗所限制的最长传输距离可通过光放大器得以继续延伸，光纤色散所导致的距离限制可以采用色散补偿技术和非线性色散调节技术来解决。

1. 光放大器

补偿光纤损耗最有效的办法是用光放大器直接对光信号进行放大，无需转换成电信号。这一技术的出现是光纤通信发展史上的一场革命，是实现全光通信的关键。至今研制出的光放大器有两大类，即光纤放大器(最典型的是 EDFA)和半导体光放大器(SOA)，其中光纤放大器又分为两种，即掺稀土元素的光纤放大器和利用常规光纤的非线性效应(如受激拉曼散射、受激希里渊散射等)的光放大器(见图 8-2)；半导体光放大器主要是行波半导体激光放大器，商用化的是 EDFA，但半导体激光放大器(SOA)是研究的热点，这是因为它在全光网中有较好的应用前景。

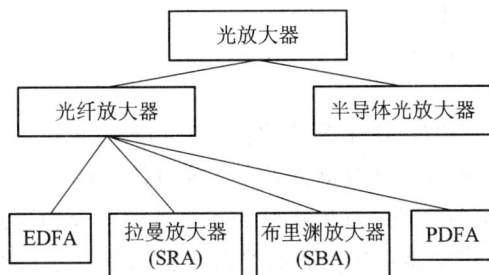

图 8-2　光放大器的类型

1) 光纤放大器

光纤放大器的工作原理与固体激光器的工作原理非常相似。在激光激活物质内造成粒子数反转分布状态，并产生受激辐射。为了造成稳定的粒子数反转分布状态，参与光跃迁的能级应超过两个，一般是三能级和四能级系统，同时要有泵浦源不断地提供能量。为了有效的提供能量，泵浦光子的波长应短于激光光子的波长，即泵浦光子的能量要大于激光光子的能量。另外谐振腔形成正反馈，这样一来就可形成激光放大器。

(1) 掺铒光纤放大器(EDFA)的特性。掺 Er^{3+} 光纤中的铒离子被泵浦光激励后从低能态激发跃迁到激发态，当信号光($1.53\ \mu m \sim 1.56\ \mu m$)通过该光纤时就会产生受激发射，使信号得到放大。这种光纤放大器具有以下一些特点：

① 带宽值很大。若增益为 27 dB，则 3 dB 带宽为 33 nm，如果每路占 5 GHz 的带宽，那么可同时放大 1000 路信号。

② 增益值很高。增益一般可大于 30 dB，甚至高于 46 dB。

③ 泵浦效率很高。在激光器中，外部能量通常会以光或电流的形式输入到产生激光的媒质中，把处于基态的电子激励到较高的能级(高能态)。若用 980 nm 光源泵浦，则效率为 10 dB/mW；若用 1480 nm 光源泵浦，则效率为 5.1 dB/mW。

④ 噪声低，并接近量子极限。在 1000 km 干线上用几十或上百个光放大器，能在很宽的频带内保持低噪声。

⑤ 工作稳定性好。增益与泵浦频谱和泵源的大小之间关系不大，基本上不受温度变化的影响，而且串扰也很小。

⑥ 放大特性与偏振无关，即对偏振不敏感。放大特性与光信号的传输方向无关，可以实现双向放大。

⑦ 光纤放大器与传输光纤之间的连接耦合效率高。

光纤放大器的唯一一个缺点就是不能与其他器件集成，这将限制它在光电子集成(OEIC)中的应用，而光电子集成又是光电子领域的一个重要发展方向。

(2) 拉曼(Raman)光放大器。拉曼光放大器是在最近几年内对光放大器的研究所取得的重要成果，已开始进入商业应用。它的工作原理是这样的：当一定波长的大功率激光耦合进入光纤时，激光就会与光纤波导介质发生相互作用而产生非线性效应，如受激拉曼散射(SRS)和受激布里渊散射(SBS)等。拉曼光放大器就是利用拉曼散射过程中，把泵浦光的能量不断转移给信号光，从而使信号光不断地得到放大，这就是拉曼光放大器的工作原理。

拉曼光放大器有以下优点：

① 带宽值很大，几乎无限；

② 低噪声；

③ 灵活的带宽设计，带宽取决于泵浦波长，如 1480 nm 和 1450 nm；

④ 分体式放大，即沿光纤线路逐渐地放大，这可使非线性影响最小化；

⑤ 传输介质直接作增益介质，避免或减少了有关的耦合和连接。

当前拉曼光放大器已广泛地应用于各种光纤通信系统，为了降低光纤线路的非线性效应，常常同时采用 EDFA 和拉曼光放大器，将两者混合使用。

2) 半导体光放大器

半导体光放大器(SOA)基本上是偏置在略低于阈值电流的半导体激光二极管(LD)芯片，被放大的信号从其一端输入，在有源区放大后从其另一端输出。通常 LD 芯片两端面的反射系数为 $R_1 = R_2 = 0.3$ 左右；但对于 SOA，其两端面一般要抗反(AR)镀膜以降低反射系数，一方面是为了增大增益带宽，另一方面可减小偏置电流、温度和输入信号偏振态等的脉动对增益特性的影响。为了降低芯片与输入光纤的耦合损耗，通常采用透镜光。

按端面反射系数值的大小可将 SOA 分为两类：一类为 FP 的放大器(FPA)，端面反射系数为 0.01～0.3，输入信号在两端面间产生正反馈谐振放大后才输出；另一类为行波放大器(TWA)，理论上要求端面反射系数为 0，即没有端的反馈。输入信号单向通过放大器被放大后输出，称为单通放大；其增益称为单通增益或行波增益。在实际情况中，TWA 的端面反射系数不可能为 0，但要尽可能地低，小于 10^{-4} 甚至 10^{-6}。

半导体光放大器工作在线性状态时，可作为光纤通信系统的全光中继器、功率提升放大器及接收机前置放大器等；若而工作在非线性状态时，则可作为波长转换器、光开关、调制器和双稳态器件等。SOA 的主要优点是频带宽、体积小、功率消耗小，同时在波长的选择上比 EDFA 和 FRA 有更大的自由度，能填补 EDFA 不能工作的波长间隙。传统的 SOA 中存在的主要问题是较高的噪声系数，多信道应用时的信道间串扰和增益对偏振态灵敏，限制了它在光纤通信系统，尤其是在 WDM 系统中的应用。

2. 超高速光纤传输

光纤制造技术正在进入成熟阶段，自从 20 世纪 70 年代后期光纤实现商业化以来，光纤的制造技术逐渐走向成熟，光纤在通信、数据网以及有线电视产业中得到了应用。在通信中光纤可用于局间子线、陆地长途骨干网、馈入环网以及海底的长途系统；在数据网中，光纤的应用包括局域网(LANs)、城域网(MANs)和广域网(WANs)。

现在全光网络正在面临新的挑战。从光纤的角度来看，全光网络实质上是在一根光纤中必须能够将更多的波长传输更远的距离，通常是以更高的速率和功率电平实现的。无再生中继传输的距离可以从少于 300 m 的系统到远至几千千米的海底通信系统。每个波长信号的速率可能只有 10 Mb/s，但也有速率可能高达 10 Gb/s 的长途通信系统，而且在不久的将来速率可能高达 40 Gb/s。现在全光网络对光纤提出的新的要求使其更加完善和专业化。

自 1990 年以来，人们为了提高光纤的传输速率进行了各种研究和测试，有几项技术日渐成熟：

(1) EDFA。掺铒光纤放大器改变了传统的光—电—光中继方式，使光通信的格局发生了巨大变化，它可以同时放大一根光纤中的多路光信号，可使一根光纤中传输的信息量极大地增加，解决了光中继的成本和传输中的损耗问题。

(2) WDM。波分复用能在一根光纤中传输多路不同波长的信号。

(3) 色散管理。色散管理可以在一定程度上解决信号传输过程中的色散和非线性的限制。

目前，实现超高速光纤通信主要有四种方式：光时分复用、光频分复用、采用特殊的光脉冲和编码方式，使相同码元携带更多的信息。

1) 光时分复用

光时分复用(OTDM)是将多路光信号用时分复用的方式使它们在同一根光纤中传输，实现超高速传输，达到大幅度、大容量的目的。OTDM 采用超短光脉冲，可使单信道的最高速率达到 640 Gb/s，频带的利用率很高。由于其传输只采用一个载波，因此 OTDM 系统可在光频上直接进行信号处理，控制和管理十分方便。

OTDM 的关键技术有超短光脉冲的产生技术、时分复用/解复用技术、同步和时钟提取技术以及超高速光脉冲的传输和测量技术。

2) 光频分复用

光频分复用就是使用不同的光载波在频率上分开，包括 WDM(波分复用)、DWDM(密集波分复用)和 FDM(频分复用)，这三种传输方式的基本原理相同，但因为其波长之间的间隔不同，所以其结构的特点也有所不同。WDM 中光波的波长间隔比较大，容易实现，因而实用性较强，应用也比较普遍。下面以 WDM 为例，简单介绍一下其关键技术以及受限因素和相应的解决办法。

WDM 的关键技术有：

(1) 器件及设备。在 WDM 中有多个光载波，因而必须有频率稳定、多波长的光源-波长复用/解复用器，如宽带增益平坦的 ED2FA，稳定的可调谐滤波器，大规模开关陈列，波长转换器，光交叉连接设备(OXC)，光分插复用设备(OADM)等。

(2) 长距离传输中的管理。它包括减少光传输中的色散，使各波长的色散相等以减小非线性的影响等。

(3) WDM 组网。它包括网络结构和资源分配以及维护控制，主要解决 WDM 网络体系结构在通信网络中的位置，如波长分配，路由选择算法，全光网络的运营维护管理、可重构性和可扩展性等问题。

现阶段的 WDM 主要应用于点到点的通信系统中，在长距离传输中其受到限制的因素有两个：光信噪比 SNR 和色散及色散倾斜率。

(1) 在长距离传输中，ED2FA 的级联使放大的自发辐射(ASE)噪声累积，从而降低了光信噪比，可以通过减小两个放大器之间的距离或者改善放大器的噪声指数来改善 SNR。

（2）发射机信号与色散的混合效应和光纤的非线性效应（克尔效应与色散的混合）使光信号发生畸变，可以采用色散管理技术，使传输中采用的光纤的色散正、负值交替，使系统总的色散值为 0，以减小信号畸变的影响。另外，色散斜率使 WDM 不同信道的色散不同，导致系统性能下降，可以采用在接收端加入色散均衡设备进行补偿，也可在系统中进行色散补偿，如采用光纤布拉格光栅色散补偿器等。

3）光孤子

光孤子是一种在传输过程中形状和速度均不改变脉冲状的波，这些孤立的波在相互碰撞后保持各自原来的形状和速度，像粒子一样，因此也被称做孤立子。在光纤中，光孤立子的产生是光纤中的色散和非线性效应共同作用的结果，由于光孤子脉冲波形在传输过程中保持不变，减小了光纤色散对光纤传输速率及传输距离的限制，因此大大提高了光纤通信的传输速率。同时，利用光孤子可以实现频分复用、时分复用及双向传输，即在 OTDM 和 WDM 技术中利用光孤子来传输。

光孤子通信是一种全光非线性通信，在光孤子的传输中，光纤折射率的非线性效应导致对光脉冲的压缩可以与群速色散引起的光脉冲展宽平衡。在一定条件下，光孤子能够长距离、不变形地在光纤中传输，完全摆脱了光纤色散对传输速率和通信容量的限制。

4）光 CDMA

CDMA 是基于 OTDM 和 WDM 之上的一种多路存取方式，它可以使相同带宽和比特率的光信号携带更多的信息。在光纤 CDMA（OCDMA）中，每一位数据都被一个序列编码，每个用户都有一个单独的序列，在发送端，对要传输的数据的序列码进行光正交编码，然后实现多个用户共享同一光纤信道；在接收端，用与发送端相同的地址码进行光正交解码，恢复原用户数据。OCDMA 技术以光纤作为传输信道，利用高速光信息处理技术进行扩频和解频，实现了多址接入和信道共享，其关键技术主要是采用何种扩频码和光编/解码技术。

3. 色散补偿

色散是光纤具有的一种重要的光学特性，色散引起光脉冲的展宽，严重限制了光纤的传输容量及带宽。对于多模光纤，起主要作用的色散机理是模式色散或称模间色散（即不同的模以不同的速率传输所引起的色散）。对于单模光纤，起主要作用的色散机理是色度色散或称模内色散（即不同的光频率在不同的速率下传输所引起的色散）。由于多模光纤受模间色散的限制，因此其传输速率不能超过 100 Mb/s，而单模光纤则比多模光纤更优越，在长途干线实际应用中用的也都是单模光纤，下面也仅考虑单模光纤的色散。

单模光纤的模内色散主要是材料色散和波导色散。材料色散是指由于频率的变化导致介质折射率变化而造成的传输常数或群速变化的现象；波导色散是指由于频率的变化导致波导参数变化而造成的传输常数或群速变化的现象。造成模内色散的主要原因是实际光源都是复色光源。另外，在单模光纤中实际上传输着两个相互正交的线性偏振模式，但由于光纤的非圆对称、边应力、光纤扭曲和弯曲等造成轻微的传输速度差，从而形成偏振模色散。

目前，已有多种光纤色散补偿方案被提了出来，如后置色散补偿技术、前置色散补偿技术、色散补偿滤波器、高色散补偿光纤(DCF)技术、啁啾光纤光栅色散补偿技术以及光孤子通信技术等。后置色散补偿技术是通过电子技术在光信号接收端补偿光纤色散引起的脉冲展宽,多用于相干光纤通信系统,适应于低码速的通信系统,传输距离仅有几个色散长度。前置色散补偿技术主要包括预啁啾技术、完全频率调制技术、双二进制编码技术、放大器诱导啁啾技术和光纤诱导啁啾技术,无论是使用哪种前置色散补偿技术,都要在光脉冲进入光纤之前产生一个正的啁啾($C>0$),以实现脉冲压缩。色散补偿滤波器技术是采用 Fanry – Perot 干涉和 Mach – Zehnder 干涉技术进行色散补偿。然而相对较高的损耗和较窄的带宽限制了 Fabry – Perot 干涉技术的应用,对输入光偏振比较灵敏和带宽比较窄是 Mach – Zehnder 干涉技术的缺点。

8.2.2 光波分复用技术

光波分复用技术是将光纤的低损耗窗口可使用的光谱带宽划分为若干极窄的子带宽,信号经强度调制后,被调制在子带宽的中心波长上并在子带宽内传输,即在一根光纤中同时传输多波长光信号的一项技术。其基本原理是在发送端将不同波长的光信号组合起来(复用),并耦合到光缆线路上的同一根光纤中进行传输,在接收端又将组合波长的光信号分开(解复用),并作进一步处理,恢复原信号后送入不同的终端,因此将此项技术称为光波长分割复用,简称光波分复用(WDM)技术。人们把在同一窗口中信道间隔较小的波分复用成为密集波分复用(DWDM, Dense Wavelength Division Multiplexing);光信道十分密集的称为光频分复用(OFDM, Optical Frequency Division Multiplexing)。习惯上采用 WDM 和 DWDM 来区分是由 1310/1550 nm 简单复用(双波长复用)还是在 1550 nm 波长区段内的复用。由于目前一些光器件与技术还不十分成熟,因此要实现光频分复用还较为困难,而 1310/1550 nm 的复用由于超出了掺铒光纤放大器(EDFA)的范围,只用在一些专门场合,在这种情况下,在电信网中应用时都采用 DWDM 技术,因此本书在下面的内容中均采用 DWDM 这个名称来介绍 WDM 技术。

目前 DWDM 都是在 1550 nm 波长区段内,其中波长区段 1525 nm~1565 nm 一般被称为 C 波段,这是目前系统所用的波段,若能消除其损耗谱中的尖峰,则可在 1280 nm~1620 nm 波段内充分利用光纤的低损耗特性(称之为全波光纤),使波分复用系统的可用波长范围达到 340 nm 左右,从而大大提高传输容量。

WDM 采用 C 波段的 8、16 或更多个波长,在一对光纤上(也可采用单光纤)构成光通信系统,其中每个波长之间的间隔为 1.6 nm、0.8 nm 或更低,分别对应约 200 GHz、100 GHz 或更窄的带宽。目前一般系统应用时所采用的信道波长是等间隔的,即 $k \times 0.8$ nm(k 取正整数)。人们正在研究与开发的波段是 L 波段(1570 nm~1620 nm)和 S 波段(1400 nm)的 DWDM 系统。

WDM 技术对网络的扩容升级,发展宽带业务(如 CATV、HDTV 和 B – ISDN 等),充分挖掘光纤带宽能力,实现超高速通信等具有十分重要的意义,尤其是 WDM 加上掺铒光纤放大器(EDFA)更是对现代信息网络具有强大的吸引力。

就光通信系统的发展而言,如果某一个区域内所有的光纤传输链路都升级为 WDM 传输,我们就可以在这些 WDM 链路的交叉处设置以波长为单位对光信号进行交叉连接的光交叉连接设备(OXC),或进行光上/下路的光分插复用器(OADM),那么在原来由光纤链路组成的物理层上面就会形成一个新的光层。在这个光层中,相邻光纤链路中的波长通道可以连接起来,形成一个跨越多个 OXC 和 OADM 的光通道,完成端到端的信息传送,并且这种光通路还可以根据需要灵活、动态地建立和释放,这个光层就是目前引人注目的、新一代的 WDM 全光网络。

下面分析 WDM 技术的主要特点:

(1) 充分利用光纤的巨大带宽资源。WDM 技术充分利用了光纤的巨大带宽资源(低损耗波段),使一根光纤的传输容量比单波长传输的增加几倍至几十倍,从而增加光纤的传输容量,降低其成本,具有很大的应用价值和经济价值。目前光纤通信系统只在一根光纤中传输一个波长信道,而光纤本身在长波长区域有很宽的低损耗区,有很多的波长可以利用,例如,现在人们所利用的只是光纤低损耗频谱中极少的一部分,即使全部利用掺铒光纤放大器(EDFA)的放大区域带宽(1530 nm～1565 nm),也只是占用其带宽的 1/6 左右,所以 WDM 技术可以充分利用单模光纤的巨大带宽,从而在很大程度上解决了传输的带宽问题。

(2) 同时传输多种不同类型的信号。由于 WDM 技术中使用的各波长相互独立,因而可以传输具有完全不同特性的信号,完成各种电信业务的综合和分类,包括数字信号和模拟信号,以及 PDH 信号和 SDH 信号,实现多媒体信号(如音频、视频、数据、文字和图像等)的混合传输。

(3) 实现单根光纤双向传输。由于许多通信(如电话业务)都采用全双工方式,因此采用 WDM 技术可节省大量的线路投资。

(4) 多种应用形式。根据需要 WDM 技术可有很多应用形式,如陆地长途干线网、广播式分配网络、用户接入网、局域网络和海底光缆等,这对网络的应用十分重要。

(5) 节约线路资源。采用 WDM 技术可使 N 个波长复用起来在单模光纤中传输,在大容量长途传输时可以节约大量的光纤。另外,对已建成的光纤通信系统扩容方便,只要原系统的功率富余度较大,就可进一步增容而不必对原系统做大的改动。

(6) 降低器件的超高速要求。随着传输速率的不断提高,许多光电器件的性能已不能满足要求,使用 WDM 技术既可降低对一些器件在性能上的极高要求,如激光器的频率稳定性等,同时又可实现大容量传输。

(7) IP 的传送通道。波分复用通道对数据格式是透明的,即与信号的速率及电调制的方式无关,在网络的扩充和发展中是理想的扩容手段,也是引入宽带新业务(如 IP 等)的方便手段,通过增加一个附加波长即可引入任意想要的新业务或新容量,如目前或将要实现的 IP over WDM 技术。

(8) 高度的组网灵活性、经济性和可靠性。利用 WDM 技术进行波长的选择,实现网络的交换和恢复,从而实现未来透明、灵活、经济且具有高度生存性的光网络。

8.2.3 全光交换

1. 光交换技术的概念及特点

光交换技术也是一种光纤通信技术,它是指不经过任何光/电转换在光域直接将输入光信号交换到不同的输出端。光交换系统主要由输入(接口)模块、光交换矩阵、输出(接口)模块和控制单元四部分组成,如图 8-3 所示。光交换技术可分成光路光交换和分组光交换两种类型，前者可利用 OADM(光分插复用器)和 OXC(光交叉连接设备)等设备来实现，而后者对光部件的性能要求更高。

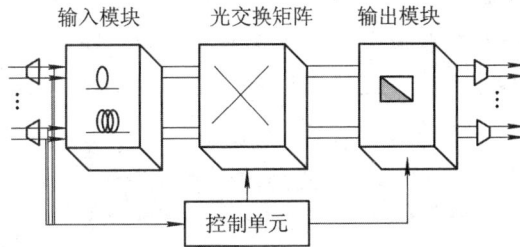

图 8 - 3　光交换系统的组成

　　由于目前光交换技术不算十分成熟，还不能完成控制部分复杂的逻辑处理功能，因此国际上现有的分组光交换单元还要由电信号来控制，即电控光交换。随着光器件技术的发展，光交换技术的最终发展趋势将是光控光交换。光分组交换系统所涉及的关键技术主要包括：光分组交换(OPS)技术、光突发交换(OBS)技术、光标签分组交换(OMPLS)技术和光子时隙路由(PSR)技术等，目前主要是在实验室内进行研究与功能实现。这些技术能确保用户与用户之间的信号传输与交换全部采用光波技术，即数据从源节点到目的节点的传输过程都在光域内进行。

　　随着通信网络逐渐向全光平台发展，网络的优化、路由、保护和自愈功能在光通信领域中显得越来越重要。光交换技术能够保证网络的可靠性和提供灵活的信号路由平台，尽管现有的通信系统都采用电路交换技术，但是发展中的全光网络却需要由纯光交换技术来完成信号路由功能以实现网络的高速率和协议透明性。光交换技术为进入节点的高速信息流提供动态光域处理，仅将属于该节点及其子网的信息上/下路并交由电交换设备继续处理，它具有以下几个优点：

　　(1) 可以克服纯电子交换的容量瓶颈问题。

　　(2) 可以大量节省建网和网络升级的成本。如果采用全光网技术，那么网络的运行费用将节省 70%，设备费用将节省 90%。

　　(3) 可以大大提高网络的重构灵活性和生存性，以及缩短网络恢复的时间。

2. 光交换技术的分类

　　目前，光交换技术可分成光的电路交换(OCS)和光分组交换(OPS)两种主要类型。光的电路交换类似于现存的电路交换技术，采用 OXC、OADM 等光器件设置光通路，中间节点不需要使用光缓存，目前对 OCS 的研究已经较为成熟。根据交换对象的不同 OCS 又可以分为光时分交换技术、光波分交换技术、光空分交换技术和光码分交换技术。

　　(1) 光时分交换技术。时分复用是通信网中普遍采用的一种复用方式，时分光交换就是在时间轴上将复用的光信号的时间位置 t_1 转换成另一个时间位置 t_2。

　　(2) 光波分交换技术。它是指光信号在网络节点中不经过光/电转换而直接将所携带的信息从一个波长转移到另一个波长上。

　　(3) 光空分交换技术。它是根据需要在两个或多个点之间建立物理通道，这个通道可以是光波导也可以是自由空间的波束，信息交换是通过改变传输路径来完成的。

　　(4) 光码分交换技术。光码分复用(OCDMA)是一种扩频通信技术，不同用户的信号用互成正交的不同码序列来填充，接收时只要用与发送方相同的码序列进行相关接收即可恢复原用户信息。光码分交换的原理就是将某个正交码上的光信号交换到另一个正交码上，实现不同码之间的交换。

光分组交换系统根据对控制包头处理及交换粒度的不同，又可分为光分组交换技术、光突发交换技术和光标签分组交换技术。相关内容在 7.1 节中已作了介绍。

8.3 全光网络结构

8.3.1 全光网络的拓扑结构

对于全光网络的拓扑结构，通俗地说，拓扑就是网络的形状，包括一组节点的集合和一组点到点的光纤链路的集合。任何通信网络都存在两种拓扑结构，那就是物理拓扑和逻辑拓扑（也称为虚拓扑），其中物理拓扑表征网络节点的物理结构；逻辑拓扑表征网络节点间业务的分布情况。

1. 物理拓扑

网络的物理拓扑就是网络节点的物理连接关系，从其组成上讲，它是网络节点与光缆链路的集合。在波分复用技术发展的早期，点到点的连接是唯一的应用方式。随着节点技术的发展，WDM 组网技术得到了人们的重视，光分叉复用器（OADM）以及光交叉连接（OXC）设备的出现使各种物理拓扑的实现成为可能。除简单的点到点的连接方式外，基本的物理拓扑还有以下几种，如图 8-4 所示。

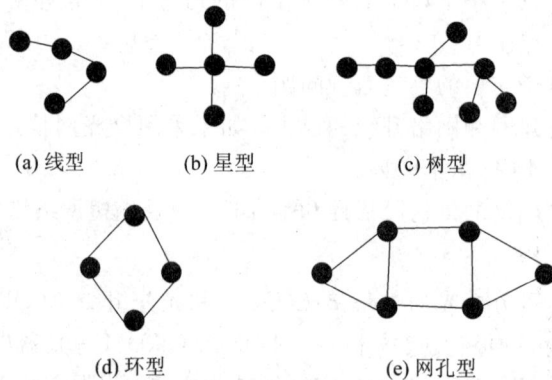

(a) 线型　(b) 星型　(c) 树型　(d) 环型　(e) 网孔型

图 8-4　全光网物理拓扑

（1）线型。当所有的网络节点以一种非闭合的链路形式连接在一起时，就构成了线型拓扑，如图 8-4(a)所示。通常这种结构的端节点是波分复用终端(LTmcs)，中间节点是光分叉复用器(OADM)。这种结构的优点是结构简单，而且可以灵活上/下光载波，但其生存性较差，这是因为节点或链路的失效将把整个系统割裂成若干个独立的部分，而无法实现有效的网络通信。

（2）星型。当所有网络节点中只有一个特殊节点与其他所有节点有物理连接，而其他各节点之间都没有物理连接时就构成了所谓的星型结构（也称枢纽结构），如图 8-4(b)所示。其中该特殊节点称为中心节点，它通常由具有 WXC 功能的节点承担；而其他节点称为从节点，可以使用波分复用终端设备。

在这种结构中，除中心节点外，其他任何节点之间的通信都要经过中心节点转接（光或电的转换），这为网络带宽的综合管理提供了有利的条件，但一个潜在的危险是中心节点的失效。另外，这种网络要求中心节点有很强的业务处理能力，以疏导各从节点与中心节点以及从节点之间的通信业务，这种结构与树型网络通常用于业务分配网络，在这两种网络结构中，除与中心节点的通信外，各节点之间的通信要求比较低。

（3）树型。树型网络是星型网络与线型网络的结合，如图 8-4(c)所示，也可以看做是星型拓扑的拓展，可以使用分割概念对树型拓扑进行分析，即把它分割成若干个星型与线型子网络的有机结合，再在子网络分析的基础上进行综合。

（4）环型。如果在线型拓扑中两个端节点也使用光分插复用设备，并用光缆链路连接，那么就形成了环型拓扑，如图 8-4(d)所示。可以注意到，在环型拓扑中，任何两个网络节点之间都有长短不同的两条且传输方向相反的路由，这就为网络的保护提供了有力的物理基础。环型拓扑的优点是实现简单，生存性强，可以应用于各种场合。

（5）网孔型。在保持连通的情况下，所有网络节点之间至少存在两条不同的物理连接的非环型拓扑便为网孔型拓扑，如图 8-4(e)所示。若所有节点两两之间都有直接的物理连接，则成为理想的网孔型。为了实现网络的强连通要求，构成网孔型网络的节点至少应该是 OADM，通常使用 OXC。显然，与其他拓扑相比，网孔型拓扑的可靠性最高，但其结构复杂，相关的控制和管理也相当复杂，通常仅在要求高可靠性的骨干网络中使用。

综上所述，各种拓扑结构各有特点，在选用时，应该根据其建设成本、站点分布、业务需求以及网络的可扩展性等多方面的因素进行综合考虑。

2. 逻辑拓扑（虚拓扑）

逻辑拓扑指的是网络节点之间业务的分布状况，它与物理拓扑联系紧密，比较常见的以下几种结构，如图 8-5 所示。

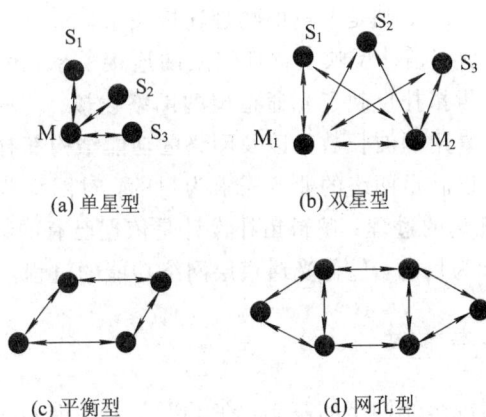

(a) 单星型　　　　(b) 双星型

(c) 平衡型　　　　(d) 网孔型

图 8-5　全光网的逻辑拓扑

1) 星型

星型逻辑拓扑有单星型和双星型两种，分别如图 8-5(a)和(b)所示。在单星型结构中，存在一个中心节点(M)，负责与其他节点(S)沟通，这样，除中心节点外，其他节点之间的所有通信联系都要经过中心节点中转，这给网络节点之间的通信带来不便。在单中心节点的情况下，中心节点的失效将使整个网络陷入瘫痪，因此它的可靠性比较差。为了加强可靠性，可使用双中心节点的配置，如图8-5(b)所示，其中 M_1 和 M_2 是两个中心节点，$S_1 \sim S_3$ 是从节点。在这种配置中，所有的从节点都与两个中心节点有通信联系，同时中心节点之间也有通信联系，这样，即使一个中心节点失效，也不会影响从节点之间的通信，从而提高了网络的可靠性。

2) 平衡型拓扑

平衡型拓扑如图8-5(c)所示，这种逻辑拓扑构型只存在于线型与环型物理拓扑的网络中。在这种结构中，业务连接关系只存在于有物理连接的节点之间，没有物理连接的节点之间的通信将要通过所有中间节点的中转才能实现。在本质上，这是一种点到点通信方式的背靠背组合形式，因而在很大程度上丧失了全光通信网络的灵活性，通常只用于相邻节点间有业务的情况。

3) 网孔型拓扑

如果任选两个网络节点构成一个节点对，那么在网孔型逻辑拓扑中，除了可以保证所有网络节点都能建立通信连接外，绝大部分节点对都存在直接的通信通道，如图8-5(d)所示。这种逻辑拓扑有很强的生存能力，但相应的控制和管理相当复杂。

3. 物理拓扑与逻辑拓扑的区别

由上所述，波分复用网络的物理拓扑是指由网络节点和节点之间的波分复用链路构成的网络物理连接结构，与光缆线路的敷设路由直接相关，通常不可能随业务的改变而随时改变。利用光通道概念构成的逻辑拓扑与节点之间的业务分布紧密相关，可以由软件配置而比较容易地将其改变。

物理拓扑和逻辑拓扑的主要区别如下：

(1) 物理拓扑的基础是节点之间的物理连接；逻辑拓扑的设计基础是节点之间的逻辑连接(业务连接)关系，而实现基础是节点的物理连接关系。

(2) 在全光网络中，物理拓扑反映了物理媒质的连接关系，拓扑的复杂度与网络节点的端口数量紧密相关；逻辑拓扑反映了光通道层的网络连接、传输和处理能力，拓扑的复杂度与节点端口的数量、复用的波长数量以及网络的功能结构都有直接的关系。

(3) 物理拓扑设计是以满足网络的业务需求为目的，对网络节点的地理分布和节点之间的物理连接关系进行优化的过程；逻辑拓扑设计是依据已有的物理拓扑，以提高网络的运营(如何使用网络)指标为目的，优化光通道层网络功能的过程。

8.3.2　全光网络的基本结构

分层结构是定义和研究全光网络的基础，在ITU-T标准 G. otn 和 G. 872 发布以前，许多学者根据不同的侧重点对光传送网的分层结构进行了研究。光传送网的分层结构应该考虑 SDH 网络到 WDM 光网络的平滑过渡，并满足网络规划和管理的需要。已发布的G. 872 建议(草案)，已明确在光传送网络加入光层，按照该建议，光层由光信道层、光复用段层和光传输段层组成，如图8-6所示。

光传送网络

电路层
通道层
复用段层
再生段层
物理层(光纤)

(a) SDH网络

电路层
电通道层
电复用段层
光层
物理层(光纤)

(b) WDM网络

电路层	电路层	虚通道
PDH通道层	SDH通道层	虚通道
电复用段层	电复用段层	(没有)
光信道层		
光复用段层		
光传输段层		
物理层（光纤）		

(c) 光层分解

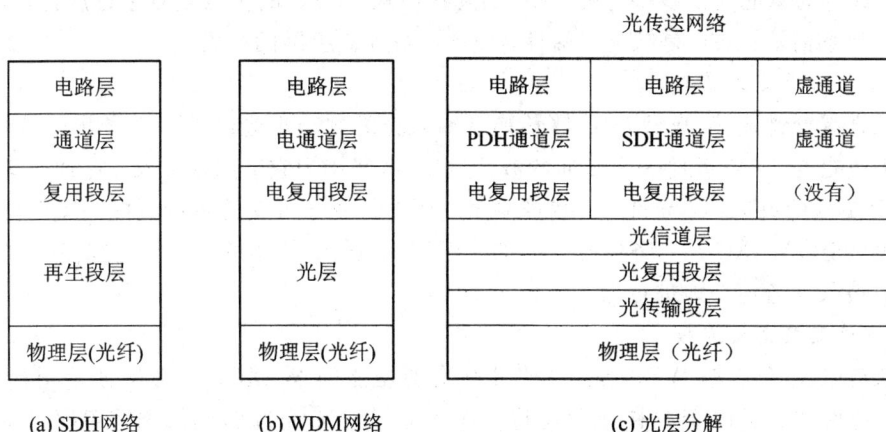

图 8 - 6　光通信网络的分层结构

1. 光信道层

光信道层（Optical Channel Layer）负责为来自电复用段层的客户信息选择路由和分配波长，为灵活的网络选路并安排光信道的连接，处理光信道开销，提供光信道层的检测和管理功能。在故障发生时，它可通过重新选路或直接把工作业务切换到预定的保护路由来实现保护倒换和网络恢复。

2. 光复用段层

光复用段层（Optical Multiplexing Section Layer）保证相邻两个波长复用传输设备间多波长复用光信号的完整传输，为多波长信号提供网络功能。其主要包括：为灵活的网络选路重新安排光复用段功能；为保证多波长光复用段适配信息的完整性处理光复用段开销；为网络的运行和维护提供光复用段的检测和管理功能。

3. 光传输段层

光传输段层（Optical Transmission Section Layer）为光信号在不同类型的光传输媒质（如光纤 G.652、G.653 和 G.655 等）上提供传输功能，同时实现对光放大器或中继器的检测和控制功能等。通常会涉及以下问题：功率均衡问题、EDFA 增益控制问题和色散的积累与补偿问题。

8.4　全光网络的节点设备

8.4.1　光交叉连接设备

1. 光交叉连接类型

通常 OXC 有三种交叉连接类型：光纤交叉连接、波长选择交叉连接和波长变换交叉连接。

1）光纤交叉连接

一种基于光纤级的交叉连接（FXC），可以将其理解为具有交叉能力的光配线架

(ODF)，或称为智能光配线架，是 OXC 的初级阶段。FXC 的优点是复杂程度低，容量大，有一定的市场需求；缺点是缺乏灵活性，设备本身独立组网的能力差。

2）波长选择交叉连接

波长选择交叉连接（WSXC）能够转换从输入光纤到输出光纤的一个子集的波长信道，因此，从功能上讲，需要将一个来向的波长复用/解复用为它的组成波长。这种交叉连接比 FXC 具有更大的灵活性，允许提供波长业务，而波长业务可支持音频分配、远程教育或一系列其他业务。WSXC 在业务恢复方面的灵活性也较好，使用树型、环型或混合型保护方案可以对波长信道逐个地进行保护。

3）波长变换交叉连接

波长变换交叉连接（WIXC）是一种具有附加功能的 WSXC，它能够使信道的波长改变。这一特性减少了由于波长争用而将一个波长从输入光纤转到输出光纤的不可能性，WIXC 在业务恢复和提供方面具有最大的灵活性。它和波长交叉连接的区别是可以进行波长转换。

实现 OXC 的关键技术是光信号的交换技术。和电交换技术类似，光交换技术按交换方式可分为电路交换和包交换，其中电路交换又含有空分（SD）、时分（TD）、波分/频分（WD/FD）等方式；包交换有 ATM 光交换等方式。

2. OXC 结构及工作原理

OXC 主要由输入部分（放大器 EDFA 和解复用 DMUX）、光交叉连接部分（关交叉连接矩阵）、输出部分（波长变换器 OTU、均功器和复用器）、控制和管理部分及其分插复用这五大部分组成，如图 8-7 所示。

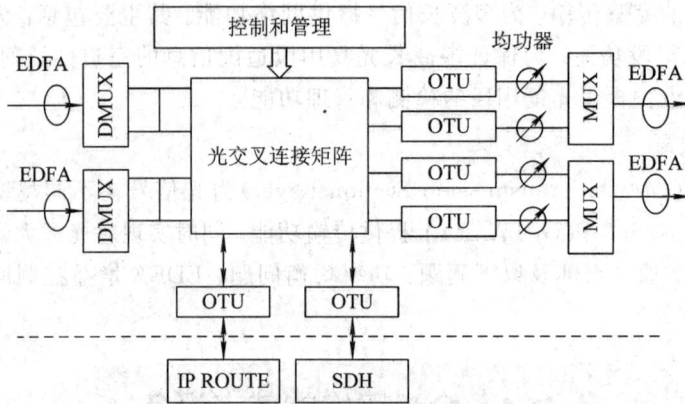

图 8-7 OXC 结构及其工作原理

设图 8-7 中输入/输出 OXC 设备的光纤数为 M，每条光纤复用 N 个波长。这些波分复用光信号首先进入放大器 EDFA 放大，然后经解复用器 DMUX 把每一条光纤中的复用光信号分解为单波长信号（$\lambda_1 \sim \lambda_N$），M 条光纤就分解为 $M \times N$ 个单波长光信号。所以信号通过 $(M \times N) \times (M \times N)$ 的光交叉连接矩阵，在控制和管理单元的操作下进行波长配置和交叉连接。由于每条光纤不能同时传输两个相同波长的信号，因此为了防止出现这种情况，实现无阻塞交叉连接，在连接矩阵的输出端，每个波长通道的光信号还需要经过波长变换器 OTU 进行波长变换，再进入均功器把各波长通道的光信号功率控制在可允许的范围内，防止非均衡增益经 EDFA 放大导致比较严重的非线性效应。最后光信号经复用器

MUX 把相应的波长复用到同一光纤中,经 EDFA 放大到线路所需的功率后完成信号的汇接。

3. OXC 性质

光交叉连接(OXC)是光网络最重要的网络设备,光分插复用器(OADM,Optical Add/Drop Multiplexer)可以看成是 OXC 功能的简化。OXC 要完成的两个主要功能为光通道的交叉连接功能和本地上/下路功能。除了实现这两个主要功能外,评价 OXC 结构时还必须考虑以下主要指标:

(1)通道性质。OXC 结构是支持波长通道,还是支持虚波长通道,这关系到网络的阻塞率。

(2)阻塞特性。交换网络的阻塞特性可分为绝对无阻塞型、可重构无阻塞型和阻塞型三种。由于光通道的传输容量很大,阻塞对系统性能的影响非常严重,因此 OXC 结构最好为绝对无阻塞型。当不同的输入链路中同一波长的信号要连接到同一输出链路时,只支持波长通道的 OXC 结构会发生阻塞,但这种阻塞可以通过选路算法来预防。

(3)模块化。考虑到通信业务量的增长和建设 OXC 的成本,OXC 结构应该具有模块化。这样可以做到当业务量比较小时,OXC 只需很小的成本就能够提供充分的连接性;而当业务量增加时,在不中断、不改动现有连接的情况下就可实现节点吞吐量的扩容。如果除了增加新模块外,不需改动现有 OXC 结构就能增加节点的输入/输出链路数,那么称这种结构具有链路模块性,这样就可以很方便地通过增加链路数来进行网络的扩容。如果除了增加新模块外,不需改动现有 OXC 结构就能增加每条链路中复用的波长数,那么称这种结构具有波长模块性,这样就可以很方便地通过增加每条链路的容量来进行网络的扩容。

(4)广播/组播发送能力。如果输入光通道中的信号经过 OXC 节点后,可以被广播/组播发送到多个输出的光通道中,那么称这种结构具有广播/组播发送能力。这种能力在 IPTV 和流媒体等新业务中是必要的。

(5)成本。成本可能是决定哪种结构占主要地位的关键因素。在节点的输入/输出光通道数一定时,所需的器件越少,其价格越便宜,则成本越低。

8.4.2 光分插复用器

1. 光分插复用器的基本原理

由于环型网络具有良好的生存性,从 SDH 网络到 WDM 光网络,其一直是广泛应用的网络拓扑结构之一。光分插复用器(OADM)是 WDM 环型网络的基本网络节点,也是较成熟的全光网节点设备。图 8-8 所示为 OADM 的基本原理示意图。

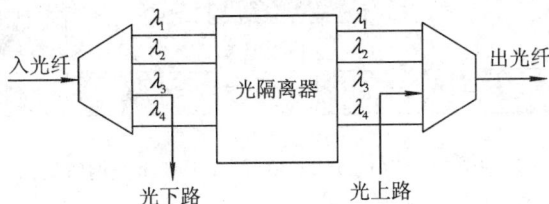

图 8-8 OADM 基本原理示意图

一般的 OADM 节点可以用四端口模型来表示,其基本功能包括三种:下路需要的波长信道,复用进上路信号,使其他波长信道尽量不受影响地通过。OADM 具体的工作过程如下:从线路来的 WDM 信号包含 N 个波长信道,进入 OADM 的入光纤端,根据业务需求,从 N 个波长信道中,有选择性地从下路端(drop)输出所需的波长信道,相应地从上路端(add)输入所需的波长信道,而其他与本地无关的波长信道就直接通过 OADM,和上路波长信道复用在一起后,从 OADM 的线路出光纤端输出。

2. 光分插复用器的基本要求

可用阵列波导、光纤光栅等多种滤波器件构造出不同结构的 OADM,也可全部用光纤技术构造出全光纤结构的 OADM。但无论 OADM 采用何种结构其基本要求都是相同的,如插入损耗要小,信道之间的隔离度要高,对环境温度变化和偏振不敏感,能容忍信号源的波长在一定范围内漂移和抖动。另外,在上/下话路过程中要能够保证传输的各信道间的功率基本保持一致。OADM 的操作应力求做到简单、方便,能实现较高的性能价格比。

3. OADM 在全光网络中的应用

OADM 设备在长途干线和城域网中均有用武之地。在干线应用中,OADM 是有上/下业务的中间节点的首选设备。当然,OADM 应用的主战场还是城域网,可以发挥其组网灵活、易于网络升级和扩大规模,它是城域网应用理想的多业务传输平台。

1) OADM 在全光网络中的应用

图 8-9 所示是采用 OADM/OXC 的 WDM 全光网络结构。光分插复用器 OADM 允许不同光网络的不同波长的信号在不同的地点分插复用,光交叉连接(OXC)设备允许不同的网络可以动态组合,按需分配波长资源,实现更大范围的网络互连。光分插复用器 OADM 和光交叉连接(OXC)设备只将需要在节点下载的信息送入处理设备(包括 ATM 交换机、SDH 交换机和 IP 路由器),而不需要将该节点处理的信息直接由光信道从该节点通过,从而大大提高了节点处理信息的效率,克服了电处理节点必须对所有到达的 IP 包进行处理的缺点。

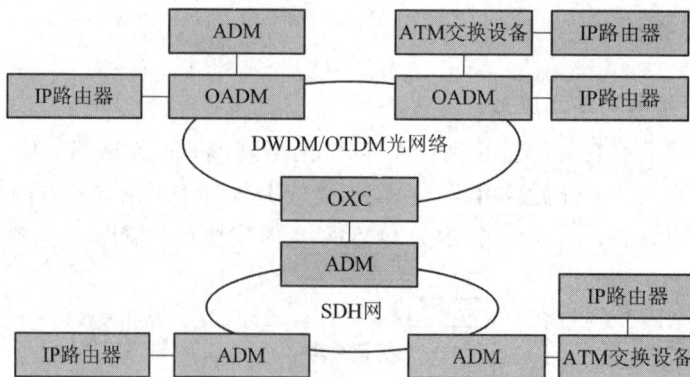

图 8-9 采用 OADM/OXC 的 WDM 全光网络结构

2) OADM 在 OCDMA 全光网络中的应用

光码分多址(OCDMA)技术是很好的全光网组网技术,它避免了通信设备的电子瓶颈效应和网络协议的排队延迟，能实现高速信息的传输和快速异步信息的接入。采用 OCDMA 技术构成的全光主干网，信息的上/下路既可以在节点中进行，也可以在光纤线路经过的任何地点进行，而且不会影响光纤线路上其他用户信息的正常传输，它克服了传统网络中信息的上/下路只能在节点中进行的限制。光上/下路可以按需要在两个光交叉连接节点或光交换节点之间随时进行。

习题与思考题

8－1　简述全光网络的概念及特点。其关键技术有哪些？

8－2　如何实现超高速光纤通信？

8－3　什么是光波分复用？简述其工作原理。

8－4　光交换技术分为哪几种类型？

8－5　比较全光网络的物理拓扑与逻辑拓扑的区别。

8－6　试描述全光网络的分层结构。

8－7　简述 OXC 的工作原理及性质。

8－8　简述 OADM 的功能。

第 9 章　光网络的管理

☞ 随着电信技术和计算技术的飞速发展，网络管理实现了自动化，其监测、控制和管理功能全部由计算机完成，并通过计算机间的互联形成了统一的电信管理网（TMN）。SDH 网络管理、OTN 网络管理和全光网络管理都应纳入 TMN，都是 TMN 管理的组成部分。

本章将介绍 TMN、简单网络管理协议（SNMP）、SDH 网络管理、OTN 网络管理和全光网络管理的基本概念、体系结构和相关协议。

9.1　电信管理网 TMN

9.1.1　TMN 概论

网络管理就是对网络资源进行合理的分配和控制，以满足网络运营商和用户的要求。网络管理包括监测、控制和管理三大功能。

监测就是对网络运行状态和网络的业务性能进行实时监控，收集和分析网络运行性能的数据，对数据进行加工和处理，并能及时发出告警信号。

控制就是根据监测到的网络运行数据对网络运行状态进行动态调整，如网络出现拥塞时进行实时调度等。

管理就是对监测到的网络运行数据进行统计分析，并根据分析结果对网络进行规划和配置，包括配置管理、故障管理、性能管理、计费管理和安全管理等。

网络管理的基本目标是提高网络的性能和利用率，最大限度地增加网络的可用性，改进其服务质量，提高网络的安全性和可靠性，简化多厂商设备在网络环境下的互连、互通，从而降低网络运营、维护和控制等成本。

电信网络的管理方法，从早期的人工分散管理方式到自动集中管理方式，逐步过渡到 TMN 综合管理方式。

1. TMN 定义

根据 ITU - T M.3010 建议，TMN 为异构的 OS（操作系统）之间、OS 与电信设备之间，以及电信网之间的互连和通信提供了一个框架，以支持电信网、电信业务的动态配置和管理。它是采用具有标准协议和信息接口进行管理信息交换的体系结构。

TMN 负责收集、传送、处理和存储等有关电信网的运营、维护和管理的信息，为电信运营商管理电信网提供支撑平台。TMN 与电信网的关系如图 9 - 1 所示。

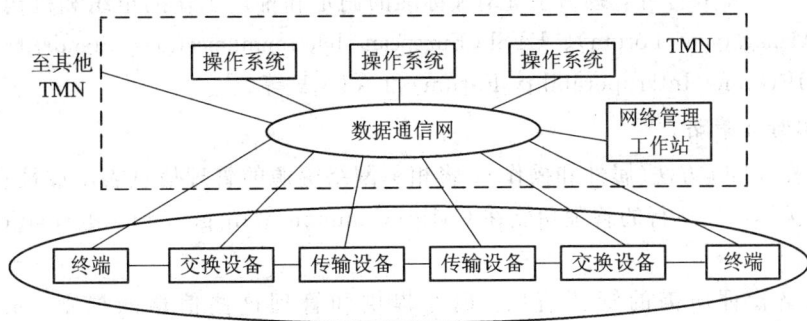

图 9 - 1　TMN 与电信网的关系

2. TMN 管理功能

TMN 的管理功能主要包括五大功能域，即故障管理、账务管理、配置管理、性能管理和安全管理。各功能域的主要功能详见表 9 - 1。

表 9 - 1　TMN 管理功能域

功 能 域	说　明
故障管理	允许对网络中不正常的运行状况或环境条件进行检测、隔离和纠正，如告警监视、故障定位、故障校正等
账务管理	允许对网络业务的使用建立记账机制，主要是收集账务记录，设立使用业务的计费参数，并基于以上信息进行计费
配置管理	涉及网络的实际物理结构的安排，主要实施对 NE(网元)的控制、识别和数据交换，以及为传输网增加和去掉 NE、通路、电路等操作
性能管理	提供有关通信设备状况、网络或网元通信活动效率的报告和评估，主要作用是收集各种统计数据以用于监视和校正网络(或网元)的状态与效能，并协助进行网络的规划和分析
安全管理	提供授权机制、访问机制、加密机制、密钥机制、验证机制、安全日志等

3. 标准

ITU - T M.3000 系列建议定义了 TMN 的结构和标准接口，基于已有的 OSI 标准和 OO(面向对象)方法，与 TMN 相关的主要 OSI 协议标准包括：

(1) CMIP(Common Management Information Protocol)：定义对等层之间管理业务的交互协议。

(2) GDMO(Guideline for Definition of Managed Objects)：提供 TMN 中所需的被管对象的分类和描述模板。它是基于 ASN.1 的。

(3) ASN.1(Abstract Syntax Notation One)：对于 ISO 定义的国际标准的数据描述语言，ASN.1 定义了基本的数据类型，并允许通过基本的数据类型定义复杂的复合数据类型，通常用它来定义协议数据单元、被管对象数据类型和属性的描述等。

(4) OSI RM (OSI Reference Model)：定义 OSI/RM 的七层模型。

除 ITU – T 和 ISO 外，致力于 TMN 标准的制定和推广工作的组织和机构还有 NMF（Network Management Forum）、ETSI（European Telecommunications Standards Institute）、Bellcore、SIF（Sonet Interoperability Forum）和 ATMF 等。

4．基本管理策略

TMN 采用 OO 方法（属性和操作），将相关网络资源的管理信息表示成被管对象的属性，而管理实体可以执行的管理功能在 CMIS（Common Management Information Service）中定义。

实现网络管理所需的管理信息，以及提供和管理这些信息的规则，被称为 MIB（Management Information Base）。负责信息管理的进程就是管理实体，一个管理实体可以担任两个角色，即 Manager 和 Agent，进程之间通过 CMIP 协议发送和接收管理的操作信息。

5．TMN 体系结构

ITU – T M.3000 系列建议从三个角度全面地描述了 TMN 的结构：

（1）信息结构。它提供了描述被管理网络对象的属性和行为的方法，以及为了达到对被管对象的监视、控制、管理等目的，管理者和被管理者之间消息传递的语法语义，信息模型的说明主要采用 OO 方法。

（2）功能结构。它主要用不同的功能块及其间的参考点说明一个 TMN 的实现

（3）物理结构。它对应功能结构的物理实现。在物理结构中，一个功能块变成一个物理块，参考点则映射成物理接口。其中 OS 是重要的一个物理块，它配置了实施各类管理操作的业务逻辑；最重要的接口是 Q3 接口（OS 与被管资源之间以及同一管理域内的 OS 之间）和 X 接口（不同管理域内的 OS 之间）。

9.1.2　TMN 功能结构

TMN 功能结构描述了 TMN 内部管理功能的分布，引入了一组标准的功能块，并定义了功能块之间的接口（Qx/Q3 等及参考点），利用这些功能块和参考点在逻辑上可以构成任意规模和复杂度的电信管理网。

1．基本功能块

（1）操作系统功能（OSF）。它负责电信管理功能的操作、监视和控制。

（2）中介功能（MF）。它主要负责根据本地 OSF 的要求，对来自 NEF 或 QAF 的信息进行过滤、适配和压缩处理，使之变成符合本地 OSF 要求的信息模型。

（3）网元功能（NEF）。NEF 中包含有管理信息 MIB，使得 TMN 的 OSF 可以对 NE 进行监控。网元功能大致分两类：一类是维护实体功能，如交换、传输和交叉连接等；另一类是支持功能，如故障定位、计费和保护倒换等。

（4）工作站功能（WSF）。它提供 TMN 与管理者之间的交互能力，完成 TMN 信息格式和用户终端显示格式之间的转换，为管理者提供一种解释 TMN 信息的手段。其功能包括终端用户的安全接入和登录、格式化输入/输出等。

（5）Q 适配器功能（QAF）。它负责将不具备标准 Q3 接口的 NEF 和 OSF 连接到 TMN，执行 TMN 接口与非 TMN 接口之间的转换。

2. TMN 的参考点和标准接口

为了区分不同的管理功能块，引入了参考点的概念。参考点表示两个功能块之间信息交换的边界点，图 9-2 描述了 TMN 的功能结构。

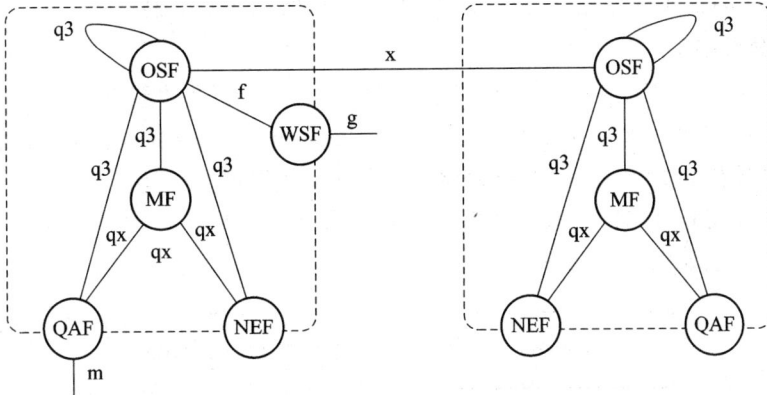

图 9-2　TMN 的功能块和参考点

TMN 中有三类参考点，即 q 参考点、f 参考点和 x 参考点，如表 9-2 所示。

表 9-2　TMN 的参考点

参考点	说　明
q	位于同一个 TMN 管理域内的两个功能实体之间的参考点。通常将连接 MF 与 NEF、QAF 之间的参考点称为 qx，而将连接 OSF 与 NEF、QAF、MF 以及 OSF 之间的参考点称为 q3 参考点
f	位于 OSF 与 WSF 之间的参考点
x	位于不同 TMN 管理域中的两个 OSF 之间的参考点

当互连的参考点分别嵌入不同的设备中时，参考点就演变为具体的接口了。

在 TMN 中，最重要的接口就是与 q3 参考点对应的 Q3 接口。Q3 接口是一个跨越了 OSI 七层模型的协议集合，其中一至三层 Q3 接口协议由 Q.811 定义，称为低层协议；四至七层由 Q.812 定义，称为高层协议。Q.812 中应用层的两个协议是 CMIP 和 FTAM，前者用于面向事务处理的管理业务，后者主要用于文件的传输、访问和管理。与 Internet 常用的文件传输协议 FTP 相比，ISO 的 FTAM 协议更安全、可靠，并支持自动的断点续传功能。

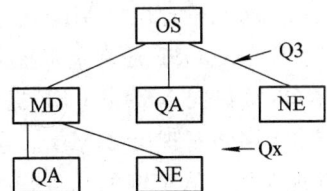

OS—操作系统；MD—中介设备；
QA—Q适配器；NE—网元

图 9-3　Q3 接口的位置

在 TMN 中，Q3 接口被称为操作系统接口，OSF 要实施监控就必须通过 Q3，同时 NEF、QAF、MF 与 OSF 间进行直接通信也必须通过 Q3 接口进行，否则必须进行接口的转换。图 9-3 描述了 Q3 接口在相关功能块间的位置。

9.1.3 TMN 信息结构

TMN 信息结构以 OO 方法为基础，主要描述了功能模块之间交换的管理信息的特性。TMN 信息结构的主要内容包括逻辑分层模型、信息模型和组织模型。

1. 逻辑分层模型

逻辑分层模型定义和建议了在不同的管理层应该实现哪些功能组，同一范畴的管理功能可能在不同的层次实现，但管理的目标和范围是不同的，其在高层主要实现企业一级目标的管理，在低层主要实现一个具体网络、一个网元的管理。

逻辑分层模型将 TMN 的管理功能从低到高分成五个层次，TMN 功能模块与逻辑分层结构的对应关系如图 9-4 所示。

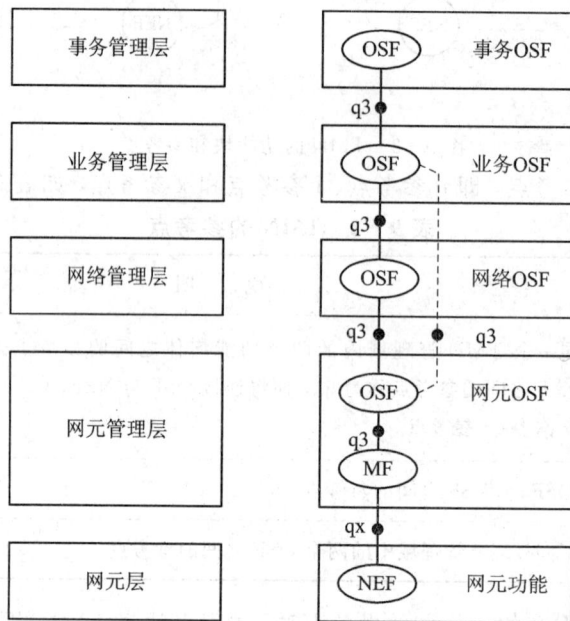

图 9-4 TMN 功能模块与逻辑分层结构的对应关系

（1）网元层（NEL）。它负责为 TMN 提供单个网元 NE 中的管理信息，通常 NE 就位于网元层。换句话说，NEL 就是电信网中可管理的信息与 TMN 之间的接口。

（2）网元管理层（EML）。它负责每一个网元的管理，EML 包含 EML-OSF 和 MF 功能块。EML-OSF 通常负责控制和协调一组网元，管理和维护网元数据、日志、动作等，通过 Q3 接口向 NML-OSF 提供 NE 的管理信息。

（3）网络管理层（NML）。它利用 EML-OSF 提供的 NE 信息对辖区内所有的网元实施管理功能，从全网的角度出发控制和协调所有 NE 的动作，并通过 Q3 接口向 SML-OSF 提供管理信息，支持 SML 管理功能的实现。

（4）业务管理层（SML）。它利用 NML 提供的数据实现与已有用户和潜在用户之间合同业务的管理，包括业务提供、计费、服务质量、故障管理等，是用户与业务提供者之间主要的联系点。SML 同时也负责维护网络统计数据，以帮助改善服务质量。在 SML 层，

SML – OSF 通过 X 接口与其他管理域相连，通过 Q3 接口与 BML – OSF 相连，因此 SML 也是不同 TMN 管理域之间的联系点。

（5）事务管理层（BML）。它负责总的业务与网络事务，主要涉及经济方面，如预算编制、网络规划、制定业务目标和商业协定等。该层不属于 TMN 标准化的内容。

2. 信息模型

信息模型用于描述被管对象 MO（Management Object）及其特性，规定管理者可以使用什么样的消息来管理被管对象，以及这些消息的语法和语义。

信息模型包括四个关键部分：

（1）管理者（Manager）；

（2）代理（Agent）；

（3）管理信息库（MIB）；

（4）网管协议（CMIP）。

其中，Manager 和 Agent 是网管系统中的活跃进程。Manager 和 Agent 通过网管协议连接起来，代表被管资源的信息存放在 MIB 中。

1）OSI 管理的基本思想

OSI 管理的基本思想是将网络管理使用的信息和知识与执行管理动作的功能模块分离；OSI 管理基于管理应用之间的交互来实现特定的管理业务，即 Manager 与 Agent 之间的交互，两者之间的交互抽象成管理操作和通知，通过对被管对象（MO）的操纵来实现相应的管理动作。

一个 Agent 管理本地系统环境中的 MO，它可以对 MO 执行管理操作以响应 Manager 发出的管理操作，也可以将 MO 发出的通知转发给管理者。Agent 维持 MIB 的一部分，MIB 是一个动态数据库，它由组织成树型结构的 MO 实例组成。

在 Agent 和 Manager 之间使用 CMISE（Common Management Information Service Element）服务交换信息，而 CMISE 则使用 CMIP 或 ROSE（支持分布处理）的通信能力。

在上述思想指导下，TMN 将电信网中任何需要管理的设备和资源都抽象为 MO，MO 的集合构成一个 MIB。每个 MO 定义了相应的属性，通过 CMIP/Agent 可以对 MO 施加各种操作。其主要包括以下操作：

（1）Get 操作。该操作允许管理者取得代理方 MO 的属性值。

（2）Set 操作。该操作允许管理者设定代理方 MO 的属性值。

（3）Notify 操作。该操作允许代理方向管理者通知重要的事件。

同时，它还有对 MO 整体的操作：

（1）Create 操作。该操作允许创建一个 MO。

（2）Delete 操作。该操作允许删除一个 MO。

2）管理信息模型

TMN 管理信息模型定义了与厂商无关信息的描述和组织方式。它分为两部分，即通用信息模型和专用信息模型。通用信息模型是被管对象的集合，它描述了存在于网络中的一般资源和相关的属性类型、事件、行为，以及管理这些不同的资源和属性的统一的方法等。

通用信息模型主要是在 ITU‐T 的 X.720 建议 GDMO 中定义的，GDMO 为信息模型的定义提出了一组通用的规则，以统一的方式表示 MO 的命名、属性、操作和通知。GDMO 模板实际上是在 ASN.1 基础上的宏扩展。

3. 组织模型

TMN 组织模型主要描述管理者和代理者的能力以及它们之间的信息交互方式。其中管理者的任务是发送管理命令和接收代理发出的通知；代理者的任务是管理有关的 MO，响应管理者的管理命令，向管理者发送反映 MO 异常行为的事件通知。

图 9‐5 反映了管理者(Manager)、代理(Agent)和被管对象(MO)之间的相互关系。在该模型中，Manager 和 Agent 之间进行两个开放系统之间点到点的通信，被管系统中的资源抽象成 MO，MO 类实例的集合组成 MIB，这种抽象屏蔽了具体设备的相关性，在Manager 和 Agent 之间采用一致的 CMIP 协议进行通信，保证了 TMN 对资源的透明管理。

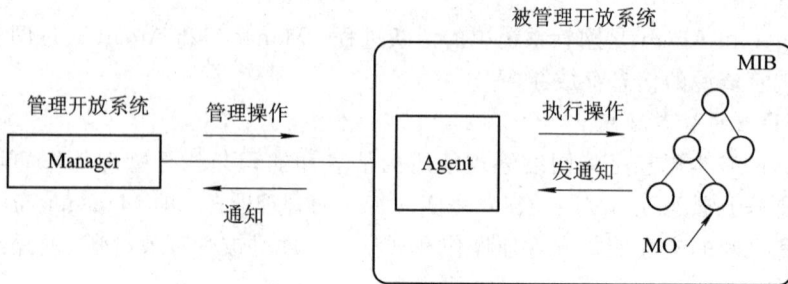

图 9‐5　Manager、Agent 和 MO 之间的关系

9.1.4　TMN 物理结构

TMN 的功能块分布在物理实体上就构成了 TMN 的物理结构，如图 9‐6 所示。TMN中基本的物理块包括操作系统(OS)、中介设备(MD)、Q 适配器(QA)、工作站(WS)、网元(NE)和数据通信网(DCN)。

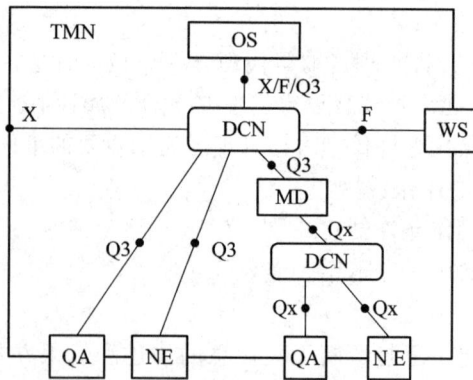

图 9‐6　TMN 的基本物理结构

TMN 物理结构中各基本块之间的接口必须是标准的，以保证各部分之间的互操作，这些接口有 Q 系列、F 系列、X 系列等。

功能块与物理块之间并不一定是一一对应的，如 NE 主要完成 NEF 功能，但在实际系统中，它往往也具备 OSF、MF 和 QAF 功能。

表 9 - 3 描述了 TMN 物理块与功能块之间的关系。

表 9 - 3　TMN 物理块与功能块的关系

	NEF	MF	QAF	OSF	WSF
NE	M	O	O	O	O
MD		M	O	O	O
QA			M		
OS		O	O	M	O
WS					M

注：M—必须；O—任选。

9.1.5　TMN 网络结构和设备配置

1. 网络结构

TMN 的网络结构包含两方面的内容，即实现不同网络管理业务的 TMN 子网之间的互连方式和完成同一管理业务的 TMN 子网内部各 OS 之间的互连方式。至于采用何种网络结构，通常与电信运营公司的行政组织结构、管理职能、经营体制、网络的物理结构以及管理性能等因素有关。

我国电信运营企业组织结构大体上都分为三级：总公司、省公司和地区分公司。同时网络结构也可粗略地分为全国骨干网、省内干线网和本地网三级，因此，目前我国特定业务网的管理网的网络结构一般都采用三级结构，如图 9 - 7 所示。

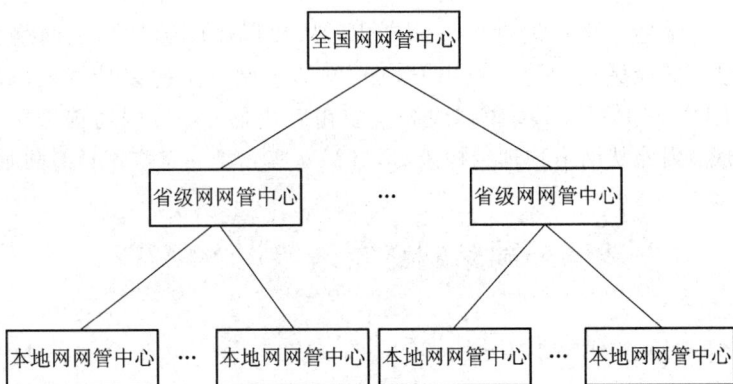

图 9 - 7　TMN 的分级网管结构

TMN 的目标是将现有的固定电话网、传输网、移动通信网、信令网、同步网、分组网以及数据网等不同业务网的管理，都纳入 TMN 的管理范畴，实现综合网管。由于目前各个业务网都已建立了相应的管理网，因此可采用分布式管理结构，用分级、分区的方式构建全国电信管理网，实现各个管理子网的互连将是合理的选择。图 9-8 描述了一种逻辑上的子网互连结构。

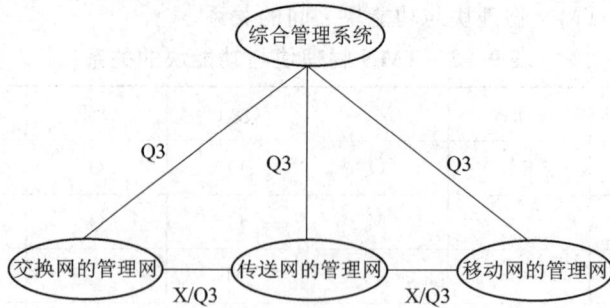

图 9-8　按子网划分的 TMN

2. 网络设备配置

由 TMN 的物理结构可知，构成 TMN 的物理设备主要有五种，即 OS、MD、WS、QA 和 NE。另外还有为构成 TMN 专用的 DCN 所需的网络互连设备。

通常，OS、MD 和 WS 采用通用计算机系统来实现，对实现 OS 的计算机系统，主要要求其有高速的信息处理能力和 I/O 吞吐能力；对实现 WS 的计算机系统，侧重于要求 F 接口功能的实现，并具有图形用户接口（GUI）以方便管理操作；对实现 MD 的计算机系统则强调其通信服务的能力，同时还要具备 QAF 功能；QA 则主要实现不同管理协议的转换；如前所述，NE 主要是指各种电信设备，如交换设备、传输设备、智能设备和业务控制设备等，它主要用于实现相应的电信业务，但 NE 中相应的 TMN 接口硬件和实现 Agent 功能的软件系统则属于 TMN 范畴。

在 TMN 中，DCN 负责为 OS、QA、NE 和 MD 之间管理信息的传递提供物理通道，它完成 OSI 参考模型中的低三层功能，为保证网络系统的可靠性，DCN 应具有选路、转接和互连的功能。

从可靠性、安全性和可扩展性等方面考虑，从数据通信和计算机网络技术的发展趋势，以及我国电信网地域辽阔等特点出发，DCN 的组网方案应以计算机广域网技术为基础，如 X.25、DDN 和 PSTN 等，网络设备主要由路由器、广域网通信链路和各级网管中心的局域网组成。因此从网络物理结构来看，TMN 实际是一个广域计算机通信网。

9.2　简单网络管理协议 SNMP

简单网络管理协议（SNMP，Simple Network Management Protocol）是由 IETF 在 1990 年发布的一个基于 TCP/IP 协议簇的应用层协议，它是计算机网络和 Internet 的网管标准，目前已被扩展为可以在各种网络环境下使用的协议。

9.2.1　SNMP 网管模型

SNMP 网络管理模型以简单的请求/响应模式为基础，发出请求的 Client 通常被称为 Manager；而响应请求的设备则被看做 Agent。SNMP 允许 Manager 按照规则读取或修改一个 Agent 管理的本地设备参数，另外，Agent 也可以依据特定的条件(如故障)主动地向 Manager 发布非请求消息。

构成 SNMP 网管模型的基本组件包括：Manager、Agent、MIB 和 SNMP。

(1) Manager。Manager 通常是一个单独的网管工作站，要完成以下基本功能：网络的监测和数据的采集功能、数据的分析和故障的恢复功能等。

(2) Agent。Agent 则是一个运行在被管设备(又称网元)中的管理软件。在计算机网络中，被管设备包括路由器、网桥、交换机、主机、打印机和终端服务器等。Agent 负责对来自 Manager 的信息和请求进行响应，也可以主动地向 Manager 提供重要的设备信息。在 SNMP 模型中，对被管设备的监控和管理都是通过 Manager 和 Agent 之间的信息交互实现的。

(3) MIB。为了支持 Manager 对网络的管理，每一个 Agent 都要维持一个本地数据库，在 SNMP 中该数据库也叫做 MIB。在 MIB 中，每一个被管设备维持一个或多个变量以记录其状态信息。在 SNMP 的术语中，这些变量被称为对象(Object)，而 MIB 就是一个网络中所有可能的对象组成的一个数据结构。

(4) SNMP。Manager 与 Agent 之间的通信采用 SNMP，该通信可以用两种方式进行：Manager 主动去查询一个 Agent 管理的本地对象状态信息，并可以根据需要修改它们，又称为 Polling 方式；Agent 在重要事件发生时，也可以向 Manager 主动上报事件，该方式又称为 Push 方式。

9.2.2　SNMP 协议结构

SNMP 协议组由如下三个基本规范组成：

(1) MIB(RFC1066)：描述了 MIB 中应该包括的可以被 Manager 查询和修改的对象集合。RFC1213 定义了 MIB 的第二版，一般记为 MIB-Ⅱ。

(2) 管理信息结构(SMI，Structure of Management Information，RFC1155)：SMI 定义了如何描述 MIB 中一个对象类型和属性的规则，它主要是基于 ISO 的 ASN.1 和 BER (Basic Encoding Rules)标准。

(3) SNMP(RFC 1157)：SNMP 定义了 Manager 与 Agent 之间的通信协议，它们之间交换分组的详细格式和消息的类型等，SNMP 的消息都是通过 UDP 来传送的。

以上介绍的 SNMP 是第一版，即 SNMP v1(也就是通常所指的 SNMP)。

SNMP 是目前被广泛支持的协议，它的主要缺点是功能简单，缺乏安全机制。为此，IETF 于 1993 年发布了 SNMP v2，其主要扩展包括：

(1) 支持分布式网络管理，增加了一个 Inform 操作和一个 Manager 到 Manager 的 MIB。Inform 操作允许一个管理者向另一个管理者发送 Trap 消息，通告异常事件，而在 SNMP 中则不支持一个管理者向另一个管理者告警的功能。Manager 到 Manager 的 MIB 定义了一个表，用来说明哪些事件会触发一个通知。

(2) 在数据传输方面，增加了 Get-bulk 消息，Get-bulk 消息允许 Manager 通过一次操作就可以获得整个表的内容，以减少 Manager 与 Agent 之间的交互次数，提高传输效率。

(3) 在安全机制方面，Manager 到 Agent 之间的 Community 名的传送采用加密和认证的方式，而在 SNMP 中则是采用明文传送的。

SNMP v3 发布于 1998 年，其主要的改进是提供了强大的安全功能。SNMP v3 提供了三项重要的安全服务功能：认证、加密和访问控制，前两项是基于用户的安全模型（USM，User-Based Security）的一部分，而访问控制则是在 VACM（View-based Access Control Model）中定义的。这样通过 USM 在 SNMP v3 中不仅可以对所有的传输进行加密，而且允许一个 Agent 确认一个请求是否属于合法用户发来的。利用访问控制服务可以定义安全的分布式访问控制规则，制定数据受保护的级别。SNMP v3 有效地解决了在 Internet 普及的情况下，SNMP 用户所关心的安全性问题。

9.2.3 SNMP 管理消息

SNMP 定义了以下五种消息，用于 Manager 与 Agent 之间的信息交换：

（1）Get-request。它被用于请求一个或多个变量的值。

（2）Get-next-request。它被用于请求指定变量的下一个或多个变量的值，以及对树型结构的 MIB 的遍历。

（3）Set-request。管理员用该消息来设置一个或多个 Agent 中变量的值。

（4）Get-response。它被用于返回一个或多个变量的值。

（5）Trap。当 Agent 侧有重要事件发生时，通知 Manager。

在上述消息中，前三个消息是由 Manager 向 Agent 发出的，后两个消息则是由 Agent 向 Manager 发出的，第四个消息 Get-response 是 Get-request、Get-next-request 和 Setrequest 的响应消息。由于 SNMP 采用不可靠的 UDP 协议传送 Manager 和 Agent 之间的请求/响应消息，因此为保证消息传递的可靠性，Manager 必须自己实现相应的超时和重传机制，以防止消息在传送过程中的意外丢失。图 9 - 9 描述了 SNMP 的五种管理消息。

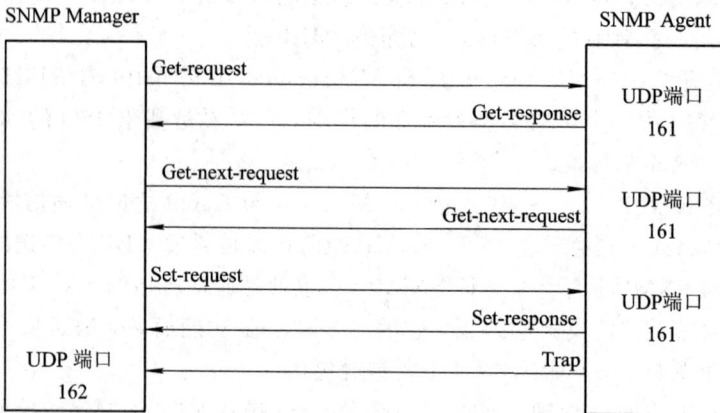

图 9 - 9 SNMP 的五种管理消息

从图 9 - 9 中我们可以看到，请求/响应消息在 UDP 的 161 端口收/发，而 Agent 发出的 Trap 消息则在 UDP 的 162 端口被接收，这样做的好处是一个系统可以同时担当 Manager 和 Agent 两种角色。

图 9 - 10 描述了 SNMP 五种消息的格式，这些消息都被封装在 UDP 分组中传送，其中 Get-request、Get-next-request、Set-request 和 Get-response 这四种消息的格式相同，并

且 Error-status 和 Error-index 这两个字段总是置为 0。

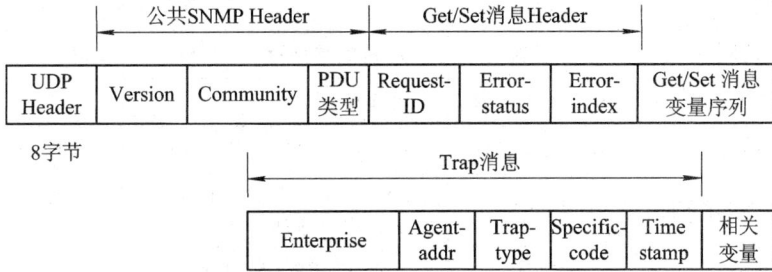

图 9 - 10　SNMP 的消息格式

由于 SNMP 消息中的变量部分采用 ASN.1 和 BER 编码方式，因此其长度是可变的，且由相应变量的类型和它的值决定。这里我们只介绍公共控制字段的含义，而变量的编码方式（即被管对象）则在 SMI 和 MIB 中介绍。

（1）Version 字段。它指明 SNMP 的版本号，对于 SNMP v1 该字段为 0。

（2）Community 字段。它是一个字符串，指明本次消息传递的小组。它由一个 SNMP Agent 集构成，Community 字段表示该小组的名称，实际上是一个 Manager 和 Agent 之间的明文格式的口令。

（3）PDU 类型字段。在 SNMP v1 中，如上所述有五种 PDU 类型。

（4）Request-ID 字段。在 Get-request、Get-next-request 和 Set-request 消息中，该字段由 Manager 分配，并由 Agent 在相应的 Get-response 消息中返回。Manager 可以通过该字段区分不同的响应消息是对哪一个请求消息响应的。

（5）Error-status 字段。它是一个由 Agent 返回的整型值，用来说明发生了一个什么类型的错误。

（6）Error-index 字段。它是一个整数偏移量，指明发生错误的变量是哪一个，该值也是由 Agent 设定的。

（7）Enterprise 字段。它产生 Trap 的对象类型。

（8）Agent-addr 字段。它产生 Trap 的对象地址。

（9）Trap-type 字段。它是一般 Trap 的类型。

（10）Specific-code 字段。它给定的 Trap 代码。

（11）Time stamp 字段：从网络实体最近一次初始化到 Trap 产生的这段时间。

在 SNMP v1 中，由于不使用加密的方式传送消息，因此基本上没有安全性保证。SNMP v2 和 SNMP v3 在这方面做了很大的改进。

9.2.4　SMI

在 SNMP 中，这些描述被管设备状态和属性的信息变量通称为对象。对象数据类型的定义采用 SMI，SMI 中对象数据类型的定义主要是基于 ASN.1 的，相应的编码规则采用 BER。与大多数 ISO 的标准一样，ASN.1 也存在规模庞大、编码结构复杂、效率低等缺点，因此 SMI 只使用了 ASN.1 基本数据类型的一个子集，并相应扩展了一些在 SNMP 中使用频繁的数据类型。表 9 - 4 所示是 SMI 定义的在 SNMP 中允许使用的数据类型。

表 9-4　SNMP 中使用的数据类型

类型名	长度	含　义
INTEGER	4 字节	32 位的整型数
OCTET STRING	不小于 0 字节	可变长字节串
DisplayString	不小于 0 字节	可变长字符串，字符编码采用 NVT ASCII
OBJECT IDENTIFIER	大于 0	SNMP 中一个对象的唯一标识，它是一个由小数点分割的整型数序列
IpAddress	4 字节	表示 32 位的 IP v4 地址
PhysAddress	6 字节	设备的物理地址，如 Ethernet 地址
Counter	4 字节	32 位非负整型循环计数器
Gauge	4 字节	32 位非负整型数，其值可递增或递减
TimeTicks	4 字节	以百分之一秒递增的时间计数器
Sequence	大于 0 字节	由不同类型对象组成的一个列表，类似于 C 语言中的 struct 类型
Sequence of	大于 0 字节	由同种类型对象组成的一个列表，类似于 C 语言中的数组类型

上述类型的变量值在通过网络传输时，SNMP 采用 BER 格式将其转换成字节序列。BER 的规则是，不管是基本类型还是复合类型，每个值均由三部分组成，即由数据的类型(Type)、数据字段的长度(Length)和数据字段(Value)组成。

9.2.5　MIB

MIB 是由 Agent 维护的、可以被 Manager 查询和修改的对象的集合，其中的对象按照 SMI 规定的方式定义。

为方便管理，MIB 中的对象被分成 10 个群，这 10 个群包含的对象是 Manager 执行网管的基础。MIB-Ⅱ中定义的 10 个对象群如表 9-5 所示。

表 9-5　MIB-Ⅱ中定义的 10 个对象群

群	对象数目	描　述
System	7	设备的名字、位置和描述
Interface	23	网络接口和它们标准的业务流量
AT	3	地址翻译
IP	42	IP 分组统计
ICMP	26	接收到的 ICMP 消息统计
TCP	19	TCP 算法、参数和统计
UDP	6	UDP 业务量统计
EGP	20	EGP 业务量统计
Transmission	0	为专用介质 MIB 保留
SNMP	29	SNMP 业务量统计

例如，Manager 通过查询 System 群，就可以知道一个设备叫什么，是由谁制造的，包含哪些软硬件，在什么位置等信息。

9.3　SDH 网络管理

SDH 的一个重要特点就是在帧结构中安排了丰富的开销字节，用于网络的管理、运营和维护，从而使 SDH 的网络管理能力有了很大的增强。从整个电信网络管理的角度来看，SDH 管理网属于电信管理网（TMN）的一部分，它的体系结构必须遵从和继承 TMN 的结构。另外，由于 SDH 自身的特点，使得 SDH 管理网具有其独特之处。

SDH 管理网（SMN）实际就是管理 SDH 网元的电信管理网（TMN）的子集。它可以细分为一系列的 SDH 管理子网（SMS），这些 SMS 由一系列分离的嵌入通信通路（ECC）及有关站内数据通信的链路组成，并构成整个 TMN 的有机部分。具有智能的网元和采用嵌入的 ECC 是 SMN 的重要特点，这两者的结合使 TMN 信息的传送和响应时间大大缩短，而且可以将网管功能经 ECC 下载给网元，从而实现分布管理。

为了支持不同厂家的设备之间或不同网络运营者之间的通信，也为了能支持同一 SMS 内或跨越网络接口的不同网元之间的单端维护能力，SDH 网需要具有一套最起码的网络管理系统。

9.3.1　SDH 网络管理系统

SDH 管理网（SMN）是 TMN 的一个子网，专门负责管理 SDH 网元。SMN 又可进一步划分为一系列的 SDH 管理子网（SMS）。

TMN、SMN 和 SMS 的相互关系及其示例如图 9-11 和图 9-12 所示。从图中可以看出，SMS 由一些以 ECC 连接的网元和以本地通信网（LCN）非 ECC 链路连接的网元组成，一个 SMS 内应至少有一个网关（GNE），GNE 通过 Q 接口与 OS 或 MD 相连。SMS 内的网元还可通过 F 接口与工作站（WS）相连，也可通过适当的接口与非 SDH 网元（NNE）相连。

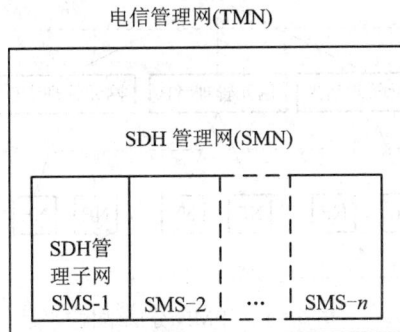

图 9-11　TMN、SMN 和 SMS 关系

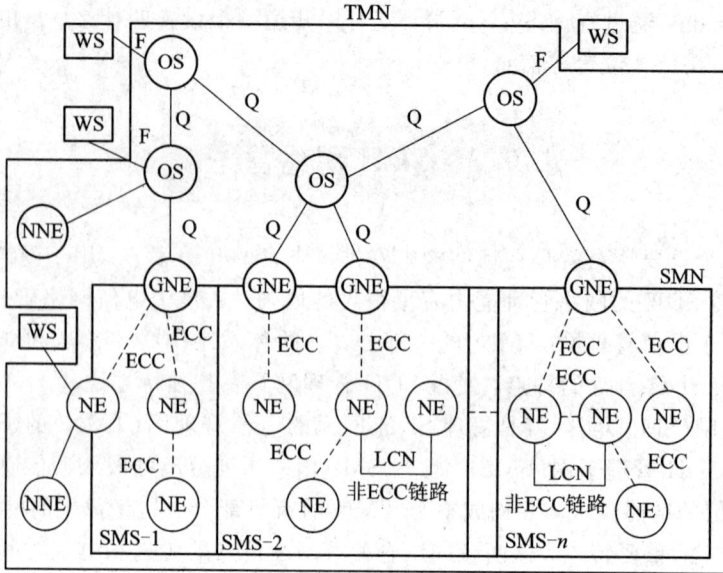

图 9-12 TMN、SMN 和 SMS 关系示例

9.3.2 SDH 网管的分层结构

SDH 网管可以分为五层，从上到下依次为事务管理层（BML）、服务管理层（SML）、网络管理层（NML）、网元管理层（EML）和网元层（NEL），网络管理层根据需要还可分为子网级网管和网络级网管。目前只用到 SDH 网管中的三层，实用的 SMN 的分层结构如图 9-13 所示。

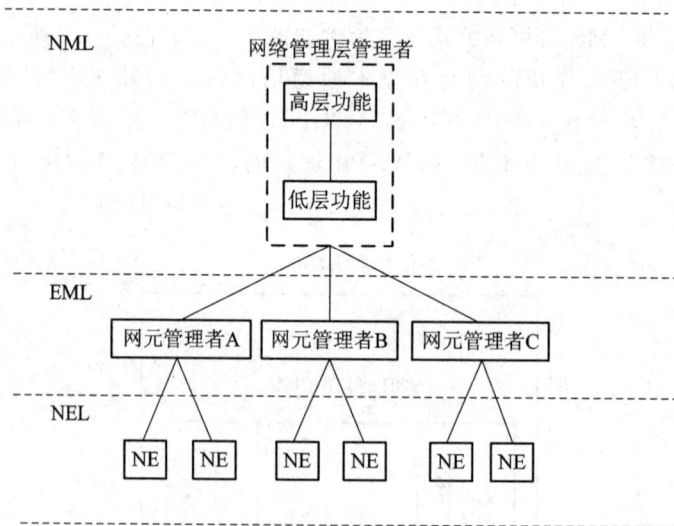

图 9-13 SMN 分层结构

1. 网元层

网元受网元管理层的管理，但它本身也具有一些管理功能。SDH 网管系统可以将很多的管理功能下载给 SDH 网元，使其具有很强的管理能力。在网元层上，SDH 的开销为控

制管理信息的传递提供了方便、快捷的手段，使得网络对各种事件的反映迅速，特别是实时地进行通道恢复而不影响业务的传送。

2. 网元管理层

网元管理层直接控制设备，其管理控制功能由网络管理层分配，如保护规划、告警过滤和协议转换等。它的主要目标是减少网络管理系统的信息流量，防止其过载，同时也尽量地减少网络的响应时间。此外，该层还提供一些附加管理软件来支持财务、设备资源和维护分析工作。

3. 网络管理层

网络管理层负责对所辖区域内的网络进行监视和控制，应具备 TMN 所要求的主要管理应用功能。

4. 服务管理层

服务管理层主要负责合同事务，为所有服务交易（如服务的提供和终止、计费、服务质量以及故障报告等）提供与用户的基本联系点，以及提供与其他管理机关的接口。另外，它还承担与网络管理层交互、与事物管理层交互以及维护统计数据等任务。

5. 事物管理层

事物管理层负责总的计划和运营商之间达成的协议。

表 9-6 给出了网元管理层（EML）和网络管理层（NML）管理功能的比较。

表 9-6　EML 和 NML 管理功能比较

EML 功能	NML 功能
网元详细配置	路径和通道配置
网元详细故障管理	路径和通道状态监视
网元性能监视	路径和通道性能监视
按物理资源划分级别	按物理资源划分级别

9.3.3　SDH 网络管理功能

ITU-T 建议 G.784 规定了为支持不同厂家的设备间或不同网络营运商间的通信和在同一 SMS 内或跨网络接口的不同网元间的单端维护能力，以及 SMS 所需的一套最起码的管理功能。

1. 一般性管理功能

1）嵌入控制通路的管理

为了使 SDH 的网元间能进行通信，必须对构成其逻辑通信链路的 ECC 进行有效的管理，ECC 的主要管理功能有：

（1）为了确保兼容功能，必须对涉及兼容的网络参数，诸如分组的规格、超时、服务质量和窗口规格等进行检索。

（2）确立数据通信通路（DCC）节点间的消息路由。

（3）进行网络地址的管理。

（4）在某节点处对 DCC 的运行状态进行检索。

（5）决定能否接入 DCC 的使能能力。

2）时间标记

需要时间标记的事件和性能报告应标以分辨力为 1 s 的时间标记，该时间应由网元的本地实时时钟来显示。

3）其他一般性功能

其他一般性管理功能还包括安全、软件下载、远端注册等。

2. 故障管理

故障管理对不正常的网络运行状况进行实时的监控，完成对告警信号的监视、报告存储以及故障的诊断、定位和处理等任务，并给出告警显示，使用户能在尽可能短的时间内作出反应和决定，以便采取相应的措施，对故障进行隔离和校正，恢复被故障影响的业务。

1）告警监视

告警监视涉及网络中发生的有关事件/条件的检出和报告。在网络中，除了设备内和输入信号中检出的事件和条件应该可以报告给网管系统外，很多设备外的事件也应该可以报告，操作系统应能规定什么样的事件和条件将产生自动告警报告，而其余的将按请求才报告。网络管理应能支持下述有关告警的功能：

（1）告警信号的自动报告。

（2）要求报告所有告警信号。

（3）报告所有告警信号。

（4）告警报告的许可和禁止。

（5）所要求的告警报告的许可和禁止状态的报告。

2）告警历史管理

告警历史管理涉及告警记录。通常，告警历史数据都存储在网元的寄存器内，每一寄存器包含有告警消息的所有参数，寄存器应能周期性地读出或按请求读出。所有寄存器都填满后，操作系统应能决定是停止记录，还是删去最早的记录，或者干脆寄存器置 0。

3. 性能管理

性能管理负责监视网络性能，收集传送网中通道和网元实际运行的质量数据，为管理人员提供评价、分析和预测传输性能的手段。

1）性能数据的采集

性能数据的采集是指与 G.826 建议中所规定的误码性能参数有关的事件数的采集。

2）性能监视历史

评估传输系统的近期性能必须要有性能历史数据，利用这些性能历史数据可以进行故障的区段定位和发现断续误码源的位置。通常，性能历史数据应存放于网元的寄存器中，所有的寄存器都应有时间标记。每一传输方向和每一性能事件都配有两种寄存器：一种是 24 小时寄存器；另一种是 15 分钟寄存器。前者积累 24 h 内的性能事件数据，后者积累 15 min 内的性能事件数据。每一种寄存器还分"当前"寄存器和"近期"寄存器，其中，当前 15 分钟寄存器和当前 24 小时寄存器都只有 1 个；近期 24 小时寄存器至少需要 1 个，而近期 15 min 寄存器则至少需要 16 个，以便保存足够的 15 min 间隔性能数据。

上述要求的 15 min 和 24 h 期限是网络维护需要的，前者可以每隔 15 min 采集一次性能事件数据，迅速检测出潜在的故障，主要用于判断不可用性能；后者积累了较多的数据，可用于投入服务或劣化性能的评估。

　　3）门限的使用

SDH 需要设置两类门限，一类称为"门限设置"，另一类称为"门限突破通知"。

　　利用操作系统可以在网元中为各种性能事件设置门限值，门限值应能在一给定的最小范围内任意设置，操作系统应能检索和改变这些门限设置，在门限没有被突破时不必报告，可以减轻操作系统的工作负担。一旦设定的某个性能事件门限被突破，网元就自动产生门限突破通知并报告给操作系统，在业务受影响之前操作系统就能及时了解情况并采取某些行动。

　　4）性能数据报告

　　操作系统可以将存放在网元中的性能数据收集起来进行分析，这对进行合适的维护行动和故障报告是很有用的。只要操作系统需要，性能数据就能经操作系统/网元（OS/NE）接口报告。数据收集可以周期性地进行，以便及时地进行性能趋势分析，预测将来可能发生的失效故障或劣化条件。某些特定端口的性能数据按操作系统的请求可以周期性地上报，一旦性能事件门限被突破，性能数据就自动地经网元/操作系统（NE/OS）接口报告给操作系统。

4. 配置管理

　　按照 TMN 原理，配置管理主要实施对网元的控制、识别和数据交换，诸如应能支持通道的交叉连接和配置；支持定时源优先级的选择；支持各种环形配置；支持线性系统和保护倒换功能，并可以对保护倒换参数设置、存储、检索和改变等。

　　配置管理负责监控网络和网元设备的配置信息。SDH 的配置管理可分为静态配置和动态配置：静态配置包括网络的拓扑结构、网元设备内各电路盘的配置等；动态配置则包括路径的建立和删除、交叉连接、保护倒换和保护路由选择等，其中保护倒换的状态和控制尤为重要。此外，配置管理还包括同步时钟源的配置、新版本软件的下载等。

5. 安全管理

　　安全管理涉及注册、口令和安全等级等，其关键是要防止未经许可的与 SDH 网元的通信。例如可以把安全管理分为三个等级：操作员（仅能看）、班长（不仅能看，而且还能改变除了安全等级以外的所有设置）、主任（不仅能看，而且还能改变所有设置）。

9.3.4　SDH 管理信息模型

　　建立管理信息模型是实现面向对象网络管理的关键。SDH 管理信息模型是针对 SDH 特有的物理和逻辑资源而制定的信息模型，它是电信网信息模型的一个子集。SDH 的管理网分为五层，为了支持有效的管理，每一层都应有相应的信息模型，如网元层信息模型、网络层信息模型和服务层信息模型等，其中下层的信息模型是制定上层信息模型的基础。

　　网元层信息模型关心的是管理一个网元所需的信息。ITU-T 在 G.774 系列建议中对 SDH 网元层信息模型做了详细和完整的规范。网元层信息模型主要适用于 SDH 网元和管理网元的操作系统，是 SDH 网管的基础，它采用 GDMO 定义意义，用 ASN.1 定义结构。

网络层信息模型所关心的是在物理上和逻辑上表示网络的信息。它考虑的是网元实体之间如何相关、如何拓扑互连以及如何进行配置，以提供并维护端到端的连接。如果说网元层信息模型是面向硬件和面向协议的，那么网络层的信息模型就是面向软件和面向应用的。规范的焦点是功能，而非具体的协议，因而要具有更好的分布性，适用于网络层的规范。ITU－T 计划采用面向数学的无歧义语言（如 z 语言）来规范软件程序，还开发了一种以开放式分布过程（ODP）参考模型为基础的建模方法，提供面向对象的、独立于分布的软件规范。网络层信息模型是建立高层网管的基础，其最新的发展趋势是采用 CORBA 的规范和技术。

9.3.5　SDH 的 ECC 协议栈

为了在 SDH DCC 上传送运行、维护和管理（OAM）消息，SDH 网络选择了一套七层协议栈来满足应用的要求，如表 9－7 所示。它符合开放系统管理所采用的面向目标的方法，即应用层包含公用管理信息服务单元（CMISE）、远端操作服务单元（ROSE）和联系控制服务单元（ACSE）。该协议栈是面向无连接方式的，同时其表示层、会晤层和传送层提供了为支持 ROSE 和 ACSE 所需要的面向连接的服务，另外传送层还包括一附加协议单元，使其工作于无连接网络层协议（CLNP）时可以提供连接模式服务。数据链路层协议遵循 Q.921 所规定的 D 通路链路接入规程（LAPD），物理层的为 SDH DCC。

表 9－7　SDH 的 ECC 协议栈

层　　次		协议和服务
第七层	应用层	ACSE：X.217/227 CMISE：ISO9595/9596 ROSE：X.219/229
第六层	表示层	X.216/226 ASN.1 基本解码规则：X.209
第五层	会晤层	X.215/225
第四层	传送层	ISO8073/8073－AD2
第三层	网络层	ISO8473/9542
第二层	数据链路层	Q.921
第一层	物理层	SDH DCC

从简单程度和网格寻址能力的角度来看，上述这套协议栈是一比较理想的组合，十分适合于机器与机器通信，以及面向目标的建模和设计。它在网元等级上使服务从资源中分离出来，也就是说服务可以不依赖于提供给它们的技术和设备而独立地加到网络上，十分方便。

1. 物理层

ECC 协议栈的物理层由 DCC 构成，其功能是实现在物理链路上传送 OAM 消息。

DCC 是由再生段开销中 D1～D3 字节和复用段开销中 D4～D12 字节分别组成的 192 kb/s 和 576 kb/s 通道构成。

2. 数据链路层

数据链路层通过相邻网络节点之间的单个或多个逻辑通路，在 SDH DCC 上提供点到点的网络服务数据单元(NSUD)的传送。数据链路层应遵循 Q.921 规定的 LAPD 协议。

3. 网络层

网络层采用 ISO8473 无连接模式网络层协议(CLNP)作为该层的协议。该协议没有建立和拆除连接的过程，也无需纠错和流量控制，因而适合于高速的应用进程。为了使网络层协议既可以工作于无连接模式的数据链路子网，又能工作于面向连接的数据链路子网，ISO8473 - AD3 还规定了会聚协议。

4. 传送层

传送层协议确保在网络上进行正确的端到端信息传送。G.784 选择 ISO8073 - AD2 作为传送层协议，该协议从无连接的网络服务中产生传送连接，并对该连接提供流量控制和纠错功能。该协议还选择了第四类传送协议(TP4)来保证在无连接模式网络服务情况下可靠地传递网络协议数据单元(NPDU)。

5. 会晤层

会晤层协议应保证通信系统能与管理者(表示层和应用层)和通信系统之间正在进行的对话实现同步。会晤层选择 X.215、ISO8326 的服务定义和 X.225、ISO8327 的协议规范。

6. 表示层

表示层的基本任务是完成传送语法的选择，以实现转换并传送。表示层采用 X.209 规定的 ASN.1 的基本编码规则来导出应用协议数据单元(APDU)的转移语法。该层的服务和协议分别由 X.216 和 ISO8822 以及 X.226 和 ISO3323 规定。

7. 应用层

应用层直接为 OSI 环境下的用户提供服务，并为访问 OSI 环境提供手段。

9.3.6　管理接口

1. Q3 接口

SMS 通过 Q3 接口与 TMN 相连，Q3 接口具备 OSI 全部 7 层功能，其接口特性符合 M.3010 的要求，通信协议采用 G.773 建议的 B2 和 B3 协议栈(相当于 Q.811 和 Q.812 建议的 CLNS2 和 CLNS1 协议栈)。

2. F 接口

F 是与工作站(WS)或局域工作终端相连接的接口，其接口特性应符合 V.10/V.11 或 V.28/V.24 的要求，通信协采用 G.773 建议的 A2 协议栈。

F 接口还可把远端工作站经数据通信网(DCN)连至操作系统(OS)或协调装置(MD)。

WS 或局域工作终端是管理一个局部区域内的 SDH 网元或一个 SMS 的设备，能向维护人员提供各种维护操作工具，帮助维护人员寻障和对系统配置进行测试。

目前，管理接口有趋于简化的趋势。

9.4　OTN 网络管理

一般来说,光网络 OTN 的管理与其客户层网络的管理是分离的,以增加设备选型的灵活性。光传送网的管理基于多层分布式管理系统,每一层提供一类预定义的管理功能。ITU-T 建议 G.874 规范了光传送网对网络管理方面的相关要求。

9.4.1　OTN 管理结构

光传送网的管理按照与 SDH/WDM 相近的分层方法,可以分为网元层、网元管理层 OTN 子网管理层和 OTN 管理层四层结构,如图 9-14 所示。

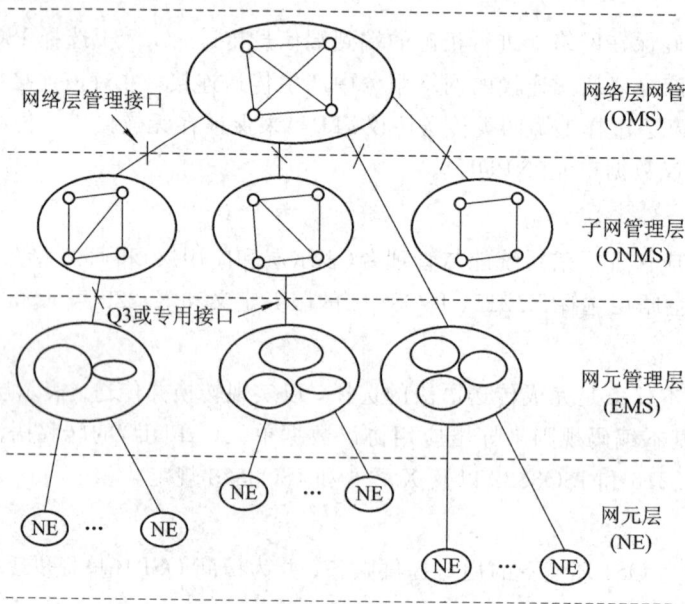

图 9-14　光传送网 OTN 分层结构

1. 网络管理结构

光网络 OTN 的管理与其客户层网络的管理无关,因而采用的管理手段可以不考虑客户信号的方式。图 9-15 描述了网元管理层的组织模式,其中网元的管理应用功能 MAF 可以为对等的网元或者高一级的操作系统提供管理支持。

在每一个实体中,MAF 可能包括代理、管理者,或同时包括两者。具有管理者的实体可以管理其他实体。一个光网元(ONE)中的管理者能够压制它所管理的一个或多个 ONE 发出的由同一故障引起的多条告警,并产生一条新告警以替换掉这些告警,然后把新告警发给 OS,指出故障源的位置。新告警消息的格式与其他告警信息的格式完全相同,当告警被一级一级地向上传递以确定问题的来源时,消息的格式将始终保持不变。

1) OMN、OMSN 与 TMN 之间的关系

通常,光管理网络(OMN)可以分割为若干个光管理子网(OMSN),OMSN 既是 OMN 的子集,也是 TMN 子集的一部分。

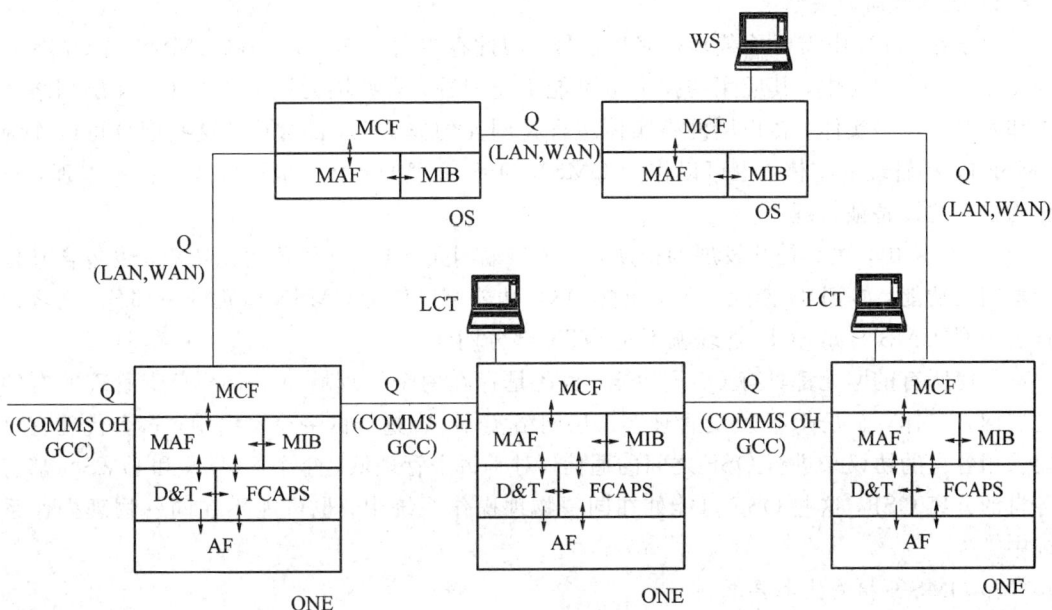

图 9-15 OTN 管理组织模式

OMN 负责管理包含 OTN 层网络实体的所有网元，OMN 可以被划分为一系列的 OMSN，而 OMSN 包含一系列分离的 OTN ECC 和相关站点间的数据通信链路，从而在 OTN 传输拓扑内组成 DCN 网络。图 9-16 所示是 OMN、OMSN 与 TMN 之间关系的示例。

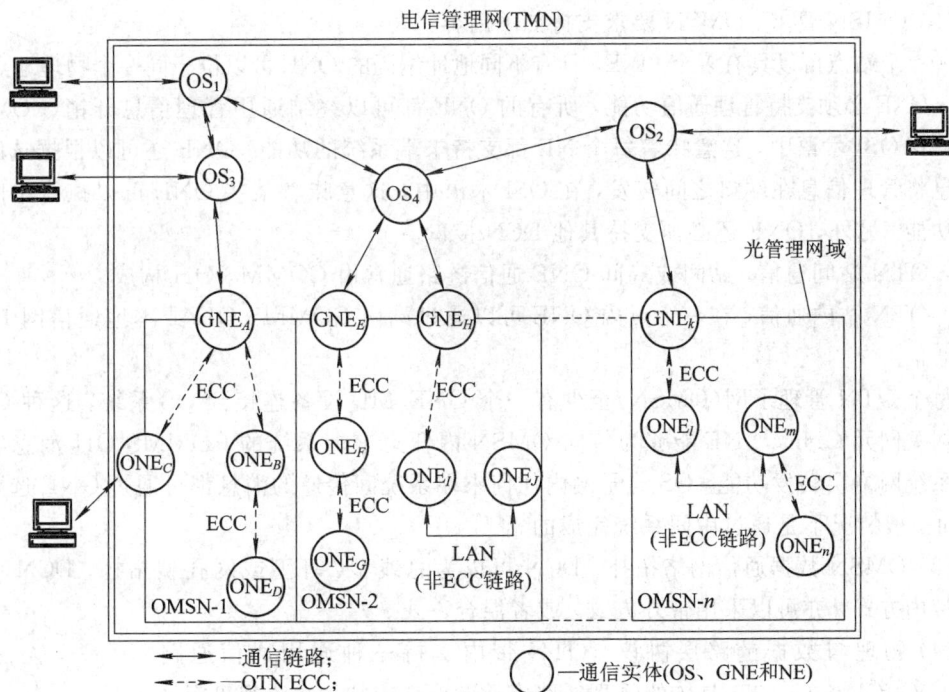

图 9-16 OMSN、OMN 与 TMN 的配置关系示例

2）技术域间的关系

由于在 OTN 中需要承载多种客户信号，因此存在着许多管理子网 CMSN 与 OMSN。即使在同一个网元中，其应用的技术也可能不止一种，有些网元同时包含 OTN 层网络实体和客户层网络实体。客户层网络实体包含在网元的非 OTN 部分中，这些部分可以作为 CMSF OSF 管理的实体，也可以作为 OMSN OSF 管理的实体，也可以双方都不管理，只作为独立的设备被管理。

在 OTN 中，尤其是其发展的初期，一个传输网元既具有 ONE 网元功能，也包含其他传输网元功能，如 SDH 网元功能，包含 ONE 功能可以作为 OMSN 管理的一部分，而客户管理子网（CMSN）如 SDH 管理就不是 OTN 部分网元。

即使所有的网元都具有 ONE 功能，也还是存在两个管理域，OMSN 负责管理所有的光层网络实体，而 CMSN 负责管理客户层网络实体。在这样的一个网络中，多个代理有可能采用各自的协议来进行 OSF 之间的通信。对于每个管理域，每个 CMSN 和 OMSN 都有各自的分离 OSF，这些 OSF 可能处在同一物理操作系统中，也可能不在同一物理操作系统中。

3）OMSN 相关技术要求

OTN 管理子网是十分重要的一层管理系统，尤其是在网络的建设中，当我们采用 OTN 孤岛方式向全网 OTN 演进时，很容易形成一个个分离的 OTN 孤岛，而在 OTN 孤岛中，大量采用的是 OTN 光子网，需要采用 OMSN 系统进行管理。以下将讨论 OMSN 的具体要求，包括 OMSN 的接入、OMSN 要求、OMSN 数据通信网络等。

（1）OMSN 的接入。OMSN 的接入通常是通过 ONE 的一个功能模块来实现的。ONE 可以通过工作站接口、操作系统接口、站点相关信息接口与 TMN 相连。

（2）OMSN 要求。OMSN 要求支持如下内容：

· 一个站点可以具有多个 ONE，具有不同地址编码的 ONE 可以位于同一个物理地点。

· ONE 必须支持管理通信功能，所有的 ONE 都可以终结通用管理信息开销（COMMS OH），在 OSI 术语中，这意味着每个 NE 都支持末端系统的功能。ONE 还可以根据选路控制信息将管理信息在端口之间转发，在 OSI 术语中，这意味着某些 ONE 可以执行中间系统的功能。另外，ONE 还必须支持其他 DCN 接口。

· OTN 站间通信，站间或局间 ONE 通信链路通常由 COMMS OH 构成。

· OTN 站内通信，在一个点内 ONE 可以通过站内 COMMS OH 或本地通信网 LAN 进行通信。

每个 OTN 管理子网（OMSN）至少有一个 ONE/MD 设备连接到 OS 系统，这种 ONE 成为网关网元 GNE。GNE 能够为传向 OMSN 内任意末端系统的 COMMS OH 消息实施中间系统网络层转发功能，OS 与子网内任何末端系统间传递的消息都可通过 GNE 选路完成，而一般情况下是通过中间系统完成的。

（3）OMSN 数据通信网络拓扑。DCN 可以为总线型、环型或网孔型拓扑。DCN 可以采用带内方式，亦可以采用带外方式，或者混合方式。

（4）物理与数据链路层协议。OTN 带内支持三种通用通信通路（GCC），分别为 GCC0、GCC1 和 GCC2。具体的物理通路由运营商双方协商、谈判决定。

GCC0 的速率与 OTUk 的级别有关系，对于 OTU1，其速率为 326.723 kb/s；对于

OTU2 则工作在 1312.40 kb/s；OTU3 则工作在 5271.864 kb/s。GCC1、GCC2 的速率与 GCC0 的各等级相同，只是开销位置不同。

　　4）DCN 管理要求

　　ONE 之间的通信是通过 DCN 完成的，为了保证系统正常工作，DCN 应该满足以下条件：

- 网络参数能够查询、修改以确保兼容，包括分组大小、时隙、QoS 和窗口大小等；
- 在 DCN 节点之间建立消息路由；
- 管理网络地址；
- 在给定节点可以查询 DCN 的运行状态；
- 有使能、止能接入 DCN 网络的能力。

2. 设备管理功能

　　光设备管理功能（OEMF）提供内部或者外部管理光网元功能（NEF）的方法，图 9-17 说明了光设备管理功能 OEMF 的组成。

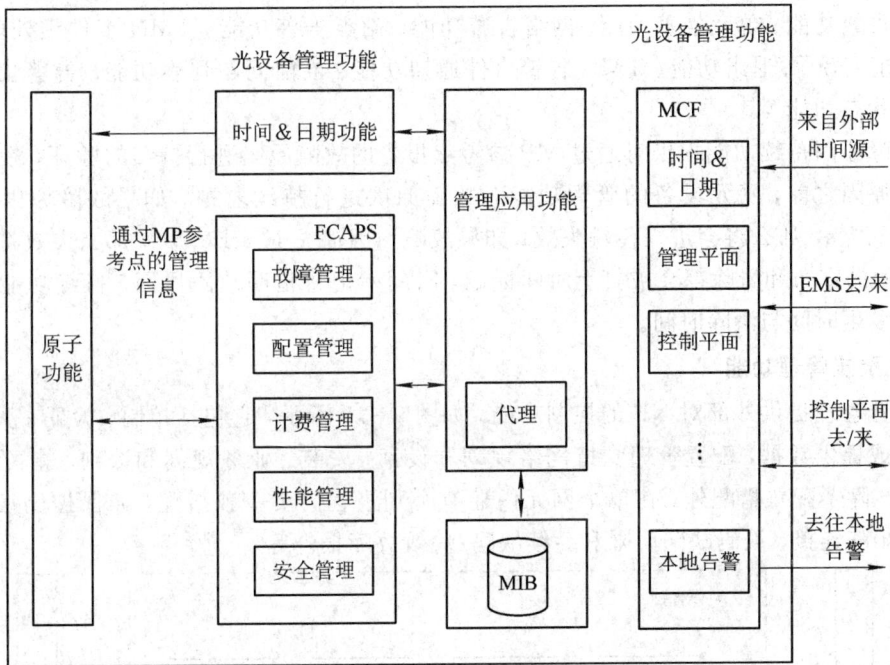

图 9-17　光设备管理功能

　　OEMF 与其他的原子功能（参见 ITU-T 建议 G.798）通过 MP 参考点交换信息，OEMF 包括一些能对经过 MP 参考点接收的信息提供过滤的过滤器，从而减少了数据量。过滤功能提供在 MP 参考点上的故障原因和性能监视原语信息的数据简化机制。过滤器输出的数据通过 NE 资源和管理应用功能 MAF 传递给代理，这些数据也作为管理目标的信息。

　　NE 资源提供事件的处理和存储，MAF 处理向 NE 资源提供的信息和由 NE 资源送出的信息，代理把这些信息转换为管理信息，并通过对管理对象执行相应的操作，对管理者发出的管理消息做出反应。

　　通过 MP 的信息流是功能性信息流，这些信息流根据 NE 所提供的功能及其选项存在于设备中。由异常情况和某些缺陷而产生的通过 MP 参考点的信息流是相对独立的，设备原子功能可以检测到它们，这些信息流及其相关功能对于客户端和监控信道来说是平等的。

9.4.2　OTN 管理功能

1. 故障管理功能

故障管理功能可以对电信管理网及其环境进行检测、隔离和非正常状态的纠正，故障管理的质量保证测试包括对可用性、可靠性和生存性的测试。

1）监视进程

为了给维护人员提供适当的性能指示并使维护人员能够检测故障的状态，监视进程描述了对干扰或故障发生的分析方法。与设备相关的监视有五类：传输监视、信号质量监视、进程监视、设备监视和环境监视。

2）故障管理功能

故障管理功能包括：故障原因持续功能、严重性分配功能、ARC 告警上报控制功能、可报告失效功能、单元告警功能、网络告警功能、站点告警功能、TMN 事件预处理功能、同步功能、登录/退出功能、TMN 告警事件通知功能、当前问题列表功能、告警状态功能和运行状态功能等。

故障原因持续功能提供对通过 MP 参考点报告的故障原因进行持续的验证，在正式发布故障原因之前，网元设备的管理功能对故障原因进行持续监视。如果故障原因持续在 2.5 s±0.5 s，那么将会进入传输失效；如果故障原因消失 10 s±0.5 s，那么失效将会被清除。失效的宣布和清除都会被打上时间标记，时间标记将指明故障原因、持续功能输入口的故障发生时间与清除时间。

2. 配置管理功能

配置管理提供外部对 NE 的控制功能，如图 9-18 所示，它包括控制、验证、从 NE 收集数据或提供数据，配置管理支持网络规划和设计、安装、业务规划和谈判、指配和状态控制等。除了配置指配外，在单个网元内还有个别进程需要单独指配，如保护倒换、踪迹确认、矩阵连接、误码缺陷门限和后续缺陷/失效故障报告等。

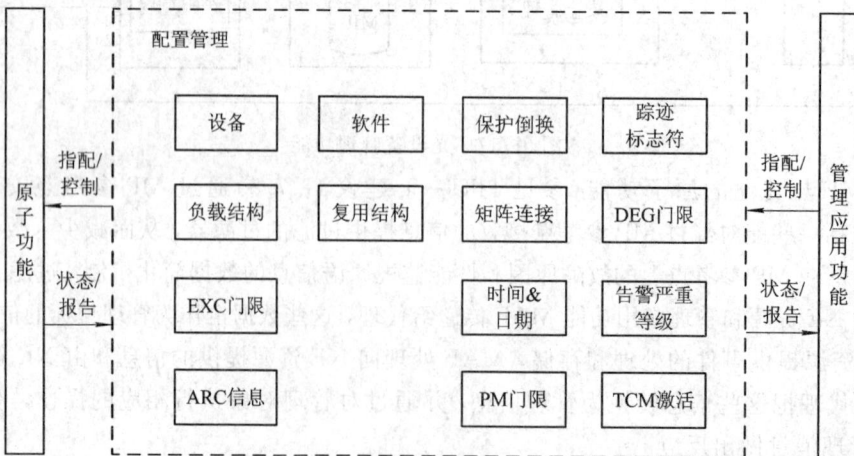

图 9-18　EMF 配置管理功能

主要的配置管理功能简介如下。

（1）软件功能。ONE 应支持在线的软件升级，至少支持两个相邻版本的软件升级。在控制软件升级倒换中，一些管理服务可能受到影响，而且在这段时间内不能再生成新的业务。

（2）保护倒换。网元可以支持一种或多种保护类型，每一种保护类型都可以用保护结构、倒换类型、操作类型、自动保护倒换通道（支配、使用和编码）、保护倒换请求、保护倒换性能和保护倒换状态机等特征组合来表示。OTN 网元的保护倒换策略，可以由网元根据其组成和操作模式自动建立，也可以通过外部指配来完成。

（3）踪迹识别功能。OTS 层的路径踪迹识别符（TTI）对于保证网元之间正确的光纤连接是十分重要的，特别是在网状网拓扑下，光交叉连接设备可能有许多输入/输出端口和光纤。收到的 TTI 被用来检测光纤错接，如果收到的 TTI 与期望的不一样，那么将产生 OTS 失配信息。

TTI 是 OS 系统在 OTS 层面推论网络拓扑的重要手段，如果 OS 系统得到了所有网元的源和宿的 TTI 列表，那么可以比较宿端的 TTI 的期望值与源端目标发出的 TTI，根据 TTI 的源、宿自动生成 OTS 层的路径。若两点之间只有一个 OMS 连接和 OMS TTP，则可以得出 OMS 拓扑，同样的方法可以得到 OCH 层拓扑。

（4）矩阵连接。连接功能是通过连接点 CP 和终结连接点 TCP 界定的，每个 TCP 通过与路径功能相关的 API 来标识，每个 CP 通过与失配功能相关的 API 来标识。对于一个 OCH CP，可以采用一个通道号码 CN 对 API 进行扩展。

可重配置网元在 OCH 层通过连接能力，上路端口与线路输出端口之间、线路输出端口与下路端口之间，或线路输入和输出端口之间（矩阵连接直通）可以根据需要配置交叉连接，从网络指配的观点来看是没有意义的，这是因为它不通过光核心网络传送信号，但它对环回测试还是有用的。配置管理还包括设备管理功能、负载结构、复用结构、降质门限、越限门限、严重告警、告警上报控制、PM 门限和 TCM 激活等功能。

3. 性能管理功能

性能管理功能提供电信设备、网络和网元运行情况的评估和报告，其主要负责收集和分析统计数据，以检测和校正网络的状态，使网络的运行更加有效。ITU-T 建议 M.3400 定义了四种基本性能管理应用，即性能质量保证、性能检测、性能管理控制和性能分析。

由于 ODUk 到 OTUk 之间、ODUkP 到 ODUkT 之间的帧同步影射，在源端已经出现的帧滑动在宿端也能检测到，从而导致即使路径上没有误码，也能在路径终端上检测到误码。为了抑制这种误码，OTN 网络应支持输入对齐误码（IAE）和后向输入对齐误码（BIAE）信号，如果检测到帧滑动，那么就产生 IAE 信号并传送到路径宿端来抑制误码，而 BIAE 是反向的信令信号，以抑制反向误码指示。

性能管理功能还包括近端事件性能监视功能、远端事件性能监视功能、时延功能、单向可靠性过滤功能、双向可靠性过滤功能、连续严重误码秒功能、不可用时间事件产生功能和不可用时间事件结束功能等，详见相关的 ITU-T 文献。

9.5　全光网络管理

随着 Internet 业务和多媒体应用的快速发展，网络的业务量以指数级膨胀，这就要求网络必须具有高比特率数据传输能力和大吞吐量的交叉连接能力。WDM（波分复用）技术是利用一根光纤同时传送不同波长的携带调制信号的光波，相当于在同一根光纤上创造了许多虚拟光纤，从而数倍乃至数十倍地提高了传输容量，而目前的 WDM 传送网进行的纯电子交换，在带宽和冗余容量成本方面限制了未来通信网的发展。全光传送网传输的高速数据流从源节点到目的节点的传输过程始终都是在光域内进行的，中间节点可以直接在光层进行路由交换选择，而不必经过电层的处理，从而简化了处理过程，节省了电子交换机的冗余容量成本并大幅度提高了吞吐量。正因为如此，WDM 全光传送网是下一代光纤网络的首选技术，目前各国正投入大量财力开发 WDM 全光网，如美国的 MONET、NTON 等计划，欧洲的 RACE 计划，意大利的 PROMETEO 计划，日本的 SUCCESS 计划。

上海交通大学宽带光网中心的 SHAONET(ShangHai All Optical Network Testbed) 是国内第一个 WDM 全光试验平台，第一阶段的该网是一个由三个 OADM（光分插复用器）节点组成的双纤单向环网，它实现了波长路由配置和波长重用，可以在其中开展多媒体和视频会议等宽带业务。它的突出特点是有很强的自愈功能，许多性能指标可以与国际上的同类光网计划相媲美。全光网络的管理与控制是全光网走向实用化的一个必不可少的部分，在 SHAONET 中，实现了具有网元管理功能和中心管理功能的完整的全光网的网络管理系统。

本节将介绍 SHAONET 网络管理系统的设计和具体实现。首先介绍光层网管的特点和功能；然后结合节点 OADM 的结构，给出了网管设计的具体思路；最后介绍具体的基于 SNMP（简单网络管理协议）的实现。

9.5.1 全光网分层结构

全光网为各种不同传输模式（SDH、PDH、ATM 和 IP）提供了一个共同的传输平台，我们引入了光层，以便于对光网进行管理和控制，具体的分层结构如图 9-19 所示。其中光通道层负责为电复用段层的业务选择路由，分配某个光波长信道；光复用段层则保证两个节点（OADM 或 OXC）间的多个光波长通道复用传输的成功；光再生段层同时对多个波长信号进行放大，以补偿光纤线路的衰减损耗。

电路	电路	虚电路
PDH通道	SDH通道	虚电路
复用段	复用段	无
光通道层		
光通用段层		
光再生段层		
光纤		

图 9-19 网络的分层结构

9.5.2 全光网网管的特点和难点

全光网对管理和控制提出了新的问题：① 现行的传输系统（SDH）有自定义的表示故

障状态监控的协议，这就存在着要求网络层必须与传输层一致的问题；② 由于表示网络状况的正常数字信号不能从透明的光网络中取得，因此存在着必须使用新的监控方法的问题；③ 在透明的全光网中，有可能不同的传输系统共享相同的传输媒质，而每一不同的传输系统会有自己定义的处理故障的方法，这便产生了如何协调处理好不同的系统、不同的传输层之间关系的问题。从现阶段 WDM 全光网的发展来看，网络的控制和管理要比网络的实现技术更具挑战性，网络的配置管理、波长的分配管理、管理控制协议以及网络的性能测试等都是网络管理方面需解决的技术。

在光层里，光信号只是作为模拟信号被交叉连接和放大，其中的数字信号并没有被处理，这样无法用 SDH 中处理开销(overhead)比特的办法来实现管理，必须用新的办法实现光层的管理和控制。像网络的自愈功能，就需要在光层中添加合适的管理信息，以便实现快速保护，为高层的可靠传输提供保证。

9.5.3　全光网网管的功能

ITU-T X.700 把系统管理功能分成五个模块：配置管理、性能管理、故障管理、记费管理和安全管理，其中的记费和安全管理基本上与光网无关，我们只关心前三个管理功能模块。

(1) 配置管理。配置管理主要是在光通道层上负责网络资源的分配，选择波长路由。

(2) 性能管理。性能管理要保证多个光波长通道复用传输的成功，主要是收集和分析网络性能的数据，以满足用户服务(视频、数据和语音等)的指标。

(3) 故障管理。故障管理主要是检测、隔离、修正光网的异常运行状况，如告警监视、故障定位和故障校正等。对于像光纤被切断这样的情况，要求网络能做到自愈而不影响业务的正常运行，这在业务量高度繁忙的今天意义特别重大。

管理功能的三个模块是相互有关系的，如图 9-20 所示。例如，在某个波长通道发生故障时，配置管理和故障管理要配合起来才能完成路由的重新选择；当波长信道的性能降到一定程度时会产生告警信号，通知故障管理模块进行相应的处理。

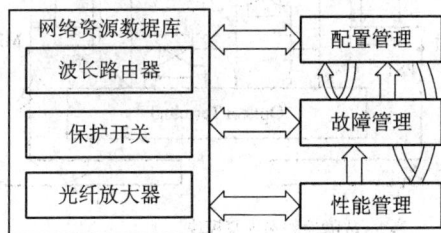

图 9-20　网络管理各个功能模块及网络资源数据库的关系

9.5.4　全光网网管系统的设计

1. 监管信息的传送问题

由于全光网具有透明性，因此不能采用类似 SDH 的开销字节来传递监管信息，必须采用新的监管办法。监管信息可以分成两类，一类是与自愈保护相关的信号；另一类是连接等相关信令。自愈保护信号，如光复用段层的 AIS（Alarm Indication Signal）和 RDI（Remote Defect Indication），采用光信号传递，在每个节点中都有故障检测和恢复模块直接进行处理，这样的优势是对故障的快速反应；而第二类信号的处理较复杂，很难而且没有必要直接在光层实现，可以通过带内或带外 TCP/IP 网络以实现灵活的控制，如图 9-21所示。

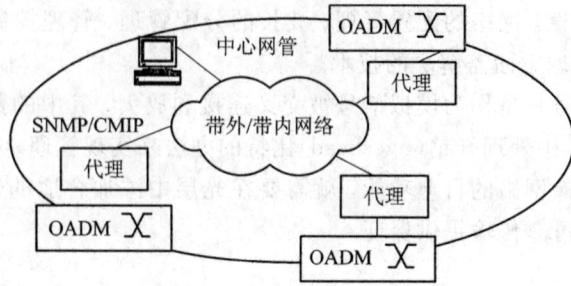

图 9-21　光网的网络管理平台

通过把监管信息分成两类而分别进行处理，是 SHAONET 监管的鲜明特色，保证了对网络快速而灵活的管理和控制。

2. 网管功能的实现

图 9-22 所示是我们经过五次改进后确定下来的节点内部结构，主要考虑的因素是性能和成本。在环上一共有六个波长信道，分别是 1544 nm、1547 nm、1550 nm、1554 nm、1557 nm 和 1560 nm。节点由上/下路部分和保护部分两个部分组成，其中上/下路部分由六个准 2×2 二光开关组成，可以使某个波长信道的光在该节点上/下路，或者使它直通；保护部分由两个准 2×2 光开关 PS1、PS2 和光故障探测模块 FDM（Fault Detecting Module）组成。

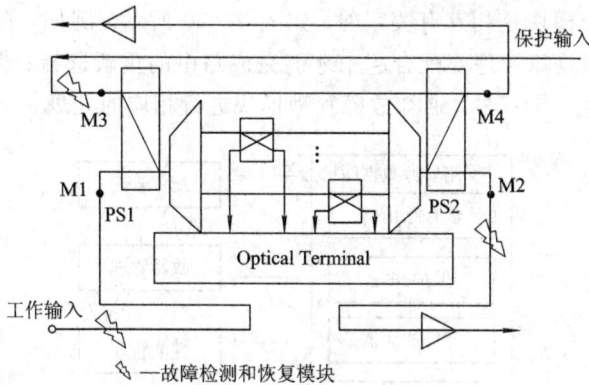

图 9-22　节点内部结构简图

配置管理主要是波长路由的选择，中心网管通过一个路由表，在各个节点代理的共同作用下，通过控制节点内部六个上/下路开关建立点对点的波长信道。中心网管可以方便地增加或删除节点间的波长信道，这对短时间的业务繁忙，如运动盛会，是非常有价值的。

性能管理在节点的合适位置设置扫描点以监测网络的运行状况，这些扫描点的设置要满足：① 有助于查看波长信道的状态；② 能区分是外部故障还是内部故障；③ 如果是内部故障，能够判断是哪个部件出了故障。SHAONET 中每个节点的内部设置了四个扫描点,它们分别在工作环输入/输出端和保护环输入/输出端监测光波长的偏移、信噪比、功率及波长信道间的功率均衡。通过两个输入扫描点可以判断是否有外部故障,通过两个输出扫描点可以获悉节点输出后各个波长信道的情况,当两个信号差达到一定程度时,代理会向网管告警。这里还要考虑到对于不同种类的服务,其告警的门限也不同。

SHAONET 的卓越性能是故障管理。当光纤被切断时,在节点的输入和输出端的 FDM 可以迅速地发现故障并把业务切换到保护环,或者发现故障已经恢复而把业务切换回工作环。下面分析 SHAONET 自愈保护的机制。

3. 自愈保护机制

SHAONET 的自愈保护机制采用了共享保护环,类似于 SDH 的线路保护环。节点内的光故障探测模块 FDM 通过以下规律来控制保护开关 PS1 和 PS2。

(1) 工作环输入光纤的 FDM 检测从有光到无光,PS1 切换到交叉状态。

(2) 工作环输入光纤的 FDM 检测从无光到有光,PS1 切换到直通状态。

(3) 保护环输入光纤的 FDM 检测从有光到无光,PS2 切换到交叉状态。

(4) 保护环输入光纤的 FDM 检测从无光到有光,PS2 切换到直通状态。

图 9-23 表示了光纤发生故障时的网络运行状况。图 9-23(a)所示是网络处于正常状态时,业务在工作环(外环)运行。当 OADM1 与 OADM3 之间的光纤(如工作环)发生断路时,OADM3 的工作环输入 FDM 检测到没有光,立刻把保护开关 PS1 打到交叉状态,这样就使下游的 OADM1 的保护环输入 FDM 检测不到光,OADM1 立刻把它的保护开关 PS2 打到交叉状态,这样整个环网就又构成一个完整的回路,从而切换到保护状态,如图 9-23(b)所示。在这种情况下,如果 OADM2 和 OADM3 之间的光纤又发生了故障,那么仍然按照上述规则进行保护,如图 9-23(c)所示。如果环路上有更多的节点,那么这种切断和保护的过程可以一直继续下去,整个网络将被切割成几个小环,同一个环内的节点可以继续互相通信。可以看出,自愈保护的控制简单方便,这主要归功于环的原理以及节点结构的巧妙设计。

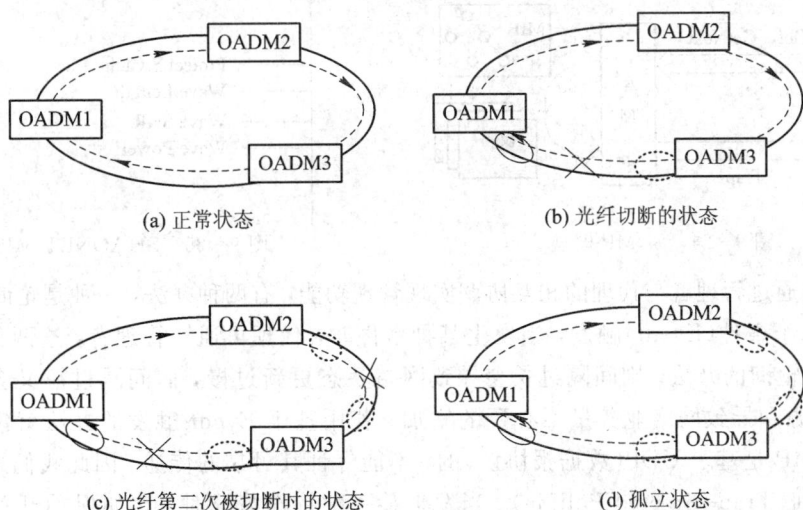

(a) 正常状态　　　　　　　　　　　　　(b) 光纤切断的状态

(c) 光纤第二次被切断时的状态　　　　　　(d) 孤立状态

图 9-23　网络状态

SHAONET 可以处理节点内部发生故障的情况。当发生这样的情况时,代理所处理的情况和该节点的工作环和保护环的输入端同时检测不到光的情况相同,通过上游和下游节点的配合,把网络切换到保护状态,而使故障节点孤立,而不影响其他节点的互相通信,如图 9-23(d) 所示。如果故障光纤被修复,那么节点内的 FDM 可以按照从无光到有光的规则类似地加以恢复,网络从故障状态切换回正常状态,如从图 9-23(c) 返回到图 9-23(b),从图 9-23(b) 再返回到图 9-23(a)。

上述所有的保护都是由本地代理实时完成的,无需中心网管的指令,在完成切换后再通知中心网管更改资源状态,这样就可以实现快速而可靠的保护。SHAONET 的第一阶段的自愈保护时间是 14 ms,比意大利的 PROMETEO 网的自愈保护时间还要短。我们开通了视频点播(VOD)和会议电视等业务,在网络保护和恢复时,业务并没有受到任何影响。

9.5.5 全光网网管基于 SNMP 的具体实现

SNMP(简单网络管理协议)和 TMN(电信管理网)是两类被广泛接受和标准化的管理原则,两者各有优缺点,其中 TMN 以强大的资源描述能力和严格细致的标准化程度,更好地体现了集成管理的发展方向;而 SNMP 则以它的简单、灵活、方便成为了 Internet 事实上的标准。SHAONET 第一阶段网管是用 SNMP 实现的。

SNMP 的三个要素是管理者、代理和管理信息库(MIB),它的模型如图 9-24 所示。管理者与代理之间的通信原语有四种:Get、GetNext、Set 和 Trap,其中 Get、GetNext 和 Set 是管理者向代理发出请求;而 Trap 是代理主动向管理者报告异常的情况。管理者(网元管理或者中心管理)对代理发出设置 MIB 中某个管理变量的请求,而代理对具体设备发出指令,相应修改该管理变量的值并反馈信息。我们需要针对节点结构建立 MIB 树模型,SHAONET 的 MIB 树如图 9-25 所示。

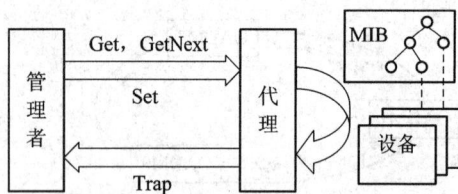

图 9-24 SNMP 模型

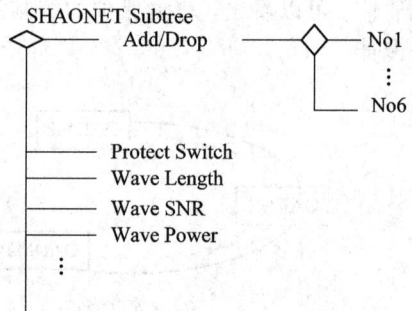

图 9-25 SHAONET MIB

SNMP 通过管理者与代理的相互协调实现管理功能,有两种办法,一种是轮询(Polling);另一种是基于事件(Event)触发,当发生某种事件时,代理再通知管理者。这两种办法各有利弊,若用轮询的办法,则间隔过长会导致网络状态更新过慢,而间隔过短又会占用过多的 CPU 资源和导致网络业务量不必要的增加。若用基于 Event 触发的办法就没有上述问题,但 SNMP 是基于 UDP(数据报协议)的,不能保证其可靠的传递。因此我们采取了基于 Trap 的轮询(Trap-Directed Polling):当发生某一种特殊情况时,比如保护开关倒换或探测到新节点时,代理通过 Trap 通知管理者,管理者立即重新 Polling 代理 MIB 的情况;此外,管理者用较长的间隔来轮询,以确保光波长信道的性能。

SHAONET 网管建立在 Windows NT 操作系统的平台下，Windows NT 提供了一个基于 UDP/IP 的 SNMP 服务，如图 9-26 所示。它提供了一个可扩展代理（Extendible Agent），为管理者的请求找到相应的扩展代理（Extension Agent）的入口。

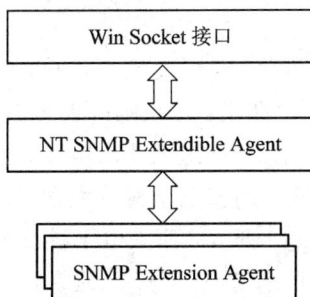

```
┌─────────────────────────┐
│      Win Socket 接口       │
└─────────────────────────┘
            ⇕
┌─────────────────────────┐
│  NT SNMP Extendible Agent │
└─────────────────────────┘
            ⇕
┌─────────────────────────┐
│   SNMP Extension Agent    │
└─────────────────────────┘
```

图 9-26　NT 下的 SNMP 实现

节点代理就是一个扩展代理，它以动态连接库 DLL 的形式连接到 NT 的可扩展代理上。中心网管和网元管理则体现为 GUI 界面，方便系统管理员的控制。

习题与思考题

9-1　简述 TMN 的定义及与电信网的关系。

9-2　说明 TMN 体系结构中功能结构、信息结构和物理结构各自的功能和相互之间的关系。

9-3　举例说明 TMN 中的管理者、代理、被管对象的含义和物理分布，以及它们之间的关系。

9-4　在 TMN 中，为什么 Q3 接口最重要？画图说明 Q3 接口在 TMN 中的位置。

9-5　在 TMN 体系结构中，如何实现对不具有 Q3 接口的旧有 NE 设备的管理？

9-6　在 TMN 中，一个网络的管理信息，以及管理信息的提供方式和管理规则统称为 MIB，MO 在其中以什么方式组织？

9-7　Manager 如何实现对 MIB 的访问？代理访问 MIB 的接口是否需要标准化？

9-8　SNMP 中的术语"对象"的含义是什么？它与 OO 技术中的"对象"有什么区别？MIB 中"对象"是如何组织管理的？

9-9　要实现对网络中来自不同制造商、不同种类设备的统一管理，主要需解决哪几个问题？

9-10　试画出实用的 SMN 分层结构图并说明各层的作用。

9-11　SDH 网络管理主要有哪些功能？

9-12　SDH 网络单元中主要有哪些操作运行接口？简述各种接口的作用。

9-13　说明 OTN 的管理组织模式。

9-14　说明 OMN、OMSN 与 TMN 之间的关系。

9-15　OTN 网络管理有哪些主要功能？

参 考 文 献

[1]　胡庆，等. 光纤通信系统与网络[M]. 北京：电子工业出版社，2006.
[2]　顾畹仪. 光纤通信系统 [M]. 北京：北京邮电大学出版社，1999.
[3]　李玲. 光纤通信基础[M]. 北京：国防工业出版社，2001.
[4]　刘增基. 光纤通信[M]. 西安：西安电子科技大学出版，2001.
[5]　李跃辉，等. 光纤通信网[M]. 西安：西安电子科技大学出版社，2009.
[6]　黄善国，等. P 数据光网络技术与应用[M]. 北京：人民邮电出版社，2008.
[7]　乔桂红. 光纤通信[M]. 北京：人民邮电出版社，2009.
[8]　方强、梁猛. 光纤通信[M]. 西安：西安电子科技大学出版社，2004.
[9]　刘增基，等. 光纤通信技术[M]. 西安：西安电子科技大学出版社，2001.
[10]　郭玉斌. 光纤通信技术[M]. 西安：西安电子科技大学出版社，2008.
[11]　何一心，文杰斌，王韵，等. 光传输网络技术-SDH 与 DWDM[M]. 北京：人民邮电出版社，2008.
[12]　韦乐平，张成良. 光网络-系统、器件与联网技术[M]. 北京：人民邮电出版社，2006.
[13]　杨武军，等. 现代通信网概论[M]. 西安：西安电子科技大学出版社，2004.
[14]　肖萍萍，吴健学. SDH 原理与应用[M]. 北京：人民邮电出版社，2008.
[15]　孙强，周虚. 光接入网技术及其应用[M]. 北京：清华大学出版社，北京交通大学出版社，2005.
[16]　李雪松，傅咳，柳海. 接入网技术与设计应用[M]. 北京：北京邮电大学出版社，2009.
[17]　龚倩，徐荣，张民，等. 光网络的组网与优化设计[M]. 北京：北京邮电大学出版社，2002.
[18]　雷维礼，马立香，等. 接入网技术[M]. 北京：清华大学出版社，2006.
[19]　张中荃. 接入网技术. 2 版[M]. 北京：人民邮电出版社，2009.
[20]　李转年. 接入网技术与系统[M]. 北京：北京邮电大学出版社，2002.
[21]　吴承治，徐敏毅. 光接入网工程[M]. 北京：人民邮电出版社，1999.
[22]　王庆，胡卫，程博雅，等. 光纤接入网规划设计手册[M]. 北京：人民邮电出版社，2009.
[23]　顾畹怡. 全光通信网[M]. 北京：北京邮电大学出版社，2000.
[24]　李勇，吴志宏，曹玲. 光接入网技术[M]. 武汉：武汉邮电科学研究院，1998.
[25]　黄善国，等. IP 数据光网络技术与应用[M]. 北京：人民邮电出版社，2008.
[26]　纪越峰，李慧，陆月明. 自动交换光网络原理与应用[M]. 北京：北京邮电大学出版社，2005.
[27]　张宝富，等. 全光网络[M]. 北京：人民邮电出版社，2002.

[28] 毛京丽，等. 现代通信新技术[M]. 北京：北京邮电大学出版社，2008.

[29] 顾畹仪，等. 光纤通信系统[M]. 北京：人民邮电出版社，2006.

[30] 陈建亚，余浩，等. 现代交换原理[M]. 北京：北京邮电大学出版社，2006.

[31] 张继荣，等，现代交换技术[M]. 西安：西安电子科技大学出版社，2004.

[32] 杨英杰. 光纤通信技术[M]. 广州：华南理工大学出版社，2005.

[33] 韦乐平，张成良. 光网络-系统、器件与联网技术[M]. 北京：人民邮电出版社，2006.

[34] 杨著. 光网络技术发展趋势[I]. HTTP：//WWW. CNII. COM. CN

[35] 周宇迅，曾庆济，吴恺. WDM 全光网网络管理系统的设计与实现[J]. 电信科学，1999，15(11).

[36] 黄胜平. 光网络技术的发展趋势[J]. 科技信息，2010，21.

[37] 邹自立. 光交换技术谈[J]. 光通信技术，2001，4.

[38] 彭杨，等. 下一代光通信网的演进[J]. 光纤与光缆应用技术，2007，1.

[39] 莫秋玲. EPON 技术原理与应用[J]. 价值工程，2010，21：27−28.

[40] 田志良. EPON 技术及其应用[J]. 江汉石油职工大学学报，2011，24(1)：47−50.

[41] 薛晓东. EPON 关键技术及组网探讨[J]. 数字技术与应用，2010，7：114−115.

[42] 李景峰. GPON 技术及其在本地接入网中的应用[J]. 中国高新技术企业，2010，15：63−65.

[43] 朱元战. GPON 技术浅析[J]. 科技信息，2010，33：90.

[44] 陈福都，李维民，张丽娟. GPON 技术新进展及发展趋势探讨[J]. 现代电子技术，2007，30(5).

[45] 陈涛，孙旭，王幸. GPON 技术的应用模式研究[J]. 通信技术，2009，42(9).

[46] 虞骅. MSTP 光传输网中以太网业务组网方式研究，电力系统通信[J]，2010，31(208)：61−65.

[47] 邹自立. 光交换技术谈[J]. 光通信技术，2001，4：248−249.

[48] 纪小辉. 光交换技术研究[J]. 科技信息，2010，18.

[49] 王文睿. 光分组交换网络中关键技术的研究[D]. 天津大学博士学位论文，2009.11，P5−6.

[50] 党鑫，GPON 终端 TC 成帧子层关键技术研究[D]. 南京理工大学硕士论文，2009，6.

[51] 王欣. GPON 网络中 MAC 层相关技术的研究及 DBA 算法的设计[D]. 北京邮电大学博士学位论文，2007，5.

[52] 徐跃刚. 城域光网关键技术研究[D]. 北京邮电大学博士学位论文，2006，8.

[53] 颜莉萍. 弹性分组环关键技术研究及其 MAC 专用集成电路设计[D]. 清华大学博士学位论文，2007，4.

[54] 刘建平. 光突发交换网络边缘结点关键技术研究[D]. 西安电子科技大学博士论文，2006，11.

[55] 周斌. GMPLS 控制下的动态光网络[D]. 北京邮电大学博士论文，2008，1.

[56] 罗佳荣. 自动交换光网络控制平面管理统一信息模型研究 [D]. 上海交通大学，2009.

[57] 光波分复用(WDM)系统测试方法. 信息产业部通信行业标准 YDT − 2001

[58] Generic functional architecture of transport networks. ITU − T Rec. G. 805，2000.